Robert Harnischmacher
Arved Semerak

Deutsche Polizeigeschichte

Eine allgemeine Einführung in die Grundlagen

Verlag W. Kohlhammer
Stuttgart Berlin Köln Mainz

CIP-Kurztitelaufnahme der Deutschen Bibliothek

Harnischmacher, Robert:
Deutsche Polizeigeschichte : e. allg. Einf. in d. Grundlagen / Robert Harnischmacher ; Arved Semerak. – Stuttgart; Berlin; Köln; Mainz : Kohlhammer, 1986.
ISBN 3-17-008659-6
NE: Semerak, Arved:

Verlagsort: Stuttgart
Gesamtherstellung: W. Kohlhammer
Druckerei GmbH + Co. Stuttgart

Inhaltsverzeichnis

Seite

Grenzschutzkommando West
– Kommandeur –

Geleitwort

Das Buch zeigt die institutionelle, rechtliche und gesellschaftliche Entwicklung der deutschen Polizei und ihres Polizeirechts auf. Insbesondere wird der Weg von der Allmacht des Staates bis hin zum hochentwickelten Rechtsempfinden des 20. Jahrhunderts beschrieben. Der dornenreiche Pfad der rechtssensiblen Materie „Polizei" vermittelt insofern Eindrücke der Prioritätsstellung der Polizei und ihres Polizeirechts in den verschiedenen politischen Gestaltungsformen und -werten in Staat und Gesellschaft bis hin zur friedensstiftenden Garantie im sozialen und freiheitlichen Rechtsstaat. Insoweit ist das Werden des Polizeirechts eine nicht hinwegzuleugnende Mitgift allen staatlichen Lebens im Zuge des sichtbaren, alltäglichen Eingriffsmonopols des Staates. Somit ist es zu begrüßen, daß der gesellschaftliche Einfluß auf die Polizei und das Polizeirecht durch Aussagen zeitgenössischer Schriftsteller und durch die angebotene Dokumentation ergänzt und bildhaft dargestellt wird. Diese Illustration zeugt von dem Anliegen der Autoren, aus den Erfahrungen der Rechtsgeschichte heraus Gedankenanstöße zu geben, die aufgrund einer sachgerechten Information zum Engagement im rechtsstaatlichen Sinne auffordern und der Rechtswissenschaft Hilfsmittel anbieten.
Das vorliegende Werk richtet sich daher gleichermaßen an die Polizei in ihrer Gesamtheit, an die Wissenschaft und an sachorientierte engagierte Staatsbürger. Sie alle sind bei der Wegbereitung neuer Entwicklungen im polizeilichen und rechtlichen Denken und Handeln gefordert. Deshalb erfüllt das Werk seinen Auftrag, zu informieren, um in der Lage zu sein, sachkompetent argumentieren und diskutieren zu können.
In diesem Sinne wünsche ich dem Buch eine interessierte Leserschaft und eine lebendige Kommunikation.

Bonn, im Dezember 1985 — Ulrich K. Wegener

Literaturverzeichnis

Alberts – Das neue bremische Polizeigesetz, in NVwZ 1983, S. 585ff.

Aleff – Das Dritte Reich, 7. Auflage, Hannover 1970

Andrae – Polizei und Heer, Berlin 1929

Arbeitskreis Polizei Information e.V. – 200 Jahre DEUTSCHE POLIZEI, 12. Auflage, Lübeck (ohne Jahresangabe)

Arnau – Jenseits der Gesetze, München 1966

Aronson – *Heydrich* und die Anfänge des SD und der Gestapo (1931-1935), Diss. phil. Berlin 1967

Avé-Lallemant – Das deutsche Gaunertum in seiner sozialpolitischen, literarischen und linguistischen Ausbildung zu seinem heutigen Bestande, I. und II. Teil, München, Berlin 1914

Bauer, Fritz – Widerstand gegen die Staatsgewalt, Frankfurt a.M., Hamburg 1965

Bauer, Günther – Moderne Verbrechensbekämpfung, Band 1, Lübeck 1970

–, Moderne Verbrechensbekämpfung, Band 3, Lübeck 1977

–, Auf den Spuren des Verbrechens, Lübeck 1973

–, Organisation und Einsatz der Kriminalpolizei, in der Kriminalist 11/1975, S. 586ff.

–, Raub und Räuber, in Grundlagen der Kriminalistik, Band 6, Hamburg 1970

Bayerische Grenzpolizei – Eine Spezialpolizei stellt sich vor, Dokumentation des POLIZEI JOURNAL, Teil 1, 20. Jg., Nr. 5/6, November 1982 und Teil 2, 21. Jg., Februar 1983

Beck – Geschichte des Großherzoglich Hessischen Gendarmeriekorps, 1763-1905, Darmstadt 1905

Beller – Geschichte der WKP, in Dokumentation zur Verbrechensbekämpfung, Landesverband Bayern des Bundes Deutscher Kriminalbeamter 1975, Düsseldorf 1975, S. 50ff.

Best – Die Deutsche Polizei, Darmstadt 1940

Binder – Epoche der Entscheidungen, 12. Auflage, Stuttgart – Degerloch 1966

BKA – Schriftenreihe – Bände 44, 45, 46, 47

Blankenstein – Die Preußische Landjägerei im Wandel der Zeiten, Erfurt 1931

Bleck – Die Sicherheitspolizei in der Weimarer Republik, in POLIZEINACHRICHTEN 1978, S. 66ff.

Blomeyer/Bartenstein/Olzog/Närger/Ruprecht/Kaufmann – Der polizeiliche Eingriff in Freiheiten und Rechte, Frankfurt a.M. 1951

Bochalli – Besonderes Verwaltungsrecht, 3. Auflage, Köln, Berlin, Bonn, München 1967

Bohn – Die Aufrüstung in der Sowjetischen Besatzungszone Deutschlands, Bonn, Berlin 1960

Bracher – Die dreißiger Jahre (1933-1939), in Unser Jahrhundert im Bild, Gütersloh 1964

Brandt – „Im Kampf für Freiheit suche stets dein Recht“ – Rede zur 100. Wiederkehr des „Gesetzes gegen die gemeingefährlichen Bestrebungen der Sozialdemokratie“ in der Frankfurter Paulskirche am 11. Juni 1978, Bonn 1978

–, Die Partei der Freiheit, zum 100. Geburtstag von *Otto Wels*, Bonn-Bad Godesberg 1973

Brauneck – Allgemeine Kriminologie, Reinbek bei Hamburg 1974
Brissaud – Canaris, 2. Auflage, Stuttgart, Hamburg, München 1977
Bund Deutscher Kriminalbeamter, Landesverband Berlin – Kripogeschichte, Dokumentation, September 1983, Berlin 1983
Bundesgrenzschutz See – 20 Jahre BGS See, Neustadt i.H. 1984
Bundesministerium für gesamtdeutsche Fragen – Die Kasernierte Volkspolizei in der Sowjetischen Besatzungszone Deutschlands, Bonn 1955
Burghard – Die Gretchenfrage ... oder Wäre ein deutsches FBI nicht doch ganz gut?, in DEUTSCHE POLIZEI 4/1977, S. 29ff.
Busse – Raub und Erpressung im Lichte der geschichtlichen Entwicklung, Diss. iur. Berlin 1937

Delarue – Geschichte der Gestapo, Königstein/Ts. 1979
Deus – Soester Recht, 3. Lieferung, Ältere Ordnungen, Soest 1971
Deutsches Soldatenjahrbuch – Jahrgänge 1966, 1969, 1975, 1976, 1977, 1981 (Erscheinungsort: München)
Dierske – Polizeiliche Zuständigkeitsfragen zu Beginn der Bundesrepublik Deutschland, in: Aus Politik und Zeitgeschichte, Beilage zur Wochenzeitung DAS PARLAMENT, Nr. B 8/71 vom 20.2.1971, S. 19ff.
–, Der Bundesgrenzschutz, Regensburg, München, Wien 1967
–, War eine Abwehr des „Preußenschlages" vom 20. Juli 1932 möglich?, in: Zeitschrift für Politik, 17. Jg., 1970, Heft 3, S. 197ff.
Dietrich – Als der Oberschultheiß noch Polizeiherr war, in POLIZEINACHRICHTEN 1979, S. 37f.
Dißmann – Parteiarmee der SED, Kampfgruppen der Arbeiterklasse, Erftstadt 1978
Dresp – Kopf und Professionsmatricul de Anno 1779-80, Stadtarchiv Lippstadt, Heft 1, Lippstadt 1979
Drews – Preußisches Polizeirecht, Allgemeiner Teil, 4. Auflage, Berlin 1933
Drews/Wacke – Allgemeines Polizeirecht, 7. Auflage, Berlin, Köln, München, Bonn 1961
Drews/Wacke/Vogel/Martens – Gefahrenabwehr, Allgemeines Polizeirecht (Ordnungsrecht) des Bundes und der Länder, Zweiter Band, 8. Auflage Köln, Berlin, Bonn, München 1977

Ebel – Das Soester Recht, in SOESTER ZEITSCHRIFT, 72. Heft, Soest 1959, S. 5ff.
–, Die Willkür, Eine Studie zu den Denkformen des älteren deutschen Rechts, Göttingen 1953
Ebeling – 100 Jahre Kriminalpolizei Hamburg, in Dokumentation zur Verbrechensbekämpfung, Landesverband Hamburg des Bundes Deutscher Kriminalbeamter, Düsseldorf 1975, S. 12ff.
Eckert – Der Freiherr vom Stein und die preußischen Reformen, Braunschweig 1949
Einwag/Schoen – Bundesgrenzschutzgesetz, Kommentar, 1983
Eisenberg – Kriminologie, Köln, Berlin, Bonn, München 1979
Elle – Zur Entwicklung der allgemeinen polizeilichen Aufgaben und Befugnisse, Heft 4, Verlag des Ministeriums des Innern, Berlin – Wilhelmsruh 1957
Emmermann – Über Polizei, ihren vollständigen Begriff und ihr eigentümliches Verfahren, Dillenburg und Siegen 1811
–, Die Staatspolizei in Beziehung auf den Zweck des Staates und seine Behörden, Wiesbaden 1819
Engelmann – Aus der Polizeigeschichte der Jahre 1932 und später, in POLIZEI-PRAXIS 1949, S. 67ff.; 99ff.; 130ff.; 163ff.; 193ff.
Erbel – Auf dem Weg zu einem bundeseinheitlichen Polizeirecht, Bonn 1977 (BGV Reihe „Blickpunkte")

–, Die Polizei – Politische Fragen und Rechtsprobleme (BGV Reihe „Blickpunkte“), Bonn 1975

Falter – 75 Jahre Münchner Schutzpolizei (Chronik des Polizeipräsidiums München), Band 1, München 1973

FBI – The Story of the Federal Bureau of Investigation, U.S. Department of Justice, Washington 1978

Fieberg – Justiz im nationalsozialistischen Deutschland, Köln: Bundesanzeiger 1984

Finke – Zum Werden der Kriminalpolizei, in POLIZEI-ZEITUNG, 1. Jg., (1947), Hannover Nr. 1/2, S. 15 ff.

Finn/Fricke – Politischer Strafvollzug in der DDR, Köln 1981

Flach/Maihofer/Scheel – Die Freiburger Thesen der Liberalen, Reinbek bei Hamburg 1975

Förstermann, – Prinzipien des Preußischen Polizeirechts, Berlin 1869

Forsthoff – Lehrbuch des Verwaltungsrechts, Bd. 1, Allgemeiner Teil, 10. Auflage, München 1973

Frank – Nationalsozialistisches Handbuch für Recht und Gesetzgebung, München 1935

Franzen – Die Polizei im neuen Staat, Juristische Arbeitsgemeinschaft, Marburg 1935

Freie und Hansestadt Hamburg, Behörde für Inneres – 150 Jahre Hamburger Polizei, 1814-1964 (Dokumentation)

Fricke – Die DDR-Staatssicherheit, 2. Auflage, Köln 1984

Galette – Zur Entwicklung des Polizei- und Ordnungsrechts, in DVBl. 1955, S. 276 ff.

Gewerkschaft der Polizei – Polizeinotruf, Eine Untersuchung über die Situation der Schutzpolizei in der Bundesrepublik Deutschland, Hilden (ohne Jahresangabe)

–, Die Deutsche Polizei, Hilden 1980

–, Polizei muß Polizei bleiben (Stellungnahme und Rechtsgutachten zum Kombattantenstatus der Polizei), Düsseldorf-Benrath (ohne Jahresangabe)

Gintzel – Die Generalklausel und die Spezialermächtigungen im Polizeirecht – eine vergleichende Untersuchung ihrer Wirkungen auf Rechtsstaatsgemäßheit und Zweckmäßigkeit polizeilichen Verwaltungshandelns, Diss. iur. Münster 1965

–, Maschinengewehre und Handgranaten sind keine Polizeiwaffen, in DEUTSCHE POLIZEI 3/1979, S. 7 f.

Gmür – Grundriß der deutschen Rechtsgeschichte, JA-Sonderheft 2, 2. Auflage Bielefeld 1980

Goebbels – Das eherne Herz, München 1943

Götz, Volkmar – Allgemeines Polizei- und Ordnungsrecht, 7. Auflage, Göttingen 1982

Götz, Wolfgang – Rheinland-Pfalz – Bindeglied zu Westeuropa, in Polizei – Technik – Verkehr, Sonderausgabe I/1968

Griewank – Die französische Revolution 1789-1799, 4. Auflage, Köln, Wien 1972

Grimm – Deutsche Rechtsaltertümer, 4. Auflage, Leipzig 1899

Groffmann/Krumsiek – Die „Reichskristallnacht“ in Hannover, in Dokumentation zur Verbrechensbekämpfung, Landesverband Niedersachsen des Bundes Deutscher Kriminalbeamter 1979, Düsseldorf 1979, S. 45 ff.

Habermehl – Allgemeines Polizei- und Ordnungsrecht, Münster November 1984

Haller – Die Epochen der deutschen Geschichte, München 1961

Harnischmacher – Staat, Politik und Polizei, in POLIZEINACHRICHTEN Nr. 3/Mai 1982, S. 77 ff.

–, Das Zusammenspiel von Bürger und Polizei – ein Gebot der öffentlichen Vernunft, in POLIZEINACHRICHTEN Nr. 6/Dezember 1981, S. 166 ff.

–, Der Einfluß Frankreichs auf das deutsche Polizeiwesen, in POLIZEISPIEGEL 10/82, S. 239

–, Im Spannungsfeld, in POLIZEISPIEGEL 7/8/82, S. 177f.
–, Nachts auf Lippstadts dunklen Straßen überfallen, in POLIZEIFORUM 12/83, S. 31
–, 10 Jahre GSG 9 – ein Begriff geht um die Welt, in DIE BUNDESPOLIZEI Nr. 11-12, November/Dezember 1982, S. 6
–, Die Anfänge der Polizei, in CHRONIK DER POLIZEI, Juni 1983, S. 5ff.
–, 80 Jahre Hunde im Polizeieinsatz in Deutschland, in DIE POLIZEI 1/81, Beilage S. VII f.
–, Die waffenlose Selbstverteidigung als interdisziplinäres Ausbildungskriterium in historischer Sicht und aktuellem Bezug für die heutige Polizeiausbildung, in DIE POLIZEI 7/81, S. 211ff.
–, Der Banküberfall mit ungeladener Pistole aus strafrechtlicher Sicht, in DIE POLIZEI 3/81, S. 78ff. (84)
–, Ju Jutsu, Band I, Warendorf 1978
–, Der Bundesgrenzschutz als multifunktionale Schutzpolizei des Bundes aus der Sicht des Polizeirechts (BGV Kolleg Reihe), 2. Auflage, Bonn 1984
–, Die Polizei in der DDR, Sonderausgabe II/85, Fortbildung Aktuell, Informationen für die Fortbildung im Bundesgrenzschutz (AG Fortbildung der Grenzschutzschule)
Harnischmacher/Apel – Das heutige Demonstrationsrecht im Lichte aktueller Probleme – eine allgemeine Einführung in die Grundlagen, Dokumentation zur Verbrechensbekämpfung, Landesverband Niedersachsen des Bundes Deutscher Kriminalbeamter, Oktober 1984, Berlin 1984
Harnischmacher/Heumann – Die Staatsschutzdelikte in der Bundesrepublik Deutschland, Stuttgart, Berlin, Köln, Mainz 1984
Hartung – Deutsche Verfassungsgeschichte, 9. Auflage, Stuttgart 1950
Heesen/Hönle/Semerak – Gesetz über den Bundesgrenzschutz – BGSG – Kommentar für Praxis und Lehre, Hilden 1983
Helfritz – Verwaltungsrecht, Hannover 1949
Hermeier – Etwas über den mittelalterlichen Strafprozeß, in POLIZEINACHRICHTEN 5/1977, S. 160
Herren – Lehrbuch der Kriminologie, Band I, Freiburg i. Br. 1979
Hessel – Gesetz über die Einrichtung eines Bundeskriminalpolizeiamtes (BKA-Gesetz), Kommentar, Wiesbaden 1979
Heydecker/Leeb – Der Nürnberger Prozeß, Gütersloh 1980
Hildebrandt – Die deutschen Verfassungen des 19. und 20. Jahrhunderts, 8. Auflage, Paderborn 1971
Höhn – Deutsche Rechtswissenschaft, Hamburg 1936
Hoeveler – Internationale Bekämpfung des Verbrechens, Hamburg 1966
Holle – Ende des Kriminalpolizeiamtes für die Britische Zone – Anfang des Bundeskriminalamtes (Außenstelle Hamburg), in DIE POLIZEI Nr. 7/8, April 1952, S. 55
Hoßbach – Zwischen Wehrmacht und Hitler, 1934-1938, 2. Auflage, Göttingen 1965
Irving, Der Untergang Dresdens, Gütersloh 1964
Jastrow – Geschichte des deutschen Einheitstraumes und seiner Erfüllung, 4. Auflage, Berlin 1891
Jellinek – Verwaltungsrecht, 3. Auflage, Offenburg 1948
Kabel – Die Militarisierung der Sowjetischen Besatzungszone Deutschlands – Bericht und Dokumentation, Bonn, Berlin 1966
Kääb – Die Polizeiverordnungen der Reichsminister, Berlin 1941
Kaiser – Kriminologie, 3. Auflage, Heidelberg, Karlsruhe 1980
Kalicinski – 4 Jahre Zentrale Polizeischule und Polizeiinstitut Hiltrup, Hiltrup 1949
Kalicinski/Pioch – Hüter der Ordnung, Bonn 1954

General Dr.

Kießling – Die Überführung des BGS, in Europäische Wehrkunde, Juni 1981, Heft 6, S. 261 ff.

Klaudat – Polizeipflicht und Kausalität, Diss. iur. Münster 1968

Klausener/Kerstiens/Kempner – Kommentar zum Polizeiverwaltungsgesetz mit Quellenmaterial, Berlin 1931

Klockow – Stadt Lippe-Lippstadt, Lippstadt 1964 (Festschrift zum 50-jährigen Bestehen der Volksbank Lippstadt)

Klüber – Öffentliches Recht des deutschen Bundes und der Bundesstaaten, Frankfurt a. M. 1831

Knauth/Wagner – Landesverwaltungsordnung für Thüringen, Weimar 1927

Knemeyer – Polizei- und Ordnungsrecht, München 1984

–, Polizei, in Geschichtliche Grundbegriffe: historisches Lexikon zur politisch-sozialen Sprache in Deutschland, hrsg. von *Brunner/Conze/Kosseleck*, Bd. 4, Mi-Pre.-, Stuttgart 1978, S. 875 ff.

–, Polizeibegriffe in Gesetzen des 15. bis 18. Jahrhunderts, in Archiv für öffentliches Recht 92 (1967), S. 153 ff.

–, Das Notariat im Fürstbistum Münster, in WESTFÄLISCHE ZEITSCHRIFT, 114. Band, Münster 1964, S. 109 ff.

Koellreutter – Deutsches Verwaltungsrecht, Berlin 1936

Koschorke – Jederzeit einsatzbereit, Berlin 1939

Kroeschell – Deutsche Rechtsgeschichte 1 (bis 1250), Reinbek bei Hamburg 1979

–, Deutsche Rechtsgeschichte 2 (1250-1650), Reinbek bei Hamburg 1978

Ksoll/Küchenhoff/Schöndorf – Polizei- und Ordnungsrecht, Teil 1, Allgemeine Lehren, 3. Auflage, Düsseldorf 1973

Kuhnke – Geschichte der Hessischen Polizeischule, in Polizei – Technik – Verkehr, Sonderausgabe I, März 1962, S. 29 ff.

Kunkel – Römische Rechtsgeschichte, 5. Auflage, Köln, Graz 1967

Laforet – Deutsches Verwaltungsrecht, München 1937

Landes-Polizeischule „*Carl Severing*" Münster – Die Geschichte der Polizeischule Münster (Westf.), 1920-1960, Ahlen 1961

Lasker – Zur Verfassungsgeschichte Preußens, Leipzig 1874

Lauer – Die Polizei im nationalsozialistischen Staat, Hamburg 1935

Lauing – Die Geschichte der Kölner Polizei, Köln 1926

Lehmann – Der alte und der neue Polizeibegriff, Berlin 1937

Lehr – Ein 200 Jahre alter Gerichtsreport aus Baden-Württemberg, in Dokumentation zur Verbrechensbekämpfung, Landesverband Baden-Württemberg des Bundes Deutscher Kriminalbeamter, Oktober 1975, S. 42 ff.

–, Ist die Polizei politisch mündig?, in Dokumentation zur Verbrechensbekämpfung, Landesverband Nordrhein-Westfalen des Bundes Deutscher Kriminalbeamter, Düsseldorf 1975, S. 120 ff.

Liang (Hsi-Huey) – Die Berliner Polizei in der Weimarer Republik, Berlin, New York 1977

Liepmann, – Die polizeilichen Aufgaben der Deutschen Wehrmacht, Diss. iur. Leipzig 1926

Lüers – Das Polizeirecht in der DDR, Köln 1974

Maier – Die ältere deutsche Staats- und Verwaltungslehre (Polizeiwissenschaft), Neuwied, Berlin 1966

Maile – Bahnpolizei vorgestern und heute, in DIE EISENBAHN 10/1980, S. 695 ff.

Mattes – Untersuchungen zur Lehre von den Ordnungswidrigkeiten, Diss. iur. Freiburg i. Br. 1960

Matz – Der Weg der Deutschen Polizei, in Deutsches Recht (DR) 1936, S. 461 ff.

Maunz – Deutsche Verwaltung, München 1935
Mayer, Franz – Die Eigenständigkeit des bayerischen Verwaltungsrechts, dargestellt an Bayerns Polizeirecht, München 1958
Mayer, Otto – Deutsches Verwaltungsrecht, Erster Band, Berlin 1969
Meinert, – Der Soldat als Beistand der Polizei, Weimar 1802
Melcher – Geschichte der Polizei, Berlin 1926
Menger – Deutsche Verfassungsgeschichte der Neuzeit, Karlsruhe 1975
Michler – Die Polizei – Gestern und heute (BGV Reihe „Blickpunkte"), Bonn 1976
Middelhaufe – Der Aufbau der Bereitschaftspolizei im Lande Nordrhein-Westfalen, in DIE POLIZEI 1952, S. 103ff.
Mitteis/Lieberich – Deutsche Rechtsgeschichte, 11. Auflage, München 1969
Mittelalterliches Kriminalmuseum Rothenburg ob der Tauber – Justiz in alter Zeit, Rothenburg o.T. 1984
Mohamed Maher el Sawaf – Aufgabenwandel und Organisationswandel im Bereich der Polizei, Diss. 1981, Europäische Hochschulschrift, Frankfurt a.M.
Mommsen – Die Tagung der Polizeichefs in Hiltrup, Das Werden des deutschen Bundeskriminalamtes, in KRIMINALISTIK, Heft 11/12, Juni 1950, S. 121ff.
Nawiasky – Die allgemeine Rechtsstellung der Polizei, in BAYERISCHE VERWALTUNGSBLÄTTER 1926
Nebinger – Reichspolizeirecht, 3. Auflage, Leipzig 1942
Obenaus – Die Entwicklung der Preußischen Sicherheitspolizei bis zum Ende der Reaktionszeit, Berlin 1940
Otto – Die Täuschung – eine geschichtliche Erinnerung, in DEUTSCHE POLIZEI 8/1980, S. 29ff.
Paar – Entwicklung, Aufbau und Wesen der Kriminalpolizei in der britischen Zone, in POLIZEI-ZEITUNG, 1. Jg., (1947), Hannover, Nr. 1/2, S. 17ff.
Pagenkopf – Einführung in die Kommunalwissenschaft, 2. Auflage, Münster 1961
Palitzsch – Die Deutsche Kriminalpolizeiliche Kommission, in DIE POLIZEI Nr. 11/12, Juni 1950, S. 162ff.
Paschner – Was ist – was soll – was kann – was darf die Polizei, Boppard am Rhein 1970
Peters – Lehrbuch der Verwaltung, Berlin, Göttingen, Heidelberg 1949
Pioch – Organisation und Zuständigkeit der Polizei in den verschiedenen Besatzungszonen Deutschlands, Münster 1949
–, Das Polizeirecht einschließlich der Polizeiorganisation, 2. Auflage, Tübingen 1952
Pözl – Grundriß zu Vorlesungen über Polizei, München 1866
–, Lehrbuch des bayerischen Verfassungsrechts, München 1877
Poske – Der Seegrenzschutz, 1951-1956, Koblenz 1982
Pross – Die Zerstörung der deutschen Politik, Frankfurt a.M. 1961
Radbruch/Gwinner – Geschichte des Verbrechens, Stuttgart 1951
Raible – Geschichte der Polizei, Stuttgart 1963
Rasch – Polizei und Polizeiorganisation, Stuttgart, München, Hannover 1977
Reichert/Röber – Besonderes Verwaltungsrecht für Baden-Württemberg, Baden-Baden 1978
Reinoß/Knoll – Unser 20. Jahrhundert, Gütersloh 1978
Riege – Die Polizei aller Länder in Wort und Bild, Dresden 1928
–, Kleine Polizei-Geschichte, 3. Auflage, Lübeck 1966
–, Aus meinem Leben, Buxtehude Dezember 1975
Riegel – Gesetze zur inneren Sicherheit, in DAS PARLAMENT Nr. 3 vom 21.1.1978, S. 14
Rosin – Der Begriff der Polizei und der Umfang des polizeilichen Verfügungs- und Verordnungsrechts in Preußen, Berlin 1895

Rühmland – Die Zivilverteidigung in der DDR, 2. Auflage, Bonn 1980
–, NVA in Stichworten, 6. Auflage, Bonn April 1983

Segall – Geschichte und Strafrecht der Reichspolizeiordnungen von 1530, 1548 und 1577, Breslau 1914
Semerak – Frauen im Polizeivollzugsdienst des BGS?, in DIE POLIZEI 1983, S. 245 ff.
–, Fanggulden für den Gewalthaber, in KRIMINALISTIK 1985, S. 273 ff.
Severing – Mein Lebensweg, Band I und II, Köln 1950
Siemon – Geschichtlicher Rückblick auf das materielle Polizeirecht der Streitkräfte in Preußen-Deutschland, in POLIZEINACHRICHTEN 1/1967, S. 29 ff.
Siggemann – Die Kasernierte Polizei und das Problem der inneren Sicherheit in der Weimarer Republik, Diss. phil. Freiburg i. Br. 1978
Scheer – Allgemeines Polizeirecht und Ordnungsrecht im Lande Hessen, Hamburg 1967
–, Allgemeines Polizeirecht und Ordnungsrecht im Lande Nordrhein-Westfalen, Hamburg 1963
–, Deutsches Presserecht, Hamburg 1966
Schiedermair – Einführung in das bayerische Polizeirecht, München, Berlin 1961
Schirrmacher – Die Sinne wieder schärfen, in DEUTSCHE POLIZEI 11/1980, S. 2
Schlomann – Operationsgebiet Bundesrepublik, Spionage, Sabotage und Subversion, München 1984
Schmid, Carlo – Erinnerungen, Bern, München, Wien 1979
Schmucker – Das Polizeiwesen im Herzogtum Württemberg nach seiner geschichtlichen Entwicklung dargestellt, Diss. iur. Tübingen 1958
Schneider, Hans – Polizeirecht, 12. Auflage, München, Berlin 1954
Schneider, H. J. – Das Geschäft mit dem Verbrechen, München 1980
–, Kriminologie, Berlin, New York 1974
–, Kriminologie, Jugendstrafrecht, Strafvollzug, München 1976
Schneider, Reinhold – Die Hohenzollern, Frankfurt a. M., Hamburg 1961
Scholz – Bayerisches Sicherheits- und Polizeirecht, München 1975
Schorn – 20 Jahre Polizeiinstitut Hiltrup, in DIE POLIZEI 1965, S. 197 ff.
Schroeder – Das Strafrecht des realen Sozialismus, Opladen 1983
Schwarze – Die bayerische Polizei und ihre historische Funktion bei der Aufrechterhaltung der öffentlichen Sicherheit in Bayern von 1919-1933, in Miscellanea Bavarica Monacensia (MBM), Heft 72, München 1977
Schwinghammer – BKA-Präsident *Horst Herold*, in Kriminologisches Journal 4/1980, S. 241 ff.
Stadelmann – Soziale und politische Geschichte der Revolution von 1848, 2. Auflage, München 1970
Stahl – Die Philosophie des Rechts, II. Bd., 2. Abt. (Die Staatslehre und die Prinzipien des Staatsrechts), 3. Auflage, Heidelberg 1856
Steinmann – Die Mecklenburg-Strelitzsche Landgendarmerie, Schönberg 1924
Stoiber – Der Hausfriedensbruch im Lichte aktueller Probleme, Diss. iur. München 1971
Stolz – Geschichte der Polizei in Schleswig-Holstein, Heide i. H. 1978
Stümper – Die Wandlung der Polizei in Begriff und Aufgaben, in KRIMINALISTIK 6/1980, S. 242 ff.

Tessin – Formationsgeschichte der Wehrmacht 1933-39, Schriften des Bundesarchivs Nr. 7, Boppard am Rhein 1959, Anhang „Die Entwicklung der Landespolizei", S. 248 ff.
–, Stäbe und Truppeneinheiten der Ordnungspolizei, in *Neufeldt/Huck/Tessin*, Zur Geschichte der Ordnungspolizei, Koblenz 1957
Teufel – Die geschichtliche Entwicklung der Kriminalpolizei, Bund Deutscher Krimi-

nalbeamter – Bundesdelegiertenkonferenz 1970, Landesverband Baden-Württemberg 1970, S. 97 ff.
Thoma – Der Polizeibefehl im Badischen Recht, Tübingen 1903
Toynbee – Krieg und Kultur, Frankfurt a. M., Hamburg 1958
Urban – 22 Jahre Entwicklung der Polizeiorganisation in Hessen, in Polizei – Technik – Verkehr, Sonderausgabe III/1967, S. 18 ff.
van den Bergh – Der Polizeigedanke einst und jetzt, Frankfurt a. M. 1948
Veit – *Justus Gruner* als Schöpfer der Geheimen Preußischen Staatspolizei, Diss. phil. Rostock 1937
Verband der Polizeibeamten für die deutschen Kolonien e. V. am Tage seines zehnjährigen Bestehens – Vom Niemandsland zum Ordnungsstaat, Geschichte der ehemaligen Kaiserlichen Landespolizei für Deutsch-Süd-Westafrika, Berlin 1930
Vogel, Jochen – Die Verwirklichung der Rechtsstaatsidee im Staatshaftungsrecht, Heidelberg, Karlsruhe 1977
Vogel, Klaus – Über die Herkunft des Polizeirechts aus der liberalen Staatstheorie, in Festschrift für *Gerhard Wacke* zum 70. Geburtstag, Köln-Marienburg 1972, S. 371 ff.
von Berg – Handbuch des Teutschen Policeyrechts, Band I, 2. Auflage, Hannover 1802
von Bismarck – Gedanken und Erinnerungen, München (ohne Jahresangabe)
von Crousaz – Geschichte des Königlich Preußischen Kadetten Corps, nach seiner Entstehung, seinem Entwicklungsgange und seinen Resultaten, Berlin 1857
von Justi – Grundsätze der Polizeiwissenschaft, Band I, Leipzig 1760
–, Die Natur und das Wesen der Staaten, Berlin, Stettin, Leipzig 1760
von Mohl – Die Polizei = Wissenschaft nach den Grundsätzen des Rechtsstaates, Erster Band, 3. Auflage, Tübingen 1866
–, Dritter Band, Tübingen 1866
von Münch, – Besonderes Verwaltungsrecht, 5. Auflage, Berlin, New York 1979
von Salza und Lichtenau – Handbuch des Polizeirechts, Leipzig 1825
von Soden – Die Nationalökonomie, 7. Band: Die Staatspolizei nach den Grundsätzen der Nationalökonomie, Aarau 1817
von Sonnenfels – Grundsätze der Polizei, Handlung und Finanz, 6. Auflage, Wien 1796, Band I
von Stein – Die Verwaltungslehre, Vierter Theil, Stuttgart 1867
von Unruh – Polizei als Tätigkeit der leistenden Verwaltung – in DVBl. 1972, S. 469 ff.
Vossler – Die Revolution von 1848 in Deutschland, 3. Auflage, Frankfurt a. M. 1972
Wagner – Die Polizeipflicht von Hoheitsträgern, Berlin 1971
* *Waldschmidt* – Die Schutzpolizeitruppe in der Republik von Weimar in ihrer historischen Entwicklung und Gliederung verglichen mit der Entwicklung der Polizeitruppe in der BRD und der DDR (Eine Studie), Duderstadt 1973
Wallat – Vom Polizeiinstitut zur PFA, in DIE POLIZEI 1972, S. 573 ff.
Weingärtner – Übergreifende Zuständigkeit im Verhältnis Bundestagspräsident – Länderpolizei, in KRIMINALISTIK 1969, S. 271 ff.
Weiß – Die Polizeischule, I. Band, Dresden 1912
Wenzel – Geschichtlicher Überblick über das Verhältnis zwischen Polizei und Justiz, in DIE NEUE POLIZEI Nr. 6/1954, S. 96 ff.
Weschke – Das Werden der deutschen Kriminalpolizei, in Sonderheft des Landesverbandes Hessen anläßlich der 1. Landesdelegiertentagung im Bund Deutscher Kriminalbeamter, S. 21 ff.
Willich – BGS – Historische und aktuelle Probleme der Rechtsstellung des Bundesgrenzschutzes, seiner Aufgaben und Befugnisse, Schwarzenbek 1980
Woldt – Die Polizeigewalt des Reichstagspräsidenten, Diss. iur. Heidelberg 1934
Wolff/Bachof – Verwaltungsrecht I, 9. Auflage, München 1974

* Hat 1975 bei mir Stabsoffz. Lehrgang gemacht! Abschluß unter „ferner liefen". Kam als Hptm. von der BW

–, Verwaltungsrecht III, 4. Auflage, München 1978
Wolzendorff – Der Polizeigedanke des modernen Staats, Breslau 1918
–, Die Grenzen der Polizeigewalt, Erster Teil: Marburg 1905, Zweiter Teil: Marburg 1906
Zaika, – Polizeigeschichte, Lübeck 1979
Zechlin – Die Reichsgründung, Frankfurt a. M., Berlin 1967
Zielinski – Wie war Hitler möglich?, in Dokumentation zur Verbrechensbekämpfung, Landesverband Hessen des Bundes Deutscher Kriminalbeamter, Düsseldorf 1980, S. 22ff.
Zilling – Die geschichtliche Entwicklung der Polizei in Frankreich, England und Deutschland, in Dokumentation zur Verbrechensbekämpfung, Landesverband Nordrhein-Westfalen des Bundes Deutscher Kriminalbeamter, Düsseldorf 1975, S. 96ff.
Zirpins – Die Entwicklung der polizeilichen Verbrechensbekämpfung in Deutschland, in Das Kriminalpolizeiliche Ermittlungsverfahren, Arbeitstagungsbericht des BKA (Arbeitstagung vom 12.–17. November 1956), Wiesbaden 1957, S. 13ff.
Zobel – Polizei, Geschichte und Bedeutungswandel des Wortes und seiner Zusammensetzung, Diss. phil. München 1952
Zuppinger – Der Schutz gegen sich selbst im Polizeirecht, Winterthur 1956

Fundstellen über die weitergehende Literatur befinden sich in den einzelnen Kapiteln.

Abkürzungsverzeichnis:

Vgl. zu den herkömmlichen Abkürzungen
Kirchner, – Abkürzungsverzeichnis der Rechtssprache, 3. Auflage 1983 und
Kirchner/Kastner, – Abkürzungen für Juristen (Jura Extra), 1983

Bildnachweis

Polizei-Führungsakademie, Münster
Höhere Landespolizeischule Nordrhein-Westfalen
„Carl Severing“, Münster
Polizeipräsidium der Wasserschutzpolizei NRW, Duisburg
Grenzschutzdirektion, Koblenz
Grenzschutzkommando West, Bonn
Polizeipräsidium Berlin
Polizeipräsidium München, Lehrmittelsammlung
Archiv *Leonhard Harnischmacher*, Lippstadt
Archiv *Kurt Ziegler*, Meldorf in Holstein
Archiv *Theodor Wilhelm*, Kassel
Archiv *Günter Tausch*, Münster
Archiv für soziale Demokratie, Bonn-Bad Godesberg
Freundeskreis für Polizeigeschichte e.V., Kassel
Fotojournalist *Jo Hänscheid*, Münstersche Zeitung
Verlag *Bernard & Graefe*, Koblenz
Verlag *Carl Heymann*, Köln
Deutsche Bundesbahn, Film- und Bildstelle, Mainz
Süddeutscher Verlag, München
Innenministerium Hessen, Wiesbaden
Bund Deutscher Kriminalbeamter, Landesverband Hamburg
Hessische Polizeischule, Wiesbaden-Dotzheim

I. Kapitel:

Das Erbe des alten Griechenlands und Roms für die deutsche Polizei

Der Begriff „Polizei", gründend im griechischen „POLITEIA" πολιτεία –, übernommen ins lateinische politia, hat erst in der 2. Hälfte des 15. Jahrhunderts Eingang in die deutschen Kanzleien und die deutsche Sprache gefunden (*Knemeyer*, Polizei- und Ordnungsrecht, a. a. O., S. 2 Rdn. 2). Mit dem Begriff politeia charakterisiert sich die „Staatsverfassung", was bei Aristoteles „wohlgeordnetes Staatswesen" heißt, und die Bezeichnung für die gesamte Staatsverwaltung (*Siggemann*, a. a. O., S. 4). Darunter verstand man auch das „Zusammenwirken der Staatsorgane" oder das „Zusammenspiel der Staatsfunktionen" einschließlich der Gesetzgebung und der Rechtsprechung (*Drews/Wacke*, Allgemeines Polizeirecht, a. a. O., S. 2; *Ksoll/Küchenhoff/Schöndorf*, Polizei- und Ordnungsrecht, Teil 1, a. a. O., S. 10; *Reichert/Röber*, Besonderes Verwaltungsrecht für Baden-Württemberg, Baden-Baden 1978, A I 1; *Scholz*, Bayerisches Sicherheits- und Polizeirecht, a. a. O., S. 19). Insofern war dem Verständnis nach die Polizei die Gesamtheit der staatlichen Beziehungen, wobei gewissermaßen dem Namen wie der Sache nach die Polizei die „Mutter" der gesamten Verwaltung war und die Polizeigewalt ursprünglich alle weltlichen Verwaltungsaufgaben umfaßte (*Wolff/Bachof*, Verwaltungsrecht III, a. a. O., S. 2).

Stellt man auf die wortgeschichtliche Bedeutung ab, so hieß der Stadtstaat in Griechenland namentlich „Polis", die hierin lebenden Einwohner/Bürger „Politen" und deren Verfassung „Politeia". Die deutschen Worte *Polizei* und *Politik* haben also hier ihren Ursprung (*Scheer*, Allgemeines Polizeirecht und Ordnungsrecht im Lande Hessen, a. a. O., S. 21, Frage 2 (fortan zitiert als Scheer I).

Die Kämpfe der miteinander befehdeten Stadtstaaten in den Poleis führten zur Bildung militärischer Formationen zur Aufrechterhaltung der Ruhe und Ordnung und des Friedens. Diese „Militärpolizisten" schützten als Ordnungskräfte (*Riege*, Kleine Polizei-Geschichte, a. a. O., S. 10ff.) den Polisstaat gegen den Aufruhr der unterworfenen Völker, sorgten für Sicherheit und waren als Polizeirichter tätig (schon die Ägypter hatten ihre Polizeigesetze, und die mosaische Gesetzgebung enthält vortreffliche polizeiliche Vorschriften). Sie überwachten die öffentliche Moral, die ähnlich der im biblischen Israel nicht die beste war, beaufsichtigten die öffentlichen Stätten und Gebäude, Wasserleitungen, Straßen, Straußwirtschaften, kontrollierten die Märkte, u. a. auch hinsichtlich der Preise und der Qualität der angebotenen Waren, um nur katalogisiert einige Aufgaben der Tätigkeiten aufzuzeigen.

Noch heute nimmt z. B. in Italien der Carabiniere auf dem Lande und in den mittleren Städten an den Markttagen diese Preis- und Qualitätskontrollen vor. Der „Maresciallo" ist die Respektperson, der anbietende Händler, Bauern und potentielle Käufer vertrauen, daß alles seine Ordnung habe. In der Bundesrepublik Deutschland hingegen fällt diese Tätigkeit in die Fachkompetenz der Ordnungsbehörden, außer es besteht eine Gefahr im Verzuge, die die Polizeibehörden ermächtigt, ad hoc gefahrabwendende Maßnahmen zu ergreifen.

Um 350 v. Chr. entfiel ein derartiger Polizist im alten Griechenland auf vier bis fünf Bürger. Zur Zeit des *Imperium Romanum* findet man das Wort „politia", das neben der Ordnungstätigkeit die Judikation auf unterster Ebene auch die staatliche allgemeine Verwaltungstätigkeit umfaßte (*Zilling*, a. a. O., S. 96). Bereits zur Römerzeit gab es in Köln eine Munizipal = (Gemeinde), der u. a. die Verwaltung der Stadtpolizei oblag. Polizeigewalt übten zunächst nur die hohen Magistratsbeamten aus, denen als Helfer die Liktoren und Viatoren zur Seite standen. Etwa 400 v. Chr. geht dann die Exekutivgewalt auf die Ädilen über, die die Träger der ersten ordnungspolizeilichen Tätigkeit in Rom waren. Diese Ädilen versahen mit ihren Dienern, die wegen ihrer Kleidung – sie waren mit einem Schurz umgürtet – den Namen *limocinctus* = Schurzträger zugeordnet bekamen. Ca. 200 n. Chr. wurde eine eigene Polizeitruppe, die *Vigiles*, geschaffen, an deren Spitze der Präfekt war (*Lauing*, a. a. O., S. 15, 17; *Schwarze*, a. a. O., S. 10/11).
Polizeiorgane waren also insbesondere Beamte wie der Ädil, Prätor, Liktor, Stadtpräfekt. Da die Polizeikräfte zur Bekämpfung der Straßenkriminalität sowie spezieller Delikte wie etwa Raub, Diebstahl, Betrug, Prostitution und anderer Straftaten nicht ausreichten, betraute man gutwillige, unbescholtene Bürger – *vico magistri* mit hilfspolizeilichen Aufgaben.

Diese Form, einem Polizeikräftemangel abzuhelfen, ist der 2. Weltkrieg-Generation noch in guter Erinnerung (vgl. 1933: SA und SS als Hilfspolizei!). So wurden, vornehmlich in der britischen Besatzungszone, neben heimkehrenden Polizeibeamten auch unbescholtene Bürger als Hilfspolizeibeamte eingesetzt, die mit Handschlag gelobten, den übertragenen Dienst als Hilfspolizist treu und gewissenhaft zu erfüllen, den Vorgesetzten Gehorsam zu leisten und gute Manneszucht zu halten (*Stolz*, a. a. O., S. 292 f.). Erst der Neuaufbau der Länderpolizeien und die Einstellung von Polizeianwärtern führten zu einer Auflösung der Hilfspolizeibeamtenschaft, die entweder entlassen oder nach vorangegangener Beschulung und in Anerkennung der Zeit als Hilfspolizeibeamte in die neue Polizei übernommen wurden.

Der Polizeiapparat *Roms* war in vier *Hauptsektionen* unterteilt. Diese Fachunterteilungen waren die in die *Sicherheits-*, *Politische-*, *Sitten-* und *Wirtschaftspolizei*. Mit der *Stadt-* und *Marktpolizei* war die Beaufsichtigung der religiösen Gebräuche, der Theater und der öffentlichen Gebäude verbunden. Zur Durchführung der Anordnungen der Polizei konnte diese durch ihre Beamten Körper- und Geldstrafen verhängen. Die Bestechlichkeit der Beamten veranlaßte Kaiser *Augustus*, den römischen *Stadtpräfekten* mit diktatorischen Vollmachten zu ernennen. Man weiß von Kaiser *Augustus*, daß er das Polizeiwesen und die Polizeijustiz von Grund auf reformierte, indem er einen Senator im „Konsul-Rang" unbefristet als Stadthauptmann von Rom –

praefectus urbis – curator urbis – einsetzte und eine stark kasernierte Polizeitruppe, die *cohortes vigilum*, schuf (*Riege*, Kleine Polizei-Geschichte, a.a.O., S. 12). Der erste dieser neuen Präfekten war *Agrippa*. Der Präfekt von Rom war der Träger der Polizeijustiz mit jurisdiktionellen Aufgaben. Die fachlich interessierte Nachwelt sagte gerade Kaiser *Augustus* nach, daß diese Ausübung der Polizeijustiz mit bewährten und erfahrenen Männern, mitunter sogar hervorragenden Juristen wie z.B. *Pegasus* unter *Domitian*, *Salvius Iulianus* unter Marc Aurel oder *Cervidius Scaevola*, und deren Amtsdauer in jedem Falle eine gewisse Stabilität der Rechtsprechung und der Bekämpfung des Verbrechertums ermöglichte. Auch außerhalb Roms wurden zur Bekämpfung des Bandenunwesens z.B. Militärposten über das ganze Land aus Mitgliedern der *Prätorianergarde* gebildet, die Kriminalfälle bearbeiteten (*detectio*) und Verbrechen (*crimen*) aufklärten (der Hinweis auf die Wurzeln der Deteketivgeschichte in den Tragödien des *Sophokles* läßt den Rückschluß zu, daß auch schon die Griechen die Arbeit von Kriminalisten kannten (*Kunkel*, a.a.O., S. 62, 74, 75)).

Auf dem Wege über die lateinische Sprache und das Römische Recht fand der Polizeibegriff Eingang in die deutsche Rechtssprache, obwohl der spätere Ausbau der Verwaltung und somit auch der Polizei indessen nicht in den Resten römischer Munizipalität zu suchen ist (später stehen den res politiae, den „Polizeisachen", die res ecclesiasticae, die kirchlichen Angelegenheiten, gegenüber, die seit der Reformation den protestantischen Fürsten in ihren Ländern übertragen wurden (*Lehmann*, a.a.O., S. 15)).

II. Kapitel:

Erste Entwicklungsspuren polizeiähnlicher Natur im deutschen Kulturkreis

Anfänge der Polizei bei unseren Vorfahren, den *Germanen*, zu suchen, hieße die „berühmte Stecknadel im Heu“ suchen. Es bleibt aber anzumerken, daß die *Sippe* als ältester menschlicher Verband und Familienverbund das Zusammenleben der Menschen regelte. Neben den Sorgen um die tägliche Nahrung bestand ein wesentlicher Teil dieser Gruppenbildungsform darin, friedvolles Gemeinleben unter der Voraussetzung der Gleichheit aller Sippenangehöriger zu schaffen. Eine Polizei gab es nicht, da jedes Sippenmitglied unter dem Gesichtspunkt der *Selbsthilfe* und des *Selbstschutzes* für sich eigenverantwortlich seine eigene „Polizei“ war (*van den Bergh*, a.a.O., S. 8ff.).
Auch die Zeit der Erweiterung der Sippen in *Gaue*, *Völkerschaften*, weicht nicht von diesem Grundprinzip ab, findet aber der guten Ordnung halber zu Formen des Selbsthilferechtes zum Nutzen des Sippen-, Gau- und Völkerschaftsverbandes und dessen Wohl. Diese ständige Übung der Rücksichtnahme läßt *gewohnheitsrechtliche Handlungsweisen* entstehen, die auf Dauer ausgerichtet sind und die Menschen in Überzeugung rechtlichen Tuns in ihrem Zeitgeistverständnis handeln lassen. Rechtliches Handeln, soweit man den Umgang im zwischenmenschlichen Verkehr miteinander betrachtet, dient dem Frieden der Gemeinschaft, der durch eine *bewaffnete Kriegsschar*, den *Freien*, gesichert wird. Der Friede war die Ungestörtheit vor äußeren Eingriffen in und um die Haussphäre, wobei Haussphäre keine Verschiedenheit von Schutzsphäre bedeutete. Die Störung dieses Friedens war folglich öffentlicher Friedensbruch. Im Vordergrund stand demgemäß auch der Schutz vor gewaltsamer Störung. Alles, was den Frieden der Gemeinschaft störte, war rechtswidrig und wurde in den *Thingversammlungen* öffentlich verhandelt. Jeder Friedensbruch wurde streng geahndet. Sippenstreitigkeiten wurden durch die *Fehde* oder herkömmliche Formen der *Pfandnahme* oder des *Entgeltes* geregelt. So berichtet etwa der römische Autor *Tacitus* in seiner *Germania*, die das humanistische Interesse an der germanischen Frühzeit erheblich beeinflußt hat, im 12. Kapitel:

„Sed et levioribus delictis pro modo poena: equorum pecorumque numero convicti multantur. Pars multae regi vel civitati, pars ipsi, qui vindicatur, vel propinquis eius exsolvitur ...
(Aber auch geringere Vergehen finden die entsprechende Sühne: Die Schuldigen büßen ihr Vergehen mit einer bestimmten Anzahl von Pferden und Vieh. Ein Teil der Strafe wird dem König oder dem Gemeinwesen, ein Teil dem Geschädigten oder seinen Verwandten gezahlt ...“)

An anderer Stelle heißt es im *Edictum Rothari* anno 643, daß Schlägereien und Wundbußen, wenn diese unter freien Männern vorkommen, sie in der Weise gebüßt werden, daß fast 30 Sätze für ausgeschlagene Augen und Zähne, abgehauene Nasen oder Ohren und für viele andere Verletzungen eine Buße festgesetzt wird mit der Einschärfung:

„Bei all den oben beschriebenen Hieb- und Stichwunden, die unter freien Männern sich ereignen, haben wir deshalb eine höhere Buße festgesetzt als unsere Alten, damit die Fehde nach Empfang der oben bezeichneten Buße aufgegeben werde und auch kein böser Vorsatz zurückbleibe, sondern die Sache beendet sei und Freundschaft walte". (*Kroeschell*, Deutsche Rechtsgeschichte 1 (bis 1250), S. 43f (fortan zitiert als *Kroeschell* I, a.a.O.)).

Diese handfesten Stammesrechte, Zeugen eines gewalttätigen Alltags, der auf die zunehmenden Gewalttaten unserer Zeit fast modern anmutet, hatten zum Ziel, den Verletzten zu entschädigen und eine Aussöhnung der Parteien und damit Schwächung der politischen Gemeinschaft zu erreichen und zu verhindern. Es wurden, da noch keine Gerichte als solche etabliert waren, *Schiedsmänner* als schlichtende und mitwirkende Berater tätig, die die Buße aushandelten.

Auch heutzutage kennen wir z.B. in Nordrhein-Westfalen die Schiedsmannordnung vom 10.3.1970, die Sühneverhandlungen über streitige Rechtsangelegenheiten iSd § 1 SchO NW vorsieht. Ehrenamtliche Schiedsmänner sorgen in der Amtszeit von fünf Jahren für den vorgerichtlichen Ausgleich der Parteien untereinander. Eine besonders prägnante aktuelle Form von ausgehandelten Urteilen ist in der Strafrechtspflege in Texas/U.S.A. bekannt, wo im Rahmen eines Verhandlungsprozedierens zwischen dem öffentlichen Ankläger und dem Verteidiger das Strafmaß ausgehandelt wird, nachdem die Polizei den Ermittlungsvorgang abgeschlossen hat. Dieser Vorgang heißt dort: „*Plea Bargaining*" und hat mit Gerechtigkeit wenig zu tun; vordergründig wird vielmehr die Effizienz des Strafrechtspflegesystems gesehen.

Festzuhalten bleibt aber, daß bei den Germanen keine Polizei bestand. Allerdings bestand nach Auffassung von *Riege* (a.a.O., S. 12ff.) eine gesetzlich verankerte *Polizeihilfspflicht*, da jeder Germane verpflichtet war, Täter gegen die Sippe, den Volksstamm oder das ganze Volk auf der Stelle zu töten. Die gesetzliche Verankerung war durch das *Fehderecht* vorgegeben, das einen „Straftäter" als vogelfrei hinstellte und jeden Germanen zwang, ihn zu verfolgen, zu stellen und zu töten, wenn er seiner habhaft werden konnte („Die Polizeihilfspflicht der Bevölkerung war aus Mangel an polizeilichen Organen eine bittere Notwendigkeit. Es ist wegen der damit verbundenen Mühen und Gefahren sehr verständlich, daß die Bevölkerung ihrer Pflicht, als „Hilfs-Kriminalpolizei" zu fungieren, nur sehr ungern nachkam ..." (Edikt vom 30.6.1781, bei *Obenaus*, a.a.O., S. 4)).

Nach Auffassung des späteren Mittelalters geht das Recht auf Kaiser Karl den Großen zurück. *Karl der Große* teilte das Land in *Grafschaften* und setzte über sie Grafen, die Gerichtsbarkeit und die Verwaltung in seinem Namen ausübten. Der Graf hatte Polizeigewalt. Er bot zur Landfolge gegen Gewaltverbrecher auf, überwachte die Märkte, zog die Pflichtigen zu öffentlichen Arbeiten im Straßen- und Brückenbau heran sowie auch zum Postdienst, der nach römischem Muster nur für den Staat da war. In den Grenzgauen führte dieser Graf („comes“) die Bezeichnung *Markgraf.* Überwacht wurde die Tätigkeit dieser Grafen und ihrer untergebenen Personenschaft durch *Sendgrafen* („missi“), die vom Kaiser/König gelegentlich mit Spezialaufträgen in die einzelnen Gaue gesandt wurden. Die Gehilfen der Grafen waren die *Unter-* oder *Gografen,* welche ihrerseits in deren Namen Recht sprachen. Die Erhaltung der öffentlichen Sicherheit bei der Vielfältigkeit der Aufgabenstellung führte dazu, daß wiederum kleinere Bezirke geschaffen wurden, an deren Spitze widerruflich ernannte Beamte, die *Vögte,* traten, eine Entwicklung, die um 1250 als abgeschlossen angesehen werden kann. Der Vogteiverfassung, ein lehensherrschaftsähnliches Recht des Mittelalters, lag wahrscheinlich die wendische Gauverfassung z.B. in Brandenburg-Preußen zugrunde, auf die auch die in späterer Zeit erfolgte Einteilung in *Kreise* zurückging. Der Vogt war also die „Bezirkspolizei-/Kreispolizeibehörde“ in persona, wobei ihm bei Erfüllung dieser Aufgabe als Unterbeamter der *Landreiter* zur Seite stand, der auch als „undervoyd“ betitelt wurde. Weitere Vogtsunterstellte waren die *Dorfschulzen* oder *Schultheiße,* die in den Bauernschaften und Dörfern die „Ortspolizeibehörde“ darstellten. Daneben gab es die *Frei-* oder *Femegerichte,* die Karl der Große für alle Freien des Landes unter Belassung und im Anschluß an ihre alten Gerichte eingerichtet hatte. Während früher die Freien ihren Vorsitzer, den *Häuptling,* selbst wählten, wurde er nun vom Kaiser für die Grafschaftsgerichte in der Person des *Freigrafen* ernannt oder bestätigt. Sitz der Freigerichte waren *Freistühle* oder *Malstätten* (ein solcher Freistuhl war z.B. in der Nähe von Lippstadt-Lipperode). Ihre Beisitzer hießen die *Stuhlherren.* Diese konnten das Gericht selbst einberufen, wenn sie vom Kaiser/König dafür um Belehnung nachsuchten. Meistens schlugen sie dafür einen Freigrafen vor, der sich dann vom Kaiser belehnen ließ. Da gerade die Femegerichte in *Westfalen* über lange Zeit an der Tagesordnung waren, mußte in dieser Region der Freigraf ein Westfale, frei, ehelich geboren und unbescholten sein. Als ständige Urteiler standen dem Freigrafen *sieben Schöffen* zur Seite, daher die Bezeichnung „*die heilige Acht*“ oder „*die heimliche Acht*“. Unter Kaiser *Sigismund* erhielten diese Gerichte fast eine unbegrenzte Wirksamkeit über alle Länder und Städte des Reiches. Sie nannten sich des „*heiligen Reiches Obergericht übers Blut*“. Das Femegericht ersetzte damit das fehlende *Reichsgericht* und an der quasi offiziellen Bedeutung der Sache änderte auch die Heimlichkeit der Sitzungen nichts, denn so konnte keine Öffentlichkeit ausgeschlossen werden. Die Femegerichte waren den landesherrlichen Gerichten übergeordnet. Alle schweren Verbrechen im Reiche unterfielen der Kompetenz der westfälischen Freigerichte, deren oberstes Femegericht der *Dortmunder Freistuhl* war. Zu vermerken ist dabei die „Dienstanweisung“ an den *vorsitzenden Femerichter,* der sich durch die gekreuzte Stellung seiner Beine zu erkennen gab. Die *Soester Gerichtsordnung* um 1470 fordert: „Es soll der richter auf seinem richterstuhl sitzen als ein grisgrimmender löwe, den rechten fuß über den linken schlagen“. Neben den Freigerichten bestanden die Go-Gerichte, deren Vorsteher die Go-Grafen waren. Diese wurden vom Landesherrn bestellt und unterstanden nicht den freien Landsassen. Das Go- wie auch das Freigericht wurden später in *Gerichtsämter* umgewandelt und „*Scheffengerichte*", „*Richter* und *Scheffen*" genannt.

Ausdrücklich festzustellen bleibt aber mit *Jastrow* (a.a.O., S. 20), daß, solange Karl der Große und seine Nachfolger machtvoll das Zepter führten, solange die Heere die Grenzen schützten, die Grafen für Recht und Ordnung sorgten und somit Polizeiaufgaben wahrnahmen, solange wurde das Reich als ein Staat regiert. Das besondere Erbe Karls des Großen besteht in den *Königsgesetzen*, den *Kapitularien*, die ihren Namen nach ihrer Einteilung in Kapitel tragen. Diese Kapitularien regelten das *Rechtsleben* des fränkischen Staates. In ihnen war die Polizei mit der Regierung gleichgesetzt und als weltliches Regiment der Kirche gegenübergestellt.

III. Kapitel:

Die Bedeutung der Städte und ihre „Polizei"

Voraussetzung für die Annahme einer Polizei als Teil der Verwaltung war zunächst die Entstehung einer besonderen städtischen Verwaltung, die auch die Polizeigewalt ihr eigen nannte und mit der Gerichtsverfassung aufs engste verknüpft war. Das wiederum setzte das Vorhandensein einer Stadt voraus. Gerade das Mittelalter war geprägt durch die Gründung von Städten als Mittelpunkt und Ausdruck lokalen und überregionalen Lebens. Es fehlte nicht an Städten mit *Geburtsbriefen* wie etwa:

- *Freiburg* im Breisgau, das der Zähringer *Herzog Bertold III.* anno 1120 als „forum incipere et extolere" – einen Marktflecken beginnen und sorgfältig bebauen – beschloß oder
- *Lippstadt* in Westfalen, dessen Gründer *Graf Bernhard II. zur Lippe* (1198) „civitatem novellam plantare" eine neue Stadt pflanzen wollte und etwa die Stadt
- *Hamm*, von der Graf *Adolf* im Jahre 1213 erklärte, er wolle „oppidum in Marca construere" – eine Stadt in der Mark errichten.

Wie jedes Gemeinwesen zum Funktionieren einer Handlungsgrundlage bedarf, gaben sich die Städte sogenannte *Stadtrechte* mit dem Ziel, die Einträchtigkeit der Bürger hervorzurufen, denn „neidisch rotten sich drum die Herren des Landes zusammen, greifen zu krieg'rischer Wehr, Schaden zu üben gewillt". Der Bürger Eintracht war/ist der Städte beste Festigkeit. In den Anfängen der Städte, um die sich in den Wirrungen der Zeit mancherlei Raubritter bemühten oder diese bei Kompetenzstreitigkeiten in der hierarchischen Ordnung in der Regel von dem obsiegenden Gewinner der Querelen, des beckmesserischen Gerangels und der Machtgelüste einfach gebrandschaft wurden. „Meine lieben Bürger, seid einträchtig, denn der Bürger Eintracht ist der Städte beste Festigkeit", war ein zeitgenössischer Appell, dessen Inhalt lebenswichtig für die Städteeinwohner war. Von besonderer Bedeutung aber war das Recht der Stadt, das das Gemeinleben ordnete. *Graf Bernhard II. zur Lippe* z. B. begünstigte im Gegensatz zu anderen Städtegründern die *bürgerliche Freiheit*, indem er den Bürgern die Wahl ließ, welches der zeitlich geltenden Rechte sie sich geben wollten. Sie wählten eines der ältesten, bedeutendsten und fruchtbarsten Rechte, das *„Soester Recht"*, das sie nach ihren speziellen Bedürfnissen modifizierten. Insofern wurde das *Lippstädter Stadtrecht* durch seine Rechtsfortbildung Vorbild für die lippischen und weiteren Städte (so etwa für Hamm, Hagen, Büren, Neheim, Rheda – Hamm wieder für Unna, Lünen, Bochum; (siehe hier bei *Ebel*, a. a. O., S. 17)). In den ursprünglich 14 Artikeln, zu denen mit der Zeit andere hinzukamen, um den neuen Gegebenheiten Rechnung zu tragen, enthielt dieses Recht Bestimmungen über die

- *gerichtlichen Befugnisse des Rates*, über das
- *Bürgerrecht*, über die
- *Begrenzung der Rechte des Stadtherren* durch den Rat, über die
- *Zollfreiheit* und den *bürgerlichen Erbfall.*

Grundsätze des damaligen Landrechtes waren vor allem das Erbrecht und „*Vergeld*", die hier im städtischen Recht übernommen wurden. Als die Urkunde 1220 gesiegelt wurde, war es bereits mehr als 20 Jahre in der Rechtsübung mit Erweiterungen und Neuerungen. Die Stadt wurde gemäß §§ 15, 16 des Stadtrechtes aus dem außerstädtischen Landgerichtsbezirk ausgeklammert (Lippstadt ist die älteste Gründungsstadt Westfalens! Die älteste urkundliche Erwähnung ist im Kölner Allodialverzeichnis anno 1185, obwohl nicht ausgeschlossen wird, daß etwa seit 1168 Lippstadt bestand. Eine Gründungsstadt ist von einem Grundherrn planmäßig gegründet, indem er geradlinige Straßen und große Plätze mit öffentlichen Gebäuden erstellen ließ, den übrigen Boden aber in Bauparzellen von gleichmäßiger Größe aufteilte und privaten Bewerbern gegen die Verpflichtung zur Bezahlung eines mäßigen Erbleihezinses zur Bebauung überließ (*Gmür*, a. a. O., S. 46)).
Der städtische Richter konnte nur mit Zustimmung der Stadtvertreter (vorher allein vom Stadtherrn) ernannt werden. Damit war die Rechtsstellung des Lippstädters enorm gegenüber anderen Städten verbessert. Diese Rechtskodifizierungen wurden durch die Kommunikation der Städte untereinander weitergegeben, örtlich den Erfordernissen gemäß zugeschnitten, so daß die Städte in der Folge durch ihr formuliertes Recht und die damit verbundenen Rechtsstellungen in Verbindung mit dem *derivativen Recht des Bürgers* und dessen Bewußtsein weiterentwickelt wurden. So teilte 1214 z. B. die *Stadt Münster* den *Bielefelder Bürgern* ihr Recht mit. Alle wichtigen und für das Leben der Stadt erforderlichen Befugnisse lagen in den Händen der städtischen Obrigkeit. Es konnte nicht Bürger sein, wer sich der städtischen Ordnung nicht fügte oder wer Stadt und Bürgerschaft beleidigte. Das *Bürgerrecht* erhielt, wer Jahr und Tag *unangefochten* in der Stadt wohnte. Verlieren konnte er es, wenn er außerhalb der Stadt weilte, keinen Lebensunterhalt in der Stadt verdiente und verbrauchte.
Für öffentliche Ordnung und Sicherheit innerhalb der Stadtmauern sorgte der *Magistrat*, der auch *Polizeigewalt* ausübte, obwohl bei schweren Verbrechen der Graf als Belehnter des Kaisers die Landfolge gegen Aufruhr und das Bandenwesen aufzubieten hatte. Im Prinzip gab es nur eine *Ortspolizei*; denn es herrschte in der Verwaltung noch das Prinzip der Dezentralisation. Das Land zerfiel nämlich in lauter einzelne, streng voneinander abgesonderte selbständige Verwaltungs- und Wirtschaftsbezirke: Städte, Klöster, Ritterschaft und fürstliche Ämter, die für ihre Ordnung und Sicherheit in der Regel durch ihre eigenen örtlichen Polizeiorgane sorgen mußten. So hatten die Städte ihre Rats- und Stadtdiener, auch gehende und reitende Knechte genannt, ihre Büttel (Gerichtsdiener) sowie ihre Bettelvögte (Prachervögte, Armenvögte), die Klöster und Rittergüter ihre Untervögte und reisigen Knechte und die fürstlichen Ämter ihre Knechte, Landreiter, Pförtner und Schließer.
Das größte Übel des Mittelalters bis in die Zeitära der Technisierung im

19. Jahrhundert war das Bandenunwesen in Stadt und Land. Schon die fränkischen Könige haben das Fehdeunwesen nie beseitigen können. Noch 1454 konnten es die Gebrüder *Bartensleben* und andere Adlige wagen, dem Kurfürsten in der Mark Brandenburg-Preußen förmlich die Fehde anzusagen. Hinzu kam das Phänomen Raub, der verherrlicht und noch adelicher genannt wurde. Die Landbevölkerung wurde regelrecht terrorisiert. Der Mangel an anscheinend nicht im Volke verwurzelter und gefestigter Rechtsordnungen, deren Sinn und Zielsetzung schließlich durch das Tun des Menschen verfälscht oder aber bestätigt wird und so in der Außenwirkung seine Wertigkeit und Praktikabilität erfährt, wurde z. B. *1218* an der Gründung der *Mafia* in Sizilien deutlich. (*Schneider* (*Hans Joachim*), Kriminologie, a. a. O., 1974, S. 107).
Dieses Räuberwesen war ein Bewußtsein reichspolizeilicher Ohnmacht, das der mit „Polizeidingen" befaßte Mann mit beträchtlicher Sorge wahrnahm, denn der Träger öffentlicher Gewalt im sachlichen Umkreis seiner Befugnisse, der auch Träger der Polizeigewalt war, konnte sein Ansinnen in der Bekämpfung dieses Übels nicht durchsetzen. Eine der Ursachen war, daß der Raub im Gegensatz zum „*unehrlichen Diebstahl*" keine *Missetat*, sondern ein ehrenhaftes Verhalten war und erst in der Landfriedensgesetzgebung zwischen dem 12. und 15. Jahrhundert von der erstarkenden Staatsgewalt kriminalisiert wurde.

Die Einstellung des Bürgers war und ist – das zeigt sich heute noch am Beispiel der Postzugräuber in England Mitte der 60er Jahre und eben den hohen Einschaltquoten im Fernsehen bei der Schau des Fernsehfilms gleichen Themas – ambivalent.

Die Ohnmacht des Rechts zeigte sich auch in der *Güldenen Bulle Kaiser Karl V. von 1356*, worin das Angreifen und Überziehen mit Brennen und Rauben nach drei Tagen vorher vorgenommener Anzeige gestattet wurde. Allein zur Kreuzfahrt 1146 strömte eine solche Menge von Dieben und Räubern herbei, „das jeder die Hand und das Wirken des Herrn staunend bewundern mußte" (*Radbruch/Gwinner*, a. a. O., S. 27 ff.). Gewaltanwendung wie die angewandte beim *Handraub*, wobei die Sache dem Besitzer aus der Hand entrissen wurde, wurde zwar rechtlich als schwerer „modus operandi" des *Raubes* angesehen, aber noch gab es keine öffentliche Gewalt, die hier regulierend und direkt ihr Recht durchsetzen konnte gegen die „*liber vagatorum*", gewohnheitsmäßige Straftäter wie Entwurzelte aller Art (laut Quellen z. B. Studenten, Juden, Zigeuner, Landstreicher, Bettler), die ihre eigene Sprache, ein Indiz für ihre Existenz in der Welt der Subkultur, sprachen (*Brauneck*, a. a. O., S. 109; *Eisenberg*, a. a. O., S. 178, 448, 457).
So war etwa das Rotwelsch die Sprache der Bettler und Landstreicher (Rotwelsch war die Sprache der Bettler/Landstreicher und schon 1250 Ausdruck in der Bedeutung von geheim, arglistiger Sinn; im 15. Jahrhundert gab es Gaunerwörterbücher; besonders aktuell seit eh und je in der Kriminalprävention der Polizei: Auch die Forderung heutiger polizeinaher Kriminologen und Kriminalisten nach der Verpflichtung zum Erlernen der *Soziotopen der Gaunersprache* komme vielfältige Verwertung im Einsatz zu, sei von selber bedeutend und lebenswichtig für den als sog. „*under*(ground) *cover-*

agent" eingesetzten Kriminalbeamten –, ist eine der Lehren aus der Geschichte (Herren, a.a.O., S. 78)).
Aber auch schon *Walther von der Vogelweide* berichtete authentisch von der Gewalttätigkeit auf den Straßen.
Diese Verunsicherung mußte zwangsläufig die Stadtverwaltungen, um die Mitte des *12. Jahrhunderts* die kommunale Behörde in Form der *Richerzeche* = Haus der Reichen, die ihren Sitz im *Bürgerhaus*, später Rathaus genannt, hatte, zu entsprechenden Maßnahmen veranlassen. Die *Stadt München* löste dieses Problem durch die Schaffung einer die Ordnung und Sicherheit garantierenden Truppe um 1294, einer *Polizeitruppe*, bestehend aus „einigen *Richters*- und *Pfändersknechten*", die „ohne jemandes widerred alle der stadt oder dem lande schädlichen leute zusammenfangen, nach münchen führen und dieselben allda mit denen rechten überwinden" durfte. Diese Institution war gewissermaßen *das erste Überfallkommando* der damaligen „Polizei".
Ab dem *14. Jahrhundert* wurden in *München* nur noch *Stadtsöldner* und *Richtersknechte* (Richters- und Pfänderknechte 1294-1315; Stadtsöldner 1315-1457; siehe *Falter*, a.a.O., S. 4ff., 7ff.) für diese Aufgaben vorgesehen, derer „Oberster" der *Pfändermeister* war, somit *Münchens erster Polizeipräsident*. Das Eidbuch von 1465 umreißt die Aufgaben dieser Ordnungshüter: „die richtersknechte sollen schwören, daß sie der Stadt und dem Gericht treu dienen und wachen bei tag und nacht auf der gassen". Bereits vor 1457 zahlten die Münchener Bürger freiwillig *Wachtgeld*, ab 1457 als *Wachtgeldsteuer*, mit der *Wächter* und *Zirker* (= die Stadtwache), aus denen später Policeydiener wurden, bezahlt wurden. Diese Stadtsöldner waren die späteren *Stadttrabanten* und *Rumormeister*. Ihre Befugnisse wurden in einer Urkunde aus dem Jahre 1393 konkret erfaßt (in den bayerischen Landen nannte man diesen in der Hauptsache mit Sicherheitsaufgaben beauftragten „Stadtbeamten" auch „Rumormeister". In diesem Zusammenhange gilt auch das „Ratsmandat wider das nächtliche Rumoren" vom 11. 11. 1530. Die Oberaufsicht über das gesamte Polizeiwesen hatten zwei Mitglieder des Rates als *Bußmeister*, die alles Bußwerte mit Bußgeldstrafen einmal wöchentlich anläßlich des Bußgerichtes anklagten im Sinne des Stadtrechtes und verurteilten. Ihr Augenmerk ruhte insbesondere auf: Weinschenken, Spieler, Polizeistundenübertreter nach dem Läuten des Bierglöckleins (1370), nächtliche Straßengänger ohne Licht, Reinhaltung der Straßen, Hausieren, Pfuschern, unlauterem Wettbewerb, Kleidung, Hochzeiten, nächtliches Waffentragenverbot (1370), „unsinnig Spielwuth" (1420) (nachzulesen bei *Falter*, a.a.O., S. 9/2, 9/3, 11)). Die *Scharwächter* (1457-1756) sorgten bei Nacht für die Sicherheit ihrer Stadt. Eine eigens geschaffene Scharwächterordnung regelte die innere Organisation der *Straßenpolizei*, ihre Bewaffnung, die Einteilung in Streifen und Posten u.ä. Sie wurden durch die Richtersknechte im Bedarfsfalle unterstützt. Die *Feuerwächter* auf den Stadttürmen unterstanden ihrer Aufsicht. Wöchentlich erfolgte die Inspizierung der Scharwächter durch den Bürgermeister. Dem Grundsatz der Verhältnismäßigkeit der polizeilichen Mittel beim Tätigwerden trug eine Ordnung Rechnung, indem sie mit Bestimmtheit festschrieb: „Mit Bescheidenheit und guten Worten soviel möglich ist, sollen die Scharwächter

und Richtersknecht sie – die Rumorer – zum Gehorsam bringen, nicht erst noch zu schlechtem Benehmen und Poltern reizen bei Vermeidung ernstlicher Ratsstrafe".

In der Stadt *Lippstadt* kannte man vorwiegend folgende Art der „Räsonierung". Bei Straftaten und *Verwundung* mit *scharfen Waffen* rief der Verwundete Bewaffnete „*an die frische Tat*", eine Verpflichtung für jedermann zur Hilfe, denn „so sollen ihm alle, die dazukommen, zu seinem Rechte verhelfen und ihm helfen, seinen *Gografen* mit sechs unserer Bürger zu gewinnen, damit er zu seinem Rechte komme!" An Ort und Stelle wurde durch einen außerordentlichen Richter (Gograf) und sechs Bürger ein *ordentliches Gericht* abgehalten (*Klockow*, a.a.O., S. 115; vgl. etwa das Schnellgericht (Standgericht) im 3. Reich während des II. Weltkrieges). Man kann sich lebhaft vorstellen, daß diese ad hoc – „prima facie – Rechtsprechung" und Festsetzung der Strafen dank der Inhaberschaft polizeilicher Gewalt, durch Emotionalität bestimmt war, so daß sich mit an Sicherheit grenzender Wahrscheinlichkeit mancher Justiz-/Polizeifehler bei der Beurteilung des „frischen" Sachverhaltes einschlich.

Wenn man heutige Rechtsgepflogenheiten als Maßstab anlegt, so weiß man mit hinreichender Sicherheit, daß Entscheidungen in der Nachschau, wie die vom Standpunkt des objektiven unbeteiligten Dritten, weitaus sachlicher sind, da zumindest Emotionalfreiheit und Rationalität gutgläubig unterstellt werden können als Entscheidungsbasis, obwohl es aber auch aktuelle Meinungen gibt, die sagen, eine Präventivwirkung werde am ehesten erzielt, wenn der Straftat sofort auf dem Fuße die Strafe folge.

Diese Verfolgung des Missetäters auf frischer Tat mit dem Erheben eines „*Geschreis*", dem alle folgen mußten, die erwachsen waren und ein Schwert führen durften, entsprach weitestgehend dem damaligen Recht *auch außerhalb der Stadtmauern Lippstadts*. Dabei konnte es sein, daß der Friedensbrecher in einer Burg Zuflucht fand. Wurde dem Auslieferungsgesuch nicht entsprochen, wurde die Burg *verfestet*, wenn die Burginsassen nicht gestatteten, daß der Kläger mit sechs Boten des Richters die *Burg* nach dem Missetäter und dem Raube o. ä. *durchsuchten*. (*Hermeier*, a. a. O., S. 160). Der nächsthöhere Grad der Verfestung war die *Acht* mit Wirkung für das ganze Landesterritorium mit der Folge der Rechtslosigkeit mit *Sühnevorbehalt*. War der Geächtete nicht binnen eines Jahres festgenommen, so folgte die *nochmalige Acht*, auch *Oberacht* genannt, die zur völligen Rechtslosigkeit führte. Der Ächtungsspruch lautete:

„Des urteilen und ächten wir dich und nehmen dich aus allen Rechten und setzen dich in alles Unrecht; und wir teilen deine Wirtin zu einer gewissenhaften Witwen und deine Kinder zu ehehaften Waisen, deine Lehen dem Herrn, von dem sie rühren, dein Erd und Eigen deinen Kindern, dein Leib und Fleisch den Tieren in den Wäldern, den Vögeln in den Lüften, den Fischen in den Wogen; wir erlauben dich auch männiglichen auf allen Straßen; und wo ein jeglich Mann Fried und Geleit hat, da sollst du keins Haben und weisen dich in die vier Straßen der Welt".

Die Fälle wurden in den Fahndungsbüchern dieser Zeit, den Acht- oder Verfestungsbüchern eingetragen. Der *Mainzer Reichslandfrieden von 1235*, der die Erfolge der staatlichen Fehdebekämpfung preisgab, schrieb dem Hofgerichts-

schreiber die Führung eines *Achtregisters* vor. Ab dem 13. Jahrhundert führte das *Reichshofgericht* die Achtbücher, im 14. Jahrhundert führten auch *Stadt-* und *Landgerichte* solche Bücher. Das Nebeneinander von gerichtlichem Rechtsschutz und Selbsthilfe war aber ein unbewältigtes Problem der mittelalterlichen Ordnung.
Das 12. Jahrhundert kannte vorwiegend die *polizeiliche Aufsicht* der *Bürgermeister* über *Übertretungen.* So beaufsichtigten sie:

- das *Brauen,*
- den *Weinverkauf,*
- das *Backen,*
- den *Fleischverkauf,*
- den *Fischmarkt* und
- den *gesamten Handel* mit Nahrungsmitteln.

Die Verletzer dieser *Bürgermeisterverordnungen* büßten mit *Haft-* und *Leibesstrafen.* Erst das 13. Jahrhundert stellte die Grundlage dar für die ratsherrlichen Tätigkeiten, die neben *Rechts-*, *Verwaltungs-*, auch *Polizeiangelegenheiten* spezifisch regelten.
Die *Schwurgemeinschaft* der Städte, in die sich die Bürger der Städte vereinigten, wurde alljährlich am *Schwörtage* im Gesamteid der zur Ratsumsetzung zusammengerufenen Bürgerschaft tätig und das geltende Recht der Stadt wurde bekräftigt (Der *Schwörtag* ist in *Ulm* heute noch ein *Volksfest.*).
Die Eideslawine nach unten sich verbreitend ergriff das ganze Volk, das die Einhaltung des Friedens versprach, der nicht nur den Gehorsam gegenüber dem geltenden Recht, sondern auch gegenüber den Institutionen schlechthin betraf. Überhaupt war die Vielzahl der Eide ein Zeitphänomen, um das Volk zur Einhaltung des Friedens zu bewegen. Der *Eid* war ein wichtiges Mittel zur Sicherung der Macht und Stabilisierung des Friedens. Auf diese Weise wurden den Bürgern die *Ordnungsvorschriften* jedes Jahr eingeschärft, die den *Feuerschutz*, die *Nachtruhe*, *Straßenreinigung*, den *Wachdienst*, das *Verbot der Selbsthilfe* und anderes bestrafen (*Kroeschell*, Deutsche Rechtsgeschichte 2 (1250-1650), a.a.O., S. 61, 63 (fortan zitiert als *Kroeschell II*, a.a.O.)).
So schwörten beispielsweise die von der Stadt verurteilten Straftäter, sich nicht an dieser zu rächen.
Der *Bischof zu Münster*, *Bernhard, Freiherr von Raesfeld* aus dem Hause *Hennern*, verfügte am 8. Juni 1562 etwa:

„Die herrenlosen Knechte, Landläufer und andere verdächtige Leute sollen weder in den Städten noch auf dem Lande geduldet, bei etwaiger Abzugsverweigerung und Aeusserung von Drohungen verhaftet und obrigkeitlich bestrafet, jedenfalls aber unter *Eidesabnahme* des Landes verwiesen und im Wiederbetretungsfalle als *Meineidige* behandelt werden".

1470 schon erging in der Stadt *Köln* eine Anordnung ähnlichen Inhalts. Solche Personen sollten aus der Stadt gepeitscht oder aber bei Spitzbüberei, Bettelei, mit der Halsbandstrafe bedroht werden. Insofern war der Eid ein nicht hinwegzudenkendes „Gängelband" der Obrigkeit. Auch die *Richter* mußten gleich den übrigen Beamten des Rates stets durch *Eid* ihre *Dienstanweisung*

bekräftigen. Auch heute haben die Beamten einen ähnlichen Eid zu leisten. Den Richtern waren Boten zugeordnet, von denen einer ebenfalls wie der Richter das Schwert trug. Keiner dieser Boten durfte *ohne den Richter* die *Wohnung* eines Bürgers der Stadt *betreten*. Die Kosten dieser Beamten regelten die *Rentmeister* der Stadt. *Stimmeister* waren die *Wächter der öffentlichen Sitte*, die Hüter der *städtischen Verfassung*, die Bewahrer des Fried- und Ruhestandes der Stadt (der Rat der Stadt *München* beauftragte nach dem Bau eines öffentlichen Freudenhauses einen städtischen *Frauenmeister* mit der Betreuung der „gemeinen Töchterlein". In den noch vorhandenen Unterlagen ist sein Amtseid aus dem Jahre 1443 vor dem Magistrat heute noch nachlesbar.).
Die Bewachung der in den Türmen einsitzenden Sträflinge regelten sog. *Turmmeister*. *Wachtmeister* sorgten für die Einhaltung der *Wachtordnung*. Das Handelsgewerbe beaufsichtigten sog. *Zunftmeister*, welche bei Nichtachtung der *Zunftvorschriften* Geldstrafen oder Beschlagnahme oder aber den Ausschluß aus der Zunft und dem Gewerbe anordnen durften. Es galt der Grundsatz des „Amt gewinnen", um Zunftmitglied überhaupt erst einmal werden zu können. *Wegemeister* beaufsichtigten den Wegebau, die Straßenbepflasterung, *Straßenmeister* sorgten für die Sauberkeit der Straßen. *Marktmeister* regelten den Marktbetrieb und die Qualität der angebotenen Waren. Es gab in dieser *Flut von Polizeiorganen des Rates* auch vom Rat ernannte Personen, die im besonderen Auftrag polizeilich tätig wurden. Wurde ein Verletzer städtischen Rechts angezeigt, so versprach die Stadt die Geheimhaltung über die Person des Anzuzeigenden, was auch heute noch ein Problem der Behörden ist, da die Regelungen des Grundgesetzes der Bundesrepublik Deutschland beachtet werden müssen. Daß aber ein Polizeiorgan in seinem örtlichen Zuständigkeitsbereich auch rigoros an Ort und Stelle die höchste Strafe, nämlich die Todesstrafe verhängte, belegt das Beispiel des *Klaus von dem Damme*, damals um 1407 Vogt des Grafen Heinrich zu *Segeberg*, der den Büsumer Seefahrer und „Seeräuber" *Cord Widderich* verfolgte, ihn ergriff und an einem Baum erhängte.
Es bleibt aber festzuhalten, daß das Stadtrecht der Städte, auch „Weichbildrecht" vielerorts genannt, gewohnheitsrechtlich durch die Praxis entweder des städtischen Rats (z. B. das Stadtrecht von Lübeck, dessen Rat auch rechtsprechende Funktionen innehatte) oder des Stadtgerichts (z. B. die Stadtrechte von Magdeburg und Leipzig) den Polizeiorganen dem Zeitgeist entsprechend die Ermächtigungsgrundlagen und Aufgabenbefugnisse vorgab.

IV. Kapitel:

Das „Polizeiverständnis“ ausgangs des Mittelalters im Aufbruch zur Neuzeit

Das Erstarken der Städte konnte als Indiz für die öffentliche Unsicherheit herhalten, so daß hier versucht wurde, wenigstens lokal Formen eines gedeihlichen Miteinanders im Alltag zu gewährleisten. Nur gelegentlich versuchten die Fürsten auch mit ihrem aus Lehnsmannen und reisigen Knechten bestehenden Gefolge den Landfriedensbrechern das Handwerk zu legen. So heißt es in der Lübecker Chronik von *Herzog Heinrich III. von Mecklenburg* (1379-1383), er war „ ein großer Verfolger der Räuber und der Diebe, der sie oft selbst hängte und tötete“ (wegen dieser Tätigkeit wurde er auch der „Hänger“ genannt.).
Die Raubzüge eines *Radlefs Karsten* aus Norddeich hatten z.B. jahrelang blutige Fehden der Hamburger gegen die Dithmarscher zur Folge, ebenso die 1434 erfolgte Brandschatzung des Mitteldorfs auf der Insel Busen, das 1436 bis 1570 mit „Ol Büsum“ unterging (siehe auch das Schiffekapern nach 1400 an den Ostseeküsten), war ein zeitrelevantes Beispiel der Epochen landesherrlicher Hoheitsrechte. Die Fürsten handelten kraft des *„ius politiae“* als Ausfluß des Verwaltungsbannes des Kaisers durch *Delegation der Exekutiv- = Polizeigewalt* an Unterorgane, ein überliefertes Rechtsinstitutserbe aus fränkischer Zeit. Ein sicherheitspolizeilicher Schutz über den Bereich des Landfriedens – zeitlich begrenzt, Bestärkung durch Eid, seit 1152 echte Gesetze – hinaus bestand nicht. Erst der Städteegoismus mit dem Postulat, der Handel solle sichere und freie Straßen haben, ließ Formen der Verwaltungspolizei und damit unseres heutigen Polizeibegriffes erkennen. Zur Durchführung der Friedensgesetze unterstand mancherorts einem sog. *Landfriedensgericht* ein *Landvogt (Landfriedenshauptmann)*, der sich einer berittenen Polizeitruppe als Exekutive bediente. Um 1500 wurde aus dem Vogt der *Amtshauptmann* (Droste usw.). Laut Urkunde für den Amtshauptmann vom Amt Zossen vom 18.1.1501 mußte der Amtshauptmann „auch die Untertanen und unsere Straßen auf seine eigene Kosten und Verpflichtung treu schätzen und beschirmen“. Insofern war es nicht unverständlich, daß auch Vögte (Drosten, Amtshauptleute) von fürstlichen Ämtern raubend und plündernd auftraten und manches spricht dafür, daß auch in Mecklenburg wie in Pommern selbst Hofjunker und Hofknechte es nicht verschmähten, auf Straßenraub auszuziehen, um sich das nötige „Taschengeld“ zu verschaffen. Im 15.Jahrhundert erschien nunmehr der Ausdruck Polizei als *„Policey“*, *„Pollicey* (ei)“, *„Pollizey* (ei)“, *„Pollucey“* geschrieben, über die burgundischen Kanzleien in die Kanzleisprache des Deutschen Reiches und die Sprache der Städte übernommen, als „ordenunge und regiment“ im Kanzleiempfängerhorizontverständ-

Hierarchierechtsrahmen im Mittelalter

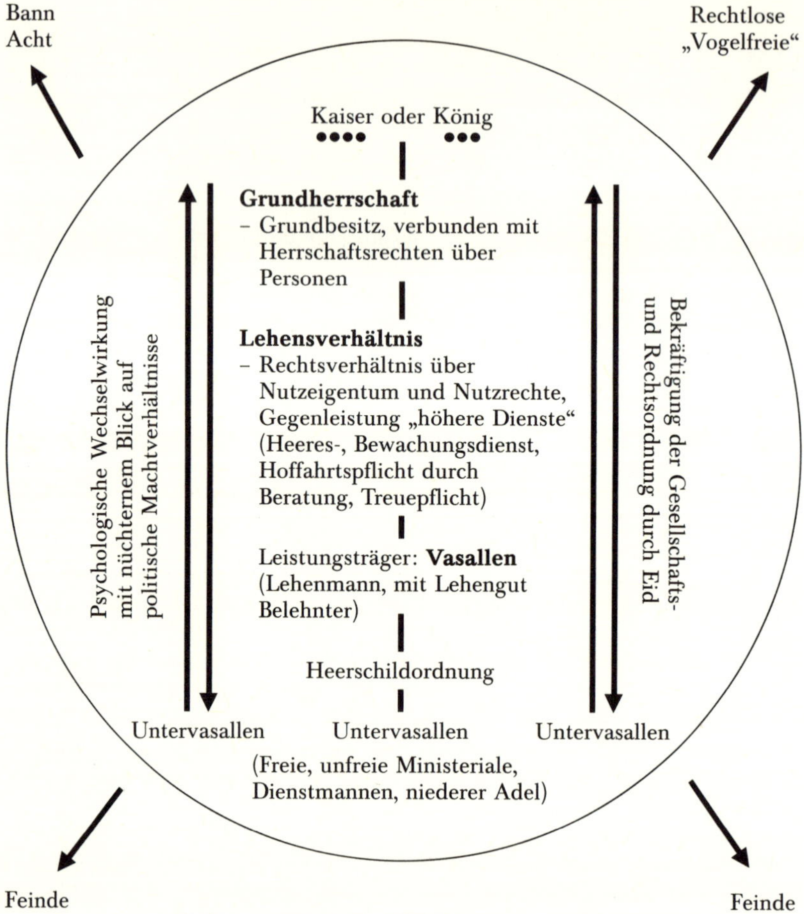

Schutz vor Einfluß jedweder Art von außen

Lehenshierarchie der Heerschildordnung
laut **„Sachsenspiegel“:**

Kaiser / König
geistliche Fürsten (Bischöfe, Äbte)
Laienfürsten
Freiherren
Schöffenbarfreie
Vasallen der Schöffenbarfreien

vgl.: Gmür, a.a.O., S. 17, 27, 29

nis wortsinngemäß definiert (*Knemeyer*, Polizei, in Geschichtliche Grundbegriffe, a. a. O., S. 875). Darunter verstand man noch keine Behördenorganisation, auch keine spezielle Staats- oder Verwaltungsfunktion, vielmehr den Zustand eines geordneten Zusammenlebens in der Gemeinschaft. Die Polizei war folglich keine Einrichtung zur Schaffung der Ordnung, sondern stand gleichbedeutend und sinnentsprechend für den Begriff „Ordnung". Es begann das *Zeitalter der Landrechte und Polizeiordnungen*, durch die das *Maß-*, *Gewichts-* und *Münzwesen*, *Landwirtschaft* und *Gewerbe*, *Handel*, *Forstwirtschaft*, *Bergwerkswesen* und sonstige wirtschaftliche Angelegenheiten geregelt wurden und *selbst* das *Privatleben der Untertanen* eine Bevormundung erfuhr (*Pagenkopf*, a. a. O., S. 26f.).
Der Wunsch nach festbestimmten, schriftlich aufgezeichneten Ordnungen wurde zum Teil auch von der Bevölkerung vertreten und fand in den *Landtagsakten* seinen Widerhall. Die Landesordnungen enthielten *Rechtssatzungen*, auch *Polizeivorschriften*. So ist z. B. in *Cleve* eine solche erlassen worden. Mit der Polizei, der Fürsorge mit dem Hinweis auf die Unvernunft des gemeinen Mannes, der ohne fürstliche Verbote die Sünde nicht vermeide, rechtfertigte der *Territorialstaat* sein Eingreifen (der „von Gott erleuchtete Herrscher" – daher der Titel: Durchlaucht, Erlaucht-, der diesen emporhob „über den viehischen Unverstand der Untertanen", – nachzulesen bei *Steinmann*, a. a. O., S. 10). Der Geist „bureaukratischer Bevormundung und Vielregiererei" ist weniger der individuellen Neigung einiger einzelner Fürsten als der „Tendenz des Zeitalters" entsprungen. Mit der wachsenden Ausbildung der fürstlichen Verwaltung gingen auch die „polizeylichen" Vorschriften immer mehr in die Breite, sprengten die Landesordnungen und wurden in besonderen „*Policeyordnungen*" zusammengefaßt (*Hartung*, a. a. O., S. 66f.; *Menger*, a. a. O., S. 46).
Der Begriff „*Gute Policey*" umfaßte die gesamte Ordnung des weltlichen Gemeinwesens, nämlich die *innere Verwaltung* sowie die *öffentliche* und auch *private Wohlfahrt* und *Daseinsvorsorge* und vom rechtlichen Standpunkt aus gesehen eine nicht kontrollierte *Anordnungs-* und *Zwangsgewalt*, die weitreichende Regelungen über *Monopole*, *Zölle*, *Maße*, *Gewichte*, *Preise* sowie *Kauf*, *Verkauf*, *Wucher*, *Vormundschaft*, *Erbrecht*, *Liegenschaftswesen*, *Lebensmittelrecht* und sogar über übermäßige *Zehrung*, *Gotteslästerung*, *Kirchgang*, *Hochzeits-*, *Kindtauf-*, *Begräbniskosten*, *Benimmregeln* des Gesindes gegenüber der Herrschaft, der Gesellen gegenüber dem Meister, *Büchsen-* und *Rohrtragen*, leichtfertige *Beiwohnung*, *Bettler* und *Schalksnarren* traf. Ziel dieser Kodifizierung war es, der *allgemeinen Wohlfahrt* zu dienen, weshalb auch der Staat neben der Bezeichnung „*Justizstaat*", „*Patrimonialstaat*" den Akzent „*Wohlfahrtsstaat*" erhalten hat (*Jellinek*, Verwaltungsrecht, 3. Auflage, Offenburg 1948, S. 81). Unter Justizstaat verstand man eine Regelung der Beziehungen zwischen öffentlicher Gewalt und Bürger in der Weise, daß die ordentlichen Gerichte über Streitigkeiten auch aus diesem Verhältnis entschieden. Der *ältere Justizstaat* war eben der Justizstaat zur Zeit des alten Deutschen Reichs, von 1495, da das Reichskammergericht gegründet wurde, bis 1806, da das Reich und mit ihm das Reichskammergericht und der Reichshofrat der Auflösung verfielen

(*Forsthoff*, a.a.O., S. 19). Die Benennung Patrimonialstaat war insofern treffend, als in der feudalistischen Zeit die Herrschermacht „Hausmacht“ war und ihre Grundlage im Dominalbesitz, im eigenen Grund und Boden, also auf Eigentum gegründet war. Domänenbesitzverwaltung, die Wahrnehmung der als Regalien dem Landesherrn verliehenen einzelnen Hoheitsrechte als Inhalt der Herrschertätigkeit, fand aber als Herrscherrecht seine Schranken an der ständischen Verfassung (Ritterschaft, Magistraten).
Zeugen dieser guten „Policey“ oder auch „christlichen Policey“, „Poletzey“, Politzey“ sind:

- das durch kaiserliches Privileg vom 26. 7. 1464 der Stadt *Nürnberg* zugestandene Recht, daß sie „pollitzey und regirung ... in allen Sachen ordnen, setzen und fürnemen“,
- die bischöfliche Vorschrift für die Stadt *Würzburg* von 1476, die Bischof *Rudolf von Scherenberg* als Landesherr erließ, daß „dise stat mit vil loblichen polliceien und guten ordnunge versehen“ sei,
- die Landesordnung der Markgrafschaft *Baden* von 1485, worin es heißt, daß „ordnungen ... ufgericht, gehandhabt und den nachgefolgt werde, wie sich zu guter policei und gemeinem nutze ... gebüret und not ist“,
- die *Soester* Policeyordnung um 1490, ein „project einer Policeyordnung der Stadt Soest, etwa um 1490, besonders die Ambter betreffent“ (weitere Beispiele bei *Knemeyer*, Polizei, a. a. O., S. 878f.; siehe auch die Nürnberger Verordnung von 1492, die mit den Worten „zu Beständigkeit guter Polizey ist verboten ...“ beginnt; weiter bei *Schiedermair*, a. a. O., S. 18f.)

und nach dem „*ewigen Landfrieden*“ von *Worms 1495* als Grundlage für eine *reichsrechtliche Polizeigesetzgebung* die *Reichspolizeiordnung* „Römischer Kayserlicher Majestät Ordnung und Reformation guter Policey im Heiligen Römischen Reich zu Augsburg Anno 1530 auffgericht (*Mayer (Franz)*, a.a.O., S. 22). Die Reichspolizeiordnung enthielt 39 Titel:

Titel 1- 7	• damals übliche Polizeiangelegenheiten wie Gotteslästern, Schwören
Titel 8	• Zutrinken
Titel 9-23	• Kleiderordnung und sonstige Vorschriften gegen den Luxus
Titel 24-30	• Gewerbepolizei, Maß und Gewicht, Verhältnisse des Dienstpersonals, Wucher
Titel 31-39	• Bestimmungen gegen sicherheitsgefährliche Personen

Der Kaiser erhielt die Polizeiaufsicht, die aber schon 1548 wieder den Landesherren übertragen wurde, die bei verschiedenen Gegenständen zum Erlaß von Vollzugsordnungen ermächtigt wurden. Die Neufassung von 1548 enthielt z.B. Bestimmungen über:

Titel 16	• Weinfälschung durch Schiff- und Fuhrleute
Titel 18	• Monopolien und schädliche Fürkäufe
Titel 36	• Pakte der Handwerksleute in Steigerung ihrer Arbeit
Titel 33	• Jährliche Visitation der Apotheken und Erlaß obrigkeitlicher Arzneitaxordnungen

Titel 34 • Verpflichtung des Buchdruckers, „in alle Bücher, so sie mit Zulassen der Obrigkeit hierfür drucken werden, den Autoren oder Dichter des Buches, auch seines Druckers Namen, desgleichen die Stadt oder das Ort, da es gedruckt worden, unterschiedlich und mit Namen zu benennen und zu vermelden".

Ziel dieser Polizeiordnungen sollte letztendlich sein, die Welt, wie sie sich in den Wirren der Reformationszeit darstellte, wieder in den Griff zu bekommen seitens der Obrigkeit. Vor allen Dingen sollte die Befriedung des durchgeschüttelten Landes erreicht werden. So richtete sich ein *clevesches* Gesetz aus dem Jahre 1534 gegen die „Unordnung der Polizei". Ein *württembergisches* Mandat aus dem Jahre 1535 wandte sich gegen die Münsterschen Wiedertäufer. *Luther* beklagte in seinem „Sermon von guten Werken"

die „Bübereien, welche durch Offiziale und andere bischöfliche Amtleute getrieben werden, die das arme Volk mit großer Beschwerung bannen, laden, jagen und treiben, dieweil ein Pfennig ist. Solches sollte man mit dem weltlichen Schwert wehren, dieweil da keine andere Hilfe noch Mittel ist".

An anderer Stelle der gleichen Predigt fordert er die Herren auf,

„um des Friedens willen durch die Finger zu sehen", wenn die Knechte, Mägde und Arbeitsleute Fehler begehen, ebenso spricht er „wider den Diebstahl und Räuberei, wider alle Verkürzung, so im zeitlichen Gut eines gegen das andere zu üben vermag, als da sind Geiz, Wucher, Überteuern, Überschlagen, falsche Ware, falsch Maß, falsch Gewicht".

Dieses Gedankengut fand sich mit einigen Variationen in allen Polizeiordnungen dieser Zeitära wieder.

Nach *Augsburg* 1555 begann mit der *Exekutionsordnung* (vgl. auch die Reichsgesetze: Reichsabschied von 1548 und 1557, Reichspolizeiordnung 1577) das selbständige Leben der Rechtskreise mit der Verpflichtung der Wahrung des Landfriedens, zu deren Pflichten auch die Durchführung der *Polizeiordnungen* gehörte. Den Kreisständen stand der *Kreisoberst* vor, der für die Erhaltung des Landfriedens und für die Verfolgung aller Friedensbrecher zu sorgen hatte. Ansonsten bot die Kreisverfassung ein „treues Spiegelbild von der Zerrissenheit und Ohnmacht des Reiches" (*Hartung*, a. a. O., S. 44 ff.). Reichte die Hilfe des Kreisobersten nicht aus, so sollten sich die benachbarten Gebiete und Kreise unterstützen. So heißt es z. B. in dem *Reichsabschied von 1557* im *§ 72*:

„Und dieweil Uns auch gemeine Stände und der abwenden Räthe, Bottschaften und Gesandten auf gegenwärtigen Reichstag glaublich fürbracht, daß sich hin und wieder im Reich Teutscher Nation vielerhand Plackereyen, verdächtige Reutereyen, Raubereyen und Mord beschwerlich ereignen und zutragen, dadurch der gemeine Fried und Sicherheit nicht wenig betrübt und zerütt auch gemeinen Ständen und Unterthanen im Heil. Reich Teutscher Nation nicht geringer Nachtheil und Schaden daraus erfolget: So wollen Wir, und gebieten hiermit ernstlich, daß unser und deß Heil. Reichs-Churfürsten, Fürsten und Ständ, ein jeder in seinen Gebieten und Oberkeiten auf solche Plackereyen, verdächtige Reutereyen und Raubereyen ein fleissigs ernstlichs Aufsehen haben, und sich in allwege berührter Execution-Ordnung, in dem gemäß erzeigen und verhalten sollen. Darauf Uns auch für nothwendig und gut angesehen, unsere vorige hierüber ausgegangene Mandata zu erneuern, die Wir auch unverlangt in das Heil. Reich auskünden zu lassen gnädiglich gemeynt seyn".

In Folge dieser Reichsgesetze errichteten dann die einzelnen Staaten Deutschlands verschiedene Institute von Sicherheitsbeamten unter den Namen: Landreiter, Straßenbereiter usw. (vgl. Chur-Brandenburgische Landreiter-Ordnung vom 1.7.1597, in Corp. Const. March. Th. II, Abteilung I; Chur-Sächsische Straßenbereiter-Ordnung von 1555, in Codex Augusteus P. 1, S. 57).

Ende des 16. Jahrhunderts hatte man z. B. in *Hessen* eine *Land-Miliz* mit der Benennung „*Landesausschuß*" errichtet, in welche die waffenfähige Mannschaft des Landes vom 16. bis 60. Lebensjahr eingereiht wurde (*Beck*, a. a. O., S. 2 ff.). Bei Überfällen und Erscheinen von feindlichen Banden wurde durch die Sturmglocken und Alarmschüsse der Landesausschuß versammelt und mußte Kriegsdienste leisten. Am 3.12.1610 erhielten in *Mecklenburg* die am 27.11.1610 vereidigten 6 *Einspänniger* – es war die erste Gendarmerieinstruktion in Mecklenburg – den Auftrag, auf Befehl nach bestimmten, von Bettlern und Gesindel heimgesuchten Ortschaften sich zu begeben, die betr. Gegend hin und her zu durchreiten, das Gesindel zu verwarnen, sich nicht wieder im Lande sehen zu lassen und es nach nochmaligem Ertappen ins Gefängnis abzuliefern (*Steinmann*, a. a. O., S. 13). Es sollte dann an der Stirn gebrandmarkt und bei nochmaligem Antreffen „an Leib und Leben" gestraft werden. Bei Gegenwehr sollten die Einspänniger „mit gewehrter Handt und der That ernsten Widerstand thuen und getrost darauf schlagen und also Gewalt begegnen". „Kein Futter oder Mahl" durfte ohne gebührende Bezahlung von den Pastoren, Schulzen, Krügern und anderen Untertanen angenommen werden! – ansonsten Verlust der Stellung, schwere Bestrafung.

Die *pommersche* Straßenbereiter-Ordnung von 1617, die am 13.3.1624 in Mecklenburg eingeführt wurde, sah z. B. vor, daß die Reiter in einer Blechbüchse ein Exemplar der Landespolizeiordnung und ein Diensttagebuch mitführten, in das in jedem Dorf der Junker, der Pastor, Schulze oder wer sonst schreiben konnte, eintrug, wann der Einspänniger da war, damit man „jeder Zeit gewisse Nachricht habe, ob auch die straßen fleißig beritten und das Amt emsig bestellt werde".

Die Lokalverwaltungen schufen auf ihrem Gebiete neue Burgen zur Bewachung des Landes. An deren Spitze stand ein *Burgvogt* vor, der aber nicht nur militärischer Befehlshaber war, sondern zugleich mit der Sorge für den Landfrieden, d. h. der Handhabung der *Polizeigewalt* und der Verwaltung der übrigen Rechte des Landesherrn, auch der Einkünfte, betraut war. Daß es auch schon damals Probleme gab, neue Gesetze im Vollzug durchzusetzen und eine Gesetzesausübung sich erst durch die Rechtshandhabung in der Praxis verwirklichen und einspielen kann, beklagte schon der § 69 des Reichsabschieds von 1551, der vom „schwerlich in Gang zu bringen solcher Ordnung" bei den Untertanen, Bürgern und Einwohnern der Städte und Flecken berichtete. Die Reichstage der Folgezeit von 1555 bis 1576 registrierten neue Bestimmungen polizeilicher Natur hinsichtlich des Münzwesens, der Presse und der „herrenlosen Knechte und herumziehenden Kriegsleut'

Muthwill", einer typischen Straftatenerscheinung in nicht unerheblichem Maße in jenen Tagen (unser Zeitphänomen ist z.B. der Vandalismus von jugendlichen Außenseitergruppen wie Punks, Skinheads, „Straßenindianer", Straftätern, die im Schutze der Masse in einer Demonstration wahllos Sachbeschädigungen vornehmen).

Seit dieser Zeit blieb, abgesehen von kurzen Zeitperioden in Deutschland, die Polizei Sache der Länder. Die *Reichspolizeiordnung* von 1577 betonte zwar noch die Abhängigkeit der *landesherrlichen Polizei* von der Reichsgesetzgebung, als sie dem Landesherrn nur erlaubte, die Gesetze auf seinem Gebiete und damit territorialem Zuständigkeitsbereich näher zu beschreiben. Dies war gewissermaßen eine Einräumung eines großen Ermessensspielraumes für die jeweilige Partikulargesetzgebung. So besagte z.B. eine Vorschrift des Markgrafen *Johann zu Cüstrin* aus dem Jahre 1540: „an dieser Ordnung oder anderer Bürgerlichen Policey wollen die (Bürger) sich ... richten" (*Jellinek*, a.a.O., S. 83).

Das Polizeirecht – *ius politiae* – wäre als Macht des Territorialherrn ins schier nicht mehr Meßbare ausgeufert, wenn nicht eine Schranke in den wohlerworbenen Rechten – *iura quaesita* – der Untertanen gewesen wäre. Deshalb konnte der Landesherr z.B. die Untertanen zu Wolfsjagden anhalten, aber er konnte nicht das alte Privileg aufheben, nach dessen Inhalt einer Familie Freiheit von allen Diensten zugebilligt war. Aber wohlerworbene Rechte mußten weichen, wenn der Landesherr ein „Staatsnotrecht" – *ius eminens* – geltend machte, allerdings nur gegen den Grundsatz der Entschädigung. Diese Regelung mutet modern an, zumal wir heute das

Entschädigungsrecht als selbstverständlich ansehen, denn Art. 14 Abs. 1 GG schützt das Eigentum als solches mit Institutsgarantie (BVerfGE 24, S. 369, 389: „Die Institutsgarantie sichert einen Grundbestand von Normen, die als Eigentum im Sinne dieser Grundrechtsbestimmung bezeichnet werden .. .Die Institutsgarantie verbietet, daß solche Sachbereiche der Privatrechtsordnung entzogen werden, die zum elementaren Bestand grundrechtlich geschützter Betätigung im vermögensrechtlichen Bereich gehören, und damit der durch das Grundrecht geschützte Freiheitsbereich aufgehoben oder wesentlich geschmälert wird ... Das Eigentum bürgerlichen Rechts ist durch seine Privatnützigkeit und grundsätzliche Verfügungsfähigkeit gekennzeichnet".). Eingriffe in das Eigentum können heute nur durch Gesetz oder aufgrund eines Gesetzes erfolgen iSv Art. 14 Abs. 1 Satz 2 GG. Beschränkungen müssen auf einer sachgerechten Güter- und Interessenabwägung beruhen und dürfen nicht verletzen (BVerfGE 26, S. 215; 37, S. 132; BVerw GE 18, S. 250; Art. 14 Abs. 1 Satz 2 GG gewährleistet also für den Bereich der Eigentumsbeeinträchtigungen das Prinzip zum Vorbehalt des Gesetzes. Der Gesetzgeber darf die Bestimmung des Eigentumsinhalts nicht dem Ermessen der Verwaltungsbehörden überlassen.). Enteignungen sind nur unter den Voraussetzungen des Art. 14 Abs. 3 GG zulässig mit dem Gebot der Entschädigung nach Art. 14 Abs. 3 Satz 2 GG.

Auch damals konnte ein Landesherr ein Grundstück nicht kraft des ius politiae zur Straße ziehen, obwohl das ius politiae schließlich eine Art Generaltitel für alles mögliche war (*Mayer*, *Otto*, Deutsches Verwaltungsrecht, Erster Band, Berlin 1969, S. 30ff.). Das Eigentum galt als wohlerworbenes Recht, auf besonderem Rechtstitel begründetes Recht – *ius quaesitum* des Untertanen.

Dem Landesherrn waren somit seine Grenzen aufgezeigt. Er konnte sich aber damit helfen, da er die Justizsache zur Regierungssache erklärte; denn eine Regierungssache unterlag keiner gerichtlichen Prüfung – hingegen aber Justizsachen. Wenn auch das ius quaesitum den „Regalien-Katalog" des Landesherrn in seiner Omnipotenz beschränkte, was man unter heutigen Gesichtspunkten als rechtsstaatlich bewerten könnte, so konnte dieser seiner tatsächlichen Überlegenheit wegen aber außerdem umstrittene oder von ihm nur behaupteten Regalien oder sonstigen Rechte mittels der Selbsthilfe weit besser als andere durchsetzen. Als Beispiel diene das Verhalten des Bischofs zu Speyer, der in seiner Stadt Bruchsal auf einem fremden Grundstück ein Zuchthaus erbauen wollte, aber von der widersprechenden Eigentümerin verklagt wurde. Die Klage wurde abgewiesen mit der Begründung:

„Es ist principium, daß ein Landesherr alles dasjenige unternehmen könne, was zum gemeinen Besten und Wohlfahrt des Landes gereichet" – Zuchthäuser sind sehr nützlich – „also mußte man dem Herrn Fürsten auch die Befugnis einräumen, den Platz selbst zu wählen und ein Zuchthaus darauf zu bauen" (*Schneider, H. J.*, Kriminologie, Jugendstrafrecht, Strafvollzug, a. a. O., Fall 78, S. 363 ... Das in der Geschichte erste Gefängnis in Deutschland war unter dem Rathaus von Nürnberg, das in den Jahren 1332-1340 erbaut wurde.).

Dieses Exempel offenbarte eine Ungleichheit im Recht, die zum Wesen des *Ständestaates* gehörte und das Mittelalter überdauerte bis zur französischen Revolution.

Festzuhalten bleibt aber, daß die Polizeiordnung des Reiches, der Reichskreise und Länder, die Flut der Gebote und Verbote, mit denen der „fürsorgliche Obrigkeitsstaat" seine Untertanen überschüttete, das Gefühl der eigenen Verantwortlichkeit verkümmern ließ. Sie schuf das notorisch schlechte Gewissen gegenüber der Behörde, alles unter dem Deckmantel der *gemeinen Sicherheit* und *Wohlfahrt*. Der Polizeibegriff verdankte zu dieser Zeit seine Ausgestaltung dem Gemeinwesen der deutschen Städte im Mittelalter. Die Reichspolizeiordnungen haben nie so eine gewichtige Rolle gespielt wie die der Territorialherrn, so daß die *lex animata* als der Lehre vom Kaiser unbedeutend in der Realität war. Dessen Bindung an die Reichsstände, die Autonomie der Reichs(Rechts)kreise war die Banngewalt des Kaisers. Trotz dieses „Stabliniensystems" war die Führung und Einheit der Entscheidungsgewalt bis nach unten hin nicht durchzusetzen. Vor dem *allumfassenden Begriff Polizei* spalteten sich aber nach und nach durch Verselbständigung die Verwaltung auswärtiger Angelegenheiten, das *Justiz-* und *Militärwesen* ab, so daß der Polizei alle übrigen Verwaltungsaufgaben blieben. Diese beinhalteten eben die *Ordnungserhaltung im Inneren.* Insofern vermag man von der Polizei im heutigen Sprachgebrauch zum ersten Male in der Polizeigeschichte Deutschlands zu sprechen (zur Erinnerung ein nächtlicher Überfall auf Lippstadts Straßen, wie er zuvor rechtlich und gerichtlich ansonsten gewürdigt wurde:

„Auszug aus dem Protokoll, in dem der Richter *Kale* über einen von *Jaspar Gentrup* und *Jost Balve* verübten Überfall auf die Mitglieder der Ratsfamilien *Kale* und *Rose* berichtete. Die Straftat geschah am 20.4.1595 in der „schomecher strassen", der heutigen Rathausstraße in Lippstadt" (nachzulesen bei *Thurmann*, „Excesse" in Lippstadt um 1600, Aus Akten des Brüchtengerichts, in Heimatblätter, 60. Jahrgang, Folge 13, Lippstadt 1980 (Beilage zum „Patriot" und zur Geseker Zeitung). Die Zuständigkeit des Lippstädter Brüchtengerichts war sehr eng umgrenzt. Es befaßte sich nur mit Fällen leichter Körperverletzung (meistens bei Schlägereien), die mit „Brüchten"-Geldstrafen geahndet wurden, wenn jemand „geblutwundet" worden war. Es heißt im Dritten Stadtrecht von 1575: „Blutrunst kompt einem ehrbaren Rahte nicht zu strafen sondern dem Drosten oder Amtleuten unserer gnädigen Herrn zu. Dumschläge (= trockene Beulschläge) oder andere geringe Thathandlungen kommen unß einem ehrbaren Rahte zu bußfertigen zu". Die clevischen Amtleute und die lippischen Drosten unter Hinzuziehung des Lippstädter Samtrichters hatten einmal im Jahr, gewöhnlich nach der Ratswahl im Februar im landesherrlichen Brüchtengericht die „Excesse" zu ahnden, die im letzten Jahre in der Stadt vorgefallen waren. Tatwaffen der Körperverletzungsdelikte waren Bier- oder Weinkannen, Pfannen oder auch Schüsse aus der „Füerbüxen". Daß es schon damals zu unterschiedlichen Urteilssprüchen bei ähnlichem abzuurteilendem Sachverhalt kommen konnte, beweist das Commissions-Protokoll vom 28. 3. 1598, in dem die Amtleute die Feststellung trafen, daß der Magistrat die Dumschläge härter bestrafe „als die Herrschaft der Blutrunsten".).

V. Kapitel:

Der Polizeistaat

Diese obrigkeitsabgeleitete und -hörige Polizei auf der Rechtsgrundlage der Polizeiordnungen endete in dem Polizeistaat mit seiner alles bis ins einzelne reglementierenden Tätigkeit, die auch eine freie Entfaltung des Menschen, der Städte und Gemeinden nicht mehr zuließ. Die Polizeigewalt war somit der juristische Inbegriff der absoluten Herrschaft über die Untertanen, denn der von der unbeschränkten monarchischen Machtvollkommenheit getragene Vollzug der Staatsfunktionen zur Verwirklichung staatlicher Zwecke stellte keinen Rechtsvorgang im strengen Sinne voraus. Es fehlte an einer Begrenzung und Abgrenzung des Rechtes und folgedessen exekutorische Akte ohne Bindung an Verfassung, parlamentarische Gesetzgebung, Gewaltenteilung, ohne Rücksicht auf private und bürgerliche Rechtssphären und Freiheiten und ohne gerichtlichen Rechtsschutz waren an der Tagesordnung. Der Polizeistaat ist demnach kein Rechtsstaat, da er diesen ersetzt mangels rechtlicher Schranken, und in jedem Falle absolut ist. Unter diesem Blickwinkel ist die Kennzeichnung mit dem Begriff „Polizeistaat" richtig.
Durch die Durchorganisierung des Staatswesens wurde als innere Verwaltung dasjenige verstanden, was nach Aussonderung der auswärtigen Angelegenheiten, des Finanzwesens, der Justiz und des Militärwesens übrig geblieben war. Im Rahmen dieser klassischen Fünfteilung, die noch heute den Grundriß jedes Kabinetts darstellt (sog. klassische Ministerien), deckte sich das Innere mit dem Begriff der Polizei. Da es ein unabhängiges Kontrollorgan in der absoluten Monarchie nicht gab, konnte die absolute Macht mit ihrem äußerem Ausdruck in der Allmacht der Polizei, deren sich der absolute Fürst bediente, um seinen Willen durchzusetzen, gesehen werden. Dabei unterlag die Polizei keinerlei Schranken, ausgenommen der des fürstlichen Willens. Daher gab die zentrale Stellung der Polizei in den Staaten dieser Epoche diesem System den Namen: *Polizeistaat* (*Samper*, a.a.O., Art. 1, Rdn. 2).
Gleichzeitig ist der Polizeibegriff jener Zeit mit dem der „Allgemeinen Wohlfahrt" deckungsgleich. Der absolute Monarch oder Landesherr wurde vom Rechtsbewahrer zum freien Rechtsschöpfer unter Berufung auf die Notwendigkeit oder das öffentliche Wohl. „Tel est notre plaisir" (= Wie es uns gefällt), eine Schlußformel französischer Königsordres oder der Ausspruch „L'état c'est moi" (= Der Staat bin ich) von *Ludwig XIV.* stehen für diese Rechts- und Zeitepoche. Die Schaffung einer rein militärischen Polizei und ihr Auftrag waren allumfassend.
Rasch und mit gewaltiger Spannkraft war aufgrund der Machtkämpfe gegen Stände, autonome Gewalten, überlieferte Rechtsordnungen der absolute, monokratische Polizeistaat emporgestiegen. Er wurde auch so genannt, weil

seine innere Politik beherrscht war vom Zentralismusstreben hinsichtlich der Machtbindung und deren Ausgestaltung. Erst der Herrschende maß die Dinge nach seinem Maße, dessen Gesetz über alles regieren mußte (*Zippelius*, a.a.O., S. 74, vgl. *Bauer, Fritz*, Widerstand gegen die Staatsgewalt, a.a.O., S. 63), denn je weniger die Bürger frei waren, d.h. unabhängig vom Gesetz zu unterscheiden hatten, desto länger mußte notwendig die ganze obrigkeitliche Herrschaft bestehen. Die zur Zeit des Wohlfahrtsstaates entwickelte Unselbständigkeit und mangelnde Eigenverantwortlichkeit des Untertanen ließ „in duldendem Gehorsam das Irdische der Fürsten erleiden und das Ewige erhoffen" (Vgl. *Augustinus*, Aus Epistolae, zitiert bei *Bauer, Fritz*, a.a.O., S. 87).

Der Wille zur Macht ist das letzte Faktum, zu dem wir hinunterkönnen, so wird *Nietzsche* im 19. Jahrhundert schreiben, aber im Polizeistaat tragen die Lebensverhältnisse, wenn auch mehr oder weniger entwickelt, ihr Maß und ihre Ordnung in sich. Gesetzlosigkeit und schwache Reichsgewalt pflegten aber nur von kurzer Dauer zu sein, da sie mit raschem Übergange zur willkürlichen Gewalt hinführt. Ehe die Vernunft die Gesetze gefunden hätten, würde die Anarchie sich längst in Despotismus geendigt haben. Stimmten bislang Sozialleben und Rechtsbewahrungsstaat überein, so ging fortschreitend die polizeiliche Ordnung vor Recht (*Maier*, a.a.O., S. 111, 113). Allein die Entstehungsform, auch der Reichspolizeiordnungen aus einer Vereinbarung des Königs mit den zuständigen Potentaten führte die Tradition der Rechtsbildung aus dem Konsens fort in der Art, daß Polizeigewalt und innere Staatsgewalt nahezu austauschbare Begriffe wurden und bisheriges Recht außer Kraft gesetzt werden konnte.

„The king can do no wrong" – der König kann kein Unrecht tun, weil er außerhalb und über der Rechtsordnung steht, ist ein Prinzip des Absolutismus und Polizeistaats. Der Exponent dieses Systems, der König, der zugleich oberster Gesetzgeber und Inhaber der vollziehenden Gewalt war, konnte seinen Untertanen gegenüber auf allen Lebensgebieten minutiöse, beckmesserhafte, rechtsverbindliche Anordnungen treffen und sie gegebenenfalls im Zwangswege mittels der Polizei durchsetzen. Das Recht der Polizei – die Polizeigewalt – reichte soweit wie ihre Macht. Der Polizeistaat ersetzte insofern den Justizstaat. Das politische Testament des kursächsischen Kanzlers *von Osse* (1556) „von guter policei", wonach „. . . es gehören aber zwei stück zu einer guten policei, davon oben auch gemeldet, nämlich guter weiser rat, daß eine obrigkeit alle sachen mit gutem bedacht und auf vorgehenden rat verständiger weise leute handele, zum recht und gerechtigkeit anderer, daß ein herr nicht allein die untertanen vor anderer Unrecht schütze sondern selbst auch keinem Unrecht tue", ist seinem guten Gedankenansatz nach vergessen. Des Königs Wille war schlechthin maßgebend, gleichgültig, ob er in allgemeinen Gesetzen oder für den Einzelfall ausgesprochen wurde. Seine Rechtfertigung erfuhr der Polizeistaat dadurch, daß *Christian Wolff* die These aufstellte, „der beschränkte Untertanenverstand könne sein Recht und sein Glück nicht erkennen". Diese Erwägung führte in ihrer Konsequenz zu der für den Polizeistaat charakteristischen Bevormundung des Bürgers durch den Staat (*Dietel/Gintzel*, a. a. O., S. 61. So befaßte sich z. B. die Zürcher Sammlung der Polizeigesetze mit wahren Lappalien: Kinderwickeln, Verhalten der Schnitter während der Erntezeit.).

Die „Hohezeit" des Polizeistaats begann aber mit dem Westfälischen Frieden von 1648, der den Reichsständen die omnimoda iurisdictio (allesumfassende Gerichtsbarkeit) brachte. Damit war der Weg zum absoluten Territorialherrn freigeworden, gesichert durch die Anerkennung des Territorialherrn.

Wie *Nicolaus von Cues* 1433 hellseherisch in seinem Werk „concordantia catholica" schrieb: „Sicut principes imperium devorant, ita populares devorabunt principes" = „Wie die Fürsten das Reich heute verschlingen, so werden einst die Völker die Fürsten verschlingen", verschmilzt alles, was sich unter verschiedenen Rechtstiteln in einer Hand befindet, Eigen und Lehen, Horrorgewalt und Amtsbefugnis, in einen Begriff, und so entwickelt sich nunmehr der Begriff von der Landeshoheit prägnant, verkörpert in dem Fürstentum. Der dominus terrae fühlt sich nicht mehr als Beauftragter des Kaisers, sondern als Herr in seinem Lande (*Jastrow*, a. a. O., S. 39). Die Polizei wird fortan immer mehr Kampfmittel für alle inneren Staatsfunktionen, alle Fürsorge-/Wohlfahrtsgedanken werden dem einseitiger werdenden Autoritätsziel untergeordnet. Dabei war die Stellung der Landesherren begünstigt durch erhebliches Recht an ihrem Territorium mit dem Zusatz von hoheitsrechtlichen Gesetzesbündeln, Regalien und Privilegien. Das Gemeinwohl wird immer mehr nach Zweckmäßigkeitserwägungen interpretiert und das ius eminens zu einer Sachen- und Personengewalt ausgeformt und auch polizeiliche Beschränkungen involviert. Die Verantwortlichkeit des Fürsten findet nur vor Gott und seinem Gewissen und der Macht des Hervorgebrachten seine Schranken. Das Recht hat nichts damit zu tun (*Menger*, a. a. O., S. 30, Rdn. 62; *Erler*, a. a. O., S. 33; *Mayer, Otto*, a. a. O., S. 38/39), Macht und Ansehen, bedingt durch das Streben der Fürsten, Autorität um jeden Preis zu behaupten mittels der zu diesem Zweck rücksichtslos eingesetzten Polizei als Unterdrückungsmaschinerie (*Erbel I*, a. a. O., S. 11), haben in der Folge zwei Wirkungen: die eine ist die Folge eines verbreiteten Hasses und der Verachtung im Volke, zu dem das sichtbare Tätigwerden der Polizei als Willkürinstrument der Obrigkeit beiträgt, zum anderen die Folge vom Erfordernis von Reichtum, um diese Willkür zu finanzieren. Der Ausspruch *Richelieus*, nach dem das „Geld der Punkt des *Archimedes*" sei, fasziniert die Fürsten.

Friedrich der Große wird später von ihm als dem „Puls des Staates" sprechen. Diesem Grundgedanken folgend entwickelt sich das Prinzip von der aktiven Handelsbilanz mit den sie begleitenden Maßnahmen der Einrichtung und Förderung von Exportgütern und Manufakturen. Auswanderungsverbote bestehen für Fachkräfte, die Ansiedlung ausländischer Fachkräfte wird vorangetrieben, verboten wird die Rohstoffausfuhr, gefördert wird dessen Einfuhr. Exportförderung für Fertigfabrikate, Schutzzölle (Akzise), Kolonialpolitik sind typische merkantilistische Formen des Polizeistaats, denen eine Art zentraler staatlicher Planung vorausging, denn der nun moderne Staat im

Gegensatz zu dem des Mittelalters beruht auf der Existenz einer mit Gold bezahlten Bürokratie und eines nicht minder mit Geld bezahlten Heeres. Das vordergründige Interesse der Wirtschaftsförderung ist daher ein eigenmächtiges der Fürsten. Die merkantilistische Wirtschaft marschiert am Gängelband des Staates, der von der Besitzgröße an Edelmetallen u.a. seine Stellung und Bedeutung ableitet. Die Polizeimaßnahmen zielen insofern geradezu auch auf die Erhaltung der Steuerkraft der Untertanen und der Förderung einer Bevölkerungspolitik aus dem gleichen Grund (vgl. auch *Obrecht*, der die Grundfesten aller Policeyen „census et censura" (Schätzung und Steuerpflicht der Untertanen) und die obrigkeitliche Aufsicht über die Lebensführung dieser Untertanen sieht, so zitiert bei *Maier*, a.a.O., S. 153). Insofern ist die Berufung auf die „selbsteigene Glückseligkeit" der Untertanen eine fadenscheinige Begründung der Fürsten, zumal die Fragestellung des merkantilistischen Territorialherrn dahin geht, wie man die Produktivkräfte eines Landes und damit zugleich die Bildung wirkender, sich mehrender privater Vermögen fördert (*Karl Marx* entwickelt daraus später die Theorie von der Akkumulation des Kapitals; vgl. *Hofmann*, Grundelemente der Wirtschaftsgesellschaft, *Reinbek* bei Hamburg 1972, S. 105).

Unter den deutschen Landesstaaten, die durch den Zufall des Erbrechts und der Eroberung zusammengekommen waren, ist Brandenburg-Preußen vielleicht die unnatürlichste Bildung. Diesen membra disjecta schaffte der Kurfürst *Friedrich Wilhelm* nach 1648 eine strenge, sorgsame Verwaltung (*Haller*, a.a.O., S. 159).

Da aber der Aufbau eines Staates Sicherheit erfordert, zeichnet sich Preußen bald durch die „Wachsamkeit des Hüters der inneren Verwaltung" und den Frieden „sichernder, gerechter unverrückbarer Gesetze" aus – *so die Theorie* – (*Schneider*, *Reinhold*, Die Hohenzollern, Frankfurt am Main, Hamburg 1961, S. 56; vgl. auch *Seckendorff* (1962): „der friede fliesset heraus der gerechtigkeit, und die wird hinwiederum durch friede und ruhe befördert ... Ziel aller christlichen polizei ist die ehre gottes", zitiert bei *Maier*, a.a.O., S. 179, 181), aber auch das Recht wird im preußischen Rechtsstaat umgebogen – *so die Realität* – durch die Narrheit des „Soldatenkönigs" *Friedrich Wilhelm I.*, dessen Ziel und erste Pflicht „die Erhaltung und nicht Ausbeutung der Untertanen" ist; sie fordert unbestechliche Gerechtigkeit und Einsicht vom Beamten. In Preußen kann man der Strafe entgehen, wenn man sich rechtzeitig entschließt, einen Beitrag in die Rekrutenkasse zu geben. Auch die Ämter werden käuflich: hier, wo allein Tüchtigkeit und Dienstbereitschaft entscheiden sollten; eine Kopistenstelle kostet 100 Taler, eine Geheime Kanzlistenstelle 300 Taler, höhere Ämter steigen im Preis bis zu 2.000 Taler. Sich perfektionierende Geldbeschaffungsmethoden sind auch Zeugen des preußischen Merkantilsystems mit der grundlegenden Weisung des Landesherren, „die Herren sollen die Köpfe daran stecken, und befehlen wir hiermit ernstlich, es sonder Raisonnieren möglich zu machen" ,oder aber das Beispiel der Instruktion für die Stadt Königsberg: „Da Seine Königliche Majestät auf die Vermehrung und Verbesserung deren Fabriquen in der Stadt Königsberg mit dem rechten

Eyffer gehaltenwissen wollen ... lieget dem Policey-Director ob, denen diese halb emanierten Edicten den gehörigen Nachdruck zu geben".
Nach außen fallen die Schranken, aber polizeilich relevant ist z.B., daß, wer Salz einführt, es mit der *Salzhandelspolizei* zu tun bekommt. Ihm droht der Galgen, ebenso etwa auch dem Wolleexporteur, den die *Handelspolizei* überwacht. Eingesetzte Spione als eine Art *Präventivpolizei* sollen die „generalem curam und inspectionem auff alle Underthanen" sicherstellen, wenn die Untertanen einen „unchristlichen" Lebenswandel führen. Sie, die Spione in allen Provinzen, korrespondieren fleißig mit dem Direktorium und erhalten dem König die Macht. Ausgehend von *Bodins* Werk über den Staat (1576) und dem Wort „Souveränität" veranlaßt *Friedrich Wilhelm I.* Haltung, „die Krohne fest wie ein Rocher von Bronse" zu setzen, um die „suverenitet zu stabilisieren" in der Form des rechtlichen Anspruches vor der plenitudo potestatis (ganzen Machtfülle). Die Reichsgerichte, ohnehin durch die sogenannte „Kammerzieler", einer Reichssteuer zur Finanzierung des Reichskammergerichts, in ihrer Arbeit behindert und in der Sorge der Sicherstellung der Gelder, schaffte nicht, die Gerichtstätigkeit konstant aufrechtzuerhalten, so daß Prozesse mit 100 Jahren Prozeßdauer keine Seltenheit waren (*Maier*, a.a.O., S. 154, 155; *Jellinek*, a.a.O., S. 85; *Erler*, a.a.O., S. 32; *Menger*, a.a.O., S. 22/23, Rdn. 46). Außerdem fügten sich nicht alle Landesherren der Gerichtsbarkeit wie oben *Friedrich Wilhelm I.*, König von Preußen. Der Magdeburger Adel, der anläßlich der „Lehnspferdegelder-Angelegenheit" beim Kaiser Recht suchte gegen seinen Landesherrn, erfuhr durch Verfügung des Landesherrn an seine Behörde durch Instruktion für das Generaldirektorium vom 22. Dezember 1722, die in §4 des Artikels 26 bestimmte, „es sollten den renitenten Edelleuten, die sich weigern, den Lehnscanonem zu entrichten und deshalb an den Reichshofrath appelieret haben ... allerlei Chicanen gemacht und ihnen solcher gestalt der Kitzel vertrieben werden, gegen ihren angeborenen Landesherrn und Obrigkeit an dergleichen frevelhaftes und gottloses Beginnen weiter zu gedenken, geschweige denn selbiges wirklich vorzunehmen" (*Jellinek*, a.a.O., S. 84; *Maier, Otto*, a.a.O., S. 37).
Diese Geisteshaltung und Gesinnung ist zurückzuführen auf die Aussagen *Pufendorfs* (1616), der der Meinung war, daß er (der Staat) Kräfte und Mittel der Einzelnen zu gemeinsamer Sicherheit und zu gemeinsamen Frieden benutzen könne. Die absoluten Herrscher fanden diesbezüglich ihre Versionen im Sinne des „Dulde und Liquidiere" hinsichtlich ihrer Untertanen. Die Polizeigewalt ist somit der „spanische Stiefel" des Territorialherrn zur Durchsetzung seiner ureigenen Willensbildung. Der Polizeistaat füllt die Übergangszeit aus zwischen altem Recht und derjenigen Gestalt der Dinge, welche die Gegenwart uns zeigt. Er war nur der „Zuchtmeister" auf das neue Staatswesen. Dieses steht aber auch auf seinen Schultern: was er an Ideen geschaffen, wird nicht ausgelöscht oder rückgebildet, sondern weiter entfaltet (*Lehmann*, a.a.O., S. 18; *Mayer, Otto*, a.a.O., S. 54; *Scheer II*, a.a.O., S. 13, Frage 7).
Im 14. Jahrhundert kommt im benachbarten Frankreich das Wort „la police"

auf, andererseits auch das Wort „Politesse", die mit dem Wort „Politia" Bedeutungsgleichheit haben. Diese beiden französischen Begriffe sind ein Indiz für die Tatsache, daß sich in ganz anderer Weise der Staatsgedanke und damit auch der Polizeigedanke in Frankreich ausgestaltet hatten, da Frankreich schon früh im Gegensatz zu Deutschland als einem Land von vielen Partikularstaaten verschiedener Größenordnung zu einem einheitlichen Staat geworden war (vgl. im Angelsächsischen „Police", im Italienischen „Polizia"; im Niederländischen „Politie"; im skandinavischen Bereich „Politi").
Diese Worte „la police" und „Politesse" (das Wort „Politesse" ist abgeleitet vom Verb polir = reinigen, glätten, gut einrichten) stehen stellvertretend für einen guten, geordneten Zustand des Staates. Bereits ab 1221 waren Wachtmeister mit der Verfolgung von Verbrechern in der Armee eingesetzt, eine Art Militärpolizei und Vorläufer der späteren Gendarmerie (*Zilling*, a.a.O., S. 100).
Jahre später, um 1399, oblag die Sicherheit auf den Straßen zuerst in Paris einer besonderen Behörde unter dem „prévôté de la policité". Auch Gardes de la prévôté de l'hôtel du roi genannt, unterstanden sie dem Palastprofoß oder Großprofoß von Frankreich, der Hauptmannsrang hatte. Sie hatten Polizeiaufgaben und waren beauftragt mit der Durchführung der Vorschriften bei Hofe und überall dort, wo der König war (ferner: Personenkontrolle, Verhaftungsauftrag von Staatsgefangenen). Die eigentlichen Gendarmen sind die Maréchaussée von Frankreich (Militärpolizei, Sitzungspolizei bei Militärgerichtsverfahren), die unter der Amtsgewalt der Marschälle von Frankreich polizeilich tätig wurden (Funken, Historische Uniformen, München 1978, S. 18, 44). Diese Polizei mit starkem militärischem Vorbild baute *Ludwig XIV.* 1667 in Paris auf den Erfahrungswerten früherer französischer Herrschergenerationen auf, zumal gerade Frankreich in Europa um seine Stellung kämpfte und die Zentralisierung der Staatsgewalt insofern ein militärisches Gebot der Führung war. Diese „staatliche Militärpolizei" dehnte *Ludwig XIV.* 1693 auf ganz Frankreich aus, um die Ruhe des Publikums und der Einzelpersonen sicherzustellen, die Stadt von allem zu reinigen, was Unordnung hervorrufen könnte, den Wohlstand zu fördern und jeden nach seinen Verhältnissen und nach seinen Pflichten leben zu lassen. Wäre es bei diesem Charakteristikum geblieben, so wäre die Polizei dieser Zeit eine ideale gewesen, aber da die Autorität zum Selbstzweck und zu einem Hofegoismus ausuferte, wie die „Rapports inédits du lieutenant de police *René Dargenson*" (unveröffentlichte Berichte des Polizeileutnants *René Dargenson*) eindrucksvoll vermitteln, mußte die Zeit des Niedergangs der äußeren Erfolge Frankreichs und im Inneren durch willfährige Maßnahmen wie die rechtsgrundlosen Festnahmen in Form der „lettres de cachet" zwangsläufig zu Spannungen führen, die eine Revolution im Späteren verursachen sollten (unter „lettre de cachet" versteht man einen *Blankohaftbefehl*, in den nur noch die Personaldaten des Verdächtigen einzutragen waren. So verschwanden durch Denunziation viele Bürger in den Polizeigefängnissen. Eine Verhandlung fand nicht statt. Wir kennen heutzutage diese Form polizeilicher Willkür von den „Schutzhaftbefehlen" der Gestapo im Hitlerregime bzw. aus den Überlieferungen politischer

Häftlinge in der DDR). Wenn auch ein guter Staat an den Straßen und Grenzen befestigt und durch eine ausreichende Zahl waffengeübter, kriegserfahrener Leute geschützt werden sollte, so war des Königs Wille Gesetz. Er war an ungeschriebene Gesetze und an Gegenkräfte von vielerlei Art gebunden: „an göttliches und natürliches Gesetz, an Grundgesetze des Königreiches", wozu die Erblichkeit der Krone und das Verfahren der Gesetzgebung hinzukam. „Was der Vormund dem Mündel, das ist die Stadtverwaltung gegenüber dem Bürger", so hat *Delamare* es einmal formuliert, als er das Verhältnis Staat – Bevölkerung unter Berücksichtigung dieses Zeitgeistes miteinander verglich (vgl. *Griewank*, Die französische Revolution 1789-1799, 4. Auflage, Köln, Wien 1972, S. 17/18; *van den Bergh*, a. a. O., S. 25). Der Polite des klassischen Griechenland, Inhaber des Bürgerrechts, der Politeia, kannte fest fixierte Rechtsgrundsätze, hier aber war der Franzose ein Untertan, dem Geiste totaler Unterordnung verpflichtet, über den die Polizei durch ihre „Sûreté" wachte.

Ab 1699 gab es die Sûreté in ganz Frankreich. Sie wurde von einem Kommissar geleitet, der einem bestimmten Bezirk, dem „Quartier", vorstand, mehrere Personen als Polizeibedienstete unter sich hatte und mit Vigilanten und Denunzianten für die Ruhe und Ordnung sorgte. Dieser wiederum war dem Generalleutnant der Polizei unterstellt, dem gefürchtetsten Manne nach dem König im Staate. Mit der Schaffung dieses Amtes schuf *Ludwig XIV.* die *Trennung* von *Justiz* und *Verwaltung*. Dieses Polizeisystem galt in seiner Zeit als das modernste.

Friedrich der Große wird *Philippi*, den *ersten Polizeipräfekten von Berlin*, beauftragten, das französische Polizeimodell zu studieren und auf seine Anwendbarkeit *in Preußen* hin zu prüfen (*Kugler*, Geschichte Friedrichs des Großen, Gedenkausgabe zum 150. Todestag des großen Königs, Leipzig 1936. ... Mit der Einsetzung *Philippis* erließ dieser auch 1742 eine Polizeiinstruktion ...). Insofern lebt es in Resten fort in der deutschen Polizeirechtsgeschichte.

VI. Kapitel:

Der aufgeklärte Absolutismus in Preußen und seine Bedeutung für das funktionale Polizeibild

Mit der Übernahme der Regierungsgeschäfte in Preußen wird *Friedrich der Große* die Geschichte Deutschlands und die Fixierung von Staatsfunktionen bis in unsere Tage beeinflussen.
Die Entstehung des deutschen Polizeibegriffs läßt sich am deutlichsten am Beispiel des preußischen Rechts verfolgen. Er wird eine andere Gestalt annehmen als zur Zeit der vorherigen Epochen, in denen unter der Polizei das Staatswesen an sich, die Wohlfahrt und Sicherheit verstanden wurde. Spezielle Funktionszuweisungen werden die Polizei insofern als selbständige Institution im Gefahrenabwehrauftrage für die Zukunft darstellen.
Schon 1713 gibt es in Preußen Exekutivbeamte. Bis dahin lagen Rechtspflege und Verwaltung, diese einschließlich der Wahrnehmung polizeilicher Aufgaben, häufig alle Instanzen hindurch in einer Hand. Daneben bestand, aber nicht nur so in Preußen, die allgemein bestehende Polizeihilfspflicht, d.h. die Pflicht für jedermann, auf das „Gerüft" (Zetergeschrei) hin die Verfolgung von Rechtsverbrechern aufzunehmen (*Huelke*, a.a.O., S. 169; dies auch insbesondere bei Deserteuren, vgl. Nr. LXXX Erneuertes und geschärftes Edict, wegen Anhaltung und Verfolgung der Deserteurs, de dato Berlin, den 4.ten October 1749 in Corporis Constitutionum Chur und Marck Brandenburg, Constitutio IV, Berlin 1750, S. 190). Sein militärisches System verknüpfte *Friedrich der Große* mit den übrigen Staatseinrichtungen, denn die beiden Grundpfeiler des preußischen Staatsbaus, Armee und Finanzen, ragen auch in den Bereich der städtischen Verwaltung hinein. Die beiden unterstützen und ergänzen einander, zumal die Armee von der Steuerverwaltung ihre Existenz ableitet; dafür leiht das Militär ihr seinen kräftigen Arm zur zwangsweisen Eintreibung und verhütet durch sein Anwesenheitsbild, daß diese erforderlich wird.
Die niederen Ämter der *Landausreuter*, der Mühlenausreuter u.a. waren der Armee willkommene Versorgungsstellen für ausgediente Unteroffiziere; als Erbe des „Siebenjährigen Krieges" gab es zwei Arten von Unteroffizieren: die mit zwei Beinen wurden zu Polizeiaufgaben herangezogen, die mit einem Bein wurden als Lehrer zur Ausbildung des Volkes eingesetzt (*Paschner*, a.a.O., S. 18/19). Diese brachten den „Drall in Richtung der militärischen Disziplin", in die nun mit Polizei bezeichneten Personen und Behörden, nämlich den Polizeikommissionen, Polizeidirektoren und Polizeiknechten im organisatorisch-institutionellen Bereich. So war es die Aufgabe der Ausbildung, wie *Friedrich II.* bereits 1740 am 30. Juli äußerte in einer Instruktion für den Leiter des Kadettenkorps an der „Académie militaire" in Berlin, daß es „Erste und

vornehmste Sache wäre, denen Cadets eine vernünftige Ambition beyzubringen. Demnechst aber ihnen gleichsahm von der ersten Jugend an, eine gewisse Liebe und Hochachtung vor den Preußischen Dienst einzuprägen, dergestalt, daß die Idée, als ob kein besserer Dienst in der Welt sey wie der Preußische, gleichsahm mit ihnen aufwachse und ihnen fest imprimiert werde". Somit erhielt der Staat ein Personal, das wie kein anderes zu gehorchen gewohnt war. Die Büttel, Stadtdiener, Heidereuter, waren meist geringe Leute, die neben ihren gewerblichen Verrichtungen für einiges Geld die Aufträge des Magistrats der Städte oder schlechthin der Ortschaften ausführten oder aber auch nicht; denn die geringe Besoldung war des öfteren der Grund für Bestechungen allgemeiner oder auch speziell konkretisierter Art (so hatte z.B. die Stadt Lippstadt um 1779/80 hauptberuflich: 2 Nachtwächter, 3 Stadt-Diener, 1 Ausreuter, 1 Stadtwachtmeister, 3 Boten, 1 Raths Pedell, 1 Pförtner, 1 Stadtgräber, 1 Richter, nebenberuflich: als Nachtwächter 3 Tagelöhner, als Pförtner 1 Glaser und 1 Seiler (vgl. hierzu Dresp, Kopf- und Professionsmatricul de Anno 1779-80, Stadtarchiv Lippstadt, Heft 1, Lippstadt 1979, S. 9ff.). Hatte *Kaiser Augustus* im alten Rom seine Polizei durch Hebung des Sozialstatus gesellschaftlich aufgewertet, so war dies im Preußen des 18. Jahrhunderts keineswegs so. Vielmehr vertrat man im Volksmund die Ansicht, daß es ehrenvoller sei, vom Militär nach begangenen rechtswidrigen Taten in Verhaft genommen zu werden als von Polizeibedienten von der niedrigsten Klasse. Am häufigsten hat sich der unrechte Begriff eines gewissen Grades von Ehrlosigkeit bei solchen unteren Gerichtsdienern und Polizeiknechten erhalten, wo diese Stellen an ihre Familien gebunden waren; an Orten aber, wo solche niederen Polizeibedientenstellen schon längst an invalide Soldaten erteilt wurden, verflüchtigte sich dieses vom Volk gepflegte Vorurteil. In Offizierskreisen des Heeres war man der Meinung, daß, sollte eine jedem Orte und seiner Größe oder Volksmenge proportionierte Polizeiwache in jedem Orte aufgestellt und erhalten werden, der gewöhnliche Staatsertrag kaum beschaffen sei, diese Sicherheitsanstalt zu unterhalten, und demnach würden die sonst gewöhnlichen Abgaben der Staatsbürger nicht hinreichen, die dazu erforderlichen Aufwandskosten zu bestreiten. Insofern, so wird gefolgert, sei es daher weise und billig, daß das bestehende Militär oder der Soldat im Frieden, und wo es auch möglich sei, Ruhe und Ordnung im Inneren sichern, indem es gröbliche Verletzungen derselben unmöglich mache. Dies sei gewissermaßen die ultima ratio, daß man das Militär oder den Soldaten als Beistand der Polizei zu betrachten berechtigt sei (*Andrae*, a.a.O., S. 29/30). Dieses Argument, so wird der nachstehende Exkurs zeigen, wird bis 1945 das materielle Polizeirecht der Streitkräfte in Preußen – Deutschland prägen (*Siemon*, Geschichtlicher Rückblick auf das materielle Polizeirecht der Streitkräfte in Preußen – Deutschland, in *Harnischmacher*, Ju Jutsu, Band I, Warendorf 1978, S. 165ff. (unveröffentlichtes Manuskript für die Grenzschutzgruppe 9, Sondereinheiten der Polizei und Bundeswehr); derselbe, in Polizeinachrichten 1/1967, S. 29/30).

Mit der AKO vom 31. März 1792, dem preußischen Allgemeinen Landrecht vom 5. Februar 1794 und der Circularverordnung vom 30. Dezember 1798 wurde dem Militär das Recht und die Pflicht der Aufrechterhaltung der öffentlichen Sicherheit und Ordnung namens des Königs zugesprochen. Die Militärbefehlshaber hatten die jeweils erforderlichen Anordnungen zu treffen, ohne daß es einer genauen Konkretisierung derselben bedurfte. Das „Regulativ" vom 16. März 1802 regelte erstmals die Amtshilfe zwischen den Polizei- und Militärbehörden sowie mit einer Art „Dienstanweisung des unmittelbaren Zwanges" das Einschreiten von militärischen Wachen bei allgemeinen Straftaten von Zivilpersonen. Diese Tatsache leitete eine Entwicklung ein, die ein Verweisen des Militärs von allgemeinen schutzpolizeilichen Funktionen auf die Wahrung von vorzugsweise sicherheitspolizeilichen Funktionen mit sich brachte. Als Indiz dieser Kompetenzzuweisung dienen die AKO vom 17. Oktober 1820, die VO über die „Organisation der Gendarmerie" vom 30. Dezember 1820 und die WachVO vom 17. August 1835 sowie das MilWaffGebrG vom 20. März 1837. Nach den vorgenannten Verordnungen war das Militär weiterhin für die Verhütung und Unterdrückung innerer Unruhen zur Aufrechterhaltung der öffentlichen Sicherheit und Ordnung zuständig, aber mit der Einschränkung, daß das Tätigwerden der militärischen Wachen bei allgemeinen Straftaten von Zivilisten nur noch bei Gefahr im Verzuge gestattet sei. Diese Verordnungen beinhalten schon Hinweise auf die Beachtung des Verhältnismäßigkeitsgrundsatzes.

Eine weitere wesentliche Trennung der Aufgaben von Polizei- und Militärbehörden erfolgte nach dem 31. Januar 1850 aufgrund der Artikel 5 und 36 der Preußischen Verfassungsurkunde. Das „Gesetz über den Schutz der persönlichen Freiheit" vom 12. Februar 1850 machte eine Änderung der bisher geltenden Verordnungen nötig, die am 27. Juli 1850 mit der Wachinstruktion und am 1. Mai 1851 mit der Waffengebrauchsinstruktion erfolgte. Im wesentlichen waren es die Fragen der gegenseitigen Amtshilfe, des Einschreitens des Militärs bei inneren Unruhen aufgrund eigener Machtvollkommenheit, der Regelung des unmittelbaren Zwanges durch Militärpersonen, die Verhaftung durch Militärpersonen, die jetzt nur noch militärische Wachen und nur auf schriftlichen richterlichen Befehl erfolgen durfte und die Bestimmung, daß arretierte Zivilpersonen an die örtlich zuständigen Polizeiorgane zu übergeben waren. Ebenso wurde hier erstmals der Begriff der Nachtzeit mit der Einschränkung strafprozessualer Befugnisse rechtsverbindlich verankert.

Aufgrund des Artikels 61 der Reichsverfassung vom 16. April 1871 wurde die preußische Militärgesetzgebung mit Ausnahme des Königreiches Bayern im ganzen Reich wirksam. Weitere gesetzliche Schritte, die die Verwaltung an rechtsstaatliche Prinzipien banden, waren am 13. Dezember 1872 der Erlaß der „Kreisordnung der Preußischen Provinzen" und am 30. Juli 1883 das „Gesetz über die Zuständigkeit der allgemeinen Landesverwaltung". Der Einsatz von Truppen war jetzt nur noch bei inneren Unruhen als Notstandsmaßnahme aufgrund der Reichsverfassung möglich. Abgeschlossen wurde diese Entwicklung zunächst am 19. März 1914 mit dem Inkrafttreten der MilWaffGebrVorschrift. Es war die erste allgemeine und umfassende Regelung der Befugnisse des Militärs bei der Wiederherstellung der öffentlichen

Sicherheit und Ordnung im Wege der Amtshilfe an die Zivilbehörden bzw. aus eigener Machtvollkommenheit bei Gefahr im Verzuge sowie zur Beseitigung von Störungen der dienstlichen Tätigkeit der Truppe. Diese Vorschrift betonte erstmals die Verantwortlichkeit der Polizeibehörden für die weitere Behandlung von Zivilpersonen, die durch die Truppe arretiert waren. Was blieb – und zwar bis zum 8. Mai 1945 – war die umfassende Amtshilfepflicht des Militärs an alle Zivil-, Polizei- und Justizbehörden. Ein rechtlicher Rückschritt ergab sich mit der Standortdienstvorschrift der Reichswehr, die aufgrund des § 17 des WehrG vom 23. März 1921 nach Artikel 48 der Reichsverfassung vom 11. August 1919 erlassen wurde. Hier wurde der Einsatz der Reichswehr bei inneren Unruhen geregelt. Im Gegensatz zu früheren Anweisungen war jedoch nicht mehr verbindlich festgelegt, ob und wann welche Mittel mit welchen Einschränkungen bzw. Zielen zulässig waren. Diese Rechtsmängel wurden in der StODv vom 25. August 1935 und in der WaffGebrVO der Wehrmacht vom 17. Januar 1936 beseitigt. Die deutsche Wehrmacht war zwar noch aufgrund eigener Machtvollkommenheit zum Einschreiten bei inneren Unruhen verpflichtet; ihre sonstigen Befugnisse auf dem Gebiete des materiellen Polizeirechtes erstreckten sich jedoch nur auf Fälle der Amtshilfe an die verschiedenen Behörden, ausgeübt durch militärische Wachen und die Abwehr von Störungen der dienstlichen Tätigkeit im eigenen Rechtssphärenkreis. Rechtlich relevant ist der Hinweis auf die §§ 2-4 dieser VO, die eindeutig für die spätere Zeit dem Grundsatz der Verhältnismäßigkeit der Mittel Beachtung verschafften. Der Einfluß des Militärs prägte in Preußen das Leben der Menschen schlechthin. Von diesem Faktum ausgehend nur auf negative Inhalte zu schließen, wäre ungerecht und sachfremd. Daß fachliche Leistungen ihre Anerkennung fanden, beweist u. a. ein Kompetenzgerangel anläßlich der Attacke zu Zorndorf, wo Seine Majestät befahl, daß der *Generalleutnant von Seydlitz* mit seinem Kopfe für den Angriff haften sollte. Die unverfrorene Antwort „Sagen Sie dem König, nach der Bataille gehört ihm mein Kopf. In der Bataille brauche ich ihn noch zu Seinem Dienst" zeigt, daß Persönlichkeiten durchaus in einem obrigkeitshörigen Staatsverständnis existieren konnten. Selbst der 26-jährige Dragonerleutnant *von Zieten*, wegen eines Streites mit einem Vorgesetzten zu einem Jahr Festungshaft verurteilt und degradiert, erfuhr seine Rehabilitation und wurde als „Vorbestrafter" der Vater der preußischen Husaren (*Zieten* wurde General der Kavallerie und trotz vieler Schicksalsschläge der Freund des Königs.) Das Wort von der Toleranz schien sich *Friedrich der Große* bei seinem Regierungsantritt auf seine Fahnen geschrieben zu haben. So schrieb der *Graf von Todewil* am 5. Juni 1740 an seinen Ministerkollegen *von Thulemeyer*, daß *Friedrich II.* verfügt habe, „daß dem hiesigen berlinschen Zeitungs-Schreiber eine unumschränkte Freyheit gelassen werden soll, in dem articul von Berlin von demjenigen was anizo hieselbst vorgeht zu schreiben was er will, daß Gazetten wenn sie interessant seyn solten nicht geniret werden müsten" (*Scheer*, Deutsches Presserecht, a. a. O., S. 23/24). Schon 1743 nahm der König die den Berliner Zeitungen verliehene Zensurfreiheit wieder zurück!
Diese Handlungsweise steht im Gegensatz zu seiner Aussage, daß die Fürsten

nicht da seien, um zu herrschen, sondern allein, um glücklich zu machen: das Glück der Menschen ist der oberste Wert; am Glück ihrer Untertanen müssen die Könige gemessen werden (*Schneider, Reinhold*, a.a.O., S. 121/122). Die einzige Gewähr ist dabei das Pflichtbewußtsein des Herrschers, denn nur Tugend, Gerechtigkeit und Güte dürfen die Richtschnur der Fürsten sein, die nicht als uneingeschränkte Herren der Völker, sondern als ihre ersten Diener zu betrachten seien (*Hartung*, a.a.O., S. 121; *Kugler*, a.a.O., S. 117, 509, 519). Dieses Gedankengut aus seinem „Antimachiavell" von 1739 zeigt den neuen Geist in einer polizeistaatlichen Umgebung, nämlich den, daß der Staat mit vollem Bewußtsein über die Dynastie gestellt wird und das „interesse publicum" seine Entwicklung nimmt. Den Geist der Polizei hat *Lessing* in seinem Werk *Minna von Barnhelm* eingefangen. Dort heißt es im Zweiten Aufzug, Zweiter Auftritt in einem Gespräch des Wirtes mit der Kammerjungfer *Franziska* hinsichtlich der meldepolizeilichen Formalien: ...*Der Wirt: „Ohne Zweifel kennen Ihre Gnaden schon die weisen Verordnungen unserer Polizei. Unsere Polizei ist sehr exakt, gnädiges Fräulein* ... *Franziska*: Es soll mir lieb sein, wenn mich die Polizei recht kennt ... Herr Wirt, die Polizei wird doch nicht die Geheimnisse eines Frauenzimmers zu wissen verlangen? ... *Der Wirt: Allerdings, mein schönes Kind, die Polizei will alles, alles wissen, und besonders Geheimnisse* ... *Franziska:* Aber daß es ja unter uns und der Polizei bleibt ... *Der Wirt: Zwar mit meiner Wenigkeit kann sie scherzen so viel, wie sie will; nur mit einer hohen Polizei* – ..." Diese charakterisierende Beschreibung der Polizei durch den zeitgenössischen Literaten *Lessing* wird durch die „Kabinettorderbeispiele" bestätigt, die nach der mündlichen Weisung oder nach schriftlicher Marginalbemerkung des Königs durch den Geheimen Kabinettssekretär ausgefertigt wurde mit dem absoluten Anspruch auf Gehorsam: ein derartiges Beispiel als rechtsgeschichtlich relevantes Denkmal ist die nachstehende Order: „Seine Königliche Majestät von Preußen usw. haben höchst mißfällig in Erfahrung gebracht, daß der hiesige (Potsdamer) Gastwirt *Plöger* samt seinen Leuten bereits seit geraumer Zeit eine sehr schlechte und liederliche Wirtschaft führe". Wenn sich das nicht ändere, „würden Seine Königliche Majestät den *Plöger* samt seinen Leuten nach Spandau schicken und sein Haus an dessen Kreditor weggeben" (*Lehmann*, a.a.O., S. 18; *Mayer, Otto*, a.a.O., S. 39, Fn. 3). Der berühmteste Fall eines Eingriffs in die Justiz ist der Fall des *Müllers Arnold*, der als Erbpächter dem *Grafen von Schmettau* eine Jahrespacht oder eine sonstige jährliche Leistung in Geld zu entrichten hatte und diese verweigerte unter dem Hinweis, daß das zum Mühlenbetriebe erforderliche Wasser von dem Landrat von Gersdorff, der oberhalb der Mühle ein Gut besaß, entzogen wurde. Eine Prozeßlawine war die Folge, in der *Arnold* sich hinsichtlich des Verlustes an den Landrat von Gersdorff zu halten aufgegeben wurde, aber nicht seinem Vertragspartner die Leistung schulden dürfe. Der König erfuhr von diesem Sachverhalt. Hatte *Friedrich II.* anläßlich dieses Prozesses noch am 11.12.1779 geschrieben: „Denn ich will, daß in Meinen Landen einem jeden, er sei vornehm oder gering, prompte Gerechtigkeit widerfahre, und er nicht zum Faveur eines Größeren gedrückt, sondern einem jeden ohne Unterschied des Standes und ohne Ansehen der Person eine unparteiische Justiz administriert werden soll". Er ließ die seiner Ansicht nach schuldigen Richter zu sich kommen und eröffnete ihnen, daß sie seinen Namen „cruel gemißbraucht" hätten. Wenn die Justizkollegien „die natürliche Billigkeit beiseite setzen, so sollen sie es mit Seiner Königlichen Majestät zu tun kriegen. Denn ein Justizkollegium, das Ungerechtigkeiten ausübt, ist gefährlicher und schlimmer, wie eine Diebesbande; vor der kann man sich hüten, aber vor Schelmen, die den Mantel der Justiz gebrauchen, um ihre übliche Passiones auszuführen, vor denen kann sich kein Mensch hüten, die sind ärger, wie die größten Spitzbuben, die in der Welt sind, und meritieren eine doppelte Bestrafung" (*Kugler*, a. a. O., S. 483/494. Daß in der Prozeßsache der König im Irrtum ... und die abgesetzten Richter im Recht waren, steht auf einem anderen Blatt).

Die für diesen Fall zuständigen Richter verurteilte der König zu einjähriger Festungshaft und der Schadensausgleichung aus ihren eigenen Mitteln, damit der Müller *Arnold* völlig „in integrum restituiert werde", aber *Friedrich Wilhelm II.* ließ aufgrund der öffentlichen Meinung mit Kabinettsorder vom 14. November 1786 die bestraften Richter für unschuldig erklären und ihnen wegen Schäden und Kosten ihre Rechte vorbehalten. (*Jellinek*, a. a. O., S. 86/87)). De facto stellte nämlich der Müller-Arnold-Prozeß einen königlichen Übergriff und somit ein Verleugnen seiner eigenen Prinzipien dar! Diese Verhaltensweise des Landesherrn ist eine der typischen Ungereimtheiten und Unwahrheiten bezüglich seines Anspruches, als Philosoph gesehen zu werden. Im Falle dieses Prozesses war es lediglich der Wunsch des Königs gewesen, einmal ein drastisches Exempel zu statuieren! (Vgl. *Schoeps*, Preußen, Geschichte eines Staates, Frankfurt a. M., Berlin 1980).

Diese Haltung ist eine polizeistaatliche, um nach den Worten von *Johann Jakob Moser* die Beförderung der äußerlichen Glückseligkeit der Untertanen herbeizuführen. Hilfsorgane mit dem heute noch geläufigen Namen „*Polizei-Meister*" wurden zu diesem Zwecke 1735 in Berlin eingeführt, damit von ihnen, die „lediglich zum Werkzeug in Ausführung aller der Ordnungen gesetzt und angenommen, ... dasjenige, was durch dero Magistrat allhier in Polizei-Sachen ein für allemal festgesetzt und angeordnet, zur Exekution gebracht, in Ordnung gehalten und bearbeitet" wurde (*Knemeyer*, Polizeibegriffe in Gesetzen des 15. bis 18. Jahrhunderts, a. a. O., S. 163/164). Schon 1717 wurde in Brandenburg-Preußen der „Commissarius loci" beauftragt, in jeder Stadt seines Kreises aus den Ratsmitgliedern einen *Polizeiinspektor* zu ernennen, der Aufsichtsfunktionen wahrzunehmen hatte im Bereich der Feueranstalten, Gassen- und Pflastersachen, das Markt-, Brunnen-, Laternen- und Armenwesen, insoweit solches ihm zugewiesen war, Brottaxen, Fleischpreise, Maß, Elle und Gewicht, desgleichen die Unterhaltung der Wege, Brücken und Dämme, Aufräumung der Gräben und zu verschaffende Verflut, Beurbarmachung der Brüche und Besetzung derselben mit neuen Einwohnern vorzunehmen. (Vgl. *Jastrow*, a. a. O., S. 191; *Rüfner*, Verwaltungsrechtsschutz in Preußen von 1749 bis 1842, zitiert bei *Drews/Wacke/Vogel/Martens*, a. a. O., S. 2.)

Da aber der Erfolg zur Durchsetzung dieses großen Aufgabenprogramms

Probleme mit sich brachte, schuf *Friedrich der Große* mit der Einsetzung eines *königlichen Polizeidirektors* in der Person *Philippis 1742* die Grundlage für eine wirksame Organisation der Polizei. Nach dem Vorbild der Stadt Paris wurde *Berlin* in 18 Bezirke eingeteilt, jedem Bezirk stand ein Commissaire de Quartier vor, als Exekutivbeamte fungierten Polizeidiener und Nachtwächter. Diese Organisationsform hielt sich bis zum Jahre 1795. Damit war der Einfluß des lokalen Magistrats bei der Lösung der vielen Aufgaben gebrochen.
Die *Polizeiwissenschaft* trat als selbständiges Fach seit den Systemen *von Justi* (1756) und *von Sonnenfels* (1765) hervor, obwohl schon seit 1727 die ersten kameralistischen Lehrstühle in Preußen bestanden (*Maier*, a. a. O., S. 38), die die Materie der Entwicklung der allgemeinen Staatstheorie, insbesondere ihrer Lehre vom Staatszweck, zum Gegenstand ihres Forschungsauftrages hatten (*Vogel (Klaus)*, a.a.O., S. 375).
Christian Wolff (1679-1754) gilt als der „offizielle Staatsphilosoph" *Friedrichs des Großen*. Er ging davon aus, daß die Zwecke des Staates „vitae sufficientia, tranquillitas et securitas", also Wohlfahrt und Erhaltung der Sicherheit seien (*Maier, Otto*, a. a. O., S. 38, Fn. 1). Insofern ist er der Vater der aufgeklärten Polizeiwissenschaft geworden. Auch *Stahl* schrieb 1878, daß die Polizei ganz allgemein als „Versorgung des Gemeinwohls" anzusehen sei. In ihr bestehe „die eigentliche stete politische Tätigkeit, stete Entfaltung, Förderung und Steigerung (sei) ihr Charakter". Sie müsse frei sein. Das Gesetz dürfe nur die Grenzen, nicht aber Richtung und Inhalt ihres Vorgehens bestimmen. *Von Berg* unterscheidet in seinem 1799-1806 erschienenen „Teutschen Policeyrecht" zwischen einem Polizeirecht im engeren Sinne, dem Recht der Sicherheitspolizei, und einem Polizeirecht im weiteren Sinne, dem Recht der Wohlfahrtspolizei. Er vertritt die Auffassung, daß die Polizeigewalt die natürliche Freiheit der Untertanen nur so weit beschränken darf, als es ihr rechtmäßiger Zweck erfordere (*Maier, Franz*, a.a.O., S. 41; vgl. *von Berg*, Handbuch des Teutschen Policeyrechts, Band I, a. a. O., S. 12). Damit folgt er konsequent der Meinung *von Justi*, der die Polizei als eine Wissenschaft beschreibt, die innerlichen Verfassungen des Staates solchergestalt einzurichten, daß die Wohlfahrt der einzelnen Familien mit dem allgemeinen Besten beständig in einer genauen Bindung und Zusammenhang sich befindet (v. *Justi*, Grundsätze der Polizeiwissenschaft, Band I, a.a.O., §3; *Lehmann*, a. a. O., S. 20). Die Abwendung von Übeln soll der Hauptzweck der Polizei sein, da niemand zu seiner Glückseligkeit gezwungen werden dürfe. *Von Sonnenfels* äußert sich ähnlich, indem er sagt: „Wenn diese Maßregeln und Vorkehrungen gesammelt und auf gewisse aus der Natur des gesellschaftlichen Endzweckes abgeleitete Grundsätze zurückgeführt werden, so erwächst hieraus die Wissenschaft, die innere Sicherheit des Staates zu gründen und zu handhaben, das ist die Polizeiwissenschaft" (*von Sonnenfels*, Grundsätze der Polizei, Handlung und Finanz, a.a.O., Band I, §43). „Alle Äußerungen gehen dahin, die absolutistische Politik von der Polizei zu scheiden, um dem Recht des Bürgers zu genügen. Die „Erhaltung der öffentlichen Ruhe, guter Ordnung und Zucht und Anstalten wider verschiedene Gefahren und Unglücksfälle" sei vielmehr die Primärpflicht der Polizei. Diese neuen

Gedanken sind das Ergebnis des liberalen Naturrechts gegen das „väterliche Regiment" des Polizeistaats (*Zuppinger*, a.a.0., S. 29).
So formulierte *Immanuel Kant*: „Eine Regierung, die auf dem Prinzip des Wohlwollens gegen das Volk als eines Vaters gegen seine Kinder errichtet wäre, das ist eine väterliche Regierung; wo also die Untertanen als unmündige Kinder, die nicht unterscheiden können, was ihnen nützlich oder schädlich ist, sich bloß passiv zu verhalten genötigt sind, um wie sie glücklich sein sollen, bloß von dem Urteil des Staatsoberhauptes, und daß dieser es auch wolle, bloß von seiner Gütigkeit zu erwarten: ist der größte denkbare Despotismus. Nicht eine väterliche Regierung, sondern eine vaterländische ist diejenige, welche allein für die Menschen gedacht werden kann" (*Kant*, zitiert bei *Zuppinger*, a.a.O., Fn.9; ebenso bei *Lehmann*, a.a.O., S. 19). Hierauf beruht das Recht der Polizei, welche die öffentliche Sicherheit, Gemächlichkeit und Anständigkeit besorgt. Anderenorts umriß *Wilhelm von Humboldt* die Staatsgewalt: „Der Staat enthalte sich aller Sorgfalt für den positiven Wohlstand der Bürger und gehe keinen Schritt weiter als zu ihrer Sicherstellung gegen sich selbst und gegen auswärtige Feinde notwendig ist; zu keinem anderen Endzwecke beschränke er ihre Freiheit".
In diesem Gedankengut deutet sich der Widerstand der naturrechtlichen, liberalen und individualistischen Aufklärungsphilosophie des 18. Jahrhunderts gegen die Omnipotenz des Absolutismus an. Die Forderung nach Beschränkung der Macht durch das Gesetz und diesem Geltung verschaffende unabhängige Gerichte hat *Kant* dahingehend ausgedrückt, daß „ein öffentliches Gesetz aber, welches für alle das, was ihnen rechtlich erlaubt oder unerlaubt sein soll bestimmt, ist der Aktus eines öffentlichen Willens, von dem alles Recht ausgeht, und der also selbst niemand muß unrecht tun können. Hierzu ist kein anderer Wille als der des gesamten Volkes (da alle über alle, mithin ein jeder über sich selbst beschließt) möglich. Bevor aber das Allgemeine Preußische Landrecht diesen Bedürfnissen Rechnung tragen sollte, faßte der Staatsrechtlehrer *Johann Stephan Pütter* in seinem berühmt gewordenen Werke „Institutiones iuris publici Germanici" (1770) den Polizeibegriff unter Berücksichtigung der zeitgemäßen Polizeiforschung und der Aussagen von *Darjes* und *Svarez* auf. Der ursprüngliche Staatszweck sei in der Gewährleistung und Erhaltung der Sicherheit zu sehen, dahingehend, daß die Sorge um die Wohlfahrtspflege nicht zu den Aufgaben der Polizei gehöre, und daß die polizeiliche Tätigkeit künftig für die Allgemeinheit zu befürchtende Übel im Innren des Staates abzuwenden auszurichten sei.
Insofern wird *Pütter* das Verdienst zuerkannt von der herrschenden Literaturmeinung, daß er der Begründer des neuen Polizeibegriffs sei (für viele Anhänger der herrschenden Meinung sei stellvertretend *Götz*, a.a.O., S. 13 zitiert). Die Mindermeinung (*Galette*, Zur Entwicklung des Polizei- und Ordnungsrechts in DVBl 1955, S. 276ff.; *Mayer, Franz*, a.a.O., S. 40, insbesondere dort die Fn. 71) hingegen verweist darauf, daß die Unterscheidung zwischen Wohlfahrtsförderung und Gefahrenabwehr noch nicht bei *Pütter* so klar und scharf sei, wie sie dann bei seinen Schülern vorgenommen werde. Der Meinungsstreit ist aber unbeachtlich, da er nicht zu wesentlichen

Konkretisierungen führt. Für die Zeit des 18. Jahrhunderts aber gebührt zweifelsfrei *Pütter* die Ehre, denn *Vogel* hat mit Recht auf den Einfluß von *Darjes* hingewiesen, der die Wohlfahrtsförderung aus dem höherrangigen Sicherheitszweck ableitete und *Pütter* dahingehend beeinflußt hat. Der *Püttersche* Polizeibegriff fand über *Carl Gottlieb Svarez* Eingang in das *Preußische Allgemeine Landrecht vom 1.06.1794.* Dessen § 10 Teil II Titel 17 (§ 10 II 17) lautet: „Die nöthigen Anstalten zur Erhaltung der öffentlichen Ruhe, Sicherheit und Ordnung und zur Abwendung der dem Publico, oder einzelnen Mitgliedern desselben bevorstehenden Gefahr zu treffen, ist das Amt der Polizey". Hatte das 18. Jahrhundert die Entstehung der fünf klassischen Ministerien verursacht, so war im Sinne dieses Gesetzes als Ausfluß des inneren Staatsbereichs die Polizei nunmehr der Zweig der Staatstätigkeit im Rahmen der inneren Verwaltung, zu dessen Aufgaben es gehörte, sowohl die „äußere als innere Ruhe und Sicherheit zu erhalten und einen Jeden bei dem Seinigen gegen Gewalt und Störungen zu schützen".

Das Allgemeine Landrecht, das größte und sprachlich schönste, zugleich juristisch besonders saubere Gesetzbuch deutscher Sprache, teilt die Tätigkeit des Staates ausdrücklich in Gefahrenabwehr und in Wohlfahrtspflege ein (§§ 2, 3 II 13 ALR); zum Organ der Gefahrenabwehr bestimmt es die Polizei in dem berühmten § 10 Teil II Titel 17 mit den Worten wie oben erwähnt.

In der Folgezeit ist diese Auffassung vom Wesen der Polizei von den maßgebenden preußischen Stellen nicht festgehalten worden. So bezeichnete selbst der Verfasser des Allgemeinen Landrechts und insbesondere des § 10 II 17, *Carl Gottlieb Svarez*, in einem Anfang der 1790er Jahre gehaltenen Vortrag über Polizei auch „Anstalten zur Beförderung der Privatglückseligkeit und Schulen" als Polizeianstalten. Der Zwang nach staatlicher Wohlfahrtsförderung soll auch unter Berufung auf das Allgemeine Landrecht nach der Meinung von *Rosin* (*Rosin*, Der Begriff der Polizei und der Umfang des polizeilichen Verfügungs- und Verordnungsrechts in Preußen 1885) ausgeschlossen werden, denn die Amtsgewalt der Polizeibehörde sei strikt auf die Realisierung der Sicherheit und Ordnung beschränkt. Der landrechtliche Polizeibegriff ist also ein reiner Gefahrenabwehrbegriff, d. h. den Polizeibehörden wird lediglich die Aufgabe übertragen, für den Schutz der Untertanen vor Gefahren zu sorgen. Andererseits ist das ALR noch in vielen Bestimmungen vom Wohlfahrtsgedanken erfaßt, wie *Rosin* mit Recht anführt. Zum Beweis diene der § 6 II 13 mit seinem Wortlaut: „Das Recht, Gesetze und allgemeine Polizeiverordnungen zu geben, dieselben wieder aufzuheben, und Erklärungen mit gesetzlicher Kraft zu erteilen, ist ein *Majestätsrecht*" (*Lehmann*, a. a. 0., S. 27).

Trotz allem ist aber festzuhalten, daß die Abstellung des Polizeiauftrages auf die Gefahrenabwehr einem Anliegen der Zeit entsprach und Allgemeingut wurde.

Auch in Bayern fand diese Begriffsdeutung Eingang in die dortige Praxis der Behörden. Schon 1784 wurde in der Instruktion für die Dorfführer diesen die „Sorge für die Sicherheit, Reinlichkeit, Ruhe und Ordnung" übertragen und damit ihr polizeilicher Aufgabenbereich abgegrenzt. Organisationsmäßig gab

es seit 1759 in *Bayern* einen *Polizeirat*, der ab 1768 als Sonderkollegium des Hofrats konstituiert wurde und die Aufgabe hatte, in Streitigkeiten über Polizeiangelegenheiten zu entscheiden (*Schiedermair*, a.a.O., S. 21; *Mayer*, Franz, a.a.O., S. 36; *Knemeyer*, Polizeibegriffe in Gesetzen des 15. bis 18. Jahrhunderts, a.a.O., S. 164).
Resultativ läßt sich aber sagen, daß die Zeit der Aufklärung die auf dem Papier fixierte neue Aufgabenzuteilung der Polizei mit sich brachte. Trotz vieler guter Ansätze, die das Gedankengut des Polizeistaates verändern mußten, zumindest aber beeinflussen konnten, wurden aber polizeistaatliche Vorstellungen in das 19. Jahrhundert hinübergerettet. Die Polizeifunktion in der Theorie wird aber erst weitaus später durch die Rechtsprechung wieder belebt. Trotz allem muß aber der guten Ordnung wegen festgestellt werden, daß mit seinem in dieser Zeitära modernen freien Geist, dem Geist des Allgemeinen Preußischen Landrechts, der Toleranz und humanitären Substanz, das Preußen *Friedrichs des Großen* an die Spitze seiner Zeit marschierte (*Haller*, a.a.O., S. 185).

VII. Kapitel:

Der nachlandrechtliche Polizeistaat und die Restauration

Die neu eingebrachten Ideen der Geistesbewegung der Aufklärungsepoche über den Rechtsgrund des Staates und einen durch Menschen- (und Bürger)rechte limitierten Staatszweck sollten neue Bahnen in der Beziehung des Bürgers zum Staat aufzeigen, und zwar bei Befolgung der liberalen Rechtsanschauung mit positiv-rechtlicher Würdigung. *Kant* nannte diese Bewegung den „Ausgang des Menschen aus selbstverschuldeter Unmündigkeit" (*Kant*, zitiert bei *Wöhrle*, Über die Polizei, Vorabdruck aus dem Heft „Baden-Württembergische Polizei 1969", Polizei-Verlag *Heinz Krause*, S. 4). Die politisch formulierte Parole „Liberté, égalité et fraternité" (Freiheit, Gleichheit und Brüderlichkeit) der französischen Revolution sowie das rechtliche Gedankengut des ALR schienen hinsichtlich der Entwicklung des Staatsrechtes zu einem freiheitlicheren Verfassungsrecht zur Begrenzung der Polizeigewalt als einer Schöpfung des absoluten Regimes (*Zuppinger*, a.a.O., S. 36) zu führen. Die neu eingebrachten Ideen über den Rechtsgrund des Staates und einen durch die Menschen- und Bürgerrechte limitierten Staatszweck sollten neue Bahnen in der Beziehung des Bürgers zum Staate aufzeigen bei Befolgung der liberalen Rechtsanschauung mit positivrechtlicher Würdigung. Hinsichtlich der vorhandenen Ansätze in der Polizeiwissenschaft versuchten um die Wende des 18. zum 19. Jahrhundert erstmals zwei Schüler *Pütters*, nämlich *Leist* und *Gönner*, die Vorgänge der reinen Staatsverwaltung wissenschaftlich vom staatsrechtlichen Bereich differenziert zu erfassen (*Mayer*, *Franz*, a.a.O., S. 40 u. 41).

Leist bemühte sich, die Regierungs- und Justizsachen klar gegeneinander abzugrenzen, zumal „von jeher so viel gestritten worden" war um dieses Kernproblem der Macht des Landesherrn und der Möglichkeit polizeilichen Handelns schlechthin. Letztlich blieb aber *Leist* der alten Polizeiwissenschaftssystematik verhaftet, wohingegen *Gönner* als erster den Begriff der Polizei ganz auf die Wahrung der Sicherheit beschränkt und die Erhöhung des Wohlstandes als Relikt der polizeistaatlichen Rechtfertigung außerhalb des direkten Zweckes der Polizei stellt und somit die Eliminierung des Wohlfahrtszweckes aus dem Staatszweck als theoretisches Ergebnis seiner Erkenntnis aufzeigt (*Leist*, a.a.O., S. 315 u. 360 f.); *Nikolaus Thaddäus Gönner*, a.a.O., S. 328, S. 549 u. 550). Der Zwang nach staatlicher Wohlstandsförderung soll auch unter Berufung auf § 96 ALR nach der Meinung von *Rosin* (*Maier*, a.a.O., S. 245, Fn. 47) ausgeschlossen werden, denn die Amtsgewalt der Polizeibehörden sei strikt auf die Realisierung der Sicherheit und Ordnung beschränkt. Ebenso vertritt *Zachariae* 1838/39 die Ansicht, daß der Staat nur Zwang ausüben dürfe, nur der Gerechtigkeit wegen und deswegen deren Vollziehung durch die Polizei zu erfolgen habe (*Zachariae*, zitiert bei *Vogel, Klaus*, a.a.O., S. 375ff.). *Lotz* unterscheidet schon 1807 zwischen „*Zwangs-* und *bloßer Hülfspolizei*" direkt nach der Verschiedenheit der anzuwendenden Mittel (*Lotz*, zitiert bei *Mayer, Otto*, a.a.O., S. 205, Fn. 7). Nach *Lotz* könne die Regierung polizeiliche Maßnahmen nur „mit äußerem Zwang" durchsetzen, wenn der Zweck dieser Maßregeln die Erhaltung des Sicherheitszustandes der Rechte aller ist. Auch *von Aretin* weist 1828 der Polizeigewalt allein den Bereich der Wahrung der Sicherheit und Ordnung zu, um die Rechtsherrschaft des Staates zu gewährleisten (*von Aretin*, zitiert bei *Vogel, Klaus*, a.a.O.). Die Beschränkung der Polizei auf die Handhabung der Sicherheit und Ordnung sei erforderlich, weil das, was man *Beglückungs- und Aufklärungspolizei* nennt, ein offenbarer Eingriff in die Freiheit der Staatsbürger sei. Nach *Funcke* sei Aufgabe die Beseitigung und Abwendung dessen, was einen Übelstand darstelle. Insoweit liegt bei Handhabung der Sicherheitspolizei ein solcher Eingriff im Sinne *von Aretin* nicht vor, den *Funcke* präzisiert (vgl. hierzu *Wagner*, a.a.O., S. 35/36; *von Aretin*, Staatsrecht und konstitutionelle Monarchie, 1824).

v. Justi, der sich um die Mitte des 18. Jahrhunderts ausführlich mit dem feudal-absolutistischen Polizeibegriff auseinandersetzte, bezog in ihn – den damaligen Verhältnissen entsprechend – die gesamte innere Staatsverwaltung ein. Durch seine Einteilung der Polizei in Polizei „in weitläuftiger Bedeutung", Polizei „in engern Verstande" und in Polizei „in engsten Verstande" kommt deutlich zum Ausdruck, daß es im feudal-absolutistischen Polizeistaat so gut wie keine Sphäre des gesellschaftlichen Zusammenlebens gab, die der Polizeigewalt des absoluten Herrschers entzogen war. Der gleiche Verfasser bezeichnete es als allgemeinen Grundsatz der polizeilichen Tätigkeit, „in allen innern Landesangelegenheiten die Wohlfahrt der einzeln Familien mit dem gemeinschaftlichen Besten in die genaueste Verbindung und Zusammenhang zu setzen suchen ...".

Zu dem Begriff der Polizei führt *v. Justi* folgendes aus: „In weitläuftiger Bedeutung verstehet man darunter alle Gesetze und Einrichtungen eines Staats, um sein allgemeines Vermögen und innerlichen Kräfte zu vermehren, und dieselben thätig und mit dem gemeinschaftlichen Besten übereinstimmend zu machen; und nach diesem Begriff gehöret die Vorsorge der Regierung vor die Commercien, vor die Stadt- und Landökonomie, und vor andre Ökonomien des Staats, zu der Policey, die in diesem Betracht gemeiniglich die Landespolicey genennet wird. In engern Verstande begreift man unter der Policey alle Gesetze und Maaßregeln der Regierung, um die, zu dem bürgerlichen Leben erforderliche gute Zucht und Ordnung zu erhalten, den Nahrungsstand blühend zu machen, und mit der Wohlfahrt der einzeln Familien und dem gemeinschaftlichen Besten in einen genauen Zusammenhang zu setzen: und in dieser Bedeutung pfleget man sich der Benennung der Policey schlechthin ohne Zusatz zu bedienen. Im engsten Verstande hingegen redet man von der Policey, wenn man nur allein die Policey in den Städten darunter versteht, nämlich die Reinlichkeit, Zierlichkeit und Ordnung in den Städten, die Aufsicht auf die Handwerker, auf die Lebensmittel, auf gerechtes Maaß und Gewichte, und die Vorsorge zu Abwendung allerley Unglücksfälle in den Städten und dergleichen mehr: und in dieser Bedeutung sollte man sich allemal der Benennung der *Stadtpolicey* gebrauchen".

1837 formulierte *Stahl* die Idee des Rechtsstaates als zu verwirklichende politische Forderung des Bürgertums mit folgenden Worten: „Er (der Rechtsstaat – O. E.) soll die Bahnen und Gränzen seiner Wirksamkeit wie die freie Sphäre seiner Bürger in der Weise des Rechts genau bestimmen und unverbrüchlich sichern ..." *Otto Mayer* schreibt zu dem gleichen Problem: „Die öffentliche Meinung sieht mehr und mehr einen schweren Mißstand und eine schreiende Verletzung der Unterthanenrechte in der Tatsache, ... daß nämlich nur die Gerichte nach dem Gesetze verfahren müssen, die Verwaltung aber außerhalb des Gesetzes oder vielmehr über dem Gesetze steht. Die Verwaltung gleich den Gerichten dem Gesetze zu unterwerfen, das ist es, was einzig als Abhülfe vorschwebt." Die Tätigkeit aller Beamten des Staates, das Staatsoberhaupt mit eingeschlossen, sollte der Herrschaft des Gesetzes unterworfen sein. Das Wesen des bürgerlichen Rechtsstaates faßte *Otto Mayer* dahingehend zusammen, „daß er seine Wirksamkeit gegenüber den Unterthanen bestimmt in der Weise des Rechts, daß er eine Rechtsordnung und Rechte der Unterthanen anerkennt und aufrecht erhält auch in der Verwaltung" (*Elle*, a.a.O., S. 11ff.; *von Justi*, a.a.O., S. 467/468; *Otto Mayer*, Deutsches Verwaltungsrecht, Band I, Leipzig 1895, dto. 2. Auflage, 1914, S. 56/57/65; *Fr. Julius Stahl*, a.a.O., S. 137).
Dieses Ringen um die Definition des Polizeibegriffs im nachlandrechtlichen Staat zeigt, daß die Idee des Sicherheitszwecks nicht untergegangen war (*Wagner*, a.a.O., S. 35). Auch der große Polizeirechtler *Robert von Mohl* umschrieb in der ersten Hälfte des 19. Jahrhunderts die Aufgabe der Polizei als „die Gesamtheit derjenigen staatlichen Anstalten und Handlungen, welche bezwecken, durch Verwendung der Staatsgewalt die äußeren, nicht in Rechtsverletzungen bestehenden Hindernisse zu entfernen, welche der allseitigen Entwicklung der Menschenkräfte entgegenstehen und welche der einzelne nicht wegzuräumen imstande ist", denn sonst würde der Staat dem Bürger ihm anstatt zu einer Unterstützung, zur Beschränkung werden (*von Mohl*, Die Polizei = Wissenschaft nach den Grundsätzen des Rechtsstaates, Erster Band, 3. Auflage, Tübingen 1866, S. 20). Aufgabe der Polizei sei es, immerdar helfend, unterstützend und ergänzend einzugreifen, wo die Kräfte der Bürger unzureichend seien, zumal die Polizei wie eine Schlingpflanze alle Teile der Staatsverfassung, alle Teile der Staatsverwaltung umranke. Die Polizeigewalt diene der Durchführung des Staatswillens, denn wenn nämlich die öffentliche Gewalt gelähmt sei, oder in wesentlichen Punkten verletzt werde, so vermöge der Staat die ungeordneten Leidenschaften und den unrechtlichen Willen des immer und überall vorhandenen zahlreichen schlechten Teiles der Bevölkerung nicht mehr zu zügeln, Anarchie als Folge sei gleichbedeutend mit Gefährdung, ihr Einbrechen der größte denkbare Unglücksfall für den Staat (*von Mohl*, a.a.O., S. 6, 7, 10, Fn. 1; *von Mohl*, a.a.O., Dritter Band, S. 61). Obwohl *Robert von Mohl* den Polizeiwissenschaftlern des 18. Jahrhunderts nahesteht durch seine nunmehr erschöpfende „en

detail-Darstellung“ der Polizeiwissenschaft, ist es doch sein Verdienst, das Ideal des Zeitgeistes hinsichtlich der individuell-persönlichen Vervollkommnung in der Form in seine Überlegungen einbezogen zu haben, daß seine Meinung, der Staat sei subsidiär zur Hilfe verpflichtet, noch heute geltenden Grundsätzen des Verwaltungsrechtes entspricht bei der Prüfung von Bedürfnisanträgen auf dem Gebiete der Leistungsverwaltung; und ist mithin Bestandteil des in Artikel 2 Absatz 1, 20 und 28 GG der Bundesrepublik Deutschland zum Ausdruck gekommenen Rechtsstaatsprinzips. Inhaltlich gebietet das *Subsidiaritätsprinzip*, daß der Staat und andere Träger öffentlicher Verwaltung zivilen Personen oder Organisationen sowie niederen Trägern öffentlicher Verwaltung nur diejenigen Interessenverfolgungen entziehen dürfen, die ihnen ohne überwiegenden Nachteil für die Gesamtheit und deren Glieder überlassen bleiben können (sog. *Funktionsvorrang*) (vgl. *Wolff/Bachof*, Verwaltungsrecht I, a.a.O., §2 III c, S. 14; *Wolff*, Verwaltungsrecht III, a.a.O., §138 II a, b 2, S. 167/168). Außerdem ordnet *von Mohl* eigenwillig die seit *von Sonnenfels* genannte Sicherheitspolizei als „*Präventivjustiz*“ dem Recht zu, eine Einteilung, die von der Wissenschaft nicht in der Nachschau angenommen wird (*Maier*, a.a.O., S. 264, Fn. 112). Trotzdem ist es ihm aber gelungen, den Ermessensspielraum und die juristische Bindung, Tätigkeit und Rechtlichkeit der Polizei in der Vorstellungskraft seiner Zeit nicht gering zu beeinflussen.

Die Idee des Sicherheitszweckes blieb weiter lebendig in den Werken *von Harl* und *von Soden*, *von Salza*, *Emmermann*, *Zimmermann* und *Behr*. Ihre Feststellung ist die, daß es nicht Aufgabe des Staates sei, die positive Förderung der Wohlfahrt als Staatszweck und damit Polizeiaufgabe anzusehen, denn Polizei ist die Verfolgung des Staatszwecks im Innern. *Emmermann* und *Harl*, die hauptsächlichen Vertreter dieser Richtung, sprechen der Polizei das Recht ab, für die Glückseligkeit der Einzelnen tätig zu werden. Die Selbsterhaltung soll dem Naturtrieb überlassen bleiben. *Emmermann* behauptet, daß es für die Kultur traurig aussehen würde, wenn man der Polizei die Aufsicht über die Schulen, Akademien und die Religion ließe (*Emmermann*, Über Polizei, ihren vollständigen Begriff und ihr eigentümliches Verfahren, Dillenburg und Siegen 1811, S. 18). Die Polizei habe seiner Ansicht nach als selbständige Staatsgewalt die Sicherheit der kollektiven Gesellschaft nach den Gesetzen des Staates im Innern zu erhalten, den durch Menschen oder aus Naturereignissen drohenden Gefahren vorzubeugen und die gestörte Ordnung herzustellen (*Emmermann*, Die Staatspolizei in Beziehung auf den Zweck des Staates und seine Behörden, Wiesbaden 1819, S. 95). Im Gleichklang fast bezeichnet *Zimmermann* die Polizei als ein Institut, das den Ordnungszustand zu erhalten, Störungen vorzubeugen und bei Eintritt derselben diese zu beseitigen habe. Die Meinung *von Sodens* ist die, daß die Beförderung der Vorteile des geselligen Beisammenseins und die Verhütung der unmittelbar aus diesem geselligen Beisammensein und Beisammenwohnen resultieren könnenden Nachteile einzig der ausschließende Spielraum der Staatspolizei sein kann. Zwang darf die Polizei aber nur zur Abwendung eines Nachteils anwenden (*von Soden*, Die Nationalökonomie, 7. Band: Die Staatspolizei nach den Grundsätzen der

Nationalökonomie, Aarau 1817, S. 46, 140, 153). *Von Salza* präzisiert die Polizeiaufgabe in der Form, daß er mit Nachdruck auf die gefahrenabwehrende – dies gilt auch für den Bereich der Wohlfahrt – und nicht fördernde Tätigkeit der Polizei hinweist (*von Salza* und *Lichtenau*, Handbuch des Polizeirechts, Leipzig 1825, S. 4/5). Die endgültige Scheidung des eigentlichen Polizeirechts vom Verwaltungsrecht vollzieht *Josef Behr*. Er will die nichtrichterlichen, rein vollziehenden Funktionen des Staates nicht mehr mit dem Begriff Polizei umschrieben haben, sondern bezeichnet sie schlechthin als Verwaltung. Wahrer Zweck des Staates ist die „Geltung und Sicherheit des Rechts aller einzelnen Staatsmitglieder und des Staatsganzen, ein Zweck, der von allen gewollt werden muß, nur durch gemeinsames Erstreben aller erreicht werden kann, und zu dem das Mitwirken aller nötigenfalls durch Zwang bewirkt werden darf (*Mayer, Franz*, a.a.O., S. 41, 281). Insofern sieht auch *Behr* die Polizeiaufgabe in der Vorbeugung, Verhütung von Gefahren zur Erhaltung und Stabilisierung der Sicherheit und Ordnung im zwischenmenschlichen Bereich der Staatsmitglieder untereinander und miteinander. Quasi summarisch erzielt *Thoma* das Ergebnis aller Meinungen, wenn er resümierend erklärt, die Polizei sei ein durch irgendwelche logische Operation gewonnenes Wort, das bald die polizeilichen Zwecke, bald die polizeilichen Mittel, bald die polizeilich tätigen Behörden bezeichne. Das dieses Gedankengut nicht weiter de lege konzipiert wurde, liegt, der Einstellung der Zeit gemäß und *Fricker* folgend an der Tatsache, daß das Vorurteil von der „Emanation einer Konstitution, das Chaos der gesellschaftlichen Ordnung bedeutend“, dominant ist (*Wagner*, a.a.O., S. 36). Diese rege wissenschaftliche Auseinandersetzung steht aber im krassen Gegensatz zu der Gesetzgebung in Preußen, die wieder an strenge polizeistaatliche Herrschaftsformen anknüpft aus der Angst des Übergreifens der Ideen der französischen Revolution.

Hatte *Napoleon* seinerzeit seinem Bruder *Jérôme*, dem König von Westfalen, in einem Brief geschrieben: „Welche Bevölkerung wird unter das preußische Willkürregiment zurückkehren wollen, wenn sie die Wohltaten einer weisen liberalen Regierung gekostet hat?“, so schien gerade der König in Preußen in Anknüpfung absoluter Methoden seine Stellung und Macht durch seine Möglichkeiten mittels seiner Polizei festigen zu wollen (*Klockow*, a.a.O., S. 212). Freigeister wie *Immanuel Kant* schienen eine Gefahr darzustellen. „Unsere höchste Person hat schon seit geraumer Zeit mit großem Mißfallen ersehen, wie Ihr Eure Philosophie zur Entstellung und Herabwürdigung mancher Grundlehren der Heiligen Schrift und des Christentums mißbraucht ... Auf seiner Königlichen Majestät Allergnädigsten Spezialbefehl ... bei fortgesetzter Renitenz“ würde *Kant* sich „unfehlbar unangenehmer Verfügungen zu gewärtigen“ haben.

Dieser Briefauszug 1808 spiegelt die polizeistaatliche Grundhaltung wider: „Es ist unerläßliche Pflicht eines jeden Staatsbürgers, im Vertrauen auf die stets rege Fürsorge seines Landesherrn, geruhig und treu seinen Beruf zu üben und sich nicht weiter in die öffentlichen Angelegenheiten und Verhältnisse zu mischen, als Verfassung und Landesgesetz dies gestatten.“

Durch preußischen Erlaß vom 14. September 1798 wurde den Zeitungen

„wegen ihrer besonderen Gefahr für die Religion, die Ruhe und die gute Ordnung" aufgegeben, „sich alles eigenen Raisonnements zu enthalten, als wozu eine Zeitung keineswegs geeignet." Die Polizei jagte den Trägern runder Hüte und eines natürlichen Haarschnittes nach (*Lehmann*, a.a.O., S. 31). So sagt *von Sonnenfels*: „Nur da, wo eine Zensur besteht, findet sich die wahre Freiheit und bürgerliche Sicherheit für Schriftsteller, Buchdrucker und Buchhändler." Diese Meinung konkretisiert den „restaurierten" Geist des wiederentdeckten, für die Landeshoheit bequemen Machtstaates einer natürlichen Person. Auch der *Freiherr vom Stein* schreibt in seinem politischen Testament: „Nur der König sey Herr, in so fern diese Benennung die Polizeigewalt bezeichnet und sein Recht übe nur der aus, dem er es jedesmal überträgt" (*Freiherr vom Stein*, zitiert bei *Musulin*, Proklamationen der Freiheit, Frankfurt am Main 1963, S. 92/93). Die Polizei wird auch in Preußen ähnlich der These des französischen Polizeiministers *Joseph Fouché* gesehen als eine Einrichtung, die für immer die Hoffnung der Verschwörer zerstöre, indem sie die Dauer der Regierung über das Leben des Führers hinaus garantiere. Die alltägliche Wirklichkeit offenbart den Widerspruch zu der Literaturmeinung im seinerzeitigen Polizeirecht. Der Rückschritt gesetzlicher Art ganz im Stile der absoluten Zeit zeigt sich im § 3 der *Verordnung wegen verbesserter Einrichtung der Provinzial-, Polizei- und Finanz-Behörden vom 26. Dezember 1808:*

„Als Landesbehörde haben die Regierungen die Fürsorge wegen des unser getreuen Untertanen, sowohl in negativer als positiver Hinsicht. Sie sind daher so berechtigt als verpflichtet, nicht nur allein allem vorzubeugen, und solches zu entfernen, was dem Staate und seinen Bürgern Gefahr oder Nachteile bringen kann, mithin die nötigen Anstalten zur Erhaltung der öffentlichen Ruhe, Sicherheit und Ordnung zu treffen, sondern auch dafür zu sorgen, daß das allgemeine Wohl gefördert und erhöhet werde, und jeder Staatsbürger Gelegenheit habe, seine Fähigkeiten und Kräfte in moralischer als physischer Hinsicht auszubilden und innerhalb der gesetzlichen Grenzen auf die ihm zuträglichste Weise anzuwenden."

Parallel dazu heißt es im § 50 der *Geschäftsinstruktion für die Regierungen in sämtlichen Provinzen vom 26. Dezember 1808:*

„Die Wirksamkeit der Regierungen bei Ausübung der Polizeigewalt muß nicht nur auf die Abwendung von Gefahren und Nachteilen und Erhaltung dessen, was schon da ist, sondern auf die Mehrung und Beförderung der allgemeinen Wohlfahrt sich erstrecken . . .".

Diese Bestimmungen sind zweifelsfrei ein Rückschritt auf dem Gebiete des Polizeirechts. Modern anmutende Vorschriften des ALR wie z. B. der § 12 II 17 ALR, der der Polizei das Recht des ersten Angriffs und der vorläufigen Untersuchung gab, um die Sicherheit zu garantieren (*Pioch*, a.a.O., S. 2, Fn. 2), waren vergessen. Die wohlfahrtspolizeiliche Linie war wieder eingenommen worden, die Wohlfahrt der Untertanen wurde mit Zwang gemäß § 48 der Geschäftsinstruktion vom 26. 12. 1808 durchgesetzt.

Ein Blick in die Literatenwelt der schönen Künste läßt die gesellschaftliche Stellung der Polizei in dieser Zeit erkennen. So schreibt *Goethe*: „So denken wir nicht an Justiz, aber wohl an Polizei. Ihr Grundsatz wird kräftig ausgesprochen: niemand soll dem andern unbequem sein; wer sich unbequem erweist, wird beseitigt, bis er begreift, wie man sich anstellt, um geduldet zu werden. Ist etwas Lebloses, Unvernünftiges in dem Falle, so wird dies gleichmäßig beiseite gebracht. In jedem Bezirk sind drei Polizeidirektoren, die alle acht Stunden wechseln, schichtweise, wie im Bergwerk, das auch nicht stillstehen darf, und einer unsrer Männer wird bei Nachtzeit vorzüglich bei der Hand sein. Sie haben das Recht, zu ermahnen, zu tadeln, zu schelten und zu beseitigen; finden sie es nötig, so rufen sie mehr oder weniger Geschworne zusammen. Branntweinschenken und Lesebibliotheken werden bei uns nicht geduldet. „An anderer Stelle schreibt *Goethe*: „Es gibt zwei friedliche Gewalten: das Recht und die Schicklichkeit. Das Recht dringt auf Schuldigkeit, die Polizei aufs Geziemende. Das Recht ist abwägend und entscheidend, die Polizei überschauend und gebietend. Das Recht bezieht sich auf den Einzelnen, die Polizei auf die Gesamtheit."

„Le sens commun est le génie de l'humanité", diese Aussage *Goethes* zeigt den anderen Sinn als den der amtlichen Sprache und ist weit fortschrittlicher, andererseits entschlüsselt diese Beschreibung der Polizei ihre Funktionen und Aufgaben. *Heinrich Heine* wiederum schreibt: „. . . aber die alten Häscher, denen die Reichspolizei anvertraut, schleppen schon die Löscheimer herbei und schnüffeln jetzt umso wachsamer und schmieden umso fester die heimlichen Ketten, und ich merke schon, unsichtbar wölbt sich eine noch dichtere Kerkermauer um das deutsche Volk . . ." (*Heinrich Heine*, Kunz von der Rosen, zitiert bei *Bauer, Fritz*, a.a.o., S. 195; Häscher = Büttel = Polizeidiener). Vgl. auch die Aussage des *Dr. iur. Heine* in „Deutschland – ein Wintermärchen", Caput VI: „Du bist der Richter, der Büttel bin ich, Und mit dem Gehorsam des Knechtes Vollstreck ich das Urteil, das du gefällt, Und sei es ein ungerechtes."

Georg Büchner rät den Lesern seines hessischen Landboten im Juli 1834: „Sie müssen das Blatt sorgfältig außerhalb ihres Hauses vor der Polizei verwahren."

Politisch wegweisend für die Polizei wurde die neue Zuständigkeitszuteilung durch das *Stein-Hardenbergsche* Reformprogramm. Die Neuordnung der Stadtverwaltung durch die Städteordnung vom 19. November 1808 hob die alte patrimoniale Stadtverfassung auf und nahm die staatlichen Funktionen der Rechtsprechung und der Polizei den städtischen Behörden ab; dafür aber übertrug sie die gesamte kommunale Verwaltung ohne die stete Beaufsichtigung durch einen *Steuerrat* der Stadtgemeinde. Die Reform war durch die Formulierung des Königsberger *Polizeidirektors Frey* unter die Devise gestellt: „*Zutrauen veredelt den Menschen, ewige Vormundschaft hemmt sein Reifen.*" Auswirkung der neuen Städteordnung ist, daß die Städte ihrerseits auf zwei alte Hoheitsrechte verzichten: die Polizei und Gerichtsgewalt, die nach Ansicht der Reformer dem Staate vorbehalten bleiben müssen. Die Ausübung der Polizeigewalt überträgt der Staat seinerseits wieder den Städten, die dieses Recht in seinem Namen handhaben nach der gängigen Formel, daß der Magistrat die Polizei kraft der von seiten des Staates übertragenen Recht ausübe. Einige Beispiele der *Stadt Lippstadt* sollen nachstehend verdeutlichen,

wie die „Polizei“ im Sinne einer präventiven und repressiven „Verordnungspflege“ gehandhabt wurde. So heißt es am 8. Januar 1835: „Sämtliche Einwohner hiesiger Stadt werden hierdurch dringend aufgefordert, ihren Kindern es zu untersagen, auf das Eis auf den Canal-Dämmen zu gehen. Die Gensd'armerie und die Polizeidiener sind angewiesen, die Betreffenden zu arretieren und zur Wache abzuführen“. Die Stadt Lippstadt ist eine alte Festungsstadt, durch deren Mitte die Lippe fließt. Außerdem hat die Stadt einen sogenannten Lippe- und Lippeseitenkanal, so daß also deren Dämme hier in Frage kommen. Um 1800–1849 gab es eine *Wachordnung*, wonach jeder Bürger (über 20 Jahre, nicht über 60 Jahre) Wache zu halten hatte. Neben diesen Wachtpflichtigen hatte Lippstadt 4 Nachtwächter, einen Stadtwachtmeister, 2 Flurschützen ... (Geschäftsbericht der Volksbank Lippstadt eG 1980, S. 70 mit weiteren Hinweisen).
In einer Verordnung vom 12. Februar 1835 heißt es: „Sämtlichen Gast- und Schenkwirthen wird hierdurch bei einem Thaler Strafe untersagt, an keine Schulknaben Getränke auszuschenken“.
Interessant ist die „AKO wider die Abstellung des Unfugs der sogenannten Polterabende“ mit dem Wortlaut: „Des Königs Majestät haben in einer an den Herrn Minister des Innern und der Polizei ergangenen Allerhöchsten Cabinetsordre Ihr Mißfallen über den an einigen Orten noch fortdauernden Unfug der sogenannten Polterabende zu erkennen gegeben und zu befehlen, daß die ebenfalls ergangenen Verbote in Erinnerung gebracht und die Polizei-Behörden angewiesen werden sollen, auf die Aufrechterhaltung derselben mit Strenge zu wachen. Demgemäß wird das Publikum auf die allgemeinen gesetzlichen Vorschriften, nach welchem die Ermangelung besonderer Polizei-Verordnungen ein solcher Unfug zu bestrafen ist, namentlich die §§ 181 bis 183, Tit. 20, Th. II des allgemeinen Landrechts, welche wie folgt lauten:

§ 181. Allem Zusammenlaufe des Volks an ungewöhnlichen Zeiten und Orten, besonders aber nächtlichen Schwärmereien und Beunruhigungen der Einwohner eines Orts, soll von der Obrigkeit durch ernstliche Mittel gesteuert werden.
§ 182. Die Anstifter derselben, so wie die Theilnehmer, welche sich nicht weisen lassen, sind mit Arrest in dem öffentlichen Gefängnisse auf 9 Tage bis 6 Wochen, oder verhältnismäßiger Geld- oder anderer Leibesstrafe zu belegen.
§ 183. Muthwillige Buben, welche auf den Straßen oder sonst Unruhe erregen oder grobe Unsittlichkeiten verüben, sollen mit verhältnismäßigem Gefängnisse, körperlicher Züchtigung oder Zuchthausstrafe belegt werden, aufmerksam gemacht, und werden die Polizei-Behörden hiermit angewiesen, auf Befolgung des Verbots mit Strenge zu halten und die Übertreter unnachsichtlich zu strafen.
Arnsberg, den 28. November 1833
Königliche Regierung, Abtheilung des Innern“

Es folgt die Durchsetzung dieser Anweisung des Regierungsbezirkspräsidenten durch den Bürgermeister der Stadt Lippstadt:

„Indem ich den Einwohnern hiesiger Stadt vorstehende Verfügung Hochlöbliche Regierung mittheile, bemerke ich zugleich, daß die Gensd'armen und Polizeidiener den Auftrag haben, auf die Befolgung des Verbots mit Strenge zu halten und jeden

Übertreter desselben ohne Ansehn der Person sofort zu arretieren und zur Wache abzuführen.
Lippstadt, den 10. September 1835
Der Bürgermeister Bertram."

Aufschlußgebend ist auch eine im Jahre 1835 erschienene Anzeige des Pfarrers *Schliepstein*:

„An keinem mir bekannten Orte ist Nachts, unter freiem Himmel, ein solches Hundegebell, als in Lippstadt, wenigstens in meiner Nähe, wodurch Diejenigen, welche einen leisen Schlaf haben, ihres kostbaren Erdenguts, ihrer nächtlichen Ruhe, ganz oder großen Theils beraubt werden. Soll diese Unbarmherzigkeit, über welche ich schon seit 40 Jahren geklagt habe, nie aufhören? O Menschen, o Christen, habt doch Erbarmen!"

Die Stellungnahme des Bürgermeisters war folgende:

„In Bezug auf die Anzeige des Herrn Pastor Schliepstein im letzten hiesigen Wochenblatte mache ich das auswärtige Publikum darauf aufmerksam, daß darin nur diejenigen Hunde gemeint sind, welche in der Nähe der Wohnung des Herrn Pastor Schliepstein in Ställen oder Höfen des Nachts sich aufhalten, keineswegs aber die Hunde, die des Nachts auf den Straßen herumlaufen, welches nicht geduldet, so wie überhaupt die Straßen-Polizei nach der hier bestehenden höheren Orts festgesetzten Straßenordnung gehörig ausgeübt wird. Daß es aber außer den Gränzen der Macht einer Polizei-Behörde liegt, den des Nachts in Ställen oder geschlossenen Höfen eingesperrten Hunden Stillschweigen zu gebieten, ist leicht zu ermessen.
Lippstadt, den 26. August 1835
Der Bürgermeister Bertram".

Das Quellenmaterial demonstriert, daß der Bürgermeister als Polizeiverwalter unmittelbar Staatsbeamter war (*Lauing*, a. a. O., S. 47; siehe u. a. auch aktuell erscheinende Verordnungen in Köln wider „die Mummerey und Heidnische Tobung" und Folgeverordnungen bezüglich des Fastnachtstreibens auf öffentlichen Straßen, wobei die „Übelgesinnten, ... gleich dem Kameleon alle Farben annehmen ...", a.a.O., S. 49ff.).
Die Organisation der *Exekutivpolizei* ist sehr unterschiedlich. Ein königliches Edikt aus dem Jahre 1802, überschrieben „Regulativ wegen Arretierung bürgerlicher Personen in den hiesigen Residenzien durch die Militärwachten", enthält eine Art Dienstanweisung für Militärwachen, die einer Wachtinstruktion der Polizei der Weimarer Zeit recht ähnlich sieht (*Andrae*, a. a. O., S. 26/27; ein Buch eines unbekannten preußischen Offiziers trägt 1802 den Titel: „Der Soldat als Beistand der Polizei oder Anleitung zur Kenntnis der Garnisonspolizei und der Bestimmung des Militärs in Friedenszeiten".).
In 13 Punkten werden eingehende Anweisungen über Verhalten bei Requisitionen, selbständigem Eingreifen bei Schlägereien, Verhaftung von Beleidigern der Patrouillen etc. gegeben. Den Militärwachen werden im Sinne des §10 II 17 ALR polizeiliche Funktionen übertragen. „Kontingentsoldaten" fungieren zu dieser Zeit als Polizei und Ratsdiener, nicht nur in Preußen, sondern auch in Württemberg. Auch jetzt wird schon von Disziplinarstrafen berichtet, weil der „Polizei-Soldat" über seinen Dienstherrn schimpfte und ihn einen „Viehkerl" z.B. genannt hat, was ihm 50 Stockhiebe, verabreicht durch einen Stockknecht, als Strafe einbrachte. Die Prügelstrafe war die

geringste Polizeistrafe nach dem Berliner Polizeireglement vom 5. Januar 1810, erneuert am 18. April 1824, eine „mäßige körperliche Züchtigung an Bettlern, Fuhrknechten, sogenannten Straßenjungen und ähnlichen Personen des gemeinsten Standes bis zu 20 Streichen. . . ." Dazu bekam der Beleidiger also noch zwei Tage Arrest wegen Insubordination, anschließend blieb er aber weiterhin im Dienst, denn zur Bekämpfung des Verbrechertums auf dem Lande wurde jeder verfügbare Mann für die Razzien gebraucht. Oder aktuell ein Fall der damaligen Zeit, der sich so nachliest:
„Der Amtmann *Hampe von Bischhausen* hat am 12.01.1801 abends im Löwen „Schlägerei und Zauberei" angefangen, hat auch die Anwesenden mit einem Messer bedroht". Während der Zeit *Napoleons I.* hatte man in vielen Teilen Deutschlands das rigorose Einschreiten der französischen Gendarmerie gegen raubendes und plünderndes Gesindel, ein Erbe eines jeden Krieges, bis die Staatsgewalt sich neu formiert hat, erlebt. Am 15. Juli 1809 erließ der König *Friedrich Wilhelm III.* eine Verordnung, mit der eine Kommission eingesetzt wurde, „zur Organisation einer Gendarmerie zu eben dem Zweck, wie sie in Frankreich besteht". Das Wort Gendarmerie ist dem Französischen entlehnt. „Gens d'armes" nannte man im 15. Jahrhundert in Frankreich alle bewaffneten Personen, die beruflich Waffen tragen durften, im Gegensatz zu der Zivilbevölkerung, die in den oberen Schichten ebenfalls bewaffnet sein durfte. Diese schwer bewaffneten Leute hießen hommes d'armes oder gens d'armes. Aus diesen wurde dann im Laufe der Zeiten die Gendarmerie. *König Karl VII.* von Frankreich hatte schon 1445 gens d'armes in Ordonanz-Compagnien zusammengefaßt (*Scheer I*, a. a. O., S. 29, Frage 19). Den Kommissionsvorsitz hatte der *Oberst von Boguslawski*, der unter der *Polizei-Gensdarmerie ein vom Heer getrenntes Korps, militärisch organisiert* verstand, das neben dem stehenden Heer, der Bürgerwehr *eine Hilfe für die Polizei bei der Durchführung ihres Sicherheitsauftrages* darstellen sollte (vgl. *Beck*, Geschichte des Großherzoglich Hessischen Gendarmeriekorps (1763-1905), Darmstadt 1905, S. 5) . . . – Das Bedürfnis in Hessen nach einer militärisch fester organisierten und ständigen Polizei-Truppe führte im Jahre 1763 zur Errichtung des Husaren-Korps, aus dem 1804 das Landdragoner-Korps, 1811 das Landdragoner- und Landschützen-Korps, am 12.10.1822 die Gendarmerie und 1862 das Gendarmerie-Korps entstand . . .
Stabsmäßig erarbeitet, wurden aber die Pläne in Preußen nicht verwirklicht. Erst am 24. März 1812 wurde vom König die Abkommandierung nicht mehr ganz felddienstfähiger Soldaten zur Gendarmerie befohlen. Unteroffiziere und Offiziere brachten den militärischen Drall in die Polizei ein. Bis 1940 wurden gern gediente Unteroffiziere in die Polizei übernommen. Auch heute werden Längerdienende bei Erfüllung der Einstellungsvoraussetzungen gern in die Polizei überführt. Im Nachbarland Luxemburg ist eine Wehrpflicht für jeden zukünftigen Bewerber im Staatsdienst Einstellungsvoraussetzung!
Die Gendarmerie wurde durch das königliche Edikt vom 30. Juli 1812 vorläufig errichtet. Sie war im Sinne der Pläne eine staatliche, zur Erhaltung der öffentlichen Sicherheit, Ruhe und Ordnung auf dem Lande organisierte Polizeitruppe (*Blankenstein*, Die Preussische Landjägerei im Wandel der Zeiten, Erfurt 1931,

S. 8ff.). Gendarme wurden auch vorübergehend zur Dienstleistung bei der Kriminalpolizei kommandiert. Der §84 des vorgenannten Edikts beschreibt die dienstlichen Anforderungen an einen Gendarm:

„Die Verpflichtung der Gendarmen zur Gewährung des Schutzes gegen gefährliche Angriffe der Person und des Eigentums geht so weit, daß sie sich jeder Gefahr aussetzen müssen, um ihn zu gewähren ... Der Vorwurf und die Strafe der Feigheit trifft sie immer, wenn sie erst fremde Hilfe gesucht haben, wo ihre selbständige Kraft zureichend war oder wenn ihre Zulänglichkeit noch zweifelsfrei gewesen wäre, der Aufschub gefährlich und ein höherer Zweck nicht sicherer durch Aufbietung größerer Kräfte zu erreichen war".

Die *Gendarmen* waren nächste „*Gehilfen des Kreis- und Polizeidirektors*", dem sie, auch dienststrafrechtlich, unterstellt waren. Die Ahndung schwerer Straftaten war allein Angelegenheit der militärischen Vorgesetzten. Mit „VO über die anderweitige Organisation der Gendarmerie nebst Dienstinstruktion" vom 30. Dezember 1820 wurde die Gendarmerie neu organisiert, so daß das Jahr *1820* als *Geburtsjahr der Gendarmerie* bezeichnet wird. Nichts desto trotz existierte aber noch die AKO vom 17. 10. 1820, die Verantwortlichkeit und Unterstellungsverhältnis bei gemeinsamer Arbeit von Zivilbehörden und Militär regelt. Es heißt dort:

„Es bleibt jedoch in der Regel die Pflicht der Zivilbehörde, mit Hilfe der Gendarmerie solche Unordnungen in ihrem Entstehen zu unterdrücken und die Ruhe zu erhalten, und solange steht auch ihr allein die Anordnung und Leitung der Maßregeln zu. Sie ist aber dafür verantwortlich, sich nicht länger darauf zu beschränken, als sie mit Wahrscheinlichkeit hoffen kann, den Zweck durch die ihr zu Gebote stehenden Kräfte zu erreichen. Sobald Gefahr droht, daß diese nicht ausreichen, ist sie verpflichtet, die Einwirkung des Militärs aufzurufen ...."
(*Andrae*, a.a.O., S. 31, 32; *Pözl*, a.a.O., S. 454).

Bedarf daher die Polizei der militärischen Unterstützung, so handelt dabei das Militär nicht als Polizei, sondern behält auch bei diesem Gebrauch seine eigentliche Würde (*Meinert*, Der Soldat als Beistand der Polizei, 1802, S. 58). Nach dem Wortlaut der AKO darf eine Regierungsbehörde mit der Requisition von Militär solange warten, als sie „mit Wahrscheinlichkeit hoffen kann, den Zweck durch die ihr zu Gebote stehenden Kräfte zu erreichen". Die hier behandelte AKO vom Jahre 1820 ist bis zur Entstehung der neuen Reichsverfassung und preußischen Landesverfassung im Jahre 1919 niemals ausdrücklich aufgehoben worden! Die innerstädtische Exekutivpolizei unterstand in der Regel einem Polizeiinspektor, dem ein Polizeisergant zugeteilt war. Er hatte die Leitung und Beaufsichtigung des Außendienstes, insbesondere der Kommissare und Serganten nach allen Richtungen nach den bestehenden Gesetzen und Reglements, die Revision des Munizipalpolizeigefängnisses, die Kontrolle des Nachtwachtdienstes, des Gendarmeriedienstes, soweit dieser nicht dem Gendarmeriewachtmeister unterlag, die Beaufsichtigung der exekutiven Beamten in ihrer Eigenschaft als Hilfsbeamte der gerichtlichen Polizei, die Beaufsichtigung des Fiaker-Fuhrwesens, die Anordnung und Leitung der Konferenzen der Polizeikommissare. Er hatte täglich bei dem Polizeidirektor zum Rapport zu erscheinen.

Zu den Dienstvorrichtungen der Polizeiserganten gehörten:

Patrouillengang durch das zugeteilte Aufsichtsrevier, Beaufsichtigung der Straßenreinigung in demselben, der Märkte und öffentlichen Vergnügungsorte und Lokale, Theater, Bälle etc.. Aufsuchen und Vorführen der Beschuldigten, Laden der Zeugen und anderer Personen in Gerichts- und Verwaltungsangelegenheiten, Aufforderung der Polizeisträflinge zur Verbüßung ihrer Strafen, Revision der Wirtshäuser nach der Polizeistunde, Kontrolle der Nachtwächter und der Wache, Aufsicht über städtische Anlagen und Verkehrseinrichtungen, desgleichen auf Bahnhöfen, Assistenz an den Korrektions- und Handwerksgerichten, Erscheinen als Zeugen vor diesen und den Polizeigerichten, die Ermittlung der Militärpflichtigen, Aufsicht bei den Assistenzsitzungen, desgleichen bei der Militäraushebung, Einziehen der Impfscheine und Vorladen der Eltern von Schulpflichtigen in Vernachlässigungsfällen beim Schulbesuch, Requisitionen und Hilfsleistungen aller Art.

(Vgl. *Lauing*, a.a.O., S. 54/55).
Die *Stein-Hardenbergschen* Reformen brachten u.a. die Gewerbefreiheit, so daß die sog. „Amtshäuser" der Zünfte aufgelöst wurden und die zur Beurteilung von Streitigkeiten erforderlichen Gerichte in Anspruch genommen werden mußten.
Zu dieser Zeit zählte die Stadt *Köln* z.B. 360 Straßen und 71.000 Einwohner. Jährlich gelangten etwa 3.000 bis 4.000 Anzeigen wegen Übertretungen polizeilicher Vorschriften zur Vorlage, welche von den Polizeigerichten erledigt wurden.
Der Oberpräsident und Chef des Allgemeinen Polizeidepartements im Ministerium des Innern, *Sack*, gab in einem Schreiben an den König vom 6. Februar 1810 die Herauslösung des sicherheitspolizeilichen Ressorts aus der Organisation der Berliner Polizei bekannt mit der Begründung: „Da die Polizei wie eine schlechte Dienerin hinter allen üblichen Zweigen der Verwaltung zurückbleibend, der wohltätigen Aufmerksamkeit der obersten Staatsbehörde entbehrte, und sich selbst überlassen war, mußte schon aus diesem Grunde von ihrem Geschäftskreise manches genommen und anderen Begünstigteren zugelegt werden. Dies war der Fall mit der Sicherheitspolizei. Man machte sie daher vorzüglich zum Gegenstand des Criminalgerichts".
Mit der AKO vom 24. September 1809 wurde *Gruner* neuer Polizeipräsident von Berlin. Er organisierte die Polizei völlig neu. Unabhängigkeit vom Magistrat, Aufhebung der kollegialischen Form der Polizeibehörde und finanzielle Besserstellung der Beamten sollten die Arbeit der Polizei forcieren.
Am 21. Januar 1795 wurde das Polizeidirektorium in ein Polizeikollegium umgewandelt. Damit war die Macht des Polizeidirektors, der jetzt nur noch bei Gefahr im Verzuge selbständig handeln konnte, stark beschränkt. Die kollegialische Behandlung machte die Geschäftsvorgänge schleppend.
Die Geschäfte wurden nun von vier Büros geleitet, dem *allgemeinen Geschäftsbüro*, dem *Polizeiamt*, dem *Fremdenbüro* und dem *Sicherheitsbüro*. 1811 wurden die kriminalpolizeilichen Geschäfte dem Polizeipräsidenten zugeordnet. Von nun an gab es eine kontinuierliche Aufbauarbeit der Kriminalpolizei, deren Richtlinien für die Zusammenarbeit zwischen Polizei und Kriminalgericht in einem am 1. April 1811 in Kraft getretenen Abkommen festgelegt wurden

(*Knopp*, Berliner Stadtgeschichte am Beispiel des Polizeipräsidiums, in der Westberliner Zeitung „DER TAGESSPIEGEL" vom 24.2.1985, S. 52f.).
Die *Kriminalbeamten* befaßten sich hauptsächlich mit der *Aufklärung von Kapitalverbrechen* und der *Bekämpfung von Berufsverbrechern*. Als Ausweis trugen sie im Sinne des § 19 des Polizeireglements vom 5. Januar 1810 unter der Weste ihres Anzugs auf der Brust eine Medaille mit dem preußischen Adler und der Aufschrift: „*Polizei von Berlin*". Für damalige Verhältnisse hatten sie moderne Hilfsmittel wie u. a. Steckbriefregister, Straftatenlisten, Listen von gestohlenen Gegenständen und verdächtigen Personen, Listen über Strafentlassene, Landstreicher, Prostituierte, dienst- und arbeitslose Personen, Hausierer, Trödler und Pfandleiher, dazu Personenbeschreibungen für Fahndungszwecke in Form von *Silhouetten* der in Frage kommenden Personen (*Zilling*, a. a. O., S. 112; vgl. auch *Veit*, a. a. O.).
Zum Beginn des 19. Jahrhunderts begann man sich auch in anderen Teilen Deutschlands mit der Frage zu beschäftigen, wie das Verbrechen wirksam bekämpft werden könne. Die Zeit der napoleonischen Feldzüge hatte das Verbrechen im ganzen Deutschland in einem erschreckenden Maße zunehmen lassen. War dies mit ein Grund der Übertragung der Verbrechensbekämpfung in Preußen auf die Polizei, so half man sich anderenorts mit Gendarmerie und Bürgerwehr. So wurde 1813 die „*Bremer Bürgerwehr*" gebildet, die zusammen mit den Polizeidienern und -aufsehern für die Aufrechterhaltung der öffentlichen Sicherheit, Ruhe und Ordnung, wozu die Verbrechensverfolgung gehörte, zuständig waren. Für dieselbe Aufgabe wurde in *Köln* durch Verordnung vom 6. 4. 1814 eine *Bürgermiliz* und für die *Rheinprovinz* eine *Gouvernementsmiliz* aufgestellt. In *Baden*, *Nassau* und *Coburg* waren es die *Gendarmerie* und *Landjäger*, die für die Aufrechterhaltung der allgemeinen Sicherheit und damit für die Verbrechensbekämpfung eingesetzt wurden; denn nicht nur die Verfolgung bekannter Verbrecher, sondern auch Namhaftmachung Unbekannter sollte Ziel der Tätigkeit sein. Trotz dieser Aufgabenstellung kam es überall erst in der zweiten Hälfte des vorigen Jahrhunderts zur Einrichtung von Kriminalpolizeidienststellen, die dem Berliner Muster entsprachen. So wurden zwar in Bremen 1853 ein Polizeikommissär und drei Polizeidiener mit kriminalpolizeilichen Aufgaben betraut, jedoch erst 1860 in „Erwägung" gezogen und in Vorschlag gebracht, die Kriminalpolizei und die Straßenpolizei einzurichten. Es mußten weiter 16 Jahre vergehen, ehe mit Wirkung vom 1. 1. 1876 ein Kriminalpolizeikommissär ernannt und als solcher besoldet wurde. In der zum Herzogtum Nassau gehörenden Stadt *Wiesbaden* gab es ab 1850 einen, auch mit der Verbrechensbekämpfung betrauten Polizei-Commissär, der Anordnungen treffen durfte, „welche für eine richterliche Untersuchung den unveränderten Stand der Sache erhalten, ferner die Verfolgung von Spuren aufzunehmen, die zur Entdeckung eines Täters führen können, die Vornahme von Haussuchungen und Festnahme von Verbrechern, wenn hierzu gesetzliche Voraussetzungen vorliegen". Im *Großherzogtum Baden* wurde durch eine landesherrliche Verordnung eine Kriminalpolizei am 7. 7. 1879 errichtet, die sich organisatorisch aus bestimmten Polizeibediensteten „zur Besorgung der kriminalpolizeilichen

Geschäfte" rekrutiert. Sehr spät wurde in Bayern eine kriminalpolizeiliche Organisation aufgebaut. Bis 1896 wurden die kriminalpolizeilichen Aufgaben von der Schutzmannschaft und Landgendarmerie – in *München* in der 2. Hälfte des 19. Jahrhunderts vom Sicherheitsbüro – erfüllt. Dieses Sicherheitsbüro wurde um die Jahrhundertwende umgewandelt und bei der Polizeidirektion München eine Kriminalabteilung errichtet. Weitere Kriminalabteilungen gab es außerdem nur noch in wenigen Städten, z. B. Augsburg und Nürnberg. Interessant war die Entwicklung in *Hamburg*, weil hier bereits am 11. 4. 1799 eine *Hafenpatrouille* „zur Verhütung von Schiffsdiebstählen im Hafen" gebildet wurde, die 1896 den Namen *Hafenpolizei* führte. Obwohl, wenn auch auf das Hafengebiet beschränkt, diese besondere „Patrouille" zur Diebstahlsbekämpfung tätig war, begannen erst 1875/76 ernsthaftere Bemühungen um den Aufbau einer „Criminalabteilung", die schließlich gleichfalls erst um die Jahrhundertwende zur Einrichtung einer eigenen Abteilung der Polizei, der Abteilung II, führten. Bis zu diesem Zeitpunkt wurden „zur Entdeckung von Verbrechen und Vergehen sowie der Thäter derselben" Bezirkskommissare auf Grund eines Gesetzes über die Reorganisation der Polizeiverwaltung vom 25. 10. 1875 eingesetzt (*Weschke*, a.a.O., derselbe, in Erster Bundesdelegiertentag des Bundes Deutscher Kriminalbeamter, am 17./18. 11. 1969, S. 51 ff.; derselbe, Bundeskongress Bund Deutscher Kriminalbeamter, Duisburg 1969, S. 29 ff.).

Nach den äußeren Erfolgen des Jahres 1815 wurde der Rückschlag immer heftiger. Das Verfassungsversprechen wurde nicht erfüllt. Die Umgestaltung der polizeilichen Ordnung zur „Ruhe" schritt weiter voran. Die Autorität wurde im Interesse der Machthaber als Selbstzweck gesichert. Der Autoritätsbegriff ging selbst über Rechtsgedanken hinweg. Nach ihm war die Beurteilung aller Verhältnisse nicht Sache der „beschränkten Einsicht der Untertanen", sondern der Regierung und ihrer Behörden. Die Polizeistaat-Manieren und die Bevormundung nahmen noch krassere Formen als früher an. Die Wirkung im Volk war niederdrückend. Nach *Heine* war es eine „niedergedrückte, arretierte Zeit". Zwischen Bürger und Staat entstand ein Haß, der sich auch auf die Polizei übertrug. Eine Redensart jener Zeit lautete: „*Nach Gott kommt gleich die Polizei*!"

Starke geistige Gegenströmungen waren die Folge: Liberalismus, Organisation politischer Parteien und Entstehen des vierten Standes, der sich aus der Arbeiterschaft bildete, jedoch noch keine Organisation erlangte. Satiren und politische Karikaturen, die vor allem die Polizei lächerlich machten, verfehlten nicht ihre Wirkung auf das Volk.

Ein Beispiel aus den „Fliegenden Blättern" sei hier gebracht. *Baron von Beisele* reist mit seinem Hofmeister *Dr. Eisele* in Deutschland herum und gerät dauernd mit Behörden und Polizei in Konflikt. So wurde er eines Tages in Heidelberg angebrüllt:

„Sie sind arretiert!"
„Warum denn?"
„Ich folge Ihnen schon zwei Straßenlängen und Sie haben gegen allen Gebrauch weder Laternen eingeworfen noch geschrien. Sie sind verdächtig, in ein stillschweigendes

Komplott verwickelt zu sein, dessen Zweck es ist, die öffentliche Gewalt zu foppen!"
„Aber wenn wir nun geschrien und Laternen eingeworfen hätten?"
„Dann wären Sie bloß wegen Störung der öffentlichen Ruhe arretiert worden!"

Druck erzeugte Gegendruck. Man war der polizeilichen Drangsalierung überdrüssig. Die Weichen zum Verfassungsstaat wurden gestellt. Der Ruf nach dem Wiedererstehen eines Reiches aller Deutschen wurde lauter. Dadurch sahen sich die Länder doppelt bedroht, erblickten darin Gefahren für die „Unantastbarkeit der Obrigkeit" und schlossen sich im Schlepptau des *Fürsten Metternich* zu einer Abwehrfront zusammen, die längere Zeit nicht zu erschüttern war. *König Friedrich Wilhelm III. von Preußen* hielt das seinem Volk 1815 gegebene Verfassungsversprechen nicht. Die Turnplätze wurden geschlossen, *Turnvater Jahn* eingesperrt, Universitäten und Burschenschaften gemaßregelt.
Trotz aller dieser Maßnahmen und trotz unzähliger Polizeivorschriften ließ sich die Entwicklung nicht aufhalten. Endlich revoltierten auch einmal die Deutschen. 1848 fand die Restauration ihr Ende (*Michler*, DIE POLIZEI – Gestern und heute, a. a. O., S. 16ff. (18) mit weiteren Nachweisen auf S. 33). Die Zeit der Restauration und die Ausübung polizeilicher Funktion war also weiterhin Willkürherrschaft, um die Freiheit, in welcher Form sie auch immer in Erscheinung trat, im Keim zu ersticken (*Dietel/Gintzel*, a. a. O., S. 68, 63). Die Abkehr vom § 10 II 17 ALR war in der Realität ein Rückschritt und widersprach dem Erkenntnisstand der Lehre. Organisationsmäßig gesehen wurden aber in dieser Zeit Institutionen geschaffen, die bis heute bestehen, so z. B. die Organisation der Kriminalpolizei. „Ich weiß nicht, ob es besser wird, wenn es anders wird, aber soviel ist gewiß, daß es anders werden muß, wenn es gut werden soll". Diese Worte *Lichtenbergs* könnte manch ein Beamter der Polizei und auch Bürger jener Zeit ausgesprochen haben, wenn man sie nach ihrer Meinung hinsichtlich des Berufsbildes der Polizei und der Gesetze gefragt hätte.

VIII. Kapitel:

Die konstitutionelle Monarchie

Die bitteren Erfahrungen der Bürger in der Zeit des Polizeistaates und der Restauration hinsichtlich ihrer Duldungspflicht an Polizeiwillkür, Haussuchung, Verletzung des Briefgeheimnisses, Knebelung der Meinungsäußerung, Unduldsamkeit und Enge, an Verkümmerung, Bedrückung und Benachteiligung durch das Vorrecht der Herren und den Hochmut der Ämter, durch Rechtsbeugung und rohe Gewalt, durch willkürliche Verhaftung, die Flucht ihrer Freunde aus dem Vaterlande oder deren Tod, sollte ein Ende haben müssen (*Vossler*, a. a. O., S. 127). Das war nach diesen Erlebnissen das erklärte Ziel der Bürger und die Ursache für den Nährboden der Bewegung von 1848. Man wollte einen *liberalen Nationalstaat* schaffen, wie er dem Einheitswillen der bürgerlichen Mehrheit entsprach. Die absolute Militärmonarchie in Preußen und der bürokratische Wohlfahrtsstaat sollte mit dem bürgerlichen Rechtsstaat versöhnt und der Feudalstaat durch gesetzliche Reformen unschädlich gemacht werden (*Stadelmann*, a. a. O., S. 217). Polizeistaatliches Denken sollte dem rechtsstaatlichen Denken weichen, indem die „angeborenen unveräußerlichen Menschen- und Freiheitsrechte" in Verfassungsurkunden aufgenommen und somit Bestandteil der positiv normierten Rechtsordnung werden sollten.

Hatte es *1806* noch geheißen, daß *Ruhe die erste Bürgerpflicht* sei (nach einem Anschlagzettel des preußischen Ministers von der *Schulenburg-Kehnert*, in Berlin nach der Schlacht von Jena 1806. Dort heißt es: „Der König hat eine Bataille verloren. Jetzt ist Ruhe die erste Bürgerpflicht"), so versuchten einige Landesfürsten durch Appelle ihre Untertanen zu besänftigen. Eine Proklamation von *Heinrich LXII., Fürst von Reuß-Lobenstein-Ebersdorf*, vom 11. März 1848 zeigt, in welchem Geist die revolutionären Bestrebungen überwunden werden sollten:

> „Ich trau auf Euch, Ihr Reußen! Ich verlasse mich auf Euch und sage nur: Ordnung! Gehorsam dem Gesetz! ... Schließt Euch mit Freundschaft und Liebe an Euren Landesfürsten, Eure Mituntertanen, und macht den vorgestrigen, Euch nicht ehrenden Arbeiterkrawall dadurch gut!"

Die Frankfurter Nationalversammlung legte am 28. Dezember 1848 in 59 Artikeln die Grundrechte des deutschen Volkes nieder mit der Festsetzung nachstehender Punkte: Freizügigkeit, Wohn- und Arbeitsrecht im ganzen Reich, Abschaffung der Todesstrafe, Auswanderungsfreiheit ohne Abzugsgelder, Gleichheit vor dem Gesetz, Abschaffung der Standesprivilegien und der Titel, Schutz gegen willkürliche Verhaftung, gegen Haussuchung, gegen Verletzung des Briefgeheimnisses, Freiheit der Presse, des Glaubens und des Gewissens, der Religionsausübung, Abschaffung der Staatskirche, Freiheit der

Wissenschaft und Lehre, Unentgeltlichkeit in Volksschulen und niederen Gewerbeschulen, Beschwerderecht jedes Staatsbürgers, Versammlungs- und Vereinigungsfreiheit, Schutz des Eigentums, Aufhebung der Untertänigkeits- und Hörigkeitsverhältnisses, Aufhebung der grundherrlichen Gerichtsbarkeit, Polizei, Jagdgerechtigkeit und aller damit verbundenen persönlichen Abgaben und Leistungen, der Fideikommisse, Abschaffung der Strafe der Vermögenseinziehung, Unabhängigkeit der Richter, Öffentlichkeit des Gerichtsverfahrens, Selbstverwaltung der Gemeinden, Verfassung, Ministerverantwortlichkeit und entscheidende Stimme der Volksvertretung in allen deutschen Staaten, Gleichberechtigung der nichtdeutschen Minderheiten und ihrer Sprache in Kirche, Unterricht, Rechtspflege und innerer Verwaltung. Diese fixierten Grundrechte in ihrer katalogmäßigen Auflistung sind der Niederschlag der Erfahrungen der Menschen und eine Warnung vor der Herrschaft rechtloser Gewalt, ein Zeugnis des hohen Glaubens an die ratio und das Recht, der Menschenfreundlichkeit als Axiom jeder Form der Freiheit, der Toleranz, der Grundlage alles humanen staatlichen Lebens (*Vossler*, a.a.O., S. 128).
Das eigentliche Palladium der feudalen Epoche, die gutsherrliche Gerichtsbarkeit, ist nicht wiedererstanden, obwohl die Polizeigewalt der Rittergutsbesitzer 1856 wieder in Norddeutschland ihren Einzug hielt. Erst mit der Kreisordnung von 1872 fiel die *gutsherrliche Polizeigewalt* in den Ostprovinzen. Der Spott der Berliner, die einzig verbliebene Errungenschaft der „heißen Tage" von 1848 sei die Erlaubnis für jedermann, auf offener Straße Tabak zu rauchen, entspricht der Reaktion des Preußenkönigs *Friedrich Wilhelm IV.* und der Junkerpartei hinsichtlich der Auswirkungen für den gemeinen Bürger. Solcher Polizei und Etiketteschranken sind in der Tat viele niedergelegt worden, solche Siege des bürgerlichen Selbstgefühls sind zahlreiche errungen worden (vgl. das Verbot der Königlichen Regierung in *Münster* vom 04.03.1819 betreffend das Rauchen (ohne dabei die „Feuergefährlichkeit" zu erwähnen); der Minister des Innern und der Polizei bestätigt diese Anordnung durch ein Reskript vom 10. April 1819.).
Festzuhalten bleibt aber, daß auf dem Gebiete der Gerichtsverfassung, der Prozeßordnung und des materiellen Rechts die Jahre des Umbruchs von 1848 an richtungsweisend geblieben sind für die ganze Folgezeit. Außerdem ist durch die Freiheit der „Feder", des Gebrauchs der Vernunft in der Öffentlichkeit und des „Selbstdenkens" ein Prozeß der „Selbstaufklärung des Publikums", wie *Kant* es einmal formuliert hat, in Gang gesetzt worden. Die größte historische Leistung der Neuzeit ist aber, daß die liberalen Ideen den Übergang vom Absolutismus zum demokratischen Rechtsstaat zwingend angebahnt haben. Der Liberalismus mit seinem Glauben an den freien Menschen zerbrach die alten Zünfte, stürzte die alten Schlagbäume, machte ganz Deutschland zu einem Markte und öffnete die Grenzen dieses Marktes: Freihandel, freies Gewerbe, freie Berufswahl, Freizügigkeit (*Naumann*, zitiert in Argumente zur Geschichte und zum Selbstverständnis der Freien Demokraten, hrsg. von der F.D.P.-Bundesgeschäftsstelle, Bonn 1975), denn nur aus der aufrichtigen Befreundung mit dem demokratischen Prinzip kann das Heil, können Versöhnung und Friede hervorgehen. Es will mehr nicht, als daß

gegenüber der Regierung das Volk etwas zähle, d.h. auf einem eigenen, gesicherten Rechtsboden stehe (*von Rotteck* über „Das demokratische Prinzip“ (1837)). Zur Bestärkung dieses Gedankenguts verweist der badische *Liberale von Rotteck* darauf, daß die unmittelbar vom Himmel stammende Gewalt des Herrschers eine mythische und veraltete, auch trotz aller Bemühungen der Legitimisten nimmermehr dem Stande der mündig gewordenen Nationen aufzuheftende Idee sei. Damit konkretisiert er konsequent die Ideen der „Aufklärer“ und des „Zeitgeistes“, der moderner Art und Güte ist.
Die Definitionen der Freiheit, der Verfassung, der Interdependenz von Freiheit und Eigentum, des Rechtes am Eigentum in seiner Entsprechung im Recht auf Eigentum, dessen Verfügungsfreiheit sind die sorgenvollen, primären Anliegen des 19. Jahrhunderts und seiner Bürger, insoweit die Probleme staatsrechtlicher Art sind und zwangsläufig andere öffentlich rechtliche Probleme zurückgedrängt werden, so daß die Rechtsprechung hier als Korrekturverpflichtete bei Mängeln den Ausgleich herzustellen hat durch die Rechtsfortbildung in den spezialgesetzlichen Bereichen (vgl. *Flach/Maihofer/Scheel*, a.a.O., S. 68ff.).
Entscheidend für den öffentlichen Amtsbereich und der Unterwerfung der administrativen Gewalt unter das Recht sind aber im Anschluß an *Montesquieu* drei wesentliche Prinzipien:

1. Daß die Verwaltung gesetzmäßig sein muß, d.h. keine Maßnahme der Verwaltung darf gegen ein Gesetz verstoßen,
2. daß es dem Gesetzgeber vorbehalten bleiben muß, jeden Eingriff in die Freiheit oder das Eigentum des einzelnen ausdrücklich zu beschließen,
3. daß eine richterliche Kontrolle über der gesamten Verwaltung steht, an die der einzelne sich wenden kann. Durch den Ausbau der Verwaltungsgerichtsbarkeit sind die Behörden und ihre Beamten einer unmittelbaren und öffentlichen Kontrolle unterworfen worden. Jeder Bürger kann nun zu jeder Zeit das Verwaltungsgericht als neutrale, unabhängige Instanz anrufen, um die Einstellung oder Zurücknahme einer ungesetzlichen Verwaltungsmaßnahme zu erwirken und Ersatzansprüche für erlittenen Schaden geltend zu machen (Informationen zur politischen Bildung, Heft 129, Die Menschenrechte, Bonn 1974, S. 18).

Diese drei besonders relevanten Thesen tradieren sich und sind die Grundelemente unseres Rechtsstaates, welcher sich nicht über, sondern in das Recht stellt. Man spricht in diesem Zusammenhang von der Durchführung der Verfassung, von ihrem inneren Ausbau, vom Verfassungsstaat und Rechtsstaat. Die Polizeigewalt als besondere Art und die dieser Tätigkeit eigentümliche Erscheinung der öffentlichen Gewalt soll nunmehr „in der Weise des Rechts bestimmt“ werden. Hatte als erstes ein französisches Gesetz vom 22.12.1789 in Form einer Kompetenznorm bestimmt: „Les administrations départementales sont chargées du maintien de la salubrité, de la sécurité et de la tranquillité publiques“ (zitiert bei *Zuppinger*, a.a.O., S. 36), so sollte die „Eingriffsvorstellung“ des konstitutionellen Staates und der Staatsrechtslehre sich indes primär gegen die wohlfahrtsfördernde „Polizei-Tätigkeit“ richten und insoweit einen Abbau der „freien Ermessensverwaltung“ bewirken, zumal sich nach *Klüber* die Sicherheitspolizei ohnehin aus dem Staatszweck ergebe. Hinsichtlich dieser Aussage zeichnet sich hier schon die *Abgrenzung zwischen der Generalklausel und der „Spezial-Polizei“* ab. Erst in *Lorenz von Steins* „Verwaltungslehre“ wird die Frage nach der Ermächtigung und den Grenzen der Polizei reaktiviert, vor allen Dingen hinsichtlich der Beschränkung auf die Gefahrenabwehr, dem liberalen Geist der Zeit entsprechend. Das Recht der Polizei auf den Erlaß von Verfügungen sei an sich und organisch durch das Wesen der Polizei selbst gegeben, und die formellen Anerkennungen desselben in den Gesetzen der einzelnen Staaten müßten daher nicht als der wahre Rechtsgrund, sondern nur als die öffentlich-rechtliche Formulierung desselben angesehen werden können (*Lorenz von Stein,* Die Verwaltungslehre, Vierter Teil, Stuttgart 1867, S. 31f.). Insofern ist *Vogel* recht zu geben, wenn er auf die aufklärerische Begründung der Polizeigewalt aus dem Sicherheitszweck des Staates verweist, die in dieser These zum Ausdruck kommt. Trotz allem ist aber die geäußerte Ansicht relevant, daß das Ziel der Polizei der Schutz des einzelnen vor den Gefahren, die in den ihn umgebenden Kräften liegen, anvertraut sei.

Das Scheitern der Märzrevolution von 1848, als Kampf gegen die reaktionären Kräfte gedacht, war ursächlich für ein wiederum an „alte Zeiten, wie gewohnt“ anknüpfendes Gesetz, nämlich dem *Preußischen Polizeiverwaltungsgesetz vom 11. März 1850,* dessen §6 die Aufgaben der Polizei einzeln aufzählt, im §6 i eine Generalvollmacht erteilt. Der Text des §6 Polizeiverwaltungsgesetz lautet auszugsweise:

„Zu den Gegenständen der ortspolizeilichen Vorschriften gehören:

a) der Schutz der Person und des Eigentums,
f) die Sorge für Leben und Gesundheit,
b) die Ordnung, Sicherheit und Leichtigkeit des Verkehrs auf öffentlichen Straßen, Wegen und Plätzen, Brücken, Ufern und Gewässern;
i) alles andere, was im besonderen Interesse der Gemeinden und ihrer Angehörigen polizeilich geordnet werden muß.“

Diese polizeiliche Aufgabenbereichszuordnung wird umfassend in der Folgezeit ausgelegt und im Sinne des wiederum „starken“ Staates auch auf die wohlfahrtspolizeilichen Angelegenheiten ausgedehnt. Der Rückschritt als solcher ist aber ersichtlich, denn die gesetzlichen Vorschriften bestimmen nichts anderes als die Neuformulierung der unbeschränkten Polizeigewalt, deren Gebiet ein „fast unbegrenztes“ ist, wenn man allein auf die Ziffer i des §6 des Preußischen Polizeiverwaltungsgesetzes von 1850 abstellt. In den nicht veröffentlichten Erläuterungen des Entwurfs dieses Gesetzes heißt es, „welche Gegenstände überhaupt ortspolizeilicher Regelung fähig und bedürftig sind, läßt sich schwer bestimmen. Das Gebiet der Polizei ist überhaupt ein fast unbegrenztes. Sie ist der Rest oder das notwendige Komplement der übrigen Zweige der Staatsgewalt. Sie fängt da an, wo die Rechtspflege, die Finanz- und Kriegsverwaltung aufhört und umgekehrt. Was Staatsgesetze und höhere Verordnungen ungeregelt gelassen haben, muß, wenn es im örtlichen Interesse ist, polizeilich geregelt werden. Das ist sehr verschieden ... im §6 sind einzelne Beispiele angeführt“. Dieses bewußte Negieren des landrechtlichen Gefahrenabwehrzuteilungsbereiches im Sinne des §10 II 17 ALR und die

Allzuständigkeit der Polizei da, wo die anderen Staatsgebiete ihre Grenzen finden, kennzeichnet den Rückschritt markant.

Vorangegangen war dem vorgenannten Gesetz die preußische Verfassungsurkunde vom 31.01.1850, deren Artikel 36 bestimmte, daß die bewaffnete Macht zur Unterdrückung innerer Unruhen und zur Ausführung der Gesetze nur in den vom Gesetz bestimmten Fällen und Formen und auf Requisition der Zivilbehörde verwendet werden kann. Der Sinn dieser Vorschrift sollte der Verwaltungsbehörde als Verantwortlicher des Gesetzesfriedens die Möglichkeit anbieten, den militärischen Einsatz nur im Ausnahmefalle zuzulassen, und die militärischen Kommandobehörden ausschalten.

Im §6 des Gesetzes zum Schutze der persönlichen Freiheit vom 12.02.1850 heißt es: „Die im §3 genannten Behörden, Beamten und Wachmannschaften sind befugt, Personen in polizeiliche Verwahrung zu nehmen, wenn der eigene Schutz dieser Personen oder die Aufrechterhaltung der öffentlichen Sittlichkeit, Sicherheit und Ruhe diese Maßnahmen dringend erfordern ...“. Insofern erhielt die *militärische Wache genau dieselben Aufgaben wie die Polizeibeamten.* Beide waren in dieser Zuständigkeit gleichgestellt. Diese Handhabung zeigt auf der einen Seite eine frühe Abklärung des Vorgesagten, was unter Polizei materiell zu verstehen ist, auf der anderen Seite nichtsdestoweniger eine langdauernde und intensive wechselseitige Verbindung und Vermischung von Polizei und Militär, die bis zum Jahre 1945 andauern wird. Dadurch, daß gemäß Artikel 43, 45, 46 der revidierten Verfassung für den preußischen Staat vom 31.01.1850 das Prinzip „summa lex regis voluntas“ (= das höchste Gesetz ist der Wille des Königs, zitiert in Informationen zur politischen Bildung, Heft 165, Demokratie, Rechtsstaat, Sozialstaat, Bonn 1975, S. 15) die Rechtsstaatlichkeit zu torpedieren versuchte, indem in der Immunität und Indemnität der Person des Königs, seiner ihm allein zustehenden vollziehenden Gewalt, dem Oberbefehl über das Heer, seine innenpolitische Allzuständigkeit und die Vermengung von Polizei-/Militärabgrenzungen zu einem durch die Verfassung legalisiertem Recht zugesprochen wurde, ist die eigenständige Entwicklung, wissenschaftlich in der Theorie gereift, erst sehr spät in unserer Zeitepoche zum Entwickeln gekommen.

Wie die Polizei im Leben der Bürger empfunden wurde, deutet sich in einer Strophe des Gedichtes „Freiheit in Krähwinkel“ von *Johann Nestroy* im Jahre 1848 an:

„Unumschränkt hab'n s'regiert,
kein Mensch hat sich g'rührt,
denn hätt's einer g'wagt,
und a freies Wort g'sagt,
den hätt' d'Festung belohnt,
das war man schon g'wohnt.
Ausspioniert hab'n s'all's glei,
für das war d'Polizei.
Der G'scheite ist verstummt;
kurz, 's war alles verdummt ...“

Dem todkranken Dichter *Grabbe* half die Polizei bei seiner Rückkehr in die Heimatstadt, indem sie ihm Einlaß in sein Haus verschaffte, weil die Frau Grabbes ihren Gatten nicht in das Haus ließ. Erst mit polizeilicher Hilfe kam er schließlich hinein. Die Polizei argumentierte, daß er ja nicht mehr lange zu leben habe, worin sie recht behielt. Diese Zuhilfenahme der Polizei bei der Schlichtung ehelicher Streitigkeiten ist auch heute noch eine der unbeliebten polizeilichen Tätigkeiten vor Ort. Dieses Beispiel zeigt aber deutlich, daß auch schon in früheren Zeiten die *Polizei als Helfer* tätig wurde. Insofern hat es also auch schon zu jener Zeit positiv empfundene Seiten der Polizeiarbeit gegeben. Und auch menschliches Miteinander kommt zum Ausdruck, als *Norderneyer Fischer* am 26. 11. 1877 verurteilt wurden, weil sie sich im Existenzkampf durch Sachbeschädigung gegen einen Fischmonopolisten gewehrt hatten. Als der Vogt als Polizeigewaltinhaber der Insel nach der Urteilsverkündung jedem der Fischer kräftig die Hand drückte und ihnen zurief: „Jungs, laat de Kopp neet sacken. An jo Froon und Kinner denk wi – dorum keen Sörge!", war wohl dem Letzten klargeworden, wozu hier die Gesetze hatten herhalten müssen . . . (*König,* Norderney-Portrait einer Insel, Fischerhude 1977, S. 78).
Aber auch die Härte der Polizei im Kampf gegen den Alkoholismus zeigt das Beispiel der Bekanntmachung für die Wirthe und Kleinhändler mit Getränken der *Ortspolizeibehörde Münster* vom 28. 04. 1860: „Der Tagelöhner . . . von hier, ist durch Resolut vom heutigen Tage für einen Trunkenbold erklärt und auf die Dauer von . . . Jahren unter Sauf-Kontrolle gestellt. Dies wird Ihnen hierdurch mit dem Bemerken bekannt gemacht, daß Sie gemäß Ober = Präsidial = Verordnung vom 20. September 1841 bei Vermeidung von Strafe bis zu 5 Thlr. event. Entziehung der Koncession den . . . weder in Ihrem Gastlocale dulden noch ihm Branntwein verabreichen dürfen. Hiernach sind auch die in Ihrem Gewerbe beschäftigten Personen, für deren Handlungen Sie verantwortlich sind, zu instruiren."
v. Bismarck nahm das Problem des deutschen Staates vom Boden der alten preußischen Monarchie aus und mit den konservativen Mitteln der überlieferten europäischen Kabinettspolitik in Angriff, so daß etwa der liberale Abgeordnete *von Forckenbeck* bei der Nachricht von seiner Ernennung schrieb: „sie bedeute „*Säbelregiment im Innern* und *Krieg nach Außen*" (*Zechlin*, a. a. O., S. 89). „Mit der Verwendung dieses Mannes sei der schärfste und letzte Bolzen der Reaktion von Gottes Gnaden verschossen", schrieb die Zeitschrift des Nationalvereins in Zorn und Enttäuschung, zumal *Bismarck* durch seinen Konfrontationskurs gegen die Abgeordneten als den „katilinarischen Existenzen" diese umsomehr in Harnisch gebracht hatte, als er sagte, daß *die großen Fragen der Zeit nicht durch Reden und Parlamentsbeschlüsse entschieden* würden – das sei der Fehler von 1848/49 gewesen –, *sondern durch Eisen und Blut* in der Debatte zur Heeresreform, worin deutlich wurde, daß auch auf die Gefahr eines Konfliktes mit dem Landtag und die innerer Unruhen nicht eingegangen wurde, um eben durch die Hintertür die Verfassung beseitigen und den alten Absolutismus wiederherstellen zu können (*Hartung*, a. a. O., S. 261). Dieses vielzitierte Wort zeigt, was *Bismarck* unter dem „Anschlagen des richtigen Tones in unserer Inneren Politik" verstand.

Machtpolitik und politisches Übergewicht der Exekutive vor der Legislative sind typische Verhaltensweisen der Innenpolitik *Bismarcks*, eine große Kluft zwischen wirtschaftlicher Modernität und politischer Rückständigkeit, eingebunden in den in seinen „Erinnerungen" niedergelegten Grundsatz, für die Sicherheit des Staates sei das Übergewicht derer erforderlich, die „den Besitz" vertreten. Der Reichskanzler war einzig und allein dem Kaiser verantwortlich; er beherrschte die Reichsbehörden, an deren Spitze weisungsgebundene Staatssekretäre standen; und er beherrschte zugleich den Bundesrat, ohne dessen Zustimmung kein Gesetz in Kraft trat und in dem Preußen Vetorecht besaß. Kurzum: Das Reich war ein monarchischer Obrigkeitsstaat, in dem die preußische Militäraristokratie das Sagen hatte.

Die Toleranz, eine der großen Errungenschaften Preußens in der Zeit *Friedrichs des Großen*, war vergessen! Das Gesetz gegen die „gemeingefährlichen Bestrebungen" der Sozialdemokratie, das *Bismarck* am 19. Oktober 1878 durchsetzte, welches mehrfach verlängert wurde und bis 1890 Geltung hatte, die Ausweisung von Sozialdemokraten durch die Polizeibehörden, die „Chicanen" der Reichsbehörden sind ein Indiz für die Zeit der Reaktion nach den großen Ideen von 1848. Hören wir *August Bebel.* In seiner Autobiographie schildert er seine Ausweisung aus Leipzig im Jahre 1880: „Daß man uns wie Vagabunden und Verbrecher ausgewiesen und ohne eine gerichtliche Prozedur von Weib und Kind gerissen hatte, empfand ich als eine tödliche Beleidigung, für die ich Vergeltung geübt, hätte ich die Macht gehabt. Kein Prozeß, keine Verurteilung hat bei mir ähnliche Gefühle des Hasses, der Er- und Verbitterung hervorgerufen . . .". Die wichtigsten Ressorts für reaktionäre gangbare Wege sind im Sinne von *Bismarcks Polizei*, *Krieg* und *Justiz* (so von *Bismarck*, Gedanken und Erinnerungen, München (ohne Jahresangabe), S. 557), was im Gegensatz zu seinen privaten Ansichten steht. So rät *Bismarck* eingedenk der Tatsache, daß die *Geheimpolizei* seine Briefe liest, seiner Frau in einem Brief anläßlich seiner Diplomatenzeit in Petersburg: „Nimm, wenn Du mir schreibst, darauf Rücksicht, daß alle Briefe aus dem Ausland geöffnet werden". *Bismarck* wußte, daß auch Diplomatenpost von den Experten der Geheimpolizei gelesen wurde. Insofern ist *Bismarcks* Neigung in der Innenpolitik, Gegensätze dramatisch zuzuspitzen, unverkennbar im Widerspruch zu seiner außenpolitischen Praxis, Präventivkriege nicht zu führen, bevor alle Möglichkeiten der Verständigung erschöpft waren.

Die Vernachlässigung des Polizeirechtes und seiner Fortentwicklung erscheint nach den Ergebnissen von 1848 selbstverständlich, da um die Durchsetzung der Verfassungsrechte gekämpft wurde im Parlament und in der Wissenschaft und Literatur. War ein Thema von 1848 das Recht auf Eigentum, wurde nunmehr gegen Ende des 19. Jahrhunderts die Diskussion um die Sozialbindung des Eigentums entfacht wie sie heutzutage im Art. 14 des GG der Bundesrepublik Deutschland fixiert ist. Der vom liberalen Gedankengut geprägte Staatsrechtler *Lasker* schreibt 1874, daß der wahre Bürger der selbständige Bürger sei, der für sein eigenes Wohl sorge, da er an den Staat keinen anderen Anspruch als den Schutz vor vollziehender Willkür habe (*Lasker*, a. a. O., S. 209). *Pözl* definiert die Polizei so: „Der Begriff der Polizei ist

1 Der Nürnberger Büttel *Puchfelder*, verstorben 1492

Foto: Kurt Ziegler, Meldorf in Holstein

Der Hosengriff.

Der Rückenangriff.

Der Transportiergriff „Komm mit".

Der Transportiergriff „Teufelshandschlag".

2 Waffenlose Selbstverteidigung – Jiu Jitsu – der Staatlichen Polizei Preußens um 1910

Quelle: Die Polizei 7/81, Seite 211 ff.

3 Feldjäger in Württemberg, ca. 1830

Foto: Theodor Wilhelm, Freundeskreis für Polizeigeschichte, Kassel

4 Kriminalbeamter vor 1890

Foto: Bund Deutscher Kriminalbeamter, Landesverband Hamburg

aus dem Staatsrechte zu schöpfen. Sie ist jene Staatstätigkeit, welche das Bestehende vor Gefährdung und Verletzung zu sichern und für die Wohlfahrt des Staates, so fern und so weit diese als die unerläßliche Bedingung der Sicherheit des Bestehenden erscheint, mit obrigkeitlichem Zwang zu wirken und zu handeln berufen ist".

Damit erschöpft sich auch die Zahl der Polizeirechtler, die dem Gefahrenabwehrauftrage im Sinne des ALR § 10 II 17 folgen. Erst das durch Gesetz vom 3. Juli 1875 ins Leben gerufene Preußische Oberverwaltungsgericht führt mit seinem *„Kreuzbergurteil" vom 14. Juni 1882* wiederum die Polizeiaufgabe auf den Schutz von Sicherheit und Ordnung zurück mit der Begründung, daß die Polizei über den in § 10 II 17 ALR gezogenen Rahmen hinaus nicht tätig werden kann. Das Pr. OVG erklärte damit eine Polizeiverordnung für ungültig, die die Höhe der zulässigen Bebauung bestimmter Gebäude in einem Stadtviertel beschränkte, um die Ansicht des Kriegerdenkmals auf dem Kreuzberg und die Aussicht von diesem auf die Stadt Berlin nicht zu beeinträchtigen. Das Pr. OVG erblickte in dem Bauverbot eine Maßnahme der Wohlfahrtspflege, für die es der Polizei die Kompetenz absprach. Damit war der polizeistaatliche Polizeibegriff endgültig aufgegeben, eine die Schranke des förmlichen Gesetzes überwindende Kraft des Gewohnheitsrechtes war statuiert worden, was seine juristische Quelle im § 10 II 17 ALR hat.

In den folgenden Jahrzehnten erarbeitete das Pr. OVG in einer umfangreichen Rechtsprechung auf der Grundlage des § 10 II 17 ALR ein ausgefeiltes System des Polizeirechts.

Um die Jahrhundertwende griff der Verwaltungsrechtler *Otto Mayer* noch einmal diese Aussagen der Lehre und Rechtsprechung auf und bezeichnete als Polizeigewalt die öffentliche Gewalt, die auf dem Gebiete der Verwaltung wirksam zur Abwehr von Störungen der guten Ordnung des Gemeinwesens aus dem Einzeldasein sich darstelle (Mayer, Otto, a.a.O., S. 209, *Maier*, a.a.O., S. 293, Fn. 208).

Im Anschluß an *Pözl* verweist er auf die *Unterscheidung von präventiver und repressiver Polizei*. Repressive Polizei finde statt, wenn die Verletzung oder Störung bereits begonnen habe ..., präventive, wenn die Gefahr noch keine verletzende Wirkung geäußert habe (*Pözl*, a.a.O., S. 14; *Mayer, Otto*, a.a.O., S. 211, Fn. 18). Eine schlechte Polizei werde da natürlich immer repressiv sein und den Brunnen erst schließen, wenn das Kind hineingefallen sei! *Otto Mayer* entwickelt auf dem Fundament der Nichtstörungspflicht die Grenzen der Polizeigewalt. Seiner Meinung nach knüpfe das polizeiliche Einschreiten an gesellschaftliche Schädlichkeiten und dem Staate drohende Gefahren an und mache daher denjenigen als Adressaten polizeilicher Verfügungen verantwortlich, von dem die Störung ausgehe, dessen Lebenskreise sie entspringe. Insoweit ist hier eine Verrechtlichung der Polizei zu sehen, wen die Polizei innerhalb der Grenzen der Polizeigewalt in Anspruch nehmen kann. Auch *Weiß* schreibt 1912, daß die Aufgabe der Polizei in dem Schutz der öffentlichen Ordnung bestehe. Das pflichtmäßige Handeln der Polizei sei unbeschränkt, soweit nicht gesetzliche Bestimmungen entgegenstünden. Mit Privatangelegenheiten habe die Polizei sich nicht zu befassen. Unter Polizei verstehe man

diejenige Tätigkeit des Staates, die zur Sicherheit und Wohlfahrt der Staatsbürger ausgeübt werde, und diejenigen Behörden, die diese Tätigkeit ausüben (*Weiß*, Die Polizeischule, I. Band, Dresden 1912, S. 1).
Unter Polizei verstand man nun jedwede Gefahrenabwehr, gleichgültig von welcher Verwaltungsbehörde sie vorgenommen wurde. So wurde von Bau-, Fremden-, Fischerei-, Gesundheits-, Markt-, Versammlungspolizei usw. gesprochen. Tätigwerden der Polizei mußte nunmehr aufgrund einer Ermächtigungsgrundlage zum Zwecke der Gefahrenabwehr erfolgen.
In den *süddeutschen Staaten* spielte, anders als in Preußen, beim Übergang zum rechtsstaatlichen Polizeibegriff im 19. Jahrhundert die Gesetzgebung eine maßgebliche Rolle. Es wurden *Polizeistrafgesetzbücher* erlassen, die genau umschrieben, was verboten war oder von Polizei wegen verboten werden konnte. So wurde z. B. der Besitz von Waffen, der Verkehr mit Brieftauben, der unerlaubte Verkehr mit Gefangenen, unbefugte Namensänderungen (vgl. im Gegensatz dazu das Urteil des Pr. OVG., das Polizeiverfügungen für zulässig erklärte, die bezweckten, den Träger von Vor- und Familiennamen zur richtigen Schreibweise seiner Namen anzuhalten (OVG 65, S. 271, siehe auch andere Beispiele, die *Lehmann* aufzählt, a. a. O., S. 63), verbotene Lieder und Abzeichen, unerlaubte Nachtmusiken, Herumlaufenlassen der Hunde, Volksfeste, Aufsicht über Geisteskranke und Blödsinnige, Betreten gefährlicher Orte, Abrichten von Fanghunden auf Menschen, Auslöschen von Straßenlaternen, Verunreinigung öffentlicher Denkmäler und öffentlicher Sitzbänke, Vermietung von Schlafstellen, diebstahlsverdächtige Juwelen, Vertilgung schädlicher Tiere etc. gesetzlich geregelt (*Jellinek*, a. a. O., S. 89; die Erscheinungsjahre dieser Polizeistrafgesetzbücher waren: *Württemberg* 1839/1871, *Hessen* 1847, *Bayern* 1861/1871, *Baden* 1863/1871, zitiert bei *Götz*, a. a. O., ebenso bei *Reichert/Röber*, a. a. O., A I 2.5.1). Diese Polizeistrafgesetzbücher enthielten einmal Blankettermächtigungen zum Erlaß von Polizeiverordnungen, zum anderen spezielle Verbotstatbestände mit Strafandrohungen. Während das *badische Polizeistrafgesetzbuch vom 31. 10. 1863* eine Generalermächtigung für alle rechts- und ordnungswidrigen Zustände in seinem § 30 ausdrücklich vorsah, kam man in *Württemberg* über die gewohnheitsrechtliche Geltung einer Generalermächtigung zum gleichen Ergebnis (*Mayer, Franz*, a. a. O., S. 6, 7), während die Frage nach der Generalklausel in *Bayern* umstritten war. In *Hessen* enthielt außerdem der Artikel 129 b Abs. II Ziffer 3 der hessischen Städteordnung vom 8. 7. 1911 und der Artikel 66 Abs. 1 der hessischen Kreis- und Provinzialordnung vom 19. Juli 1911 eine Generalermächtigung. Die Polizei war auch hier im eigentlichen materiellen Sinne identisch mit der Funktion der öffentlichen Verwaltung, Gefahren für die öffentliche Sicherheit und Ordnung abzuwehren und bereits eingetretene Störungen zu beseitigen.
Wo es nur immer als möglich erschien, wurde der für Preußen aus § 10 II 17 ALR begründete Polizeibegriff aus ähnlichen gesetzlichen Bestimmungen hergeleitet. So vertrat *Rosin* nach *Erlaß der Württembergischen Gemeindeordnung vom 28. 7. 1906* den Standpunkt, daß die in § 10 II 17 ALR direkt ausgesprochene Generalermächtigung jetzt indirekt aus Art. 194 Abs. II S. 1 der Württem-

bergischen Gemeindeordnung entnommen werden könne. Nach dieser Gesetzesbestimmung konnten jedoch lediglich die Gemeindebehörden innerhalb ihres polizeilichen Wirkungskreises „zur Ausführung der gesetzlich bestehenden Vorschriften und zur Erlassung der zur Abwendung von Gefahren für das öffentliche Wohl notwendigen polizeilichen Verfügungen von der Aufsichtsbehörde aufgefordert und angehalten werden" (vgl. Urteil des Württembergischen Verwaltungsgerichtshofes vom 23. 12. 1929 in: *Reger*, Entscheidungen der Gerichte und Verwaltungsbehörden aus dem Reichsgebiete der inneren Verwaltung, Band 51, S. 585 ff. (591); auch Jahrbuch der Entscheidungen des Thüringischen Oberverwaltungsgerichts, Band 1, 1913, S. 172 – Urteil vom 5. 11. 1913).

Der Blick in die zeitgenössische Literatur offenbart das mittlerweile selbstverständliche Erscheinungsbild der Polizei in der interpersonalen Beziehung zum Bürger. Allein die Einsichtnahme in *Zilles* „Milljöh" ergibt einen lebensnahen Bezug. So heißt es z. B. anläßlich einer Bildkommentierung: Im Erziehungsheim. „Da haben wir ja das Mariechen, wo hat's sich's denn rumgetrieben, Herr Wachtmeister?" „Ganz in der Nähe auf nen Rummel, Frau Doctor. Sie machte in ner Schaubude mit nen Jungen die zusammengewachsenen „Siamesischen Zwillinge", der Junge is' ausgerückt!" (*Reinoß*, Das große ZILLE-Buch, Gütersloh (ohne Jahresangabe), S. 17, 60, 109, 177, 213, 260, 323).

An anderer Stelle erzählt ein Eisverkäufer: Neue Verordnung. „An Kinder darf ick keen Speise-Eis verkoofen". – „Aber ich bitte sehr, ich bin eingesegnet, nischt zu machen!" oder aber die Zeichnung „Die große Beziehung" mit dem Text: „Du jrießt den Schupo? Du bist woll mohndoof?" „Na, Mensch, det muß ich! Der bringt doch Vatan freitags imma uff de Wache!" Auch die Aussage des Jurastudenten gegenüber dem Schutzmann ist aussagekräftig: „Herr, fassen Sie mich nicht an. Vergessen Sie nicht, daß Sie einen zukünftigen Staatsanwalt begleiten!" Anderenorts hat *Zille* zwei Polizisten gezeichnet, die einen Volltrunkenen wegtragen. Die Zeichnung trägt den Titel: „Die Schnapsleiche" mit den Begleitzeilen: „Müller laufen se nich so schnell, der Kerl riecht zu fein nach Schnaps!"

Die Zeichnung „Hauptsorge" zeigt zwei Schutzleute, die eine Hochstaplerin zum Gefängnis bringen. Die einzige Sorge der Straftäterin auf dem Wege dorthin ist, dem einen der beiden Polizeibeamten zugewandt sprechend: „Gott, was wird der Direktor denken, daß ich mit demselben Hut ankomme, wie's letzte Mal!"

Gibt *Heinrich Zille* ein sehr menschliches Bild der Polizei wieder, so stellt *Gustav Freytag* in seinem Werk „Soll und Haben" das amtliche Gesicht der Polizei dar. So läßt er seine Romanfigur *Itzig* fragen: „Wenn dem Baron so viel daran liegt, die Kassette wieder zu erhalten, wie kommt es, daß damals, als sie verschwunden war, so wenig Lärm gemacht wurde, weder *von Ehrenthal* noch von dem Baron selbst? Ich habe nicht gehört, daß der Polizei Anzeige zugekommen ist, und daß man Nachforschungen angestellt hat". Im gleichen Roman heißt es weiter: „Veitel packte den schäbigen Hut des Hippus, drückte ihm diesen auf den Kopf, faßte den Alten am Nacken und rief: Ihr müßt mitkommen oder Ihr seid verloren. Die Polizei wird Euch hier suchen und wird Euch finden, wenn Ihr noch zögert". Aufschlußreich ist an anderer Stelle die Aufgabe des Militärs bei Vorliegen von inneren Unruhen. *Freytag* läßt hier durch eine Romanfigur sagen: „Was Sie von Militär in Bewegung setzen, bringen Sie hierher. Während Sie das Pferd satteln, schreibe ich eine Zeile an den Kommandierenden". Der königlich preußische Amtsgerichtsrat *Theodor Storm* aus *Husum*, an der Wasserreihe, wie die Visitenkarte Storms nach 1867 ausweist, schreibt 1886 sein Werk „Ein Doppelgänger". Darin heißt es: „Als er aufblickte, kam aus einem Seitenwege ein Gendarm auf sie zu. *John* wies auf den Polizeisoldaten; aber *Wenzel* sagte: Den fürcht ich nicht; meine Papiere sind in Ordnung". Wie eine Verhaftung aussah, beschreibt *Storm* sehr anschaulich: „... aber der Gendarm steckte die Papiere ruhig in seine eigene Tasche. ‚Er hat sich auf der Polizei nicht gemeldet', sagte er kurz. ‚Er geht mit mir!' Und einen raschen Blick auf *John* werfend, ließ er den Züchtling vorangehen und folgte, die Hand am Säbelgriff". Das besondere Gewaltverhältnis des Gendarms in seiner Beziehung zum Bürgermeister belegt der knappe Satz: „ ‚Befehlen', sagte der Gendarm und drehte sich militärisch nach der Tür". Daß die Polizei seinerzeit auch *schwarze Schafe* in ihren Reihen hatte, beweist die Person des Gendarms, der, weil er nicht recht bekommen hat beim Bürgermeister, Gerüchte ausstreut, die die Rehabilitation und Resozialisierung des *John Glückstadt* jäh beenden und dieser auf der Flucht vor seiner Vergangenheit ist, denn „alle Anstalten der Polizei, eine Spur von ihm zu finden, waren vergebens". Die reiche Berufserfahrung des Juristen *Storm* zeigt sich im Fazit dieser Bewertung der Handlungsweise des Gendarmen und der Gerüchte und ihrer Wirkung, wenn er den Bürgermeister ausführen läßt:

„Nachdem dieser *John* von Rechtes wegen seine Strafe abgebüßt hatte, wurde er, wie gebräuchlich, der lieben Mitwelt zur Hetzjagd überlassen. Und sie hat ihn nun auch zu Tode gehetzt; denn sie ist ohn Erbarmen". *Josef Winckler* beschreibt in seinem westfälischen Schelmenroman „Der tolle Bomberg" in dem Kapitel „Noch tollere Verhöhnung des Polizeipräsidenten", auf welche Weise die allmächtige Polizeigewalt durch teleologische Auslegungskunst und einen gehörigen Mutterwitz zum Besten gehalten werden konnte. So heißt es hinsichtlich der Person des Polizeipräsidenten: „... denn jeder neue Amtsgewaltige sieht die Amtsführung seines Vorgängers als Schludrian an, und bald ging der Schrecken mit klirrenden Rutenbündeln vor ihm her. Man erzählte, daß er persönlich auf den Straßen Schutzmänner besichtige, keinen Untergebenen wiedergrüße, jeden Eintretenden warten lasse ohne Aufforderung, Platz zu nehmen, und die gesamte Polizeimannschaft drille, bei kleinsten Angelegenheiten in militärischem Ton zu schnarren, das Publikum von oben herab zu behandeln, daß man spüre, wer die Macht habe. Immer schlimmer wurde es mit dem ‚Preußenkopp!' ". Anläßlich einer Tollwutwelle verfügte der Polizeipräsident eine Hundesperre. Der „tolle *Bomberg*" erhielt eine Strafverfügung, weil er sich mit einem Straßenköter in der Stadt *Münster* gezeigt hatte. Dieser erhob Widerspruch mit der Begründung, es habe sich um einen gezähmten Wolf in seiner Begleitung gehandelt, der ohne Maulkorb und Leine mit einem Spazierstock zwischen den Zähnen ihn frei begleiten dürfe, da auf Wölfe die Polizeiverordnung nicht zutreffe."

Wie unruhig die Zeiten waren, belegt ein Albumblatt von *Wilhelm Raabe*, das mit nachstehendem Wortlaut betextet ist: „Sieh nach den Sternen und gibt acht auf die Gassen!"; so geschrieben 1872. Insofern hatte also schon zu jener Zeit die Polizei hinsichtlich der Sicherheit zu tun. Wie eine Vernehmung vonstatten ging, kann man an der des Schutzmannes *Schierke in Gerhart Hauptmanns* im Jahre 1911 geschriebenen Tragikomödie „Die Ratten" verdeutlichen. (*Hauptmann*, Die Ratten, Berlin, Frankfurt am Main, Wien 1959, S. 65ff.).

Auch *Heinrich Mann* erwähnt in seinem 1918 erschienenen Werk „Der Untertan" charakteristische Polizeiarbeit, wenn er schreibt: „Der einzige Schutzmann drängte mit ausgebreiteten Armen die Menge zurück, sie trat sonst auf den Liegenden. Er schrie vergebens gegen sie an, tanzte ihr auf den Füßen und sah sich, den Kopf verlierend, in der Luft nach Hilfe um." Der Personalmangel der Polizei wird schon in dieser Zeit sehr treffend beschrieben, ebenso auch diese besondere Form von Streß. Die Literaturschau wäre unvollständig, wenn nicht passagenweise der „Hauptmann von Köpenick", ein Werk *Carl Zuckmayers*, erwähnt würde. Es heißt dort in der 19. Szene: „Voigt: Aha. Zum Polizeiinspektor *Steckler*, Mal rasch runter auf die Straße. Sie vertreten ja hier die oberste Polizeigewalt. Sorgense mal für Ruhe und Ordnung gefälligst!." In der 21. Szene sagt der Kriminaldirektor, nachdem *Voigt* die Uniform wieder angezogen hat: „Meine Herren, das ist die schönste Stunde meiner dreißigjährigen Dienstzeit ... Da stellense'n hin! So, Herr Hauptmann, nun schaunse sich mal an, da kriegense Respekt vor sich!" Diese Szenen schildern die Aufgabe der Polizei und die fortschreitende Militarisierung derselben bezüglich der Ausbildung seit dem Amtsantritt des *Kaisers Wilhelm II.*, denn das Militär prägte zunehmend das öffentliche und gesellschaftliche Leben, von dem auch das wirtschaftlich erfolgreiche Bürgertum ergriffen wurde.

So war die Polizeitruppe in der Kolonie Togo eine reine militärische Truppe in der Zeit von 1885-1914. Welche Effizienz von dieser Einrichtung im Ausland ausging, belegte die Tatsache, daß ab 1902 kein scharfer Schuß mehr in Togo fiel. Der Neger *Mollu* war als Hauptfeldwebel Führer der einheimischen farbigen deutschen Polizeisoldaten (Ausführlich: „Vom Niemandsland zum Ordnungsstaat" – Geschichte der ehemaligen kaiserlichen Landespolizei für Deutsch-Südwestafrika, hrsg. Verband der Polizeibeamten für die deutschen Kolonien e.V., Berlin 1930).

Im Personellen ergänzte sich die Polizei bis zum 1. Weltkrieg ausschließlich aus ehemaligen Offizieren und Unteroffizieren des Heeres bzw. der Marine (*Willich*, a.a.O., S. 72; mindestens neunjährige Militärdienstzeit und sechsmonatiger Probedienst waren Einstellungsvoraussetzung, so auch *Weiß*, a.a.0., S. 14/15). Im Organisatorischen gab es mit der *Gründung der uniformierten Schutzmannschaft am 23. Juli 1848 in Berlin* innerhalb Preußens die *Einteilung der Polizei in Gendarmerie, Schutzmannschaft und Gemeindepolizei*. Eine weitere Stufe der organisatorischen Entwicklung ist die *Herauslösung der Kriminalabteilung* aus der uniformierten Polizei und ihre Unterstellung als eine koordinierte Sparte unter einen gemeinsamen staatlichen Polizeiverwalter. In ihrer Organisation lehnte sich die Kriminalpolizei an die Dienststellen der betreffenden Polizeiverwaltungsart in der Form eines Präsidiums, einer Direktion oder eines Amtes bzw. eines Polizeireviers an. In den Großstädten richtete die Kriminalpolizei außer ihrer in Spezialabteilungen gegliederten Zentrale in den Polizeirevieren noch eine besondere *Revierkriminalpolizei* ein, eine Erscheinung in allen staatlichen Polizeiverwaltungen Preußens und später auch des Reiches (in Hamburg seit 1874, in Berlin seit 1878, in Bremen seit 1899). Gerade die Arbeit der Kriminalpolizei erfuhr durch die Erkenntnisse der Wissenschaften neue Impulse wie z. B. durch die Einführung der Daktyloskopie oder anderer neuentwickelter kriminaltechnischer Verfahren. Die *Daktyloskopie* wurde z. B. in den nachstehenden Daten eingeführt bei der Kriminalpolizei: 1902 Wien und Budapest; 1903 Dresden, Hamburg, Berlin, Nürnberg, Augsburg, Kopenhagen; 1904 Sachsen; 1908 München, Württemberg; 1909 München als bayerische Zentralstelle; 1911 in ganz Bayern. Als erste deutsche Stadt hatte *Stuttgart* am 1. 2. 1903 eine *Frau* als *Polizeiassistentin* in den *Polizeidienst* übernommen! Gemeinsam mit einer Gehilfin betreute sie im Rahmen der *Polizeifürsorgestelle Stuttgart* Mädchen und Kinder und ab 1905 auch männliche Jugendliche (*Teufel*; a. a. O., S. 63 ff. (83)). Aber auch große Persönlichkeiten prägten durch ihren Fleiß, ihr fachliches Können die Arbeit der Kriminalpolizei. So gehen die heute unentbehrlichen Spezialkarteien u. a. auf die Initiative des Juristen *Roscher* bei der *Kriminalpolizei Hamburg* zurück. Dieser ließ Merkmalskarteien – Tätowierungen, Narben, Zahnlücken etc. – anlegen und schuf mit dem Spitznamenverzeichnis, in dem sich so gängige Namen wie *Leuchtkolben*, *Motten-Tedje*, *Köhm-Tille* oder *Achtfingrige Walli* befanden, ein unverzichtbares Hilfsmittel für seine Ermittlungsbeamten. Selbstverständlich legte er auch ein Verzeichnis über internationale Verbrecher an, das bei dem überaus starken Passagier- und Auswandererverkehr, der damals von Hamburg aus in alle Welt lief, von unschätzbarem Wert war (*Ebeling*, a. a. O., S. 12 ff. (15)). Namen wie *Dr. Roscher* (Hamburg), *Koettig* (Dresden), *Dr. Harster* (München), *Klaiber* (Stuttgart) oder *Dr. Heindl* (München) haben die Dienstleistungen der Polizei entscheidend durch die mit ihnen verbundenen Initiativen in ihrer Qualität beeinflußt, ebenso aber auch die grundlegenden Forschungen der Kriminologen *Groß*, Lacassagne, von *Liszt*. *Groß* schreibt in seinem Werk „Handbuch des Untersuchungsrichters" (Graz 1894) von den nicht zu schätzenden Werten, die ein Sicherheitsorgan, Wachtmeister, Polizeidiener, Gendarm usw., in sich hat wegen der Vielfalt der Verwendungsmöglichkeiten und der zahllosen und oft ausschlaggebenden Dienstleistungen.

Dem französischen Muster folgend, richtete Koettig in *Sachsen 1912* als *erstes deutsches Land eine Zentralleitung der Kriminalpolizei mit sieben Kriminalbrigaden* mobiler Art ein, die den Staatsanwaltschaften zur Verfügung standen und in enger Verbindung mit der hauptstädtischen Kriminalpolizei arbeiteten. Das französische Modell von 1907/1908 war auf dem Berliner Polizeikongreß 1912

vorgestellt worden. 1914 folgte das Land *Württemberg* diesem Modell in modifizierter Form.
Die Organisation der *Landgendarmerie*, vormals geregelt durch die Verordnung vom 30. September 1820, erfuhr nun durch eine Verordnung vom 23. Mai 1867 eine präzisere Gestaltung. In der Verordnung vom 23. Mai 1867 wurde u.a. bestimmt, daß jedermann, in Vorbehalt der späteren Beschwerde, verpflichtet sei, den Aufforderungen und Anordnungen der Gendarmen sofort unbedingt Folge zu leisten, und daß der Gendarm zu allen Militärpersonen jeden Grades in dem Verhältnisse des kommandierenden Militärs und der Schildwachen im Sinne des § 18 stehe. Anzeigen von Verbrechen, Vergehen und Übertretungen wurden an die Ortspolizeibehörden abgegeben zur weiteren Bearbeitung.
Die von der Gendarmerie verhafteten oder festgenommenen Personen mußten in der Regel an die Ortspolizeibehörde oder an das nächste Amtsgericht abgeliefert werden laut Ministerialerlaß vom 7. August 1880 in Preußen.
Interessant war das damalige Verhältnis zwischen Staatsanwaltschaft und Polizei. Mit dem preußischen Gesetz vom 17. Juli 1846 wurde die Staatsanwaltschaft geschaffen und dem Staatsanwalt neben der Anklageerhebung zur Pflicht gemacht, auch zum Schutz des Angeklagten da zu sein und „bei Polizei und Gerichten als Wächter des Gesetzes zu fungieren". Ohne jedoch die Befugnisse der Staatsanwaltschaft näher zu erläutern, bestimmte dieses Gesetz:

„Das Polizeipräsidium und dessen Beamte bleiben, wie bisher, verpflichtet, den Verbrechen jederart nachzuforschen und alle keinen Aufschub gestattenden vorbereitenden Anordnungen zur Aufklärung der Sache und Festnahme des Täters zu treffen". (§4)

Wegen der Kompetenzschwierigkeiten wurde mit einer ergänzenden Verordnung vom 3. 1. 1849 versucht, die Befugnisse abzugrenzen. So sollte nunmehr die Polizei verpflichtet werden, die von „ihnen aufgenommenen Verhandlungen dem betreffenden Staatsanwalt zur weiteren Veranlassung zu übersenden" und eventuellen „Requisitionen" desselben Folge zu leisten. Jedoch nutzte auch dies nicht. Bei zunehmender Machtfülle der Polizei wurde die Staatsanwaltschaft auf die Anklageerhebung beschränkt. Erst das Gerichtsverfassungsgesetz vom 27. 1. 1877 brachte einen grundlegenden Wandel. Zugleich führte dieses Gesetz in *Baden* zu der bereits genannten „Landesherrlichen Verordnung, die Einrichtung der Kriminalpolizei nach der deutschen Gerichtsverfassung und Strafprozeßordnung betreffend", die die Kriminalpolizei dort zum Entstehen brachte und zugleich landesrechtliche Verordnung über die Hilfsbeamteneigenschaft war.
Unabhängig von dem damals getrübten Verhältnis der Polizei zur Staatsanwaltschaft, durfte die Entwicklung der großstädtischen Kriminalpolizei hinter der des Verbrechertums nicht zurückbleiben. Man begann die Organisation zu verfeinern und zu spezialisieren (*Weschke*, a.a.O.).
Im *Gerichtsverfassungsgesetz* aus dem Jahre *1877* wurden *die Polizeibeamten als Hilfsbeamte der Staatsanwaltschaft* verpflichtet, den Anordnungen der Staatsan-

waltschaft Folge zu leisten. Der seinerzeitige § 152 GVG entspricht dem heutigen § 152 Absatz 1 GVG in der Fassung vom 9. Mai 1975, die historisch dem *Artikel 48 des napoleonischen Code d'instruction criminelle und seinem Begriff „officier de police auxiliaire du procureur de la République*" entlehnt ist. Die Reichstrafprozeßordnung aus dem Jahre 1877 gab, ebenso die Strafprozeßordnung der Bundesrepublik Deutschland in der Fassung der Bekanntmachung vom 7. Januar 1975, das Recht der Anzeige, der Beschlagnahme, der Durchsuchung, der Festnahme hinsichtlich der Verwirklichung der im § 163 StPO festgelegten Generalermächtigung, Straftaten zu erforschen (vgl. §§ 158, 98, 105, 127 RStPO/StPO).

Wie stark sich aber militärisches Denken verabsolutieren konnte, zeigt der *Fall Zabern*, wo ein forscher Offizier, unter Mißachtung aller Rechtsvorschriften, zur Wiederherstellung der öffentlichen Ordnung eine Reihe von Bürgern verhaften ließ, die mit seinen Soldaten einen Streit gehabt hatten. Die Festgenommenen hätten nach der Ansicht des Reichskanzlers *von Bethmann-Hollweg*, am 3. Dezember 1913 anläßlich seiner Rede zum „Fall Zabern" im Deutschen Reichstag, ohne schuldhaftes Zögern an die Polizeiorgane abgegeben werden müssen.

Es folgt die Feststellung, das Militär sei eingeschritten in der Ansicht, daß die zivilen Sicherheitsorgane versagt hätten und bei den Vorkommnissen sei ihm kein oder kein genügender Schutz gewährt worden. Der Polizeirechtler *Wolzendorff* hat im Gegensatz dazu die Auffassung vertreten, daß die Heranziehung des Militärs zu polizeilichen Aufgaben nur ein Zeichen minderentwickelter staatlicher Organisation sei. Schon der Organisator des preußischen Volksheeres, *Hermann von Boyen*, hatte nach 1806 darauf verwiesen, daß jede militärische Organisation der polizeilichen Funktion entgegenstünde. Auch *Avé-Lallemant* und *Pistor* (1861/1908) haben sich entsprechend geäußert. Im Fall *Zabern* wurde öffentlich der Schutz des Offiziers, der Korpsgeist des Offiziersstandes der Wahrung des Rechtsstaates übergeordnet, obwohl die Zivilbehörden in Zabern aufs allerentschiedenste die Darstellungsweise und das Recht des Militärs bestritten, da ihrer Ansicht nach keine Notlage vorlag.

Die Zeit der konstitutionellen Monarchie hat der Polizei neue Organisationsformen vermittelt, die systematische Weiterentwicklung erfuhren. Das „Vigilantenwesen" der Polizei wurde, wie einer Forderung von *Avé-Lallemant* als *Leiter der Lübecker Polizei* zu entnehmen ist, beseitigt. Die im Jahre *1899* ins Leben gerufenen *Gendarmerieschulen* in Wohlau und Einbeck, die 1901 in Düsseldorf eröffnete Schule für die kommunale Polizei und die 1906 beim Königlichen Polizeipräsidium in Hannover für Polizeikommissare errichtete Polizeischule – die damit die ersten Polizeischulen in Deutschland waren – geben Zeugnis von der sich entwickelnden Rolle der Polizei (*Stolz*, a. a. O., S. 33).

Kriminaltechnische, kriminologische Erkenntnisse, kriminaltaktische Grundsatzwerke wie das „*Weingartsche Gerippe*" 1904 nach dem gleichnamigen Verfasser kennzeichnen den Fortschritt, die Polizei als interdisziplinäre Kontrollinstanz in den einzelnen Bereichen der Gesellschaft.

Die Arbeit der Polizei erfährt im Volke Anerkennung, das Selbstverständnis der Polizei wächst.

Das Manko der Polizei trotz aller Neuerungen ist aber, daß sie als Mittel der Machterhaltung im instanzlichen Sinne angesehen wurde. Unrecht, wie im Fall Zabern geschehen, wurde zu Lasten der Polizeibehörden relativiert, als Entgleisung abgetan. Dieser Rollenkonflikt der Polizei steht im Widerspruch zu der Modernität ihrer Entwicklung. Der militärische Charakter der Polizei ließ es zu, ausdrücklich vorgesehen durch einige preußische Regelungen, in Kriegs- und Friedenszeiten der Armee als eine Art „*Hilfstruppe*" zu dienen, kurzum unter militärischen Oberbefehl zu unterstellen. Dieses militärische Erbe hat sich nachhaltig in der Polizei gehalten und den Aufbau einer demokratischen, bürgerlichen Polizei für alle bis in die Gegenwart hinein erschwert (*Erbel I*, a.a.O., S. 13). Charakteristisch ist die Aussage *Kaiser Wilhelm II.* bei der 50-jährigen Jubiläumsfeier des Bestehens der Berliner Schutzmannschaft am *13.6.1898*: „Der Schutzmann soll sein: den Bürgern ein Berater und Helfer, den Verbrechern ein Schrecken und dem Staate eine Stütze, die den Gehorsam erzwingt."

IX. Kapitel:

Die Weimarer Republik

Der verlorene erste Weltkrieg, die Auflösung der Militärverbände, politische Unruhen, wirtschaftliche Not, sind die bösen Vorzeichen, unter denen sich die neue Staatsgewalt erst neu formieren muß. Die Polizei ist mit den scheinbar unlösbaren Problemen total überfordert! Die Aufgabe des Reichswehrministers ist es in diesen Anfangstagen der Republik, der Regierung die nötigsten Machtmittel zur Bekämpfung der Straße und zur Wiederherstellung einer gesetzlichen Ordnung bereitzustellen. Hierin sieht *Ebert* die primäre Aufgabe *Noskes*, da in den Revolutionstagen des Jahres 1918 Arbeiter- und Soldatenräte die Polizeigewalt an sich gerissen hatten. Terror und Gewalt zeichnen das Bild der Straße, dessen Ursache oft der nackte Hunger der Menschen ist, der sie kriminell werden läßt. Der Krieg als der Vater aller Dinge, wie es *Heraklit* einmal gesagt hat, findet hier in seiner Fernwirkung trotz Friedens seinen Fortgang wie das bis dahin unbekannte Ausmaß an Kriminalität.

Rechtsgrundlage des Einschreitens des Militärs bis 1919 ist der §2 des preußischen Gesetzes über den Belagerungszustand für die Aufgaben des Einsatzes im Falle eines Aufruhrs bei dringender Gefahr für die öffentliche Sicherheit mit der Möglichkeit der Erklärung des Belagerungszustandes sowohl in Kriegs- als auch in Friedenszeiten. Im Sinne des §3 dieses Gesetzes erfolgte die Erklärung „bei Trommelschlag oder Trompetenschall" mit der Folge, daß durch die Bekanntmachung alle Macht an den Militärbefehlshaber überging.

Neben dieser gesetzlichen Regelung gab es eine Anordnung vom 17. Oktober 1820, die bis zum Jahre 1919 niemals aufgehoben worden ist und trotz des Art. 36 der Preußischen Verfassung weiter praktiziert wurde. Auch diese Anordnung ermächtigte die Militärbehörden, sich die Schutzpolizei zu unterstellen. Denn einmal zu polizeilichen Zwecken eingesetzt, war die Wehrmacht berufen, im äußersten Falle der Staatsnot die Staatsautorität mit kriegsmäßigen Mitteln wiederherzustellen, wobei die Entscheidung, wann dieser Notfall vorliegt, wiederum im pflichtmäßigen freien Ermessen der Militärbefehlshaber lag! Dies trug dazu bei, das Eingreifen der Wehrmacht dem Bürger gegenüber anders zu gestalten als das Einschreiten der Polizeiorgane (*Liepmann*, a.a.O., S. 2).

Schon §8 Zirkularverordnung vom 30. Dezember 1798 (PrMilGesS. I S. 28) besagte, daß der Kommandierende Offizier oder Unteroffizier des zur Dämpfung des Tumults abgeordneten Kommandos jedesmal den versammelten Haufen mit lauter Stimme auffordern sollte, ruhig zu sein und auseinander zu gehen. Sollte der versammelte „Volkshaufen" so zahlreich sein, daß der Zuruf nicht auf eine vernehmliche Art geschehen könnte, so sollte durch

Trommelschlag und *Trompetensignale das Zeichen der Entfernung* gegeben werden. Ein jeder, der dieser Aufforderung nicht augenblicklich Folge leisten und sich sogleich hinwegbegeben würde, hätte die *Vermutung strafbarer Absichten* gegen sich und sollte, wenn er seine Unschuld nicht dartun könnte, als ein Aufrührer, dem Befinden nach mit Gefängnis-, Zuchthaus- oder Festungsstrafe belegt werden. Der Tumult als die „*Mutter des Aufruhrs*" bestand in dem an sich nicht verbotenen Zusammenrotten, und somit mußte das strafbare Moment in dem Verharren am Orte des Auflaufs gegen das Verbot der Obrigkeit gelegt werden (vgl. PrStrGB vom 14. April 1851; Entwurf des Strafgesetzbuchs für die Pr. Staaten, Berlin 1843, §211 Abs. 1). Aber auch eine ähnliche Vermutung der Kenntnisnahme der öffentlichen Bekanntmachung fand sich, außer in den Belagerungszustandsgesetzen, in §17 Abs. 1 Pr. Vereingesetz vom 11. März 1850. Würde dem gegebenen Zeichen der Auflösung nicht genügt, so sollte durch den Waffengebrauch der schuldige Gehorsam erzwungen werden. Schon damals war bekannt, daß es eine Taktik einer aufrührerischen Menschenmenge sei, womöglich Frauen, Kinder und Kriegsbeschädigte zur Vereitelung polizeilicher/militärischer Beschießung vor sich herschiebend, und angeblich zu einer friedlichen Demonstration, dicht an die Beamten heranzudrängen, um diesen den für den Gebrauch der Schußwaffe und die Entfaltung einer Schützenlinie notwendigen Raum abzuschneiden und sie sodann zu entwaffnen. Demgegenüber wäre ohne besondere Regelung die Polizei auch deswegen machtlos, weil die Vermutung, die Menge werde zum Aufruhr schreiten, nicht hinreichte, auf dieselbe zu schießen, zumal die Gefahr, ein vielleicht noch vermeidbares Blutvergießen durch den ersten Schuß zu provozieren, bekanntlich sehr groß ist. Die Tumultgesetzgebung diente daher diesen Zwecken, der Polizei eine genügende Vorfeldzone gegenüber einer Menschenmenge zu gewährleisten und ihr zugleich eine Handhabe zu geben, unter Umständen mit der Schußwaffe vorzugehen, ehe sie selbst angegriffen würde (*Liepmann*, a.a.O., S. 74f.).

Dieses Recht des Waffengebrauchs galt auch für die den Militärbehörden zuzuordnende „*bewaffnete Macht*". Dieser Begriff war umfassender als der der Reichswehr. Es war allgemein als bewaffnete Macht *jede* militärische Organisation anzusprechen, also auch Freikorps, Zeitfreiwillige, Volkswehren. Und der Waffengebrauch des Militärs bei militärpolizeilichem Einschreiten hatte somit zu erfolgen nach dem Gesetz über den Waffengebrauch des Militärs vom 20. März 1837 (GesS. 60) und den §§8-10 der Verordnung zur Aufrechterhaltung der öffentlichen Ordnung und der den Gesetzen schuldigen Achtung vom 17. August 1835 (GesS. 170), also aus Jahren, die durch das Interdikt gegen die Schriften des „jungen Deutschland" (11. Dezember 1835) und die Absetzung und teilweise Ausweisung der „Göttinger Sieben" (18. November 1837).

Die erste Instruktion über den Waffengebrauch des Militärs entstand unterm 1. Mai 1851 (PrMilGesS. V, 99) als Instruktion über den Waffengebrauch des Militärs und über die Mitwirkung desselben zur Unterdrückung innerer Unruhen. Ihr folgten ohne wesentliche Veränderung die Instruktionen vom 4. Juli 1863 (Berlin 1891) und vom 23. März 1899, welche gemeinsam mit den

oben aufgeführten Bestimmungen über das Festnahmerecht ebenfalls in die Garnisondienstvorschriften überführt wurden. Sie beriefen sich für die Formen militärischen Einschreitens bei inneren Unruhen auf die Zirkularverordnung vom 30. Dezember 1798 (PrMilGesS. I, 28), die AKO vom 29. Oktober 1819 (PrMilGesS. I, 16) und die AKO vom 29. Oktober 1820 (*Liepmann*, a. a. O., S. 16). Für die Anerkennung des Grundsatzes, daß die Leitung gemeinschaftlicher Aktionen von Gendarmerie und Wehrmacht dem militärischen Befehlshaber zukomme, machte die durch das bayerische Gendarmeriegesetz vom 31. Juli 1919 (GesuVoBl. 409) mit Gesetzeskraft ausgestattete Bekanntmachung vom 25. September 1919 die Einrichtung der Gendarmerie betreffend (GesuVoBl. 639) § 12 eine Ausnahme. Eine besondere Regelung der Kommandoverteilung bestand in den *süddeutschen Staaten*. Dort stand die Gendarmerie, wenn sie gemeinschaftlich mit der zu ihrer Assistenz aufgebotenen Linientruppe einzuschreiten hatte, unter den Befehlen der Militärbehörde. Doch gebührte das Kommando der einzelnen vereinigten Abteilungen dem dienstältesten Vorgesetzten einer von beiden Abteilungen (§ 39 Bayerische Gendarmerie VO vom 24. Juli 1868, Reg. Bl. 1385; ebenso für *Württemberg* § 2 Abs. 2-4 der landesherrlichen Verordnung vom 3. Februar 1872, GesuVOBl. 81).
Dieser unglückliche militärische Drall betraf auch Dienstinstruktionen für die Polizei, wo bei der „*Niederschlagung*" von Tumulten (= Volksansammlungen ernsten Charakters) mit Energie und Nachdruck bei der Anwendung der Hiebwaffe nicht mit flacher, sondern mit scharfer Klinge einzuhauen sei. *Beim Gebrauch der Schußwaffe habe dies in vollem Maße zu geschehen* und seien vor allem Schreckschüsse über die Köpfe der Volksmenge hinweg zu unterlassen (*Zaika*, a. a. O., S. 43). Und grundsätzlich ist festzuhalten, daß die Beamten der Schutzmannschaft unter militärischer Disziplin standen und auch ihren Dienst militärisch formal repräsentierten.
Aber richtig war jedoch schon erkannt worden durch Erfahrungswerte polizeilichen Dienstes, daß es für den Soldaten nur die Alternative des Gebotenen oder Verbotenen gibt. Es gilt auch in der Weimarer Republik, daß das Gebotene – denn die ganze Einrichtung wird durch Normen, die für den Krieg geschaffen sind, beherrscht – verwirklicht werden soll mit allen „nicht geradezu verwerflichen" zur Verfügung stehenden Mitteln (§§ 47, 92 ff. MilStrGB; von *Moltke* an *Bluntschli*, in von *Moltkes* Briefen, Berlin 1892, V, S. 190 ff.). Es handelt sich dabei im Verfassungsstaat von vorneherein nicht um die Frage der Behördenorganisation, welche somit im Ermessen der Verwaltungsbehörden gelegen hätte, wenn das Militär die Stelle der Polizei übernahm. An deren Spitze stand ein dem Parlament verantwortlicher Minister, während die militärische Dienstausübung sich parlamentarischer Kontrolle entzog. Dadurch sowie durch den Umstand, daß militärisches Einschreiten nicht rechtlich gebunden war, eine gesetzlich vorgeschriebene Stufe von Zwangsmitteln einzuhalten, sondern nach eigenem Ermessen nötigenfalls von vorneherein mit der Waffe einschreiten durfte, bedeutete das militärpolizeiliche Einschreiten allemal das Eingreifen einer von den Schranken des Gesetzes weniger eingeengten Funktion der Staatsgewalt. Treffend

bezeichnete daher *Förstermann* den Übergang der Leitung einer polizeilichen Aktion auf einen Militärbefehlshaber als einen „notwendigen Belagerungszustand im verjüngten Maßstabe" (Prinzipien des Preuß. Polizeirechts, Berlin 1869, S. 112).
Der Polizeibeamte hingegen hat seinen Mitbürger in der Gesamtheit seiner Person zu erhalten und zu schonen. Das gelindeste der ihm zur Verfügung stehenden Mittel bei der Realisierung seines polizeilichen Auftrages hat er zu wählen (*Andrae*, a. a. O., S. 41, 43ff.). Und die Generalität der Reichswehr gab selbst zu, daß ihre Truppen für den Polizeidienst nicht geeignet seien, da sie gewohnt seien, zu handeln und nicht zu verhandeln, zu schießen und nicht zu sprechen! Aber wenn auch der Polizeidienst Dienst am Volke sein sollte, konnten die Polizeischüler kaum am Polizeiunterricht teilnehmen, weil sie heute hier und morgen dort eingesetzt waren. Vergessen werden darf nicht, daß der kommunale Polizeibeamte in der damaligen Verfassung überfordert und nicht in der Lage war, Aufrührerhorden in Raison zu bringen, daß das Militär nicht in der Lage war, im eigenen Lande Ordnung zu schaffen. Die Einwohner- und Ortswehren waren durch die polizeiliche Zerrissenheit ebenfalls zerrissen und taugten nicht. Ähnlich wie damals unter *König Friedrich Wilhelm IV.* wurde die Aufstellung besonderer Polizeiformationen für solche Einsatzlagen erwogen. 1848 hatte das Militär in Berlin sich unbeliebt gemacht durch seine Methoden, die Miliz hatte ebenfalls versagt. Dies führte in Köln z. B. dazu, daß aufgrund der laschen Dienstauffassung der Kölner Bürgerwehr der Stadtkommandant den Belagerungszustand verhängte, um die öffentliche Sicherheit und Ordnung wiederherzustellen (*Lauing*, a. a. O., S. 56 f.). Damals hatte diese Berliner Schutzmannschaft sich zunächst als absolut zuverlässiges Mittel zur Wiederherstellung der Ordnung erwiesen.
Die Organisation der Polizei in der Zeit der Weimarer Republik brachte unter diesen Aspekten einige Änderungen. Als Novum wurde die *kasernierte Schutzpolizei* mit der *Namensbezeichnung Sicherheitspolizei* eingeführt, die in aller Regel nur für das Gebiet einer Provinz zuständig war gegenüber den Tätigkeiten der Schutzpolizei.
Während der Revolution von 1918 bildeten sich Freikorps. Aus Angehörigen dieser Freikorps, besonders des Freischützenkorps, wurde *1919 die grüne staatliche Sicherheitspolizei (Sipo)* geschaffen. Diese von kriegserfahrenen Offizieren und Unterführern geführte Sicherheitspolizei war kaserniert, mit schweren Waffen ausgerüstet und im ganzen Reich etwa 100.000 Mann stark (*Michler*, Die Polizei – Gestern und heute a. a. o., S 23; vgl. sächs. Hptm. a. D. *Vieth von Golßenau* = Pseudonym: *Ludwig Renn*, Nachkrieg, Königstein/Ts., 1979, S. 251). Kommandostäbe wurden in Münster, Kassel, Breslau, Magdeburg und Frankfurt ab Ende 1919 eingerichtet. In einer Anordnung des Oberpräsidenten in Münster vom 12. Mai 1920 heißt es:

„Die Schutzpolizei behält in vollem Umfang ihre Zuständigkeit. Die staatliche Sicherheitspolizei tritt neben sie und ist in Erfüllung ihrer Aufgabe völlig selbständig. Jedoch hat die Sicherheitspolizei sich in ständigem Benehmen mit der Ortspolizei zu halten. Insbesondere ist ihr, wie auch dem Landrat bzw. Bürgermeister des betreffenden Land- oder Stadtkreises, von dem Eintreffen der Sicherheitspolizei vorher Kenntnis zu geben. Ein gegenseitiges Über- und Unterordnungsverhältnis besteht nicht. Kommt es zu einem gemeinschaftlichen bewaffneten Einschreiten von Sicherheitspolizei- und Schutzpolizeibeamten, so hat der Führer der Sicherheitspolizei das Kommando."

Die *Sicherheitspolizei* ist anerkanntermaßen der *Vorläufer der heutigen Bereitschaftspolizeien der Länder* (und *des Bundesgrenzschutzes*), die vorwiegend zur Unterstützung der Schutzpolizei bei der Herstellung von Ruhe und Ordnung helfend tätig wurde, wenn Unruhen o. ä. die innere Sicherheit des Staates tangierende Gefahren latenter oder offensichtlicher Art zur polizeilichen Bewertung anstanden. *Erst die Sicherheitspolizei und die Schutzpolizei lösten die 1848 eingeführte Königliche Schutzmannschaft ab.* Durch den Erlaß des preußischen Justiz- und Innenministers vom 17. August 1920 waren die Hundertschafts- und Zugführer der Sicherheitspolizei Hilfsbeamte der Staatsanwaltschaft. Bei allen Durchsuchungen und Beschlagnahmen waren aber Kriminalbeamte mit dem gleichen Status hinzuzuziehen. Festgenommene waren einem besonderen Beauftragten der Polizeiabteilung vorzuführen, der die Festnahme rechtlich würdigte. Eine *Schutzhaft* gemäß dem Reichsgesetz vom 4. Dezember 1916 in Verbindung mit der Anordnung des Reichspräsidenten vom 5. Mai 1920 wurde nur dann als „vorbeugende Maßnahme" für zulässig erklärt, wenn sie zur Abwehr einer Gefahr für die Sicherheit des Reiches nach der Entscheidung des Kommandos der Sicherheitspolizei und nach Anhörung eines Beauftragten des jeweiligen Oberpräsidenten erforderlich war. Die Ententevertreter brachten diesem neuen Polizeikörper das größte Mißtrauen entgegen und erblickten in ihm eine getarnte Formation der Reichswehr.
Art. 160 Abs. 1 des Versailler Friedensvertrages beschränkte die Stärke des Reichsheeres auf 100.000 Mann und verbot jede bewaffnete Macht außerhalb der Reichswehr. So wurde mit dem Gesetz über die Bildung einer vorläufigen Reichswehr vom 6. 3. 1919 dieser die Aufrechterhaltung der inneren Sicherheit in seinem § 1 zugewiesen.
Wie streng die Alliierten auf die Einhaltung dieser Beschränkungen sahen, zeigt das Verbot der kasernierten preußischen Sicherheitspolizei durch die Boulogner Beschlüsse am 22. 7. 1920 (dazu ausführlich: *Tessin*, Stäbe und Truppeneinheiten der Ordnungspolizei, in: *Neufeldt/Huck/Tessin*, Zur Geschichte der Ordnungspolizei, Koblenz 1957, S. 7f.). Gemäß Ministerialerlaß vom 4. 10. 1920 wurde die Sipo aufgelöst. Deren Errichtung im Sommer 1919 als polizeiliche Reaktion auf eine in diesem Ausmaß vorher unbekannte Häufung der inneren Unruhen, ihre schwere Bewaffnung und ihre personelle Zusammensetzung, vornehmlich Offiziere und Unteroffiziere der ehemaligen Armee (nicht der „kaiserlichen" Armee, wie *Willich*, a. a. O., S. 75, annimmt), brachten den Verdacht einer verdeckten Militarisierung und einer Umgehung der Vertragsbestimmungen mit sich.
Dem Reichsheer wurde darüber hinaus durch Art. 160 Abs. 2 S. 2 des Versailler Friedensvertrages ein genau umrissener Aufgabenbereich zugewiesen. Danach war das Heer „... nur für die Erhaltung der Ordnung innerhalb des deutschen Gebietes und zur Grenzpolizei bestimmt ..." (Gesetz über den Friedensschluß zwischen Deutschland und den alliierten und assoziierten Mächten vom 28. 6. 1919 (RGBl 1919, S. 919f.)).

Die amtliche deutsche Übersetzung des Art. 160 folgte bei der Wiedergabe dem französischen Text. Von diesem wich der englische Text in einer Weise ab, die es später dem für die Reichswehr verantwortlichen Befehlshaber im innenpolitischen Streit um das Wesen und um die Aufgabenzuweisung der Reichswehr ermöglichte, unter Berufung auf die englische Textfassung eine Verwendung der Reichswehr als Grenzpolizei abzulehnen und für diese Aufgabe andere Kräfte zu fordern (siehe das Schreiben von General *v. Seeckt* an Reichskanzler *Wirth* vom 10.6.1922, in *Willich*, a.a.O., S. 73).

frz. Text: „... et sera exclusivment destinée au maintien de l'ordre sur le territoire ***et à la police des frontières***".
engl. Text: „The Army shall be devoted exclusively to the maintenance of order within the territory and ***to the control of the frontiers***."

So wurden *große Teile der Sicherheitspolizei* zum *Grenzdienst* abgeordnet!
Das waren Gründe der Auflösung der Sicherheitspolizei mit Erlaß vom 24. Mai 1922, offiziell als Plan für die Zurückführung der preußischen Polizei auf den Stand der Organisation von 1913 bezeichnet. Die schweren Waffen wurden abgeliefert. Es war so, daß Aufrührer besser bewaffnet waren als die Polizei! Von der preußischen Polizei durften im Höchstfall 30.000 mit einem Karabiner versehen sein. So blieb es bis 1933. Alle Versuche, diesen Zustand zu ändern, schlugen fehl. Die labile politische Lage war aber der Anlaß, daß schon *ab 1925 kasernierte Schutzpolizei-Bereitschaften* gebildet wurden in Anlehnung an die Organisation der Sicherheitspolizei. Die Schutzpolizei-Bereitschaft unterstand neben der *Revierpolizei* verwaltungstechnisch einer *Polizei-Inspektion* (vgl. *Tessin*, Formationsgeschichte der Wehrmacht 1933-39, Schriften des Bundesarchivs 7, Boppard am Rhein 1959, S. 248; *Stolz*, a.a.O., S. 64ff.).
Für den Einzeldienst wurden ältere, erfahrene und ruhige Beamte bestimmt, für den geschlossenen Einsatz dagegen die jüngeren Mitglieder, die kräftiger und körperlich vielleicht widerstandsfähiger waren als ihre älteren Kameraden, deren Temperament aber erst durch Erziehung und Gewöhnung den Dienstobliegenheiten angepaßt werden mußte (*Severing*, Mein Lebensweg, Band I a.a.O., S. 315). Es entstanden *zentrale Bildungsstätten*, und zwar eine *Schule für Führungskräfte in Potsdam-Eiche*, eine andere für *Technik und Verkehr in Berlin-Spandau, ebenso* am gleichen Ort eine *für Leibesübungen* (näheres zur Preußischen Schutzpolizei (1920-1933) bei *Waldschmidt*, a.a.O., S. 34ff.).
Soweit ein Bedürfnis für den Erlaß einheitlicher Vorschriften vorhanden war, hatte das Reich die Gesetzgebung über den Schutz der öffentlichen Ordnung und Sicherheit im Sinne des Art. 9 Ziff. 2 der Verfassung des Deutschen Reiches vom 11. August 1919. Aufgrund dieser Rechtsgrundlage erging am 17. Juni 1922 das Reichsgesetz über die Schutzpolizei der Länder, in dem die Schutzpolizei als der Teil der Polizei festgeschrieben wurde, dessen Angehörige in einem öffentlich-rechtlichen Dienstverhältnis standen, auf Zeit für den Zeitraum von zwölf Jahren verpflichtet waren und nach Ablauf dieser Zeitspanne ausschieden. Dieses Gesetz wiederum wurde Ausgangspunkt des Schutzpolizeibeamtengesetzes vom 16. August 1922 in Preußen, dessen

Rechtsnachfolge das *Polizeibeamtengesetz vom 31. Juli 1927* antrat. Das Gesetz brachte es mit sich, daß der Polizeibeamtenberuf nunmehr ein Lebensberuf wurde, indem man das Amt des Schutzpolizeibeamten entsprechend formulierte. *Der Dienst bei der Schutzpolizei war Eingangslaufbahn für die Gendarmerie* (Landjägerei), *kommunale Schutzpolizei, Kriminalpolizei, Verwaltungspolizei in verschiedenen Geschäftsbereichen.* Ausbildung und Fortbildung für die Schutzpolizei gewannen, nachdem das Heer der allgemeinen Wehrpflicht als Rekrutierungsbasis für die Polizei weggefallen war, besondere Bedeutung. In Preußen wurden die 20- bis 22jährigen Anwärter in 10 Provinzialschulen, die über das ganze Land verteilt waren, zunächst ein Jahr lang polizeilich ausgebildet. Dann folgte ihre Überführung als kündbare Polizeiwachtmeister in die Polizeibereitschaften bis zum 7. Dienstjahr. Mit diesem Dienstjahr mußten sie ihre Befähigung zur Beförderung zum Polizeioberwachtmeister nachgewiesen haben. Danach wurden sie in den Reviereinzeldienst, die Landjägerei, Kommunal- Kriminal- oder Verwaltungspolizei übernommen. Mit Vollendung des 32. Lebensjahres (nach 12 Dienstjahren) erfolgte im allgemeinen eine Überführung in eine lebenslängliche Anstellung bis zum 60. Lebensjahr. Ein *Lehrgang* auf der *Provinzialschule* war *vor der Beförderung zum Polizeioberwachtmeister* abzuleisten. Neben diesen Fachschulen gab es in allen Standorten Polizeiberufsschulen, denen die allgemeine Bildung oblag. Begabte Beamte konnten hier die erforderliche Reife für die Zulassung zur Offizierlaufbahn erlangen.

Die *Polizeioffizieranwärter und -offiziere* wurden *auf der höheren Polizeischule in Eiche bei Potsdam und dem Polizeiinstitut in Berlin-Charlottenburg aus- und fortgebildet.* Diese beiden Einrichtungen erlangten die Bedeutung einer Polizeiakademie, die nicht nur von den meisten deutschen Ländern, sondern auch von Ausländern in Anspruch genommen wurde.

Das *Polizeiinstitut* wurde das „*Mekka*" der ausländischen Polizeien, die sich hier beraten und einen Teil ihrer Beamtenschaft ausbilden ließen. Angelegt als *Institut für Polizeiwissenschaft* (Der Preußische Minister des Innern, II F. 95 Nr. 71, Berlin, den 30. 1. 1926, Denkschrift über die Errichtung eines Instituts für Polizeiwissenschaft) beweist der Briefinhalt an den Oberregierungsrat *Dr. Hagemann* mit dem Auftrag der Einrichtung und Leitung des Polizeiinstituts vom 7. 1. 1927 eine Modernität und Aktualität auf, die höchsten Ansprüchen genügt.

Auszug: „... Der Preußische Minister des Innern, II F. 95 Nr. 161, Berlin, den 7. 1. 1927, gez. *Grzesinski* (Kanzlei des Preußischen Ministeriums des Innern ... XI. Ich ersuche um Bericht des Leiters des Polizei-Instituts zum 1. 2. 1927 über die Durchführung dieses Erlasses unter Beifügung von Vorschlägen für die weitere Ausgestaltung des Polizei-Instituts im Rahmen der unter I. umrissenen allgemeinen Aufgaben".

Die ehemalige Gendarmerie zum Schutze des flachen Landes wurde in Preußen nach 1918 durch die *staatliche Landjägerei* abgelöst. Sie war, auf die Landkreise verteilt, der Dienstaufsicht durch die Landräte unterstellt und 9.016 Mann stark. Die Landjägerei ergänzte sich aus der Schutzpolizei. *Zwei*

Landjägereischulen betrieben ihre Fortbildung. *In den Regierungsbezirken gab es Landjägerinspektionen, in den Landkreisen gab es Landjägerabteilungen, Landjägerämter und Landjägerposten.*
Auch die *kommunale Polizei* in den mittleren und kleinen Städten ergänzte sich aus der staatlichen Schutzpolizei. In ihrer Organisation und Dienstausübung glich sie sich nach Möglichkeit den Einrichtungen der Schutzpolizei an. Die Polizei in Preußen war insofern eine beamtenrechtliche Einheit.
In den deutschen Ländern der Weimarer Republik war die Polizeiorganisation dem Aufbau der Verwaltungsbehörden gefolgt und hatte aus der Zentral-Instanz (Innenminister), der Provinzial-Instanz (Ober- bzw. Regierungspräsident), der Kreis-Instanz (Landrat) und der Orts-Instanz (Bürgermeister bzw. staatlichen Polizeiverwalter) bestanden. In allen Ortspolizeibehörden oder in Teilen von Ortspolizeibehörden konnte durch den Innenminister die Polizei-Verwaltung ganz oder teilweise besonderen staatlichen Behörden übertragen werden. Die übergeordnete Verwaltungsinstanz hatte Befehlsbefugnis gegenüber ihren nachgeordneten Polizei-Behörden (*Dierske*, Polizeiliche Zuständigkeitsfragen zu Beginn der Bundesrepublik Deutschland, in „Aus Politik und Zeitgeschichte" – Beilage zur Wochenzeitung „Das Parlament" – B 8/71, 20. Februar 1971, S. 19ff., 21).
Hinsichtlich einer effektiven kriminalpolizeilichen Arbeit lag schon dem ersten Reichstage nach 1918 ein Gesetzentwurf über die Errichtung eines Reichskriminalpolizeiamtes und von Landeskriminalbehörden vor, dessen geistiger Vater *Dr. Robert Heindl* war. *Mit Gesetz vom 21. Juli 1922 sollte*, nachdem der Weltkrieg ein Anwachsen der Kriminalität gebracht hatte, *ein Reichskriminalpolizeiamt errichtet werden* (*Hartung*, a. a. O., S. 327). Das neue Amt sollte nicht allein für die Gleichmäßigkeit der Geschäftsführung bei den LKA's sorgen, sondern hatte das Recht, diesen bestimmte Aufträge zu erteilen; es konnte sogar durch eigene Vollzugsbeamte in den Ländern neben und über deren eigenen Behörden Ermittlungen anstellen lassen.
Gleichzeitig wurde die *Einrichtung von Landeskriminalpolizeiämtern angeordnet*, denen die Aufgabe zugewiesen wurde, sowohl die Staatsanwaltschaft und Gerichte bei der Aufdeckung und Aufklärung solcher Straftaten zu unterstützen, die die öffentliche Sicherheit besonders beeinträchtigen, als auch solche Straftaten zu verhüten. Zwar war das Reichskriminalpolizeigesetz vom 21. Juli 1922 angenommen, aber es war noch nicht in Kraft getreten, was aufgrund der politischen Verhältnisse auch nicht so bald zu erwarten war (*Palitzsch*, Die Deutsche Kriminalpolizeiliche Kommission, in Die Polizei Nr. 11/12, Juni 1950, S. 162ff.). Insofern verwundert es, daß es offenbar leichter war, eine internationale kriminalpolizeiliche Zusammenarbeit zustande zu bringen, wie die *erste internationale polizeiliche Konferenz 1923 in Wien* beweist, deren geistiger Vater der Österreicher *Dr. Dressler* war, der durch die Unterstützung des Wiener Polizeipräsidenten *Dr. Schober* seine Ideen zur internationalen Verbrechensbekämpfung insofern seinen europäischen Kollegen vortragen konnte (*Hoeveler*, a. a. O., S. 32ff.). Von deutscher Seite nahmen der damalige Reichskommissar für die öffentliche Ordnung *Kuenzer*, *Dr. Heindl* (München), der Präsident des ersten deutschen Landeskriminalpolizeiamtes,

nämlich des sächsischen aufgrund des Erlasses vom 1. Oktober 1922, *Dr. Palitzsch* (Dresden), der *1925 die Deutsche Kriminalpolizeiliche Kommission* begründete und eine deutsche Polizeikonferenz vorbereitete, teil.
Das erste Landeskriminalamt wurde in *Dresden* für das Land *Sachsen* organisiert und somit dem Gedankengut des Reichskriminalpolizeigesetzes Rechnung getragen. *Württemberg* folgte auf der Grundlage seines Polizeiverwaltungsgesetzes vom 16. Dezember 1921 und endgültig nach Erlaß der Verordnung vom 8. April 1926 dem Beispiel Sachsens. In *Baden* kam der Staatsanwaltschaft gegenüber der Kriminalpolizei eine besondere und einflußreiche Stellung zu. Im übrigen verfügten die großen Städte, an der Spitze *Berlin* und *Hamburg*, über eine gute Kriminalpolizei.
Am 1. Juli 1925 folgte Preußen mit der Einrichtung eines Landeskriminalpolizeiamtes. Die Effektivität der kriminalpolizeilichen Arbeit erfuhr mit der Einrichtung von Landeskriminalpolizeien, die ab 1925 einsetzte, neue Impulse und einen forcierten Ausbau der Karteien, der Verfolgungsstrategien, der Analyse der modi operandi, der Kriminaltechnik, der Verfeinerung der Fahndung. Diese Hilfsmittel kriminalpolizeilicher Aktivität eröffneten neue Möglichkeiten der Aufklärung, die über den ersten Angriff als polizeiliches Ziel weit hinausgingen und die Ermittlungen verselbständigten und erfolgreicher im Endergebnis gestalteten.
Die Zeit der Weimarer Republik bringt auch eine Aufwertung der Arbeit der *Weiblichen Kriminalpolizei*, deren Beamtinnen als Polizeifürsorgerinnen tätig sind. In manchen Städten gehören sie organisatorisch zur Polizei, in anderen zum Wohlfahrtsamt.
Nach *Stuttgart* (1903) berief *München* von 1907-1938 eine Polizeipflegerin zur Fürsorge für die sittlich gefährdeten Frauen und Kinder. Schon die Dienstanweisung von 1915 sah vor, daß die Polizeibeamtinnen „zur Befragung von sittlich gefährdeten oder verletzten Kindern über heikle Dinge herangezogen werden können" (*Beller*, Geschichte der WKP, a. a. O., S. 50ff.). 1923 gab es schon in 61 deutschen Städten Polizeifürsorgerinnen. Das im Jahre 1922 ergangene Gesetz für die Jugendwohlfahrt verpflichtete die Behörden, ihr Augenmerk auf verwahrloste Kinder und Jugendliche zu richten. In Vernehmungsangelegenheiten, die viel Fingerspitzengefühl erfordern, um eine wahrheitsmäßige Aussage von den Heranwachsenden zu bekommen, werden zunehmend die weiblichen Beamtinnen berücksichtigt, wie auch schon 1923 eine entsprechende Bekanntmachung des bayerischen Ministeriums des Innern und der Justiz belegt. Anläßlich der *1925* in *Karlsruhe* stattfindenden *internationalen polizeitechnischen Ausstellung auf Einladung der badischen Regierung*, an der 60 Vertreter der Länder Anhalt, Bayern, Baden, Braunschweig, Hessen, Lippe, Mecklenburg-Schwerin, Mecklenburg-Strelitz, Oldenburg, Preußen, Sachsen, Thüringen, Württemberg, die freien Städte Hamburg, Bremen, Lübeck und Danzig teilnahmen, lassen sich die Tagungsteilnehmer von den Polizeifürsorgerinnen der Stadt Köln ihr Tätigkeitsfeld beschreiben, zumal der Einsatz von Frauen teilweise sehr zweckmäßig erscheint. Dieses Kolloquium ist mitentscheidend dafür, daß schon 1926 der preußische Innenminister den Leitern der Polizei anheim stellt, Beamtinnen einzustellen. Diesem

Beispiel schlossen sich die Länder Baden, Sachsen, Hamburg an. Damit war offiziell die Arbeit der Weiblichen Kriminalpolizei und ihre Daseinsberechtigung anerkannt.

Durch die sogenannte „*Emminger VO*" *vom 4. Januar 1924* (*Wenzel*, a.a.O., S. 97; RGBl I, S. 15), die unter dem Gesichtspunkt der Vereinfachung der Strafrechtspflege wichtige Änderungen der Strafgerichtsverfassung und des Strafverfahrens bringt, wird die Stellung der Polizei zwar nicht verändert, ihr aber mit der Neufassung des § 353 Absatz 1 StPO, nach der bei sogenannten Bagatellsachen die Verfolgungspflicht aufgehoben wird, ebenso wie der Staatsanwaltschaft eingeräumt, bei Übertretungen von der Strafverfolgung abzusehen, wenn die Schuld des Täters gering ist und die Folgen der Tat unbedeutend sind.

Begünstigt durch den Fortschritt der Kriminaltechnik und der kriminalen Hilfswissenschaften war die Polizei nunmehr weit über den Rahmen hinausgewachsen, den sie beim Inkrafttreten der RStPO zugewiesen bekommen hatte. Entscheidend ist aber auch die Tatsache, daß die nunmehr parlamentarisch funktionierende Demokratie als Staatsform, ein Novum auf deutschem Boden, sich zwar in vielen Bereichen staatlichen Lebens durchsetzen kann und nach 1945 wiederbelebt wird, andererseits aber die Wurzeln tradierter militärischer Umgangsformen und ein ausgeprägtes Privilegiendenken das tägliche Leben im Miteinander bestimmen. Angetreten mit dem Anspruch, die Demokratie transparent und sichtbar zu machen, sollte auch die Institution Polizei in ihrem Erscheinungsbild alle Gruppierungen der Gesellschaft in sich aufnehmen und widerspiegeln. Die Zeit der Weimarer Republik war aber zu kurz, um dieses erfolgversprechende Konzept langfristig durchzuhalten. Rechtsstaatlich durchgebildete Grundlagen polizeilichen Handelns nahmen der Polizei den Willkürcharakter früherer Epochen, aber die militärische Ausbildung der Polizei stand im Widerspruch zu dem neuen Programm der Bürgernähe. Dieser Widerspruch zeigt sich auch authentisch in den Aussagen von zwei mit der Polizeiausbildung befaßten Polizeilehrern. So schreibt etwa *Schmidt-Hern* (in: Die Geschichte der Polizeischule Münster, a.a.O., S. 34ff.(34)), daß nur eine Schutzpolizei, welche straff diszipliniert sei, Daseinsberechtigung habe. Diesen hohen Anforderungen könne nur durch restlose Hingabe an den Dienst, straffste Unterordnung unter die Vorgesetzten und festen inneren Zusammenhalt des Beamtenkörpers entsprochen werden. Habe der Polizeilehrer diese Leitsätze bei allen Ausbildungs- und Erziehungsmaßnahmen stets im Auge, wobei auf die Erziehung der Hauptton zu legen sei, dann werde der Erfolg nicht versagt bleiben. *Degenhardt* (in: Die Geschichte der Polizeischule Münster, a.a.o., S. 52ff.(53)) hingegen ist der Meinung hinsichtlich der Ausbildung, daß der Polizeibeamte, der Schützer von Recht und Ordnung, in einem besonderen Treueverhältnis zum Staate stehe, zur deutschen demokratischen Republik, deren Bestand gegebenenfalls mit Leib und Leben zu schützen er sich verpflichtet habe, die im Sinne und Geiste der Verfassung weiterzuentwickeln ihm persönliche Aufgabe sein solle. Das Wesen dieses unseres Staates solle der Polizeischüler aus seinem Werden und aus seiner sozialen Struktur erfassen lernen, erfassen mit dem Geist und

mit dem Herzen. Beide hier wiedergegebenen Ansichten sind symptomatisch für den Interessenkonflikt in der Polizei dieser mit Aufgaben und Konfliktsituationen überhäuften Zeitetappe der Weimarer Republik.
Das Polizeirecht erfuhr neue Impulse von *Drews*, nach dessen Überzeugung jedes polizeiliche Einschreiten bei Störung der öffentlichen Ruhe, Sicherheit und Ordnung für zulässig erklärt werden solle, weil damit gleichzeitig eine Gefahr verbunden sei. Rechts- und Ordnungsnormen dienten der Erfüllung des höchsten Staatszweckes, den Bürgern ein gesichertes und geordnetes Zusammen- und Einzelleben zu gewährleisten; jede Verletzung der Rechts- und Ordnungsnormen stelle ohne weiteres eine Gefährdung dieses Staatszweckes, als eine Gefahr für die im Staate verkörperte Gesamtheit dar, die in diesem Falle das zu schützende Subjekt bilde.
Differenziert wurde der Begriff der Gefahrenabwehr durch die Polizeibehörden von *Klausener-Kerstiens-Kemper* gesehen, die der Ansicht waren, die Worte „Gefahren abzuwenden, durch die die öffentliche Sicherheit und Ordnung gestört werden", sei nicht schlüssig; denn die Gefahren würden nicht stören, sondern sie würden zu stören drohen, wobei niemals verkannt werden dürfte, daß es keinen ungeheureren Eingriff in die Rechtssphäre des einzelnen gebe als die Eingriffe der Polizei, der man schlechthin wehrlos ausgeliefert sei. Diese Überlegungen wurden Grundlage des *Preußischen Polizeiverwaltungsgesetzes vom 1. Juni 1931*, dessen *§ 14 als Generalklausel* des Polizeieinsatzes *bis weit nach 1945 in verschiedenen Bundesländern* gelten sollte und insoweit konsequent die Auftragsbestimmung der Gefahrenabwehr des § 10 II 17 ALR kontinuierlich fortsetzte und damit neuerdings konkretisiert gesetzlich vorschrieb. Sie lautete nach *§ 14 Abs. 1 PVG* (Preußisches Polizeiverwaltungsgesetz vom 1. 6. 1931, Preußische Gesetzessammlung, S. 77):

„Die Polizeibehörden haben im Rahmen der geltenden Gesetze die nach pflichtgemäßem Ermessen notwendigen Maßnahmen zu treffen, um von der Allgemeinheit oder dem einzelnen Gefahren abzuwehren, durch die die öffentliche Sicherheit oder Ordnung bedroht wird."

Unter Maßnahmen im Sinne des § 14 PVG verstand man die *Polizeiverordnungen* gemäß §§ 24 ff. PVG und die *polizeilichen Verfügungen* nach §§ 40 ff. PVG. In den Ausführungsbestimmungen zu § 24 PVG heißt es, daß Polizeiverordnungen nur in unabweisbar notwendigen Fällen zu erlassen sind. Dabei ist insbesondere zu prüfen, ob bereits einschlägige Bestimmungen in Gesetzen oder Verordnungen der vorgesetzten Behörde vorhanden sind sowie ob es sich um Polizeiverordnungen handelt, deren Übertretung in Gesetzen mit krimineller Strafe bedroht ist oder nicht. Sachlich zusammenhängende oder miteinander verwandte Gebiete sind durch einheitliche Polizeiverordnungen zu regeln, wobei auf eine bestimmte, sorgfältige und allgemein verständliche Fassung derselben besonders Bedacht zu nehmen ist. Die Landräte und Ortspolizeibehörden haben die von ihnen beabsichtigten Polizeiverordnungen im Entwurf dem Regierungspräsidenten vorzulegen, die der Polizeiaufsicht der Landräte unterstellten Ortspolizeibehörden durch die Hand der Landräte. Die Regierungspräsidenten prüfen, ob die Bestimmungen im

vorgenannten Sinne, insbesondere auch die Ausführungsbestimmungen zu den §§33 und 34 PVG beachtet sind. Weiterhin prüfen sie, ob sich eine einheitliche Regelung für den ganzen Regierungsbezirk oder für die Provinz nach Anhörung der übrigen Polizeibehörden, soweit erforderlich, empfiehlt.
Die *Polizeibehörden* im Sinne des §2 PVG sind:
a) die *Landespolizeibehörden*,
b) die *Kreispolizeibehörden*,
c) die *Ortspolizeibehörden* (§2 Abs. 1 PVG).
Sonderpolizeibehörden sind alle übrigen Polizeibehörden (§2 Abs. 2 PVG). Die Ausführungsbestimmungen zu §2 PVG lauten:

1. die auf Grund des §6 oder des §77 bestehenden staatlichen Polizeibehörden: „Der Polizeipräsident in ... (Der Polizeidirektor in ...)". Bei staatlichen Polizeibehörden mit Polizeiämtern führen die Polizeiämter im inneren Verkehr die Bezeichnung: „Der Leiter des Polizeiamts ...", im übrigen führen die Polizeiämter die Bezeichnung: „Der Polizeipräsident in ... Polizeiamt ...".
2. Die Landräte in Hannover und Helgoland und die Distriktskommissare führen die ihrem Amte entsprechende Bezeichnung.
3. Die übrigen Ortspolizeibehörden führen die Bezeichnung „Der Bürgermeister (Oberbürgermeister, 1. Bürgermeister, Bürgermeister des Amtes ..., Amtsvorsteher) als Ortspolizeibehörde". Ist gemäß den Ausführungsbestimmungen zu §3 Ziffer 1 ein Ersatzpolizeiverwalter bestellt, so führt dieser die Bezeichnung „Die Ortspolizeibehörde in ...".

Polizeiliche Verfügungen dagegen *sind Anordnungen der Polizeibehörden* im Sinne des §2 PVG, die an bestimmte Personen oder an einen bestimmten Personenkreis ergehen und ein Gebot oder Verbot oder die Versagung, Einschränkung oder Zurücknahme einer rechtlich vorgesehenen polizeilichen Erlaubnis oder Bescheinigung enthalten (§40 Abs. 1 PVG). Polizeiliche Verfügungen sind, sofern sie nicht auf Grund einer Polizeiverordnung oder eines besonderen Gesetzes erlassen werden, *nur gültig*, soweit sie zur Beseitigung einer Störung der öffentlichen Sicherheit oder Ordnung oder zur Abwehr einer im einzelnen Falle bevorstehenden Gefahr für die öffentliche Sicherheit oder Ordnung erforderlich sind (§41 Absatz 1 PVG). Kommen zur Beseitigung einer Störung der öffentlichen Sicherheit oder Ordnung oder zur wirksamen Abwehr einer polizeilichen Gefahr mehrere Mittel in Frage, so genügt es, wenn die Polizeibehörde eines dieser Mittel bestimmt. Dabei ist tunlichst das den Betroffenen und die Allgemeinheit am wenigsten beeinträchtigende Mittel zu wählen. Dem Betroffenen ist auf Antrag zu gestatten, ein von ihm angebotenes anderes Mittel anzuwenden, durch das die Gefahr ebenso wirksam abgewehrt wird (§41 Abs. 2 Satz 1 PVG). Polizeiverordnungen wie auch Polizeiverfügungen dürfen nicht lediglich den Zweck haben, den Polizeibehörden die ihnen obliegende Aufsicht zu erleichtern (§§31 Abs. 1, 41 Absatz 3 PVG). Der Begriff der öffentlichen Ordnung umfaßt auch die Sorge für die Leichtigkeit des Verkehrs. Die Worte im §14 PVG „nach pflichtgemäßem Ermessen" schließen jede Willkür der Polizeibehörden aus, und zwar sowohl bei einem Tätigwerden wie bei einem Nichttätigwerden. Aus der Stellung dieser Worte vor dem Wort „notwendigen" ergibt sich, daß die Polizeibehörden gehalten sein sollen, wenn die Voraussetzungen des §14 PVG vorliegen, tätig zu werden. Hinsichtlich der Wahl der Mittel sollen sie insofern frei sein, als eine Amtspflichtverletzung wegen Unterlassung nicht schon dann gegeben sein soll, wenn sie jeweils nicht das objektiv sicherste Mittel zur Beseitigung der Gefahr oder Störung anordnen, sondern daß es genügt, wenn sie je nach dem Grade ihrer Kenntnis der Gefahr oder Störung ein für die Beseitigung objektiv in Frage kommendes Mittel anwenden. Grundsätzlich haben die Polizeibehörden die Maßnahmen, die durch das *polizeiwidrige Verhalten von Personen* oder den *polizeiwidrigen Zustand von Sachen* erforderlich werden, gegen diejenigen zu richten, die für das polizeimäßige Verhalten oder den polizeimäßigen Zustand verantwortlich (*polizeipflichtig*) sind (§18 PVG), zumal für den polizeimäßigen Zustand einer Sache deren Eigentümer verantwortlich ist (§20 Absatz 1 PVG) bzw. derjenige, der die tatsächliche Gefahr über eine Sache ausübt, neben dem Eigentümer verantwortlich ist, wenn er die tatsächliche Gewalt gegen den Willen des Eigentümers ausübt oder auf einen im Einverständnis mit dem Eigentümer schriftlich oder protokollarisch gestellten Antrag von der zuständigen Polizeibehörde als allein polizeipflichtig anerkannt ist (§20 Absatz 2 PVG). Polizeiliche Verfügungen, um diesem Zustand oder Verhalten abzuhelfen, können mündlich, schriftlich oder durch Zeichen erlassen werden, wobei die unmittelbare Ausführung einer polizeilichen Maßnahme dem Erlaß einer polizeilichen Verfügung gleichsteht (§ 44 Abatz 1 PVG), die, schriftlich erlassen, bei ihrem Erlasse schriftlich zu begründen ist (§44 Absatz 2 PVG). Die Befolgung einer polizeilichen Verfügung kann durch die Anwendung eines Zwangsmittels, das aber zuvor angedroht sein muß, gegenüber dem Adressaten erreicht werden, dessen Androhung außer bei Gefahr im Verzug schriftlich zu erfolgen hat (§§44 Absatz 1 Satz 2, 55 Absatz 1 Satz 1, Absatz 2 Satz 1 und 2 PVG). Die Ausführungsbestimmungen zu §55 PVG besagen:

Der unmittelbare Zwang umfaßt

1. die *einfache körperliche Gewalt*,
2. die *Anwendung von Hilfsmitteln der körperlichen Gewalt*,
3. die *Anwendung von Waffen*, und zwar
   a) von Hieb- und Stoßwaffen,
   b) von Schußwaffen bzw. Explosivmitteln.

Zu 1: Die einfache körperliche Gewalt umfaßt jede körperliche Einwirkung auf Personen oder Sachen, wie z.B. Handauflegen, Wegführen einer Person am Arm, Wegtragen einer Sache.

Zu 2: Zu den Hilfsmitteln der körperlichen Gewalt gehören Polizeigriffe, Boxen, die Anwendung von Knebeln und Fesseln, die Benutzung von Wasserspritzen und ähnliche Hilfsmittel sowie die Verwendung von Diensthunden und Dienstpferden.

Zu 3a: Hiebwaffe im Sinne dieser Grundsätze ist der Polizeiknüppel, Hieb- und Stoßwaffe das Polizeiseitengewehr (Säbel).

Zu 3b: Schußwaffen bzw. Explosivmittel sind: Pistole, Karabiner, Revolver, Maschinenpistole, Maschinengewehr, Handgranate, Gasgerät und sonstige von der Polizeiaufsichtsbehörde zugelassene Waffen. Nach dem Grundsatz der Verhältnismäßigkeit sollen diese Mittel zum Zuge kommen, wenn die polizeilichen Ziele nicht anders erreicht werden können.

Diese Bestimmungen zeigen, daß das *Polizeiverwaltungsgesetz vom 1. Juni 1931 und die Ausführungsbestimmungen dazu vom 1. Oktober 1931 in der Fassung des Erlasses vom 19. September 1932* das polizeiliche Tätigwerden im Zuge des Gefahrenabwehrauftrages rechtsstaatlich modern fixieren. Von der Kreuzbergentscheidung führt eine gerade Linie zum Preußischen Polizeiverwaltungsgesetz vom 1.06.1931, das sich in seinem § 14 eng an die Formulierung des § 10 II 17 ALR anlehnte und dessen Sinn es sein sollte, die durch jahrzehntelange höchstrichterliche Rechtsprechung gefestigten Grundsätze festzulegen. Dieses Gesetz formulierte in § 14 Abs. 1 PVG die klassische, für alle späteren Polizeigesetze bis heute vorbildgebende *Generalklausel*, in der die Hauptaufgabe der Polizei umrissen ist. Zahlreiche Regelungen, z. B. zur Polizeiverfügung und zum Rechtsschutz, sind wesentliche Bestandteile des allgemeinen Verwaltungsrechts geworden. Für das gesamte preußische Staatsgebiet brachte dieses Gesetz eine einheitliche, gesetzlich definierte und überhaupt eine umfassende Kodifikation des allgemeinen Polizeirechts in materieller, verfahrensmäßiger und organisatorischer Hinsicht. Der § 14 PVG erfüllte schließlich die Minimalforderung der Theoretiker des Rechtsstaates und machte die polizeiliche Generalklausel als Eingriffsermächtigung zu einer konstitutionellen Norm (*Wagner*, a. a. O., S. 43).

Neben *Preußen* kam es zu Kodifikationen des Polizeirechts in *Thüringen, Mecklenburg-Strelitz* und *Lippe-Detmold.* In Thüringen fand das Recht der ehemaligen Thüringischen Bundesstaaten über die Befugnisse zur Ausübung der Polizeigewalt zwar einige Ergänzungen durch Notgesetze und Verordnungen (z. B. „Gesetz über das polizeiliche Verordnungsrecht und die Zwangsbefugnisse der Thüringischen Ministerien" vom 9. 2. 1922; „Notgesetz über die Verwaltungspolizei" vom 27. 3. 1924), es blieb aber weiterhin in Kraft. Die in § 12 der Gemeinde- und Kreisordnung für Thüringen vom 20. 7. 1922 angekündigte „endgültige Regelung der polizeilichen Befugnisse" erfolgte erst mit *Erlaß der Landesverwaltungsordnung für Thüringen (LVO) vom 10. 6. 1926.* In ihren §§ 32 und 33 enthält sie die polizeiliche Generalermächtigung, wobei § 32 LVO die allgemeine Aufgabenstellung für die Polizei festlegt und § 33 LVO die Befugnisse aufführt, die ihr die Durchführung dieser Aufgaben ermöglichen sollen (*Elle*, a. a. O., S. 28 f.).

§ 32 LVO Thüringen (Landesverwaltungsordnung für den Freistaat Thüringen vom 10. 6. 1926, Gesetzessammlung für Thüringen, S. 177) lautete:

> „Die Verwaltung hat als Polizei die Aufgabe, der Gesamtheit oder dem einzelnen bevorstehende Gefahren abzuwenden, durch die die öffentliche Ruhe, Sicherheit oder Ordnung gestört wird."

Das thüringische Recht versteht folglich unter jeder staatlichen Verwaltungsbehörde in der Funktion als „Polizei" eine erhebliche Ausdehnung des Geltungsbereiches des materiellen Polizeirechtes. In ihrem Geschäftsbereich hat sie somit in Thüringen die Aufgabe der Gefahrenabwehr und im Sinne des § 33 Absatz 1 LVO Thüringen die Befugnis, in ihrer Ausübung „alle nötigen Maßregeln" zu treffen. Auch die für *Mecklenburg-Strelitz* und *Lippe* erlassenen *Polizeiverwaltungsgesetze vom 8. 3. 1930* bzw. vom *4. 4. 1930* enthalten die polizeiliche Generalermächtigung. So heißt es im *§ 1 PVG Mecklenburg-Strelitz* (Polizeiverwaltungsgesetz für Mecklenburg-Strelitz vom 8.3.1930, Mecklenburg-Strelitzer Amtlicher Anzeiger, S. 79):

„Die allgemeine Aufgabe der Polizei umfaßt:
a) die nötigen Maßnahmen zur Erhaltung der öffentlichen Ruhe, Ordnung und Sicherheit und
b) die Anwendung bevorstehender und die Beseitigung eingetretener Gefahren für die Allgemeinheit oder den einzelnen."

Dagegen besagt *§ 1 PVG Lippe* (Lippische Gesetzes-Sammlung, S. 143):

„Die nötigen Anstalten zur Aufrechterhaltung der öffentlichen Ruhe, Sicherheit und Ordnung und zur Abwehr der der Gesamtheit oder ihren einzelnen Mitgliedern bevorstehenden Gefahren zu treffen, ist die Aufgabe der Polizei. Daneben hat sie diejenigen Aufgaben zu erfüllen, die ihr durch Gesetz besonders übertragen sind. Die Polizei ist berechtigt, nach freiem Ermessen zur Erfüllung ihrer Aufgaben alle notwendigen Maßnahmen zu treffen, soweit nicht Gesetze entgegenstehen."

Einen auffälligen Unterschied in der Formulierung der polizeilichen Befugnisse weist § 1 Abs. 2 PVG Lippe gegenüber anderen Generalermächtigungen auf. Das Ermessen der Polizei wird in ihm als „freies" Ermessen deklariert, während es nach § 14 Pr. PVG ein „pflichtgemäßes" ist und in anderen Gesetzestexten dieser Begriff überhaupt fehlt.
Aus den in *Bayern* (vom 26.12.1871, GBl. 1871/72, Spalte 9), *Württemberg* (vom 27.12.1871, RegBl., S. 391) und *Baden* (vom 31.10.1863, RegBl., S. 439) geltenden Polizeistrafgesetzbüchern mit ihren Spezialtatbeständen leitete *Nawiasky* für diese Länder sein sog. „*Süddeutsches System*" ab, wonach jede polizeiliche Maßnahme in Süddeutschland auf eine „besondere gesetzliche Vollmacht gestützt werden muß" (Nawiasky, a.a.O., S. 385 ff. (388)).
In *Bayern* hatte durch die bayerische Verfassung von 1919 die Kommunalgesetzgebung mit dem Übergang der Staatsgewalt auf das Volk Auftrieb erhalten, wodurch die Gemeindeordnung und das Polizeistrafgesetzbuch geändert wurden. Diese Änderungen betrafen ausschließlich die Polizeigewalt in den Gemeinden, indem die Handhabungen der Ortspolizei in der Gemeindeordnung von 1927 durch die Artikel 50-52 abschließend geregelt wurden. *Art. 51 Abs. 2 S. 1 der Bayerischen Gemeindeordnung vom 17. Oktober 1927* bestimmt:

„Den Gemeinden obliegt die Sorge für die öffentliche Ruhe, Sicherheit und Ordnung und der Vollzug der die Polizei betreffenden Gesetze und Vorschriften im Gemeindebezirk, soweit die Gesetze nichts anderes bestimmen (Ortspolizei)".

Die besonderen Vorschriften über die Handhabung der Polizei in den kreisunmittelbaren Gemeinden enthielten die Artikel 54 und 55.
Damit oblag den Gemeinden die Sorge für die öffentliche Ruhe, Ordnung und Sicherheit und der Vollzug der die Polizei betreffenden Gesetze und Vorschriften im Gemeindebereich, soweit die Gesetze nichts anderes bestimmten (Ortspolizei).
Die zuständigen Staatsbehörden hatten das Recht, die Handhabung der

Ortspolizei zu überwachen und den Gemeinden die nötigen Weisungen zu erteilen (Art. 51 Abs. 1 GO 1927).
Neues materielles Polizeirecht war aber durch die Gemeindeordnung von 1927 damit nicht gegeben, zumal diese Grundsätze an das bestehende Polizeirecht anknüpften, ohne daß hierin eine Generalermächtigung der Ortspolizei zu Rechtseingriffen zu sehen war. In Art. 9 der Weimarer Reichsverfassung vom 11.08.1919 war bestimmt:

„Soweit ein *Bedürfnis* für den Erlaß einheitlicher Vorschriften vorhanden ist, hat das Reich die Gesetzgebung über
1. die Wohlfahrtspflege,
2. den Schutz der öffentlichen Ordnung und Sicherheit."

Das Reich hatte jedoch kaum von dieser Möglichkeit Gebrauch gemacht. Dies lag auch daran, daß es sehr schwierig war, eine Gesetzesvorlage einzubringen, denn der Reichsrat hätte zustimmen müssen (Art. 69 WRV). So verblieb die Polizeigewalt hauptsächlich bei den Ländern und hier wiederum gab es auch die Handhabung der Polizeigewalt in den Gemeinden.
Ein Blick in die Welt der Literaten macht auf den sozialkritischen Schriftsteller *Hans Fallada* aufmerksam, der in einer Vielzahl von Werken die Arbeit und das Ansehen der Polizei beschreibt. In seinem Buch „Kleiner Mann – was nun?" zeichnet er das Bild eines unverständigen Schupos, der den arbeitslosen Angestellten *Pinneberg*, der sich die Auslagen eines Lebensmittelladens ansieht, zum Weitergehen durch Drohen mit dem Gummiknüppel und den Worten „Soll ich dir Beine machen?" nötigt. Die Erkenntnis des *Pinneberg*, daß Armut nicht nur Elend, Armut auch strafwürdig, Armut ein Makel, Armut Verdacht heiße und sei, wird durch das Gebaren des Polizeibeamten konkludent versinnbildlicht und ist ein Ausdruck der wirtschaftlichen Not und Hilflosigkeit. Das Werk „Wer einmal aus dem Blechnapf frißt" schildert eine Szene, wo ein Kriminalbeamter mit viel Erfolg seinen Fall „*Kufalt*" abschließt, indem er, mit dem Täter aufgrund früherer Ermittlungen und seines modus operandi vertraut, resultativ bei dessen Ankunft daheim diesen mit den Worten empfängt: „Na, also, *Kufalt*, habe ich Ihnen nicht versprochen, daß ich Sie wiederfinde?!" Und zu einem andern von der Schmiere, der dahinter steht: „Sehen Sie gleich nach in der Wohnung, ob er nicht auch da noch Geschichten gemacht hat". Und wieder zu *Kufalt*: „Na, wie ist Ihnen denn so? Nicht sehr erfreut, was?" Das Buch „Wolf unter Wölfen" bildet eine Fülle der Schilderung polizeilicher Arbeit, die äußerst sachkundig wiedergegeben wird, so daß fast der Eindruck gewonnen wird, daß *Fallada* als „Polizist" schreibe. Imponierend ist jedenfalls seine Detailkenntnis polizeilicher Routinearbeit und der anfallenden Formalismen. In „Wolf unter Wölfen" erzählt *Fallada* von der Arbeitsweise der *Berliner Polizei im Polizeipräsidium Alexanderplatz*. Auch *Döblin* beschreibt 1929 in seinem wohl in der deutschen Literatur bedeutendsten Großstadtroman „Berlin Alexanderplatz" die Arbeit der Berliner Polizei. Das Kapitel „Am Alexanderplatz steht das Polizeipräsidium" informiert den Leser über den Rummel einer Großstadtpolizei und den großen Arbeitsanfall für die Beamten, deren Dienst teilweise auch sehr gefährlich ist.

In seinem Werk „Bauern, Bonzen und Bomben" zeigt *Fallada* das überharte Eingreifen der Polizei durch Fehleinschätzung der Situation und das Fehlverhalten in der taktischen Leitung durch den Polizeioberinspektor *Bracker* anläßlich einer Demonstration der Bauern 1929 in Neumünster, dessen gerichtliches Nachspiel *Fallada* als Berichterstatter beim Landvolkprozeß in Neumünster erlebte. Auch der „Holsteinische Courier" in Neumünster berichtete ausführlich über die Vorkommnisse während dieser Demonstration in seiner Ausgabe vom 2. August 1929. Der Gutachter des Prozesses, der Polizeimajor a. D. *Behnecke*, im Roman Falladas mit dem Namen *Schadewald* versehen, erklärt dem Gericht, wie sich ein Polizeieinsatz abzuwickeln habe, wenn es darum gehe, ein provozierendes Symbol aus seiner einherspazierenden Demonstrantenmenge zu entfernen, ohne daß es zu Eskalationen kommen könne, indem man den Symbolträger vom Zug isoliere, ohne auf das Marschtempo der Demonstranten einzuwirken.

Kein anderer aber als der Reichs- und Staatsminister Dr. h. c. *Carl Severing*, der Verfechter des Bildes einer *bürgerfreundlichen Polizei*, dessen Lebenswerk erst in der Polizeigeschichte und Organisation der Polizei in der Bundesrepublik Deutschland nach 1945 eine seinem Aussagewert entsprechende Würdigung fand, war als hautenger Betrachter am Schalthebel der Innenpolitik geeignet, seine Erfahrungswerte mitzuteilen. *Severing*, selbst ein *Objekt der Polizei* gewesen, als Anarchist hartnäckig von der *Bielefelder Polizei* im Jahre 1898 fixiert, als „Atheist" durch den vernehmenden Kommissar *Lehmann* ungerechtfertigter Beleidigungen ausgesetzt, erkennungsdienstlich trotz Schuldlosigkeit erfaßt, gewissermaßen stigmatisiert durch Behördenwillkür, hat der Weimarer Republik einen gewissen Grad von Stabilität der Staatsgewalt vermittelt, da auch die wechselnden Kabinette Ausdruck der unruhigen Zeit waren.

Der Studentensingsang: „Alle Ringe rollen, alle Ringe rollen – nur der kleine Severing nicht ..." kennzeichnete in seiner „ABC-Schützen-Einfachheit", die *Severing* beklagt, zutreffend die politische Lage. Die Rede Severings am 26. April 1949 in der Polizeischule Münster ist ein lebendiger Beweis für die Sorgen und Nöte der Polizei in den vielfältigen Auseinandersetzungen und Aufgaben zur Zeit der Weimarer Republik (*Severing*, Mein Lebensweg, Band I, a. a. O., S. 74/75; Band II, a. a. O., S. 269; Landes-Polizeischule „*Carl Severing*" Münster, a. a. O., S. 121 ff.).

Die Lehren aus „Weimar" für die Polizei zu ziehen, ist ein schwieriges Unterfangen, zumal die totale politische Zerrissenheit Deutschlands zu Extremsituationen führte. So ist leider vielen nicht mehr bewußt, daß z. B. *Bayern* einen eigenen *Grenzschutz* an der Landesgrenze zu Thüringen aufstellte, um ein Übergreifen größerer kommunistischer Aktionen nach Bayern zu verhindern! Die moralische Wirkung des *bayerischen Grenzschutzes nach Thüringen* hinein ist außerordentlich stark gewesen. Ganz offensichtlich war trotz der erheblichen Stärke und Aktivität der roten Verbände in Thüringen deren Moral geringer als die der Gegenseite (ausführlich: *Erdmann*, Coburg, Bayern und das Reich – 1918-1923 –, Coburg 1969, S. 148).

Oder etwa der *19. März 1920 am Wasserturm von Essen*, wo Einheiten der Sicherheitspolizei vor der „*Roten Armee*" *im Ruhrgebiet* kapitulieren mußten und nach erfolgter Kapitulation *erschlagen* wurden! Und wir haben es einmal erlebt, 1921 bei der Niederschlagung des *Hölz-Aufstandes in Mitteldeutschland*, wo eine Abteilung Artillerie eingesetzt wurde, daß mit dem „Hunderttausend-Mann-Heer" bei der Bekämpfung der Unruhen dieselben üblen Erfahrungen gemacht wurden wie bei den Freikorps 1919-1921. Die Landsknechtsnatur ließ sich nicht herausbringen. Und die Reichswehr hätte wohl nicht genügt, aus dem eingesetzten Soldaten einen Mann zu machen, der nicht mit der Schußwaffe, sondern mit den Gaben der Menschlichkeit auf die Bürger wirken konnte. Die Interalliierten haben die Aufstellung der Sicherheitspolizei reichlich verleidet. Schon 1920 stellten sie ultimative Aufforderungen, diese Sicherheitspolizei umzuwandeln in eine Truppe, die man im Ernst als eine Polizeitruppe ansprechen konnte. Die Lehre daraus:
„Solange es noch Landsknechtsnaturen gibt, solange müssen wir uns darauf gefaßt machen, daß sich solche Gruppen und Kreise mit Waffen versehen. Da dürfen wir es nicht riskieren, gegen sie Polizeibeamte zu schicken, die im Winter mit Schneebällen und im Sommer mit Flitzbogen schießen!"
Die Schutzmannschaften, aus Militärkreisen rekrutiert, befehligt von Offizieren der alten Armee, in den Kasernen erzogen, auf dem Kasernenhof gedrillt, brachten in die Polizei auch den Kasernenhofton, nicht nur in Fragen der Erziehung, sondern auch im Umgang mit dem Publikum. Und es war kein Wunder, daß sich mit der Zeit der Kredit der Angehörigen dieser Schutzmannschaften in den Städten der Gefahrenzonen erheblich senkte. *Damals entstand die Bitte: „wir möchten Schutz vor den Schutzleuten"*. Da entstand das Zerrbild des Polizeibeamten, der *Bürgerschreck*! Doch bald korrigierte die Bevölkerung ihre Ansicht.
Ein lebendiges Beispiel ist das Leitmotiv der Polizeiausstellung 1926 mit dem Wortlaut: „*Bitte, treten Sie näher!*" in Abwandlung des geflügelten Wortes des ehemaligen Berliner Polizeipräsidenten *von Jagow*: „Ich warne Neugierige!". Anläßlich dieser Ausstellung hatte der Polizeipräsident von Berlin wieder den üblichen *Höflichkeitserlaß* herausgegeben, in dem die Polizeibeamten aller Sparten angewiesen wurden, gegen jedermann so höflich wie nur möglich zu sein. Für diesen Erlaß hatte nun ein Berliner Maler, der sonst für Zeitschriften zu arbeiten und Karikaturen zu zeichnen pflegte, eine besondere Art der Verknüpfung gefunden. Er erläuterte den Erlaß nicht mit mahnenden Worten, sondern mit 3 Wandbildern, in denen er den Betrachter ansprach und ihm in echtem Berliner Jargon seine Meinung sagte. Das 1. Bild stellt die Weidendammer Brücke in den frühen Morgenstunden dar. Die Straße war leer von Fahrzeugen und Fußgängern, nur im Hintergrund war am Oranienburger Tor ein Schutzmann mit blinkendem Tschakostern zu erkennen, während an der Brüstung der Brücke ein Betrunkener lehnte und munter in den fließenden Kanal opferte. (Ein Text war zu diesem Bilde nicht vorhanden.) Das 2. Bild zeigte, daß der Schutzmann zu dem Betrunkenen herangekommen war, ihn mit seinem Arm brüderlich umfaßte und die väterlichen Worte sprach: „Mein Herr, Ihnen ist augenscheinlich nicht ganz wohl." Das

3. Bild ließ erkennen, daß der Betrunkene den Schutzmann hinter sich sah, sich nach ihm umdrehte und auf seine väterlichen Worte in Berliner Jargon wie folgt antwortete: „Herr Wachtmeester, det Sie bei ihrem scharfen Kuck noch nicht Polizei-Präsident jeworden sind, det ist ene himmelschreiende Unjerechtigkeit." Diese bildlichen Darstellungen mit den Berliner Redensarten zogen viele Besucher der Ausstellung an. Alle freuten sich über den Witz anstelle der sonst üblichen Amtssprache. Der Zweck war also erfüllt (*Riege*, Aus meinem Leben, Buxtehude, Dezember 1975, S. 21 f.)!
Der Polizeibeamte muß jederzeit in der Lage sein, auf der Straße den Einzeldienst zu verrichten, als Helfer der Armen, Schwachen und Bedrückten. Er muß aber auch den Verbrechern nachspüren können.
Es wurde geschafft, aber nur dadurch, daß die Polizei in engste Gemeinschaft mit dem Volke und besonders der Arbeiterschaft gebracht wurde.
1922-1925 stand die Polizei der Weimarer Republik. Der Minister, der neben dem *Innenminister* am meisten dazu beitragen kann, das Land in Ruhe und Ordnung zu halten, das ist der *Ernährungs-(Wirtschaftsminister)*. Und je mehr die wirtschaftlichen Verhältnisse stabilisiert sind, je weniger Arbeitslose es gibt, um so leichter wird die Aufgabe der Polizei sein!
Abgesehen von der Organisation und Bewaffnung: *Im Mittelpunkt der polizeilichen Tätigkeit steht der Mensch*! Es ist heute kein Zweifel mehr, daß ein einzelner, guterzogener Polizeibeamter oftmals mehr auszurichten vermag, als ein Zug bewaffneter Polizeileute. Er muß natürlich über die Vorschriften unterrichtet sein, er muß ihren Geist kennen. Aber *es gehört ein Herz dazu, ein Einfühlungsvermögen in die Psyche der Bevölkerung, es gehört menschliches Verstehen auch für die Schwäche der anderen dazu*. Natürlich, wo Gesetzesübertretungen erfolgen, sollen sie gemeldet werden. Aber wir müssen es unseren Polizeibeamten auch beibringen, daß *Bagatellen als Bagatellen behandelt* werden und daß man daraus keine Staatsaktion machen soll.
Es kommt darauf an, den Polizeibeamten zu einem guten Staatsbürger zu erziehen. Nur der Polizeibeamte kann eine Demokratie schützen, der selbst von der Nützlichkeit und Notwendigkeit der Demokratie überzeugt ist.
Dabei darf keine *parteipolitische Schablone* genommen werden. Wir wollen nur eine ehrliche demokratische Überzeugung in der Lebenshaltung und im politischen Bekenntnis. Wie sich der Polizist im einzelnen politisch orientiert, das ist gleichgültig! Er soll nur die Gesetze, die zu schützen er verpflichtet ist, *selbst beachten*!

Wenn wir den Polizeibeamten in diesem Geiste erziehen, wenn wir ihn nicht nur mit den notwendigen Gesetzeskenntnissen versehen, wenn wir ihn auch nach seiner charakterlichen Seite prüfen und jeden ausmerzen, der nicht zum Hüter des Wohles des Volkes taugt, wenn wir eine Elite heranzüchten, dann haben wir uns den Arm geschaffen, den der Staatsbürger braucht.

Nicht nur eine *gute Exekutivpolizei* schaffen, sondern auch eine *gute Kriminalpolizei*, die auch gewisse Bewegungsfreiheit in allen deutschen Ländern haben muß, war das Ziel. Die Bayerische Regierung z.B. durfte es nicht übel nehmen, wenn auf Ersuchen des Reichsanwalts preußische Polizeibeamte sich in Bayern aufhielten, um nach den Mördern Erzbergers zu suchen. *Polizeidienst ist Volksdienst*!

Denn:
„*Die Polizei ist die Schützerin der Armen und Schwachen. In Augenblicken der Bedrohung aber wird sie auch sein: Schützerin der Freiheit und des Rechts.*“

X. Kapitel:

Das III. Reich

Ein Ausspruch des ersten Bundespräsidenten der Bundesrepublik Deutschland, *Professor Dr. Theodor Heuss*, lautet sinngemäß: „*Das deutsche Volk trifft keine Kollektivschuld, es ist jedoch mit einer Kollektivscham behaftet*". *Grillparzer* schrieb im 19. Jahrhundert: „Der Weg der neuern Bildung geht von Humanität durch Nationalität zur Bestialität". Spätestens nach zwei Weltkriegen und dem „*Führerstaat*" wissen wir, daß er recht hatte.
Jedes geltende Recht weiß um die Möglichkeit eines Unrechtsstaates, in dem, wie *Goethe* es formuliert hat, „Mißgestalt in Mißgestalten schaltet, das Ungesetz gesetzlich überwaltet und eine Welt des Irrtums sich entfaltet". Eine Aussage, die Zeit von 1933-1945, in der Deutschland die Uhr zurückstellt (dem Buchtitel „Germany puts the clock back" von *Mowrer*, London, August 1933, entlehnt), zutreffend kennzeichnend. Kaum die Machthebel des Staates in der Hand, so beugten sich Verstand und Reichtum und Gewalt in Deutschland vor der einzigen Gestalt in Form der „charismatischen" Herrschaft des Österreichers *Hitler*, der das „gläubige Vertrauen" seiner Gefolgschaft für seine Ziele erkannte und benutzte, indem er eine ganze Nation, in der Folge Nationen, aus der Welt des Dichtens und Denkens und der leuchtenden Ideale in die „härtere Welt der Tatsachen" treten ließ, wie *Goebbels* es ausgedrückt hat (*Goebbels*, Das eherne Herz, München 1943, S. 438, 452, 453, 118, 160, 456, 285). Ihm zufolge sei es die größte Tragik unserer Geschichte, daß das deutsche Volk die entscheidenden historischen Chancen, die ihm jeweilig geboten wurden, nicht erkannte oder doch nicht ausnutzte, da es eine derartige Angst habe, einem anderen Unrecht zu tun, so daß es im Zweifelsfalle sich lieber selbst Unrecht zufüge.
Der neue Staat wollte sich durch *frontnahe Gesetze* auf einem ihm eigenen Recht schützen, das durch militärische Machtmittel gesichert werden sollte. Er gedachte, jeden andersdenkenden Bürger in die Parade zu fahren. Belegen wollte er ihn, wenn sich dieser gegen die Gesetze vergehen würde, mit Strafen und ihn ansonsten dem öffentlichen Gelächter preisgeben. Dieser Staat hatte sich vorgenommen, jeden Bürger, der sich an seiner Staatspflicht nach eigenem Gutdünken vorbeizudrücken plante und damit diesem wiederum die gute Laune verderben würde, zur Ordnung zu rufen oder aber von ihm eins aufs Dach zu bekommen. Dies prägte fortan bis zu seinem Untergange und dem unnützen Tod vieler Menschen in ganz Europa mit seiner Vorstellung von Rechtssensibilität das deutsche Rechtsleben, das scheue, in sich zweifelnde Miteinander der Menschen untereinander und voneinander. „Eine Politik der Schlagworte als wesentliches Element der Staatspropaganda, der Entschluß eines Fanatikers, Politiker zu werden, Parolen von der Rassenreinheit, der

Heranreifung des deutschen Volkes zur Erfüllung der ihm vom Schöpfer des Universums zugewiesenen Mission, die Sicherung der neuen Idee der NSDAP, wenn notwendig durch brachiale Mittel, die Zukunft des Staates, eines Tages zum Herrn der Erde zu werden", sind das Fanal der neuen Bewegung in Deutschland bis 1945 in dem „Wissen um das Wollen und dem Willen zu wollen, was man weiß" (*Hitler*, Mein Kampf, 241./245. Auflage, München 1937, S. 197, 203, 225, 234, 598, 758, 782; *Goebbels*, a.a.O., S. 472; *Kleist*, Auch Du warst dabei, Heidelberg 1952, S. 61 ff.). Es schien, als suche ein großes religiöses Volk einen Glauben, dabei nicht zurückschreckend, das seinen innewohnenden Werten widersprechende Extrem zu wählen (*Mowrer*, a.a.O., S. 329).

Die Frage nach einer Verursachung stellt sich bei *Veränderungen der realen Außenwelt*; es gilt, eine innere Verknüpfung in der zeitlichen Aufeinanderfolge des *realen Geschehens* zu ermitteln, um so die Ursache zu finden oder die noch nicht eingetretene Wirkung einer bekannten Ursache vorhersagen zu können. Die Ursachen, die diese Entwicklung einleiteten, liegen in den immer schwieriger sich gestaltenden politischen, finanziellen und wirtschaftlichen Entschließungen der Regierungen der Weimarer Zeit, dem durch die Not der Massen anschwellenden Radikalismus, dem Aufhören des parlamentarischen Lebens seit 1930 (*Hartung*, a.a.O., S. 334). Höchste Anforderungen an die Schutzpolizei stellten die teilweise äußerst verbittert und die Parteien einander gegenseitig diffamierend ausgetragenen Wahlkämpfe dar. Zur politischen Entfremdung der Bevölkerung trugen auch die häufigen Regierungskrisen, Kabinettsumbildungen und Neuwahlen bei.

Das Weimarer Verfassungssystem begünstigte die Flucht der Parteien aus der politischen Verantwortung. Es gab keine Kompromisse, nur Beckmessereien und Spiegelfechtereien in der Mehrzahl für das Blenden des Wählers mit Basiliskenblick. Der Ruf nach einer Volksgemeinschaft, die alle widerstreitenden Interessen in Staat und Gesellschaft auszugleichen versprach, traf auf entsprechende Sehnsüchte in weiten Teilen der Bevölkerung (*Fieberg*, Justiz im nationalsozialistischen Deutschland, Köln: Bundesanzeiger 1984, S. 16). Denn das deutsche Volk war im Grunde apolitisch, mangelhaft politisch, ohne sicheren Instinkt. Die soziale Basis bestand aus großen Teilen des niedergehenden Mittelstandes, Teilen der Beamtenschaft, der Angestellten, weiterhin der Landwirtschaft und des schnell wachsenden, „akademischen Proletariats" (*Zielinski*, a.a.O., S. 22 f.). Zahlenmäßig überlegen, zweckmäßig gegliedert und durch propagandistisch geschickt beeinflußte Bevölkerungsteile unterstützt, war der Polizei ein Gegner erwachsen, der weitaus gefährlicher als die Aufstandskräfte der Jahre 1921-1923 zu beurteilen war. Die Polizei war ebenso wie die Politik der Regierungen in die Defensive gedrängt worden (*Waldschmidt*, a.a.O., S. 29, 28). Und *Heinrich Himmler* erklärte am 11. 10. 1936 in seinem Epilog in der Akademie für Deutsches Recht beschreibend: „Als wir Nationalsozialisten 1933 die Macht übernahmen ..., fanden wir eine Polizei vor ..., die ein hilfsbedürftiges, an allen Enden eingeschnürtes Gebilde war". Logisch, wenn man an die Eskalation der Ereignisse ab 1930 in der Innenpolitik denkt. Die deutschen Kleinbürger, von denen *Thomas Mann*

gesagt hat, sie sträubten sich, ins Proletariat abzusinken, begrüßten 1932 die Ernennung *Papens* zum Reichskanzler.
Mehrere Vorfälle waren für die Reichsregierung unter *von Papen* der willkommene Vorwand, die preußische Staatsregierung mit *Braun* als Ministerpräsidenten und *Severing* als Innenminister durch einen Staatsstreich zu entfernen. *Am 20. Juli 1932 erklärte der Reichskanzler von Papen die preußische Staatsregierung für abgesetzt*, der Ausnahmezustand wurde über Berlin und die Provinz Brandenburg verhängt. Der Reichspräsident *von Hindenburg* hatte aufgrund des *Art. 48 der Weimarer Verfassung* den Reichskanzler zum Reichskommissar für Preußen ernannt mit der Rechtsfolge, die Mitglieder der preußischen Staatsregierung ihres Amtes entheben zu können. Generalleutnant *von Rundstedt*, als Befehlshaber im Wehrkreis III zum „Militärbefehlshaber für Groß-Berlin und die Provinz Brandenburg" ernannt, zog sofort die Kontrolle über die Polizei in der Hauptstadt an sich. Bewaffnete Reichswehrsoldaten erschienen im Polizeipräsidium am Alexanderplatz, um die Absetzung des Polizeipräsidenten *Grzesinski*, seines Stellvertreters *Weiß* sowie des Kommandeurs der Schutzpolizei *Heimannsberg* durchzusetzen (*Hsi-Huey Liang*, a.a.O., S. 172). Die Polizei hatte sich unfähig gezeigt, „Ruhe und Ordnung wiederherzustellen", nämlich die dauernden Ausschreitungen der Nazis zu verhindern. Dieser sog. „*Preußenschlag*" war die wichtigste Vorstufe der Hitlerschen Machtergreifung. *Severing* hätte zwar als Innenminister bei einem Aufruf zum Widerstand gegen die Reichsregierung auf Treue in der Mehrzahl der Polizeibeamtenschaft setzen können, aber die Erklärung des Ausnahmezustandes hätte die Berliner Polizei in einen Loyalitätskonflikt mit hohem „Blutzoll" gestürzt. *Severing* hat hier überlegt und im „Sorge-für-Denken" als Dienstherr gehandelt, denn die Reichswehr wäre wegen ihrer Ausstattung Sieger auf lange Sicht geblieben. An eine Unterstützung der Gewerkschaften bei 9 Millionen Arbeitslosen, leeren Kassen war nicht zu denken, geschweige denn an Generalstreik! Zudem, Überläufer gab es nun aus opportunistischen Gründen mehr denn je. Beispielhaft ist, daß z.B. am 30.1.1933 spontan Schutzpolizeibeamte dem Fackelzug der SA sich anschlossen (*Dierske*, War eine Abwehr des „Preußenschlages" vom 20. Juli 1932 möglich?, in Zeitschrift für Politik, 17. Jg., 1970, Heft 3, S. 197-245). Geht man der Frage nach, inwieweit die Polizeiverwendungslehre dazu beigetragen habe, die Polizei zur „Ersatzarmee" zu machen, darf nicht übersehen werden, daß außenpolitische Umstände der Polizei in der Weimarer Republik Aufgaben zuwiesen, die in anderen Staaten von den Streitkräften wahrgenommen wurden (vgl. *Blum*, Buchbesprechung zu *Zaika*, Polizeigeschichte – Die Exekutive im Lichte der historischen Konfliktforschung, Lübeck 1979, in Wehrwissenschaftliche Rundschau 4/80, S. 131).
Aber auch die *Regierung Papen*, als „*Zwickelregime*" (Ursache für diesen Ausdruck war der sogenannte „Zwickelerlaß", eine Verordnung über die Bademode des *von Papen* berufenen kommissarischen Innenministers von Preußen *Dr. Bracht*. *Preuß*, GS 1932, Nr. 13778, Badepolizeiverordnung vom 18.8.1932) vom Volk verspottet, erlebte nach *Aufhebung des SA- und SS-Verbotes vom 14. Juni 1932* eine Propagandawelle der Nationalsozialisten und Kommu-

5 Angehörige der Staatlichen Polizei Preußens um 1920

1. Berittener Gendarmerie-Wachtmeister. 2. Schutzgendarmerie-Wachtmeister mit Mantel und Revolver. 3. Schutzgendarmerie-Wachtmeister mit Karabiner und Revolver. 4. Berittener Gendarmerie-Oberwachtmeister (ohne Pferd). 5. Gendarmerie-Wachtmeister (zu Pferde). 6. Oberstleutnant und Brigadier. 7. Hauptmann und Distriktsoffizier. 8. Schutzgendarmerie-Wachtmeister (mit Umhang). 9. Schutzgendarmerie-Wachtmeister (mit Dienstfahrrad).

Foto: Theodor Wilhelm, Freundeskreis für Polizeigeschichte, Kassel

6 Frauen der Wohlfahrtspolizei in Köln um 1926

Foto: Theodor Wilhelm, Freundeskreis für Polizeigeschichte, Kassel

7 Erkennungsdienstliche Abteilung der Polizei München um 1900

Foto: Polizeipräsidium München, Kriminalpol. Sammlung

8 Wasserwerfereinsatzfahrzeug der Polizei München um 1923

Foto: Polizeipräsidium München, Kriminalpol. Sammlung

9 Carl Severing (aufgenommen am 26. August 1928); 1920–1932 Preußischer Innenminister; 1928–1930 Reichsinnenminister

Foto: Archiv der sozialen Demokratie, Bonn-Bad Godesberg

10 Ehrenformation der Polizei Hamm anläßlich der Beerdigung eines Politikers in den 30er Jahren

Foto: Leonhard Harnischmacher, Lippstadt

11 Polizei-Tschako-Sammlung *Foto:* Kurt Ziegler, Meldorf in Holstein

nisten, die eine weitverbreitete Sehnsucht nach Ordnung und Sicherheit in der Mehrheit der Bevölkerung in allen Schichten verursachte, da der Glaube an eine demokratische und rechtsstaatliche Lösung der Problematik zutiefst erschüttert war. Am 03.12.1932 ernannte daher der Reichspräsident *von Hindenburg* wegen der inneren Labilität und der fehlgelaufenen Neuwahlen den *General Schleicher* zum Chef eines neuen Präsidialkabinetts, um eine Regierung auf breiter Grundlage zustande zu bringen. Ziel seines Handelns war es, die Dynamik der Hitlerbewegung zu zähmen, aber die Nationalsozialisten, einmal im Besitz einiger Schlüsselpositionen wie des Kanzleramts, des Reichsinnenministeriums (*Frick*) sowie des preußischen Innenministeriums und damit der Polizei (*Göring*), verstanden es vorzüglich, die ihnen zugewiesenen Positionen zu nützen.

Am 30. Januar 1933 ernannte der greise Reichspräsident *von Hindenburg* den „böhmischen Gefreiten" *Hitler zum neuen deutschen Reichskanzler.* Ein radikaler Feind der Weimarer Republik, der General *Ludendorff*, warnte unmittelbar nach dem 30. Januar 1933 *Hindenburg* in einem Brief vor *Hitler*, in dem er ausführte, *Hitler*, der größte Demagoge aller Zeiten, werde das heilige deutsche Vaterland in den Abgrund stoßen, die Nation in unfaßbares Elend bringen, so daß kommende Geschlechter ihn (*Hindenburg*) verfluchen würden, *Hitler* ernannt zu haben zum Reichskanzler (*Förster*, zitiert bei *Binder*, a. a. O., S. 275/276)!

Aber schon die Verordnung „zum Schutze des deutschen Volkes" vom 04.02.1933, zumal die dazu von *Göring* erteilten Richtlinien, ließen ahnen, daß den Nazis nicht daran gelegen war, weiterhin parlamentarisch und demokratisch im Einverständnis mit Koalitionsparteien zu verfahren.

Der *Reichstagsbrand*, eine bis heute „nicht widerlegbare Lüge" im taktischen Konzept der NSDAP in der Nacht vom 27. auf den 28. Februar 1933, eine kriminelle Handlung, deren Begehung sich im nachhinein *Goebbels* und *Göring* bei verschiedenen Anlässen rühmten, eine Straftat, bis heute noch nicht restlos geklärt, da die wichtigsten Zeugen starben wegen ihrer Mittäterschaft im Auftrag der Parteispitze der NSDAP, führte zur Verordnung zum Schutze von Volk und Staat, auch sogenannte „*Reichsbrandverordnung*" von den Historikern genannt (*Heydecker/Leeb*, a. a. O., S. 123 ff., 126, 131 ff. (132, 133, 134)).

Eine Welle von Verhaftungen, Verboten, Beschlagnahmen und Beschränkungen ging nun über die rechtlichen Parteien. Diese Verordnung begründete den permanenten Ausnahmezustand. *De lege* konnte *Hitler* nun ohne richterliche Kontrolle Personen auf unbeschränkte Zeit inhaftieren, Haussuchungen durchführen, Telefonate abhören, Briefe öffnen, Zeitungen verbieten bzw. zensieren, Parteien, Vereine und Organisationen auflösen, Eigentum beschlagnahmen, Versammlungen verbieten. Diese Verordnung blieb bis 1945 in Kraft. Sie war wohl die wichtigste der Grundlagen zur totalen Herrschaftsgewalt, der Willkür in der Ausdrucksform des ersten Drittels des 20. Jahrhunderts, die *Hitler* perfektionierte. Einer dieser weiteren Mosaiksteine war das „*Gesetz zur Behebung der Not von Volk und Staat vom 24.03.1933*", auch *Ermächtigungsgesetz* genannt!

Die Möglichkeit von Ermächtigungsgesetzen war in der Weimarer Verfassung

vorgegeben! Es hatte bereits drei Ermächtigungsgesetze gegeben! (1. = 14.8.1924; 2. = 1924 *Stresemann*, 3. = 1924 *Marx*).
Das Ermächtigungsgesetz wurde durch den Reichstag am 1.4.1937 (RGBl I, S. 105) und am 30.1.1939 (RGBl I, S. 195) verlängert. Auf unbegrenzte Zeit wurde es durch Führererlaß vom 10.5.1943 (RGBl I, S. 295) zum dritten Male verlängert.
Es folgte das *Gesetz zur Gleichschaltung der Länder mit dem Reich vom 07.04.1933* (Reichsstatthaltergesetz), das Gesetz gegen die Neubildung von Parteien vom 14. Juli 1933, das Gesetz über Volksabstimmung vom 14. Juli 1933, das Gesetz zur Sicherung der Einheit von Partei und Staat vom 1. Dezember 1933.
Besonders schwerwiegend und elementar hinsichtlich der Konzentration der Macht waren aber das Gesetz über den Neubau des Reiches vom 30. Januar 1934, das Gesetz über die Aufhebung des Reichsrats vom 14. Februar 1934 und das Gesetz über das Staatsoberhaupt des Deutschen Reiches vom 1. August 1934.
Weitere, die Innenpolitik und die Macht des Naziregimes prägenden Gesetze sind die in der katalogisierten Auflistung des Artikels I des Gesetzes Nr. 1 des Kontrollrates zur Aufhebung von Nazi-Gesetzen, ausgefertigt am 20. September 1945, unterzeichnet von *Bernhard L. Montgomery, Vassily D. Sokolovsky, Louis Koeltze, Dwight D. Eisenhower* (dieses Gesetz Nr. 1 des Kontrollrates machte der Bürgermeister der Stadt Lippstadt mit Schreiben vom 14. Januar 1946 an die Polizei-Verwaltung zur Kenntnisnahme und Beachtung bekannt. Die Ausfertigung dieses Gesetzes am 20.09.1945 und die Bekanntmachung des Textes nach 117 Tagen in Lippstadt sind ein Indiz für die sog. Ordnung in den Nachkriegstagen.).
Die neuen NS-Gesetze setzten der in der Weimarer Republik erprobten Demokratie und dem Parlamentarismus endgültig und abrupt ein Ende. Mit dem Jahre 1933 wurde auch die Entwicklung des Polizeirechts unterbrochen, da die starke Einengung der Polizeigewalt durch ein geordnetes Polizeirecht den nationalsozialistischen Behörden in ihrer Ausprägung bei der Durchsetzung der Ziele dieser neuen „Bewegung" ein Hindernis gewesen wäre. Der Polizeibegriff wurde praktisch wieder auf den Begriff zurückgeführt, der dem Polizei- und Wohlfahrtsstaat eigen war. Wurde das überkommene materielle Polizeirecht des Landes formell zunächst nicht angetastet, so ging man energisch daran, das *Polizeiorganisationsrecht* zu vereinheitlichen (*Mayer, Franz*, a.a.O., S. 183/184; vgl. auch *Schiedermair*, a.a.O., S. 184).
Wie auch die ganze Rechtsordnung schlechthin, sollte der materielle Polizeibegriff durch die nationalsozialistische Ideologie durchdrungen werden. Die Polizeigewalt sollte zum Instrument der Machtdurchsetzung entfesselt werden. Der Grundsatz: „Recht ist alles, was dem Volke nützt, alles was ihm schadet, ist Unrecht", ersetzte neben der Individualsphäre des Bürgers die entwickelten Grundsätze zur Gefahrenabwehr, denn bestehende Gesetze durften im Sinne der nationalsozialistischen Terminologie nur angewendet werden, wenn sie mit dem aufgezeigten Grundsatz übereinstimmten (*Frank*, Nationalsozialistisches Handbuch für Recht und Gesetzgebung, München 1935, S. XIV; *Lehmann*, a.a.O., S. 91).

Im Sinne der nationalsozialistischen Deutung ist der nationalsozialistische Staat kein Willkürstaat, kein Polizeistaat, sondern ein Rechtsstaat, eine pervertierte, ambivalent rechtssensibilisierte These weitreichenden Ausmaßes. Nach *Lauer* ist im nationalsozialistischen Staat der Polizeibegriff auf die Abwehr von Gefahren nach § 14 Pr. PVG beschränkt, er atme aber den neuen Geist der nationalsozialistischen Bewegung. Laut *Lehmann* und *Hitler* rückt der Nationalsozialismus in den Mittelpunkt seines ganzen Denkens das Volk, wobei die Polizei für die Erhaltung der deutschen Volksgemeinschaft zu sorgen habe. An die Stelle des § 14 PVG solle man daher setzen: „Der Polizei liegt es ob, Handlungen und Zustände zu verhindern oder zu beseitigen, die sich zu Ungunsten der Volksgemeinschaft auswirken oder auswirken können".
Höhn tut kund, daß die Polizei keine in ihr selbst liegenden Aufgaben zu erfüllen habe, da sie ihre Aufgabe von den Ordnungen empfange, innerhalb deren sie tätig werde. Eine öffentliche Ordnung sei immer erst da vorhanden, wo es solche konkreten Ordnungen nicht mehr gebe. Die Polizei werde nicht zum Zwecke der Aufrechterhaltung einer allgemeinen öffentlichen Ordnung, sondern für die Ordnung der Bewegung tätig. Auch *Maunz* geht von diesen Ordnungen aus, die sich an den nationalsozialistischen Grundwerten zu orientieren hätten. Die Volksgemeinschaft rechne zu diesen Ordnungen als die über allen Einzelordnungen stehende Gesamtordnung (*Höhn*, a. a. 0., S. 118). Die Auffassung von der Generalklausel soll nur ein Ziel haben, nämlich die Förderung der Interessen des Führers – denn Führer und Volk sind eins – zum Wohle aller (*Lehmann*, a. a. O., S. 104).
Damit ist die Generalklausel inhaltlos geworden. Sie wurde mit der Forderung ersetzt, „jedes von der völkischen Ordnung und von der Führung des Reichs für wichtig gehaltene Gut sei mit polizeilichen Mitteln zu schützen" (*Drews/Wacke/Vogel/Martens*, a. a. O., S. 12; *Maunz*, a. a. O., S. 56). Damit wurde die Polizeigewalt jeglicher rechtlicher Bindung enthoben. Als Recht galt, was der Führer, auch unter Durchbrechung beliebiger, sogar Strafgesetze, befahl und was dem von der Partei authentisch interpretierten „gesunden Volksempfinden" entsprach (*Wolff/Bachof*, Verwaltungsrecht I, a. a. O., § 10 I b 3, S. 48). Rechtliche Bindung wurde folglich ersetzt durch Parteiwille, getarnt als Nationalegoismus und einer Organisationskunst, dessen Beherrschung und Weltrufes sich die NSDAP seitens *Goebbels* rühmte, sowie der Improvisationskunst als System der Aushilfe, der mit an Sicherheit grenzender Wahrscheinlichkeit möglichen, reellen Chance zur Zielrealisierung oder einzelgebundenen Auftragserfüllung für Führer und Volk als kongruenter Identität und Willensrichtung.
Das Dritte Reich wollte also die zentralisierte Polizei zum wichtigsten „Werkzeug totaler Unterdrückung" (*Habermehl*, a. a. O., Rn. 17):

„Die Polizei hat im nationalsozialistischen Staat die umfassende Aufgabe, unter Anerkennung der freien Verantwortlichkeit des einzelnen über das Wohl des Volkes nach allen Richtungen hin zu wachen und es zu fördern. Deshalb ist nicht nur die Gefahrenabwehr im liberalistischen Sinne Aufgabe der Polizei, sondern die Kontrolle des gesamten Pflichtenkreises des einzelnen gegenüber der Volksgemeinschaft. Aus

diesem Grunde besteht zwischen der Polizei, als Hüterin der Volksgemeinschaft, und der NSDAP, als Trägerin des Volkswillens, eine innige Beziehung".
(*C. Haidn/L. Fischer,* a. a. O., S. 479).

„Polizei ist das gegen Feinde und Störer sich wendende Machtmittel; der Wirkungskreis des typisch polizeilichen Befehls ist im Sinne des nationalsozialistischen Verwaltungsrechts wesentlich eingeschränkt" (*Meissner/Kaisenberg,* a. a. O., S. 162, 163). Es bleibt aber „das Korrelat der Polizei stets die individuelle Freiheit, es ist Aufgabe der Polizei, diese individuelle Freiheit im Interesse einer bestimmten Ordnung zu beschränken".
Schranke und Eingriff sind daher das Wesen der Polizei als der Negation individueller Freiheit (*Köttgen*, Deutsche Verwaltung, Berlin 1936, S. 143; *Lehmann*, a. a. O., S. 95). „Der Nationalsozialismus hat weder das Individuum noch in der Menschheit den Ausgangspunkt seiner Betrachtungen, seiner Stellungnahme und Entschlüsse. Er rückt bewußt in den Mittelpunkt seines ganzen Denkens das Volk. Das einzelne Individuum ist vergänglich, das Volk ist bleibend". Diese Gemeinschaft der Volksgenossen zu gestalten, sie immermehr im Sinne der nationalsozialistischen Weltanschauung zu erziehen, in ihr das Programm der NSDAP verwirklichen, das ist die Aufgabe der Partei; sie nach außen zu verteidigen, liegt der Wehrmacht ob. Die Polizei aber hat für die Erhaltung der deutschen Volksgemeinschaft zu sorgen. Man kann daher einteilen:
Gestaltung der Gemeinschaft = Aufgabe der Partei
Verteidigung der Gemeinschaft = Aufgabe der Wehrmacht
Erhaltung der Gemeinschaft = Aufgabe der Polizei
Einzelner und Gemeinschaft = Aufgabe der übrigen Staatseinrichtungen;
unter der 4. Aufgabe ist das Verhältnis des einzelnen zu der Gemeinschaft, seine Rechte und Pflichten ihr gegenüber zu verstehen (*Lehmann*, a. a. O., S. 97).
Und: „Immer, wenn es um Schutz, Sicherheit und Wohlergehen der deutschen Gemeinschaft wie des deutschen Menschen geht, steht unsere Polizei bereit. Was ihr Tag für Tag in stiller Pflichterfüllung Selbstverständlichkeit ist, dem will sie auch an ihrem Ehrentag, am Tag der „Deutschen Polizei", sinnvoll Ausdruck verleihen: Allen deutschen Volksgenossen „*Helfer, Freund und Kamerad*" zu sein. Am 29. Januar 1939 tritt die Deutsche Polizei wiederum an, um sich einzureihen in die Front der Mitkämpfer am großen Gemeinschaftsfeldzug, am Winterhilfswerk des deutschen Volkes. Im nationalsozialistischen Deutschland bilden Volk und Polizei eine Einheit. Gemeinsam fühlen sie sich verbunden mit dem hohen Gesetz vom Dienst an der Gemeinschaft" (*Dr. Frick*, Reichsminister des Innern). „. . . Auch an diesem Tage (29. 1. 1939) wird sich zeigen, daß das Volk in seiner *Polizei* einen „*zuverlässigen Freund und Helfer*" sieht" (*Dr. Goebbels,* Reichsminister für Volksaufklärung und Propaganda)".
Dem Nationalsozialismus dient die Polizei also als wichtigstes Instrument zur Erziehung des Volkes zur sogenannten Volksgemeinschaft, d. h. zur Durchsetzung der Parteiherrschaft.
So schreibt etwa der NS-Jurist *Dr. Best*: „Die Polizei handelt nie rechtlos oder

rechtswidrig, soweit sie nach den von den Vorgesetzten – bis zur Obersten Führung – gesetzten Regeln handelt ... Solange die Polizei diesen Willen der Führung vollzieht, handelt sie rechtmäßig". Die Sicherung der Volksordnung betrifft insbesondere den „Schutz der im Volke ruhenden Gemeinschaftswerte" (*Nebinger*, a.a.O., S. 11).
Nach *von Köhler* hatte dabei jedoch „nicht größte Rechtssicherheit des einzelnen, sondern höchste, durch die Erfordernisse der nationalen Lebensordnung bestimmte Gerechtigkeit" leitend zu sein. „Letzte und oberste Rechtsquelle im nationalsozialistischen Rechtsstaat ist die nationalsozialistische Rechtsidee. Sie hat im Programm der NSDAP ihren Niederschlag gefunden." Deshalb ist „oberste Rechtsquelle ‚das Recht' und nicht ‚das Gesetz' " (*Elle*, a.a.O., S. 80). Wozu so etwas führen kann im Sinne der öffentlichen Ordnung des Nationalsozialismus, ist ermeßbar an Kaltenbrunners Ansicht:

„Um jedoch den Führungsanspruch des deutschen Volkes zu sichern und gleichzeitig die deutsche Bevölkerung zu steigern, müssen alle ledigen und verheirateten deutschen Frauen, soweit diese noch nicht vier Kinder haben, im Alter bis zu 35 Jahren verpflichtet werden, von reinrassigen einwandfreien deutschen Männern vier Kinder zu zeugen. Ob diese Männer verheiratet sind, spielt dabei keine Rolle. Jede Familie, die bereits vier Kinder hat, muß den Mann für diese Aktion freigeben".

Kaltenbrunner war seit 30.1.1943 Chef der Sicherheitspolizei und des Sicherheitsdienstes sowie Chef des Reichssicherheitshauptamtes. Er hatte den Rang eines Obergruppenführers in der SS (*Elle*, a.a.O., S. 87 m.w.N.).
Nach der Aufhebung der verfassungsmäßig garantierten Grundrechte durch die Verordnung zum Schutz von Volk und Staat vom 28. Februar 1933 hielt sich die später durch Gesetz vom 30. Januar 1934 einheitlich im ganzen Reich zusammengefaßte Polizei für berechtigt, unter Mißachtung der einschränkenden Vorschriften ohne Schranken und Kontrollen in die Rechtssphäre des Bürgers einzugreifen. Auf dem Gebiete der Organisation der Polizei wurde der Neuaufbau der Polizei, der nationalsozialistischen Polizei, angebahnt durch verschiedene Änderungen. So sprach *Hitler* in seiner Ansprache am 10. September 1937 an die deutsche Polizei: „Heute weiß jeder Deutsche, daß der Polizeibeamte genau so ein Repräsentant des nationalsozialistischen Staates und damit der nationalsozialistischen Volksgemeinschaft ist ... Die Deutsche Polizei soll immer mehr in lebendige Verbindung gebracht werden mit der Bewegung, die politisch das heutige Deutschland nicht nur repräsentiert, sondern darstellt und führt ..." Und *Himmler* im Aufruf zum Tag der Deutschen Polizei mit Schreiben vom 17. November 1938, O-Kdo. O (1) 6 Nr. 26/38: „... Dieser Tag soll wie immer Zeugnis ablegen von dem Geist der Volksverbundenheit unserer nationalsozialistischen Polizei" (Grundsätze für die Polizei, Runderlaß des Reichs- und Preußischen Ministers des Innern vom 18. Januar 1935, III B I 1526/35). So wurde im Anschluß an das deutsche Beamtengesetz vom 26. Januar 1937 als Folge der Verreichlichung der Polizei durch ein Polizeibeamtengesetz vom 24. Juni 1937 das Polizeidienstrecht reichseinheitlich geregelt. Dieses Gesetz galt für sämtliche Polizeibeamte des Reiches und der Gemeinden und enthielt Sonderbestimmungen für das

Beamtenverhältnis aller Polizeivollzugsbeamten. Es schuf die rechtlichen Voraussetzungen für eine jederzeit mögliche Versetzung von einem Dienstherrn zum anderen. *Kääb* formulierte entsprechend: „Die Polizeihoheit der Länder ist auf das Reich nicht nur in den Zustand übergegangen, in dem sie sich positivrechtlich zur Zeit des Übergangs gerade geäußert hatte, sondern in der ganzen Fülle der ihr begrifflich innewohnenden Macht und Möglichkeiten. Demnach bestimmt auch das Reich, was Polizei ist" (*Kääb*, a. a. O., S. 23). Angefangen hatte dieser allumfassende „Machtgurt" schon ab dem 13. 2. 1933, als *Göring* in seiner Eigenschaft als Preußischer Minister des Innern den Staatsapparat „reinigen" und NS-Beamte einsetzen ließ. So: Berufung des SS-Führers *Daluege* als „Kommissar zur besonderen Verwendung" und späteren Chef der preußischen Polizei in das preußische Innenministerium am 7. Februar 1933, sowie Ernennung zahlreicher SA- und SS-Führer zu Polizeipräsidenten in preußischen Städten ab 15. Februar 1933. Nach RM *Dr. Frick* sei „die bereits am 7. 9. 1933 verfügte Trennung der Landespolizei von der Revierpolizei aber beschleunigt zum Abschluß zu bringen." Darauf übernahm *Göring* mit Erlaß vom 9. 3. 1934 die oberste Leitung der Landespolizei als Preußischer Ministerpräsident, übertrug die Dienstgeschäfte dem „Chef der Schutzpolizei" (*Daluege*) bis zur völligen Trennung der Landespozei und Revierpolizei (Görings Appell, An die Beamten der Gemeindepolizei zum 30. 1. 1934 (MBl. S. 123) vom 26. 1. 1934 als Preuß. IM; *Tessin*, Formationsgeschichte der Wehrmacht 1933-39; Schriften des Bundesarchivs 7, Boppard am Rhein 1959, Anhang „Die Entwicklung der Landespolizei", S. 248). Der nächste Schritt war die *Schaffung einer Hilfspolizei am 22. 2. 1933*, die nichts weiter bedeutete, als die Betrauung der NS-Parteiarmee mit Polizeifunktionen (*Aronson*, a. a. O., S. 98 ff. m. w. N.) ... In dem Erlaß Görings über die Förderung der nationalen Bewegung vom 17. Februar wurden die ihm unterstellten Polizeibehörden angewiesen, „zu den nationalen Verbänden (SA, SS und Stahlhelm) das beste Einvernehmen herzustellen und jede Betätigung für nationale Zwecke und die nationale Propaganda mit allen Kräften zu unterstützen". Gegen „kommunistische Terrorakte und Überfälle" sei mit aller Strenge vorzugehen und, wenn nötig, rücksichtslos von der Waffe Gebrauch zu machen: „Polizeibeamte, die in Ausübung dieser Pflichten von der Schußwaffe Gebrauch machen, werden ohne Rücksicht auf die Folgen des Schußwaffengebrauchs von mir gedeckt; wer hingegen in falscher Rücksichtnahme versagt, hat dienststrafrechtliche Folgen zu gewärtigen!"
Durch Runderlaß vom 22. Februar 1933 schuf *Göring* eine Hilfspolizei in Preußen, die aus Angehörigen der SA, zum geringen Teil auch aus solchen der SS und des Stahlhelms bestand. Diese Hilfspolizisten standen unter der Führung von Polizeioffizieren und hatten während der Dauer ihres Dienstes die Befugnisse und Pflichten von Polizei- und Landjägereibeamten. Gleichzeitig wurden von 32 Obersten der Schutzpolizei 22 verabschiedet ... (*Michler*, DIE POLIZEI – Gestern und heute, a. a. O., S. 29).

Es ist bekannt, daß SA-Einheiten private Gefängnisse (sog. „*Heldenkeller*") unterhielten, in denen die Festgenommenen überwiegend brutalen Mißhandlungen ausgesetzt waren. Der Führererlaß vom 17. Juni 1936 (RGBl I, S. 487) bezweckte die einheitliche Zusammenfassung der polizeilichen Aufgaben im Reich im Reichsführer SS und Chef der deutschen Polizei im Reichministerium des Innern als oberster Dienststelle der Polizei für das ganze Reichsgebiet. Die Gliederung der deutschen Polizei sah danach so aus, daß der Reichsführer SS *Himmler* als Chef der deutschen Polizei über die *Ordnungs- und Sicherheitspolizei* anzusehen war. Der Chef der Ordnungspolizei wurde der SS-Obergruppenführer General der Polizei *Daluege*. Die *Ordnungspolizei* umfaßte die gesamte uniformierte Polizei, also die *Schutzpolizei des Reiches und der Gemeinden (früher Gemeindevollzugspolizei* oder Gemeindepolizei) *einschließlich Wasserschutzpolizei, weiter die Gendarmerie einschließlich der Sonderformation: motorisierte Gendarmerie* und die *Verwaltungspolizei*. Ferner gehörte zum Aufgabengebiet der Ordnungspolizei das Feuerlöschwesen mit der *Feuerschutzpolizei* (früher Berufsfeuerwehren) und den Feuerwehren sowie die *Technische Nothilfe*, beide in ihrer Eigenschaft als *Hilfspolizeiformationen*. Der Chef der Sicherheitspolizei wurde der SS-Gruppenführer *Heydrich*. Zur *Sicherheitspolizei gehörte die Kriminalpolizei des Reiches und der Gemeinden, fachlich zusammengefaßt im Reichskriminalamt*, und die *Geheime Staatspolizei* einschließlich der *Grenzpolizei* als Sonderdienstzweig der Geheimen Staatspolizei und *die eigene Verwaltungspolizei*. Das bisherige Preuß. Landeskriminalpolizeiamt führte nun die Bezeichnung „*Reichskriminalpolizeiamt*". Es war unmittelbar dem Chef der Sicherheitspolizei unterstellt (Reichskriminaldirektor *Nebe*).

Durch Verordnung vom 22. Juli 1935 übernahm das Reich die Länderpolizeien (kasernierte Einheiten), durch Erlaß vom 17. Juni 1936 (RGBl I, S. 487) wurde im Reichsministerium des Innern ein Chef der deutschen Polizei eingesetzt, durch Erlaß vom 26. Juni 1936 wurde die allgemeine Polizei in Ordnungspolizei und Sicherheitspolizei gegliedert, wobei politische Polizei und Kriminalpolizei zur Sicherheitspolizei gehörten; durch Erlaß des Reichsministers des Innern vom 25. Juni 1936, ergänzt durch Erlaß vom 26. Juni 1936, 26. September 1936 und 27. September 1939 wurde ein Chef der Ordnungspolizei und ein Chef der Sicherheitspolizei und des SD geschaffen, wobei das spätere Reichssicherheitshauptamt das Hauptamt Sicherheitspolizei, das *Sicherheitshauptamt des Reichsführers SS*, das *Geheime Staatspolizeiamt* und das *Reichskriminalpolizeiamt; durch Runderlaß vom 25. Juni 1936* wurden für die gesamte deutsche uniformierte Polizei (Schutzpolizei) einheitliche Uniformen und einheitliche Dienstgradabzeichen eingeführt; seit dem *1. Oktober 1936* führten die *politischen Polizisten der Länder die Bezeichnung „Geheime Staatspolizei"*; durch Gesetz vom 19. März 1937 wurden sämtliche Polizeivollzugsbeamten in den unmittelbaren Reichsdienst übernommen, wobei die Polizeiverwaltungsbeamten des gehobenen, mittleren und einfachen Dienstes der Länder durch Gesetz vom 28. März 1940 auf den Reichshaushalt der Polizei überführt wurden (vgl. *Erbel* I, a.a.O., S. 14; *Heydecker/Leeb*, a.a.O., S. 546ff.; *Kuschel*, a.a.O., S. 31; *Mayer, Franz*, a.a.O., S. 184; *Matz*, Der Weg der Deutschen Polizei in Deutsches Recht (DR) 1936, S. 461ff.; *Pioch*, a.a.O., S. 66ff.; *Scheer* I, a.a.O., S. 33/34; *Zilling*, a.a.O., S. 114; *Zirpins*, a.a.O., S. 32ff.). Als besonders einschneidend und belastend wurde in der Polizeibeamtenschaft das *Gesetz über die Wiederherstellung des Berufsbeamtentums vom 7. April 1933* empfunden, mit dem die neuen „Herren" mißliebige Beamte aus dem Dienst entließen. Der Runderlaß, Polizei und Wehrmacht betreffend, vom 26. November 1935 – III D 316 – zeigt, daß die Polizeiarbeit nicht mehr für jedermann gleiche Behandlung voraussetzt, da die Kompetenzen und damit das Verhältnis beider Staatseinrichtungen neu festgelegt werden. So hatten Wehrmachtsangehörige fortan den Anordnungen der Polizeibeamten außerhalb ihres Dienstes Folge zu leisten, Hilfe und Unterstützung zu gewähren, die Führer geschlossener Abteilungen den Bitten der Polizeibeamten zu entsprechen. Andererseits war die Polizei zur vorläufigen Festnahme nur befugt, wenn ein militärischer Vorgesetzter oder eine militärische Wache nicht erreichbar war und dringender Tatverdacht gegen den Wehrmachtsangehörigen vorlag bzw. Gefahr im Verzuge war bei Vorliegen eines Verbrechens, Fluchtverdachtes, Verdunkelungsgefahr oder Mißbrauch der Freiheit zu strafbaren Handlungen. Ein Offizier in Uniform genoß das Privileg, nicht wegen Fluchtverdachtes festgenommen zu werden, da seine Lauterkeit angenommen wurde. Festnahmen hatten nur auf Gesuch der Polizei an die Militärbehörde in Militärgebäuden stattzufinden (Runderlaß des Reichs- und Preußischen Ministers der Justiz vom 26. 11. 1935, hier § 1 Absatz 1, 2 Satz 1, Voraussetzungen der Festnahme nach II., 1. (1), 2., 3. ff – 6., B). Die Annäherung und Vermischung an die Wehrmacht erfolgte schon während der Polizeiausbildung, indem die Polizeifächer nach Stoff und Stundenzahl immer mehr eingeschränkt wurden. Während des getarnten Heeresaufbaus hatten die kasernierten Landespolizeien als militärisches Instrument eine wichtige Rolle gespielt. Ab 1933 hatten die Polizeikontingente der Länder einen immer stärkeren militärischen Charakter bekommen. 1935 erreichten die Landespolizeien eine Stärke von etwa 53.000 Mann. Durch ihre Einteilung in Abteilungen (Batallione), Gruppen (Regimenter) und Inspektionen (Brigaden) und Gliederung in Infanterie-, Kraftfahrkampf und berittene Teile erhielten sie eine den militärischen Bedürfnissen des Reiches angepaßte Organisationsform. Stattdessen betrieb man mehr Waffen- und Geländedienst, wobei die militärische Ausbildung der Schutzpolizei in der Polizeischule Münster z. B. so weit ging, daß beim Artillerieregiment 6 in Münster eine Geschützbedienung mit Polizeianwärtern auszubilden war. Ab Herbst 1933 unterstanden alle Landespolizeien in Fragen der Ausbildung dem Reichswehrtruppenamt! 1934 folgte die militärische Unterstellung unter den Reichswehrminister, administrativ die unter den Reichsinnenminister im „Einverständnis mit dem Preußischen Ministerpräsidenten (*Göring*).

Mit dem *Gesetz über die Eingliederung der Landespolizei in die Wehrmacht vom 3. Juli 1935* wird nun auch formaljuristisch und praktisch beim Neuaufbau der deutschen Wehrmacht auf Polizeikräfte zurückgegriffen, so daß der teilweise reinmilitärische Einsatz von Polizei-Verbänden im 2. Weltkrieg nach den politischen Willenserklärungen des Führers am 5. November 1937, niedergelegt im *sog. „Hoßbach-Protokoll" vom 10. November 1937*, nur noch eine Frage der Zeit war. Im Kriegsfalle traten die als Landespolizei gegliederten Polizeikräfte der Länder unter den Befehl des Heeres (*Tessin*, a. a. O., S. 249, 251). Der Stellenwert, den die Landespolizeien im Landesverteidigungskonzept des

Reiches hatten, ist u.a. auch darin zu sehen, daß bis 1935 für die entmilitarisierte Westzone die dort stationierten Landespolizeiinspektionen mit ihren Verbänden die einzige (militärische) Verteidigungskraft bildeten. Nach dem 15. März 1935 begann die Wehrmacht mit der Übernahme der Landespolizeiverbände. Am 3. Juli 1935 folgte die gesetzliche Regelung der Überführung, die bis zum Oktober 1935 abgeschlossen wurde. Zu diesem Zeitpunkt bildeten die Landespolizeiverbände nahezu 25% der deutschen Heeresverbände! *Für den Kriegsfall war eine Mobilmachung der Polizei seit 1936 vorgesehen* (ebenso *die „Polizeireserve" ab 1937*, die *„Polizeirekruten" ab Herbst 1939*), von der selbst niemand von der verantwortlichen Führung der Ordnungspolizei wußte (*Tessin,* Die Stäbe und Truppeneinheiten der Ordnungspolizei, in Zur Geschichte der Ordnungspolizei 1936-1945, Schriften des Bundesarchivs Nr. 3, Koblenz 1957, S. 12ff.). Was Aufgabe der Polizei war, ist entnehmbar der „Zweiten Verordnung zum Gesetz über die Wiedervereinigung Österreichs mit dem Deutschen Reich" vom 18.3.1938 (§ 1) (RGBl. I, S. 262), der „Dritten Verordnung zum Erlaß des Führers und Reichskanzlers über die Verwaltung der sudetendeutschen Gebiete" vom 22.10.1938 (RGBl. I, S. 1453) und § 13 der „Verordnung über den Aufbau der Verwaltung und die Deutsche Sicherheitspolizei im Protektorat Böhmen und Mähren" vom 1.9.1939 (vgl. auch § 11: Gestapogesetz § 1 vom 10.2.1936 für das Protektorat bezogen (RGBl. I, S. 1681). Darüber hinaus lag der Schwerpunkt des Einsatzes der Polizeitruppen in den besetzten Gebieten in Sicherungsaufgaben, Verkehrsregelung und Verkehrsbeschilderung, Ermittlungen, Gefangenenüberführung, Bekämpfung der Partisanen, Kontrollen auf Sicherheit, Umsiedlungsaktionen, Bewachung von wehrwirtschaftlich wichtigen Betrieben. Aber auch Fronteinsätze zur Unterstützung der Wehrmacht waren die Regel, so daß die Polizei in Wirklichkeit wegen der Vielfalt der teilweise militärisch bedingten Ausgangslagen je nach Blickwinkel des „Empfängerhorizonts" nicht mehr als solche anzusehen war (Rein militärische Einsätze z.B. von eingezogenen Ordnungspolizisten in der SS-Polizeidivision waren ab 1939/40 (bis 1942 noch in Polizeiuniform!)). Der Einsatz von Schutzpolizeibataillonen zu Sicherungsaufgaben war in rückwärtigen Frontgebieten und besetzten Ländern (siehe „Richtlinien für Partisanenbekämpfung vom 25.10.1941"). *„Polizei muß Polizei bleiben"* – .

Diese Forderung erhob man erst nach 1945 in der Bundesrepublik. Gelernt hatte man die rauhe Wirklichkeit des Mißbrauchs im Krieg! Tiefgreifend war die Anordnung von Schutzhaftmaßnahmen als Allgemeine Verfügung des Preußischen Ministers der Justiz vom 15. März 1934. *Schutzhaft* konnte danach als provisorische Maßnahme wegen des Verdachts einer strafbaren Handlung angeordnet werden. Jede angeordnete Schutzhaft hatte dem Preußischen Ministerpräsidenten (Geheime Staatspolizei) persönlich und telegraphisch binnen 24 Stunden unter genauer Angabe von Namen, Alter, Beruf und politischer Einstellung des Betroffenen sowie des Anlasses zu der Maßnahme mitgeteilt zu werden und erforderlichenfalls die Notwendigkeit einer über sieben Tage hinaus für angebracht erachteten Freiheitsbeschränkung zu erstellenden Begründung (Auskunft nach Befragung des ehemaligen Revier-

oberwachtmeisters der Schutzpolizei und Oberfeldwebels der Feldgendarmerie *Leonhard Harnischmacher*).
Schutzhaft war ein probates Mittel der Geheimen Staatspolizei, unter dessen Vorwand viele Bürger in Konzentrationslager verschwanden, die das Geheime Staatspolizeiamt verwaltete neben seiner Aufgabe als Zentralsammelstelle für politisch-polizeiliche Nachrichten.
Der anläßlich der Olympischen Spiele 1936 in Berlin weilende Chef der bulgarischen Kriminalpolizei schreibt über die *Konzentrationslager*:

„Statt dem herumstrolchenden Berufsverbrecher verlockende Gelegenheiten zur Verübung von Verbrechen zu bieten, indem man ihn freiläßt, hält ihn die deutsche Polizei, selbstverständlich aufgrund besonderer Bestimmungen, in einem sogenannten Konzentrationslager solange fest, bis die Polizei erklärt, er sei für die Ruhe und Sicherheit sowohl des Reiches als auch für den einzelnen Bürger nicht mehr gefährlich. Im Konzentrationslager kann sich kein Verbrecher dem Müßiggang hingeben. ... Die dort untergebrachten Verbrecher hatten ein sehr gesundes und munteres Aussehen. ... Wie das Leben in solchen Lägern auf die Verbrecher selbst einwirkt, sieht man aus den Briefen, welche die Lagerleitung im Überfluß von den freigelassenen Verbrechern erhalten, in denen sie nicht genügend Worte finden können, um ihren Dank für den wohltätigen und erzieherischen Einfluß, den das Lagerleben auf sie selbst ausgeübt hat, auszusprechen"(Otto, Die Täuschung – eine geschichtliche Erinnerung, in DEUTSCHE POLIZEI 8/1980, S. 23f.; vgl. Kogon, Der SS-Staat, Gütersloh (ohne Jahresangabe), S. 42ff., 91ff., 213ff., 295f., 354ff.).

Der Bericht ist ein Hohn angesichts der Realitäten und ein Meisterwerk der Blendung der NS-Propaganda!
Die Lösung von Sonderaufgaben polizeilicher Natur in Form der KZ-Bewachung lösten die SS-Totenkopfverbände. Die SS-Verfügungstruppe sollte Hitler dienen, im Bedarfsfalle diese im Innern einzusetzen, um einen etwaigen Militärputsch in Neuauflage des 9. November 1918 zu verhindern. (Erlaß Hitlers vom 17.8.1938 gibt Auskunft zur SS: „Die SS-Verfügungstruppe ist weder Teil der Wehrmacht noch der Polizei. Sie ist eine stehende bewaffnete Truppe zu *meiner ausschließlichen Verfügung* ...".)
Nach Ansicht des Gestapo-Juristen *Dr. Best* habe die *SS-Polizei* unabhängig von jeder Bindung jedes zur Erreichung des notwendigen Zweckes geeignete Mittel anzuwenden! (JW 1937, S. 3335f.). So sagt das OVG Hamburg: „Die Polizei hat ihrer Natur nach nur zu betreuen, was die Regierung betreut wissen will." (von *Lang*, Das Eichmann-Protokoll, Gütersloh (ohne Jahresangabe) m.w.N.).
Wie sehr die Polizei dem Einfluß der SS ausgesetzt war, belegt u.a. ein Schnellbrief des Inspekteurs der Ordnungspolizei beim Oberpräsidenten der Provinz Westfalen – I a 4310 – vom 22. März 1939, den Dienstappell des Führerkorps der Ordnungspolizei im Bereiche des Höheren SS- und Polizeiführers West betreffend unter Bezugnahme auf den Erlaß vom 14. Januar 1939 – I a 4310 –, in dem im Punkt 2 der Anordnung steht:
„Ich ersuche alle Offiziere und Obermeister, soweit noch nicht geschehen, sich mit Text und Melodie des SS-Treueliedes vertraut zu machen." Der Runderlaß des Reichsführers SS und Chef der Deutschen Polizei im

Reichsministerium des Innern vom 12. Mai 1937 – S – V 1 Nr. 391/37 – sieht die Bekanntgabe von Akten der Polizei an die Dienststellen der NSDAP und ihrer Gliederungen vor, so daß auch dieser Erlaß wiederum die noch in den Grundsätzen für die Polizei aus dem Jahre 1935 extra ausgesprochene Verschwiegenheitspflicht in dienstlichen Dingen aufhebt (Ministerialblatt des Reichs- und Preußischen Ministeriums des Innern vom 7. Juli 1937, Nr. 27, Spalte 1062). Damit ist die Willkür noch perfekter legalisiert. Die „Verreichlichung" der Polizei und ihre Verklammerung mit der SS war zunächst nur an der Spitze vollzogen worden. In der Mittelinstanz blieb die Kripo im Gegensatz zur Gestapo Teil der allgemeinen Polizeiverwaltung (Präsidien). Zwar vermochte die Bildung des Reichssicherheitshauptamtes (27. 9. 1939) die Eigenständigkeit der einzelnen dabei zusammengefaßten Behörden (Stapo, Kripo, SD) nicht auszulöschen, verstärkte aber die SS-mäßige Ausrichtung *auch* der Kripo. Die Verbindung mit der SS (Verleihung von Dienstgraden ab 1940) blieb vielfach nomineller Natur und konnte so den staatlichen Behördencharakter weniger tangieren. Im Bereich der Ordnungspolizei und der Polizeiverwaltung waren die vielfältigen Zusammenhänge (disziplinär, beamtenrechtlich, organisatorisch) mit den Landes- und Gemeindeverwaltungen schwer auflösbar!

Die Arbeit der Schutzpolizei und Kriminalpolizei in Deutschland wandelte sich mit der Dauer des Krieges. Die Bekämpfung typischer Kriegskriminalität wie z. B. Plündern, Räubereien, Schwarzhandel und die Aufrechterhaltung der „Ordnung" bei den Bombennächten, die Verhinderung von Panik, Seuchen, Identifizierung von Toten etc. wurden nunmehr Schwerpunkte polizeilicher Tätigkeit. Was die wenigen, übrig gebliebenen Fachleute und gelernten Polizeibeamten in dieser Zeit der „Zerbombung" Deutschlands leisteten, ist eine großartige Leistung, die viele Beamte bis zur körperlichen Ruinierung erbrachten, um noch das Chaos bis zum Untergang zu meistern.

Bücherverbrennungen „wider den undeutschen Geist" und „Judenboykott" zeigten alsbald unmißverständlich für jeden Staatsbürger, der sehen wollte, das wirkliche Gesicht des Hitlerregimes.

Der *10. Mai 1933*, an dem Studenten *Bücher ins Feuer* warfen, die im Sprachgebrauch der nationalsozialistischen Weltanschauung als „dekadent, volksfremd, jüdisch und verräterisch" galten, ist der Tag der Ausmerzung in Deutschland alles dessen, was in der deutschen Literatur Rang und Namen hatte. Namen wie *Tucholsky, Remarque, Sigmund Freud, Mühsam, Käthe Kollwitz, Heinrich und Thomas Mann, Werner Bergengruen, Erich Kästner, Werfel, Kellermann, Fulda, Döblin, Unruh, Joseph Roth, Robert Musil, Leonhard Frank* stehen stellvertretend für die vielen Literaten, die der Präsident der Reichsschrifttumskammer, *Hanns Johst*, aufgrund ihrer Arbeiten aus der Dichterakademie verbannte, da ihre Werke mit dem Begriff der deutschen Dichtung in amtlicher Eignung keineswegs mehr in Berührung zu kommen hätten. *Ricarda Huch* hat treffend festgestellt, daß das Vorschreiben der nationalen Gesinnung der seinerzeitigen Regierung nicht ihr Deutschtum sei. Das Jahr 1936 gibt als Dichter nur noch jene Schriftsteller an, die sich zu Hitlers Propagandisten aufgeschwungen hatten. Insofern ist es sehr schwierig, Werke dieser Zeit, die die Polizeiarbeit in

irgendeiner Weise tangieren, zu finden, zumal außer der gleichgeschalteten Dichterakademie, der großen Zahl der Dichter auf der Flucht und mit Existenzproblemen beladen, eine objektive oder kritische Würdigung im „Zeitgeist" von „Zeitschriftenstellern" sehr mager hinsichtlich der Auswertung ist. Erst der westdeutsche Roman der Jahre 1968-1972 gibt die Rolle der Polizei im Dritten Reich wieder (*Pinkert*, Zur Rolle der Polizei im westdeutschen Roman der Jahre 1968-1972, in ÖTV-Service für die Polizeipraxis, Fachbeilage Mai 1976, S. 29/30).
Aus verschiedenen Büchern, die Tatsachenberichte enthalten, wissen wir aber, daß in der Zeit zwischen 1933 und 1945 die alten, im Dienst ergrauten Grenz-, Polizei- und Gefängnisbeamten, die ausnahmslos ehemalige Unteroffiziere waren, sich fast durchweg gegenüber den aus politischen oder rassischen Gründen Verfolgten menschlich und korrekt benahmen, ein nicht geringer Teil den Häftlingen ihr hartes Los sogar nach Kräften erleichterte. *Kiaulehn* schreibt in seinem Buch „*Berlin*" über den Kriminal-Wachtmeister *Albert Dettmann*, daß dieser damals beste Greifer vom Alex nach 1933 lieber seinen Dienst quittierte, als das Unrecht zu tun, das man von ihm verlangte. Ein Kriminalsekretär, SS-Hauptscharführer, Sachbearbeiter für Partisanenbekämpfung und Sabotagefälle beim Kommando der Sicherheitspolizei und des SD in Kiew ließ sich z.B. vom Exekutionskommando entbinden, da er es als Kriminalbeamter nicht fertig brachte, an Exekutionen teilzunehmen. Als alter Polizeibeamter habe er niemals auf wehrlose Menschen geschossen. Die Todesstrafe könne nur ein Gericht aussprechen. Ein Gerichtsurteil läge nicht vor. Außerdem konnte nach den Bestimmungen über den Waffengebrauch kein Vorgesetzter ihm befehlen, bei den Exekutionen auf wehrlose Menschen zu schießen. Es ist bisher kein Fall bekanntgeworden, daß ein Polizeiangehöriger als Angehöriger einer Einsatzgruppe exekutiert worden ist, weil er an einer Erschießung nicht teilnehmen wollte. Bei Weigerung war die Androhung mit einem Verfahren vor dem SS- und Polizeigericht als Damoklesschwert über allen in dieser Richtung denkenden Dienstgraden, dessen Ausgang mit der Todesstrafe geendet hätte. Beamte der Polizei, die im rechtsstaatlichen Rahmen ihre Pflicht taten, soweit dies überhaupt bei der grassierenden NS-Kontrolle möglich war, bekamen konkrete Schwierigkeiten in der Form von KZ-Haft. Der Vater von „Adenauers Schatten", *Blankenhorn*, seines Zeichens *Kommandeur der Schutzpolizei in Baden*, der bis zum letzten Augenblick zur Demokratie gehalten hatte, kam in ein Konzentrationslager (Der Spiegel, Nr. 42/1980 vom 13.10.80, S. 93ff. (100)), ebenso die *Polizeigewerkschaftler Winkler und Schrader* wie viele andere unbekannte Polizeibeamte der *Reichsgewerkschaft der Polizei* (ausführlich: *Gniesmer*, Der Weg zur und mit der GdP, in: Die Deutsche Polizei, *Hilden* 1980, S. 1ff. (31)). Aber auch die unpopuläre Seite soll nicht verschwiegen werden. So beschreibt *Stefan Zweig* in seiner „Schachnovelle" die Vernehmungsmethoden, um einen als Treuhänder für Kirchenvermögen tätigen Notar in der Haft zur Aussage zu bewegen durch: „Isolationsfolter" und Entzug jeglicher Kommunikationsmittel mit der teilweisen gesundheitlichen Schädigungsfolge einer Irritation der Nerven im akuten Zustande und einer zeitweisen Bewußtseinsspaltung. Bei den beson-

ders in den Romanen von *Böll* (Gruppenbild mit Dame, Köln 1971), *von der Grün* (Zwei Briefe an Pospischiel, Berlin, Neuwied 1968), *Johnson* (Jahrestage I/II, Frankfurt am Main 1970/1971), *Lenz* (Deutschstunde, Hamburg 1968) und *Simmel* (Und Jimmy ging zum Regenbogen, Stuttgart 1970) häufigen Verweisen auf die Polizei im 3. Reich, fallen vor allem Darlegungen im Zusammenhang mit der Gestapo auf.

Polizeigewalt im Erscheinungsbild der Gestapo ist gleichsam die „potenzierte anonyme Codezahl nicht begreifbarer Unmenschlichkeit", mit menschlichen Maßstäben nicht mehr erfaß- oder meßbar, ein unheilvoller Dämon staatlicher Macht, wie ihn die letztgenannten Literaten sensibilisiert mit nachempfundenen Entsetzen mit den bescheidenen Möglichkeiten von Romanfiguren in lebendige Erinnerung bringen. Auch *Hochhuth* hat in der Romanperson des Chefs der Polizei *Salzer* einen der avancierten, opportunistischen, hörigen, als NS-Emporkömmling gekennzeichneten „Führernatur" und abschreckenden Günstling, dem Leser nunmehr in Offenlegung des Wesens erkennbaren „Befehlleitlinienausführungsboten" am Beispiel seiner Amtstätigkeit charakterisiert. Die Romanfigur Salzer ist nicht die Person, die als Offizier an der Front ihr Leben einsetzen darf, zumal „der Krieg alle Kräfte des Menschen zur stärksten Anspannung bringt und die Völker adelt, die die Fähigkeit haben, ihm ins Auge zu sehen" – (so *Mussolini* über die Lehre des Faschismus, zitiert bei *Toynbee*, a. a. O., S. 25). In ihm, so von *Moltke*, entfalten sich die edelsten Tugenden des Menschen, Mut und Entsagung, Pflichttreue und Opferwilligkeit mit Einsetzung des Lebens (*Toynbee*, a. a. O., S. 23). Nach Hochhuths Willen ist vielmehr *Salzer* der Mann, der in seiner perversen Ergebenheit dem Führer gegenüber über das „Soll" hinaus wehrlose Zivilisten in den besetzten Gebieten jagt.

Diese Autoren haben ihre Werke in den Zeiten ohne Not in seelischer und wirtschaftlicher Hinsicht nach dem Weltkrieg in der Bundesrepublik Deutschland geschrieben; dies in memoriam der Zeit des 3. Reiches mit dem Ziel der Geschichtsaufklärung mittels der systematisierten Erinnerung und Typisierung ihnen wichtig erscheinender Kriterien. Die Literatur des NS-Zeitabschnittes ist überwiegend eine „biologische Utopie", wie sie *Döblin* genannt hat. Kritische Literatur ist zeitlich nicht möglich, da bei Verstoß gegen NS-Leitsätze und Gebote jedem ums Herz eiskalt werden soll, der sie bricht, weil sie doch auch in des Bürgers Fleisch und Blut geschrieben sind und er wohl weiß, die Worte gelten (*Thomas Mann*, Das Gesetz). Die Bewältigung dieser Zeit und der Staatsorganbeschreibungen, insbesondere der Polizei, fällt hingegen in die Zeit der Bundesrepublik Deutschland.

Ein General der Polizei und SS-Brigadeführer wird aber journalistisch von großer Bedeutung für die Nachwelt dokumentarisch tätig. Es ist der *Generalmajor der Polizei Stroop*, der in seinem Tagebuch die Zerstörung *des Warschauer Ghettos* festgehalten hat, das im *Nürnberger Prozeß* verlesen wurde (*Stroop*, zitiert bei *Heydecker/Leeb*, a. a. O., S. 441 ff., 447, 434).

Die letzte Fernschreibermeldung von ihm an den SS-Obergruppenführer und General der Polizei *Friedrich Krüger* lautet: „Das ehemalige jüdische Wohnviertel Warschau besteht nicht mehr. Gesamtzahl der erfaßten und nachweislich vernichteten Juden beträgt insgesamt 56.065". Die Zahl ist der Rest von etwa 400.000 Juden dieses Bezirkes in Warschau! Dieses Einzelbeispiel verdeutlicht in krasser Form eines der Zeitextreme, unter denen noch heute bei zu radikalen Mißbrauchzwecken getätigten Demonstrationen Polizeibeamte, selber wie die Demonstranten der Nachkriegsgeneration angehörend, zu leiden haben. Mancher Konfliktstoff ist das Nachfolgeprodukt an Vorwürfen an die heutige Polizei. Bewußt werden in verbaler Weise unter Hinweis auf die Extreme der Hitlerepoche interpersonale Aggressionsfelder aufgebaut, die die Polizei zu Mißgriffen verleiten sollen, um die Behauptung, die Bundesrepublik sei ein „Polizeistaat", „Überwachungsstaat", zu kolportieren. In Weimar haben die demokratischen Parteien gegen die Extremisten zusammengehalten. Am Ende hat ihnen die Kraft gefehlt, aber nicht der Verstand ... Wir haben also einen der liberalsten Staaten, der heute überhaupt denkbar ist (*von Loewenstern*, DIE WELT vom 12.10.1978).

Polizeiführer wie der Polizeigeneral *Stroop* haben einen Rufschaden hinterlassen, der noch lange offen bzw. latent in unserer Gesellschaft gegenwärtig sein wird! Wenn dieser „Geschichtsschock" hilft, die Demokratie und Rechtsstaatlichkeit in unserem Staat „im Wagnis der Demokratie" auch in schweren Zeiten pluralistischer Gegensätze zu stärken, so hat er seine Daseinsberechtigung, wenn er mit demokratischen Mitteln seine Hervorhebung erfährt, deren Grundlage nun einmal der humane und freiheitliche Rechtsstaat ist.

Wenn eine Staatsführung den Boden des Rechts verläßt, das Unrecht zum Prinzip des Handelns macht und letztlich in wahnsinniger Verblendung eine gegenwärtige drohende Gefahr für Leib und Leben der Staatsbürger und damit für die Existenz eines ganzen Volkes heraufbeschwört, dann besteht ein sogenannter *Staatsnotstand.* Und wenn nun Bürger dieses Staates dieser verbrecherischen Staatsführung aktiv entgegentreten und sie zu beseitigen versuchen, um den drohenden Untergang ihres Volkes zu verhindern, dann sind sie nicht nur aus subjektiven Gründen frei von Schuld, sondern sie handeln *rechtmäßig,* mag ihr Tun auch die äußeren Tatbestandsmerkmale Hoch- und Landesverrats erfüllen. Denn was tun sie anderes als den rechtswidrigen Angriff einer Staatsführung, die ihr Leben, ihre Freiheit und die höchsten Güter der Nation bedroht, von sich und ihrem Volke abzuwenden! Ihr Handeln ist ein Akt der sogenannten *Staatsnotwehr.* Diese juristische Definitionserklärung steht für die Leute, die den Mut besaßen, diesen wider alle Humanität agierenden NS-Werken entgegenzutreten. Der deutsche Widerstehen zur rechten Zeit, in Recht, Nr. 11, 12/ S. 89 ff., November-der Humanität nachzuleben, erstreckte sich von der legalen Opposition bis hin zu Widerstandshandlungen (*Harnischmacher/Apel*, a.a.O., S. 7ff.; *Engelhard*, Widerstehen zur rechten Zeit, in Recht, Nr. 11, 12/ S. 89 ff., November-/Dezember 1983). Zeugnis legaler Opposition ist die letzte „freie" Rede, die im deutschen Reichstag gehalten wurde. Am *23. März 1933* erklärte der *Sozialdemokrat Otto Wels*: „*Kein Ermächtigungsgesetz gibt die Macht, Ideen zu vernichten, die unzerstörbar sind.*" Ebenso freimütig äußerten sich „im Auftrage der Menschlichkeit und ihres Gewissens" in der Folge couragierte Personen aus der Arbeiterbewegung wie z.B. *Wilhelm Leuschner*, *Willi Marker*, *Johanna*

Kirchner, aus der Kraft ihres Glaubens z.B. *Maria Terwiel*, Bischof *Graf von Galen*, Domprobst *Bernhard Lichtenberg*, Pfarrer *Paul Schneider*, Landesbischof *Theophil Wurm*, der Zeuge Jehova *Helmut Hübener*.

Gruppenbildungen wie der „Kreisauer Kreis", die „Mittwochsgesellschaft", der „Freiburger Kreis", der „Solf-Kreis", die „Rote Kapelle", die „Weiße Rose", Staatsstreichpläne von Generalstäblern der Wehrmacht, erfolglose Attentatsversuche kennzeichnen die Lage wahlverwandter Personen, die in ihrem Anliegen aufeinander zugehen und überwiegend allein oder gemeinsam den Tod finden.

Unter ihnen ist auch *Theodor Haubach*, bis 1933 *Pressechef im Berliner Polizeipräsidium*, der am 23. Januar 1945 hingerichtet wird. Der Tod dieser Menschen ist eine Mahnung an die Nachkriegsgeneration und den Rechtsstaat, die *Achtung der Menschenwürde* stets zu verteidigen! Ebenso aber auch an alle staatstragenden Parteien, die Staatsorgane und die Regierung, diese Grundpfeiler friedvoller Koexistenz und zwischenmenschlicher Interaktionen zu garantieren, transparent zu machen, neu zu beleben! Die die NS-Gewaltherrschaft markierenden Exzesse sind die „Kainsmale" einer verführten und mißbrauchten Generation, der man neben der Jugend auch die Lebensperspektiven nahm.

In der Gesamtschau der Fakten ist das 3. Reich ein dunkler Punkt in der deutschen Rechtsgeschichte. Die Leiden von Minderheiten in der Bevölkerung und in der Endphase im „tausendjährigen Reich" der gesamten Bevölkerung geben zwei Zitate wieder. So sagt der Dichter *Gerhart Hauptmann* angesichts der Zerstörung Dresdens: „*Wer das Weinen verlernt hat, der lernt es wieder beim Untergang Dresdens*". Der erste Bundespräsident der Bundesrepublik Deutschland, Professor Dr. *Theodor Heuss*, betont: „*Möge das friedliche Zueinander der Menschen und Völker wieder fruchtbar werden, wo Machtwahn zerstörte*". Der materielle Begriff der Polizeigewalt ist durch den Mißbrauch der Polizei im NS-Staat nicht korrumpiert worden, weil das Regime sich nicht um subtile Unterschiede zwischen materiellem und formellem Polizeibegriff kümmerte, sondern über die Polizeiinstitutionen mit ihren Behörden und Beamten willkürlich verfügte (*Wöhrle*, a.a.O., S. 4). Polizeibeamte wie der am 3. September 1980 einhundert Jahre alte Polizeipensionär Angenent in Rees am Niederrhein, die christliche Gesinnung trotz aller Widrigkeiten der Nachkriegs- und Notzeiten in den Dienst einfließen ließen, haben durch ihre lautere Gesinnung die Menschen hoffen lassen. Angesichts des rechtsradikalen Terrors in München und dem aktuellen NS-Militaria-Angebot heißt es die Sinne schärfen, die Jugend konsequenter als bisher politisch aufzuklären (so der Bielefelder Polizeipräsident *Helmut Schirrmacher*). Die Polizei ist nicht dazu da, die Versäumnisse der Politiker aufzuarbeiten, wobei auch ein bis an die Zähne bewaffneter Rechtsstaat zwangsläufig hilflos und auch machtlos erscheinen muß, wenn ihm die motivierende Zustimmung der überwiegenden Allgemeinheit fehlt, weil demokratische Meinungsbildungsprozesse versäumt wurden und insofern die Überzeugung fehlt. Für das 3. Reich möge „*Yad washem*" gelten. „Yad washem" = „Niemals vergessen". Dieses Mahnwort steht auf einem Gedenkstein vor der Universität Jerusalem in Israel.

XI. Kapitel:

Der Übergang zur Bundesrepublik Deutschland

Der Dichter *Wolfgang Borchert* sagte einmal:

„Ein Mann kommt nach Deutschland. Er war lange weg, der Mann. Sehr lange. Vielleicht zu lange. Und er kommt ganz anders wieder, als er wegging. Äußerlich ist er ein naher Verwandter jener Gebilde, die auf den Feldern stehen, um die Vögel (und abends manchmal auch die Menschen) zu erschrecken. Innerlich – auch. Er hat tausend Tage draußen in der Kälte gewartet. Und als Eintrittsgeld mußte er mit seiner Kniescheibe bezahlen.
Nachdem er nun tausend Nächte in der Kälte gewartet hat, kommt er endlich noch nach Hause.
Ein Mann kommt nach Deutschland ... Einer von denen, die nach Hause kommen, und die dann doch nicht kommen, weil für sie kein Zuhause mehr da ist und ihr Zuhause ist dann draußen vor der Tür. Ihr Deutschland ist draußen, nachts im Regen, auf der Straße. Es ist ihr Deutschland."

Der Krieg stürzte die Welt ins Chaos. Diese Welt auf demokratisch-freiheitlicher Grundlage wieder in Ordnung zu bringen, war das Bemühen der USA und Großbritanniens. Dazu verkündeten US-Präsident *Franklin D. Roosevelt* und der britische Premierminister *Winston Churchill* im August 1941 die *Atlantikcharta*. Diese Erklärung gilt als Anstoß zur Gründung der Vereinten Nationen (UNO = United Nations Organization).
Welche neue Weltordnung schwebte England und Amerika vor, als sie 1941 die Atlantikcharta (Atlantik-Charta = die am 14.8.1941 vom Präsidenten der USA, *Roosevelt*, und dem britischen Premierminister *Churchill* auf einem Kriegsschiff im Nordatlantik unterzeichnete Charta, die als Vorläufer der Satzung der Vereinten Nationen gilt, ist kein völkerrechtlicher Vertrag, sondern enthält lediglich Richtsätze, denen sich die UdSSR am 24.9.1941 anschloß. *Die Richtsätze betragen u.a. den Verzicht auf Annexionen und Gewaltanwendung, das Selbstbestimmungsrecht der Völker, Sicherheitsgarantien)* ausriefen? Nun, sie versprachen, keine Machterweiterung anzustreben. Jede Gebietsveränderung müsse durch den freigeäußerten Willen des betroffenen Volkes abgesegnet sein. 1943 trafen sich dann *Stalin*, *Roosevelt* und *Churchill* in Teheran, um über die Zukunft des „*Brandstifters Deutschland*" zu verhandeln.
Außerdem fanden sich die Westverbündeten in Casablanca ein und einigten sich, daß Deutschland bedingungslos kapitulieren sollte. In dem gleichen Jahr trafen die „großen Drei" dann in Teheran zusammen: *Stalin*, *Franklin D. Roosevelt*, *Churchill*. Das siegesgewisse Dreiergespann „pokerte" das zukünftige Schicksal Deutschlands und damit Europas aus. *Europas gegenwärtiges Gesicht wurde in Teheran geprägt*!

Im Erholungsort Jalta (Konferenz von Jalta am 11.2.1945) fanden sich am 4. Februar 1943 *Stalin*, *Roosevelt* und *Churchill* ein und beschlossen Entwaffnung, Entmilitarisierung und Entnazifizierung Deutschlands; Einteilung Deutschlands in vier Besatzungszonen mit einem gemeinsamen Kontrollrat und umfassende territoriale und politische Zugeständnisse an die Sowjetunion. Polen sollte seine Ostgebiete an die UdSSR verlieren und zum Ausgleich dafür deutsche Ostgebiete erhalten, zur Westgrenze wurde die spätere Oder-Neiße-Linie eingeführt.
In den *vier* Besatzungszonen wurden folgende ehemalige Länder zusammengeschlossen:

1. *Die amerikanische Zone*:
   Bayern, Hessen, Württemberg-Baden, Bremen;
2. *Die britische Zone*:
   Niedersachsen, Nordrhein-Westfalen, Schleswig-Holstein, Hamburg;
3. *Die französische Zone*:
   Rheinland-Pfalz, Württemberg-Hohenzollern, Baden;
4. *Die sowjetische Zone*:
   Brandenburg, Sachsen-Anhalt, Mecklenburg, Sachsen, Thüringen.

Die Verfassungen der späteren Bundesländer sind nicht unbeeinflußt geblieben von den Staats- und Verfassungsvorstellungen der zuständigen Besatzungsmächte. Trotz Abweichungen im einzelnen ist aber eine gewisse Gleichförmigkeit gewahrt worden. Alle Verfassungen enthalten einen Grundrechtskatalog (Ausnahme: Niedersachsen).
Der liberal-rechtsstaatliche Typus des Verfassungsstaates herrscht vor. Träger der Staatsgewalt ist das Volk, das die Abgeordneten in allgemeinen, gleichen, geheimen und direkten Wahlen wählt. Die gesetzgebende Gewalt liegt bei der Volksvertretung, die vollziehende in den Händen der Staatsregierung, die richterliche wird durch unabhängige Richter ausgeübt. Die Regierung (Landesregierung, Staatsregierung, Kabinett) besteht aus dem Ministerpräsidenten und den Ministern; dies sind normalerweise: Minister für Arbeit, Finanzen, Inneres, Justiz, Kultus, Landwirtschaft, Verkehr und Wirtschaft. In einigen Ländern gibt es eigene Ministerien für Wiederaufbau, in Niedersachsen und Schleswig-Holstein ein eigenes Ministerium für Flüchtlingsangelegenheiten. Für die Durchführung der Entnazifizierung wurden in einzelnen Ländern besondere Ministerien eingerichtet (in Bayern, Bremen, Hessen, Niedersachsen, Württemberg-Baden). Nach Bildung der Bundesregierung wurde die Zahl der Ministerien in einigen Ländern verringert.
Besonderheiten: In Bayern wurde ein *Zweikammersystem* eingeführt (Bayerischer Senat). In Hamburg heißt der Ministerpräsident Erster Bürgermeister, in Bremen Präsident des Senats, in Württemberg-Hohenzollern Staatspräsident, in Baden ist er zugleich Staatspräsident. In Bremen und Hamburg heißen die Minister Senatoren, in Hamburg die Ministerien Behörden.
Durch das *Potsdamer Abkommen* vom 17. Juli bis 2. August 1945 beschlossen *Truman*, *Stalin* und *Churchill* (auch Attlee), daß die weitere Behandlung Deutschlands, die Einrichtung des Alliierten Kontrollrats in Berlin, die Reparationsansprüche und die Demontagen durchgeführt werden sollten.

Königsberg und die Nordostecke von Ostpreußen wurden der Sowjetunion übergeben, wobei die Unterstützung der endgültigen Abtretung in einem Friedensvertrag von den Westmächten zugesagt wurde. *Das übrige Ostdeutschland bis zur Oder-Neiße-Linie wurde bis zu einer endgültigen Friedensregelung Polen zur Verwaltung übertragen.* Frankreich und China wurden eingeladen, einem 5-Mächte-Rat der Außenminister (Sitz London) beizutreten, der zunächst den Friedensvertrag mit Italien, dann die übrigen aufsetzen sollte. Für Deutschland wurde die Herstellung der wirtschaftlichen Einheit und die Einsetzung zentraler deutscher Verwaltungsinstanzen vereinbart. Die Durchführung ist auf den verschiedenen Außenministerkonferenzen (Moskau, London und Paris) nicht gelungen.

Der für die Verwaltung Deutschlands eingesetzte Kontrollrat ist seit 1948 nicht mehr zusammengetreten. Die Errichtung der 2-Zonen-Verwaltung für das amerikanische-britische Besatzungsgebiet und der Zusammenschluß der Länder der drei Westzonen in der Bundesrepublik Deutschland wurde von der Sowjetunion als Bruch des Potsdamer Abkommens bezeichnet, während die Westmächte der Sowjetunion vorwerfen, sie habe durch die Spaltung Berlins und durch eigenmächtige Verwaltung ihrer Besatzungszone das Potsdamer Abkommen verletzt (Der kleine Brockhaus, Jahrgang 1954, S. 263).

Der Aufbau der deutschen Polizei in der Nachkriegszeit richtete sich hauptsächlich danach, in welcher Zone die einzelnen Gebiete lagen.

So ist in der *amerikanischen und auch in der britischen Zone* weitgehend eine *Kommunalisierung der Polizei* eingeführt worden.

Ortspolizeibehörde ist in der Regel der *Bürgermeister*, *Kreispolizeibehörde* der *Landrat* oder in den *Stadtkreisen* der *Oberbürgermeister*, denen *verantwortlich ein Polizeichef (Präsident, Direktor, Kommissar) unterstellt* ist. In der sowjetischen Besatzungszone entstand die Deutsche Volkspolizei. Mit Zustimmung der 4 Besatzungsmächte hatte sich Großberlin am 17. Juli 1946 auf zwei Jahre eine vorläufige Verfassung gegeben. Die Einführung getrennter Währungen führte 1948 zu einer Zweiteilung der Verwaltung (Westberlin und sowjetischer Sektor). Die Stadtverordnetenversammlung von Westberlin beschloß aufgrund des Art. 35 der vorläufigen Verfassung unter Zustimmung des Magistrats die Verfassung von Berlin vom 1. Sept. 1950 (seit 1. Oktober 1950 in Kraft), nach der *Berlin den staatsrechtlichen Charakter eines Landes erhält.* Die Bestimmung, daß Berlin ein Land der Bundesrepublik ist und daß deren Verfassung und Gesetze für Berlin bindend sind, ist suspendiert worden, bis die Hochkommission ihren Einspruch gegen Art. 23 des Grundgesetzes aufgehoben hat. Der Senat besteht aus dem Regierenden Bürgermeister, dem Bürgermeister als seinem Vertreter und höchstens 16 Senatoren. *Durch das Kleine Besatzungsstatut vom 14. Mai 1949 haben die Kommandanten der Westsektoren die Exekutivrechte der Stadtverwaltung in ihren Sektoren geregelt.* Gesetze wurden 21 Tage nach Erhalt durch die Kommandantur rechtskräftig. Diese enthielten u. a. an Hoheitsrechten: „Entmilitarisierung, Reparationen, ausländische Beziehungen, Außenhandel, Devisen, Polizei, Rede- und Pressefreiheit, Bank-, Währungs-, Kreditpolitik und die Kontrolle interner Angelegenheiten, um Geld, Lebensmittel, Versorgungsgüter mit einem Mindestmaß an äußerer Hilfe sicherzustellen."

Die unterschiedlichen Auffassungen und Ziele der Siegermächte, die schon auf der Potsdamer Konferenz sichtbar waren, führten zu politischen Gegensätzen unter den Alliierten, die sich auf den Außenministerkonferenzen in London, Moskau und Paris 1945 und 1946 verschärften. Eine Einigung über Deutschland schien nicht mehr möglich! Die Sowjetunion stimmte keiner Regelung zu, die ihr nicht eine wesentliche Kontrolle auch über die Westzonen einräumte. Die USA entschlossen sich zu einer Eindämmungspolitik des Kommunismus. West und Ost bauten ihren Einflußbereich in Mitteleuropa aus – *ein eiserner Vorhang* entstand! So: die Rede von *Churchill* in Fulton/Missouri im März 1946, wo er sagte: *„von Stettin an der Ostsee bis Triest an der Adria ist ein eiserner Vorhang über den Kontinent herabgegangen"*.

Erst 1947 mit der Truman-Doktrin über den Schutz Griechenlands und der Türkei begann auch die amerikanische Macht zurückzuströmen, die sich mit der überstürzten Demobilisierung von 11 Mill. Soldaten nach Kriegsende von der alten Welt abgesetzt hatte. Mit dem Austritt der Sowjetunion aus dem Alliierten Kontrollrat im März 1948 endete auch die 4-Mächte-Verwaltung. Rechte und Verwaltung der vier Mächte für Berlin und Deutschland als Ganzes blieben jedoch bestehen. In Potsdam waren sich die Siegermächte darüber einig, daß politisches Leben in Deutschland auf demokratischer Grundlage entstehen sollte.

Doch die Vorstellungen von Demokratie waren in Ost und West völlig verschieden. In den Zonen traten getrennte Entwicklungen ein. Die Westalliierten förderten ein föderalistisches System mit konkurrierenden Parteien und freien Wahlen. Die Demokratie sollte von unten nach oben aufgebaut werden und mit der Selbstverwaltung der Gemeinden beginnen. Die Sowjetunion dagegen setzte sofort zentrale Verwaltungsstellen ein und schloß die politischen Parteien zu einem kommunistisch geführten Block zusammen (Siehe Fragen an die deutsche Geschichte, Ideen, Kräfte, Entscheidungen von 1800 bis zur Gegenwart, Katalog der historischen Ausstellung im Reichstagsgebäude in Berlin, 7. Auflage, 1981, S. 365).

Obwohl dies im Potsdamer Abkommen vorgesehen war, behandelten die Alliierten Deutschland von Anfang an nicht als Wirtschaftseinheit. So entstanden langsam zwei verschiedene Gebiete, und zwar ein *Zentralverwaltungswirtschaftsgebiet* auf der einen Seite und ein vorwiegend *privatkapitalistisch orientiertes Gebiet* auf der anderen Seite.

Die Westzonen wurden 1947 durch die USA in ihr wirtschaftliches Hilfsprogramm eingebaut. So wurde ein einheitliches Wirtschaftsgebiet geschaffen, indem die britische Zone und die amerikanische Zone zusammengelegt wurden. Die anschließende Währungsreform, die zuerst in Westdeutschland, dann in Westberlin und schließlich in der SBZ durchgeführt wurde, besiegelte die wirtschaftliche Spaltung endgültig.

Das *Saarland* wurde zunächst unter besonderen wirtschaftlichen Klauseln in das französische Zollgebiet einbezogen. Im Oktober 1955 wurde es durch eine Volksabstimmung mit der Bundesrepublik als dem deutschen Staat der Übergangszeit vereinigt. Vorher waren Elsaß und Lothringen wieder an den französischen Staatsverband zurückgetreten.

Die Polizei mußte in ganz Deutschland neu aufgebaut werden. Dabei war der gemeinsame Wunsch der drei westlichen Besatzungsmächte nach weitgehender Dezentralisierung der Polizei und nach Einschränkung ihrer bisherigen Aufgabengebiete markant. In der Regel ging man so vor, daß man in der jeweiligen Besatzungszone als Vorbild die Polizei des Herkunftslandes heranzog und dementsprechend die Polizei aufbauen wollte. In der *amerikanischen Besatzungszone* wurden im Laufe des Jahres 1945 alle ehemaligen Parteimitglieder der NSDAP nach und nach aus der Polizei entlassen. Bürgermeister und Landräte organisierten nach den Anweisungen der örtlichen zuständigen Offiziere der Besatzungsmacht einen notdürftigen Polizeidienst. Die Beamten versahen zuerst ihren Dienst in Zivil, gekennzeichnet durch eine Armbinde und ohne Waffen. Die ausübende Staatsgewalt lag ausschließlich in den Händen der Besatzungsmächte (*Raible*, Geschichte der Polizei, Stuttgart 1963, S. 108). Besonders schwierig wurde es dann, wenn zwei Besatzungsmächte für ein Bundesland zuständig waren. So etwa die Entwicklung der Verhältnisse in den ehemaligen Ländern Baden und Württemberg, dem heutigen Bundesland Baden-Württemberg. Die USA und Frankreich hatten zunächst die Länder Baden und Württemberg in die drei neuen Länder Baden, Württemberg-Baden und Württemberg-Hohenzollern eingeteilt. Baden und Württemberg-Hohenzollern gehörten zur französischen, Württemberg-Baden zur amerikanischen Besatzungszone.
Wichtig ist in diesem Zusammenhang die Anweisung der Alliierten Hohen Kommission für das Gebiet der Bundesrepublik an die Landeskommissare vom 21. Sept. 1949. In dieser wurde aufgeführt, daß den Ländern in der Bundesrepublik Deutschland hinsichtlich der Organisation der Polizei, der Verwaltung der Polizeidienststellen und Kontrolle der Polizei volle Autorität zu geben sei. Besatzungsstatut, Grundgesetz und jeweilige Landesverfassung sollten jedoch im Einklang hierzu stehen.
Die bis dahin gehende Entwicklung führt *Raible* wie folgt aus: (*Raible*, a.a.O., S. 115)

„In allen drei westlichen Besatzungsgebieten beginnen die Militärbefehlshaber, eine nichtmilitärische, deutsche Schutzpolizei in den Städten, wie vor allem auch auf dem Lande, wieder aufzubauen. Sie umfaßt nur örtliche Dienststellen und hat keine überörtlichen Leistungen.
Gemäß den Beschlüssen der Dreierkonferenz von Jalta vom 11. Februar 1945 gibt die Polizei – nach angelsächsischem Vorbild – alle Bereiche der Verwaltungspolizei an die Selbstverwaltung der Gemeinden, Städte und Kreise ab. Die Polizei soll möglichst dezentralisiert und entstaatlicht werden; ihr wird das Recht genommen, Verordnungen und Strafverfügungen zu erlassen. Die Errichtung selbständiger kommunaler Polizeien in allen Orten mit über 5.000 Einwohnern wird vorgeschrieben. Daneben wird jedoch die Schaffung einer (später dem jeweiligen Innenminister unterstellten) staatlichen Landespolizei für das Gebiet aller Gemeinden unter 5.000 Einwohnern befohlen".

Das Urteil des Internationalen Militär-Tribunals zu Nürnberg wurde verkündet am 30. September und 1. Oktober 1946 (*Heydecker/Leeb*, a.a.O., S. 536ff.). Leider erfüllte es nicht die in dieses Urteil gesetzten Erwartungen (*Kleist*, a.a.O., S. 53). Bemerkenswert war, daß u.a. ein ehemaliger deutscher

Ministerialbeamter und Justitiar der Polizeiabteilung im früheren Preußischen Innenministerium (*Severing*, Mein Lebensweg, Band II, a.a.O., S. 490; *Heydecker/Leeb*; a.a.O., S. 11/12), *Dr. Robert Kempner*, nunmehr als einer der Chefankläger des Anklagestabes der USA öffentlich auftrat. Auch in Nürnberg wurde nicht der „Degen durch den Geist" besiegt, sondern der „Geist des Degens" siegte über die Verlierer! (Zitat von *Napoleon Bonaparte*, hier zitiert bei *Severing*, Mein Lebensweg, Band II, a.a.O., S. 496). Fingerabdrucknahmen in großen Umfange, Denunziationen, Internierungen, Demontagen, Schwarzmarkt, Schiebungen aller Art, Denazifizierungen, Demilitarisierung, Depolitisierung sowie Demokratisierung und Dezentralisierung der Polizei sind die Kennzeichen der Nachkriegszeit (vgl. *Riege*, Kleine Polizei-Geschichte, 3. Auflage, Lübeck 1966, S. 57ff.; *Drews/Wacke/Vogel/Martens*, a.a.O., S. 13). Teilweise ist Ordnung des öffentlichen Lebens und ihr Sinn schwer zu erkennen. „Die Generation ohne Abschied", wie *Wolfgang Borchert* (Draussen vor der Tür und ausgewählte Erzählungen, Reinbek bei Hamburg 1962, S. 124/125, 129ff. (134)) es geschrieben hat, die „ihr Rest-Deutschland wieder lieben wollte, mit verrostetem Helm und verlorenem Herzen hier auf der Welt, in dieser wahn-witzigen Welt", erlebte nun die Vorstellungen der Besatzer, eine „occupatio bellica", so der verstorbene Professor der Rechte und einer der Väter des Grundgesetzes der Bundesrepublik Deutschland *Dr. Carlo Schmid* (Erinnerungen, Bern, München, Wien 1979, S. 282), wobei rechtsstaatliche Prinzipien für die Gestaltung der Beziehungen zwischen den Okkupanten und der Bevölkerung des besetzten Landes Deutschland sich schwerlich durchsetzten, zumal Besatzungsherrschaft „per definitionem" sich rechtsstaatlicher Normierung im einzelnen entzieht. Insofern wurde aus rationalen realpolitischen und planerischen Gründen für eine Entwicklungsinitiierung der Zukunft ein *Besatzungsstatut* erforderlich, das rechtsstaatliches Denken in die Ordnung der Beziehung zwischen Besatzung und Bevölkerung bringen sollte. Diese Zeit des Besatzungsregimes in den Westzonen erlosch erst am 9. Juli 1951 mit der formalen Beendigung des Kriegszustandes. Die Zone ohne die Rechtsgrundlage des Besatzungsstatuts wurde von den Siegern in der Form überbrückt, indem sie mit deutschen „*Hilfspolizisten*" und ihrer eigenen Militärpolizei bzw. ausgesuchten Sondereinheiten und unkonventionellen Methoden den inneren Frieden sicherten, auf „schriftlichen Antrag oder in dringenden Fällen auch mündlich" tätig wurden (so u.a. ein sog. Constabulary Rundschreiben vom 22.11.1946 in der amerikanischen Zone, vgl. Der Spiegel vom 17.11.1980 Nr. 47/1980, S. 126).

So sorgte z.B. in *Oberbayern* die amerikanische polizeiliche Sondereinheit „*2 nd Armoured Cavallry Regiment*" für Ruhe und Ordnung. Ihre Angehörigen wurden in den Polizeiberichten stets ehrfürchtig erwähnt, wenn sie wieder einmal erfolgreich geschossen („shot and killed") und den inneren Frieden gerettet hatten.

Die Überwindung dieser Situation führte zu der Überlegung, daß es Mindestbedingung sein müsse, wie General *MacNarney* auf einer Pressekonferenz im Juli 1946 (*Blomeyer-Bartenstein, Olzog, Närger, Ruprecht, Kaufmann*, Der polizeiliche Eingriff in Freiheiten und Rechte, Frankfurt am Main 1951, S. 5) betonte, unter denen eine deutsche Regierung als demokratisch angesehen werden könne, unter anderem die Anerkennung und Garantie der Persönlichkeit, der Herrschaft des Gesetzes. 1947 forderte die amerikanische Regierung in ihren Richtlinien für General *Clay* in Ziffer 11 d:

„Da die Wiederherstellung eines Rechtszustandes in Deutschland ein Hauptziel der Besatzung ist, haben Sie von allen unter ihrer Kontrolle stehenden Stellen zu fordern, daß sie sich aller Maßnahmen der Willkür und der Bedrückung enthalten".

Wenn sich auch nach dem Besatzungsstatut die Ausübung der obersten Gewalt die Regierungen Frankreichs, der Vereinigten Staaten und Englands in den Westzonen vorbehielten (*Blomeyer-Bartenstein* et al., a. a. O., S. 6/7: ... „The exercise of the supreme authority" ..., S. 13, Anmerkung 5), so sollte doch den deutschen Behörden die Möglichkeit eingeräumt werden, das Polizeirecht zu revidieren und hinderliches Besatzungsrecht aufheben zu lassen. Anhand der sogenannten *Polizeibriefe der Alliierten Hohen Kommission vom 21. September 1949, 3. Juni 1950 und 14. November 1950 wurde den deutschen Ländern die Polizeihoheit zurückgegeben, die die von den Besatzungsmächten vorgegebenen Organisationsprinzipien der Polizei und ihrer Reorganisation in ihre Polizeigesetze einfließen ließen* (*Erbel*, Auf dem Weg zu einem bundeseinheitlichen Polizeirecht, Bonn 1977, S. 10; fortan zitiert als Erbel II, a. a. O., Seitenzahl; *Gintzel*, Die Generalklausel und die Spezialermächtigungen im Polizeirecht, eine vergleichende Untersuchung ihrer Wirkungen auf Rechtsstaatsgemäßheit und Zweckmäßigkeit polizeilichen Verwaltungshandelns, Diss. iur. Münster 1965, S. 4).
Damit war auch die Einengung des Polizeibegriffs verbunden, insbesondere durch die Eliminierung der *Verwaltungspolizei*, nunmehr *Ordnungsverwaltung*, damit Angelegenheit der *Kommunalverwaltung* (*Scupin*, Die Angelegenheiten der öffentlichen Ordnung, in Recht-Staat-Wirtschaft, Bd. II (1950), S. 289 ff.). Zur Vermeidung zukünftigen Polizeigewaltmißbrauchs wurden die Aufgaben der Gefahrenabwehr der Polizei außerhalb unaufschiebbarer Eilfälle entzogen oder den zuständigen Fachbehörden zur Gefahrenabwehr oder den zur Gefahrenabwehr eigens eingerichteten Ordnungsbehörden zugeteilt.
Diese „*Entpolizeilichung*" folgte aus den irrigen Vorstellungen der Besatzungsmächte über die politische Tragweite der Zuständigkeit von Polizeibehörden für weite Bereiche der Verwaltungsaufgaben (*Wöhrle*, Über die Polizei, Vorabdruck „Baden-Württembergische Polizei 1969", S. 7; *Götz*, a. a. O., S. 19).
Diese Entpolizeilichung erfolgte in Bayern, Berlin, Hamburg, Hessen, Niedersachsen, Nordrhein-Westfalen und Schleswig-Holstein (*Drews/Wacke/Vogel/Martens*, a. a. o., S. 13 ff.; *Drews/Wacke*, a. a. O., S. 9/10; vgl. BVerfGE 3, S. 407, 431; *Reichert/Röber*, a. a. O., A II 1), deren Behörden zur Gefahrenabwehr vorrangig die Behörden der allgemeinen Landesverwaltung sind. Hamburg kennt die Zuständigkeit zur Gefahrenabwehr fortan in jeder Landesbehörde in ihrem Geschäftsbereich, andere Bundesländer konstituieren Fachbehörden zur Gefahrenabwehr, Ordnungsbehörden, in Bayern

die Sicherheitsbehörden. Zukünftig wird die Polizei als eigenständige Behörde nur im Zuge der Gefahrenabwehr tätig werden können, wenn die Ordnungsbehörden die Gefahr nicht rechtzeitig abwenden können. Diese Aufteilung der Gefahrenabwehr kennzeichnet man als „*Trennungs- oder Ordnungsbehördensystem*" (*Reichert/Röber*, a.a.O.; *Erbel* II, a.a.O., S. 10/11). Diese organisatorischen Veränderungen haben den materiellen Begriff der Polizei, die Befugnis des Staates zu Eingriffen, unberührt gelassen (*Drews/Wacke*, a.a.O., S. 9; *Gintzel*, a.a.O., S. 4). Der formelle Begriff der Polizei umfaßt in dem vorgenannten Organisationssystem die als „Polizei" bezeichneten Behörden (*Erbel* II, a.a.O.; *Scheer*, II, a.a.O., S. 21, Frage 32).
Das Trennungssystem ist nicht durchgeführt worden in den Ländern Baden-Württemberg, Bremen, Rheinland-Pfalz und dem Saarland. Dort gliedert sich die Polizei in Fach-Verwaltungs-, Polizei und Vollzugspolizei. Insofern sind der materielle und formelle Polizeibegriff identisch. Dieses System bezeichnet man als sog. „*Polizeibehördensystem*". Es gleicht dem System des preußischen Rechtes, insbesondere dem Preußischen Polizeiverwaltungsgesetz. Der Unterschied zwischen den genannten Systemen ist formalen Charakters. Verwaltungspolizei (Ordnungsverwaltung) und Vollzugspolizei sind heutzutage noch die korrespondierenden Begriffe des im Schrifttum eingeführten Doppelbegriffes des Polizei- und Ordnungsrechtes (*Krüger*, Privatrechtsschutz als Polizeiaufgabe, Stuttgart, München, Hannover 1976, S. 14). Rechtliche Grundlagen für die Tätigkeit dieser Behörden sind neben den Spezialgesetzen das allgemeine Polizei- und Ordnungsgesetz des jeweiligen Bundeslandes. Liegt der Fall eines „*lex specialis*" (Spezialgesetzes) nicht vor, so haben die Ordnungs- und Polizeibehörden die erforderliche gleiche Ermächtigungsgrundlage, außer in Bayern und Nordrhein-Westfalen, wo das Trennungssystem auch für die Organisation der Behörden sowie deren Rechtsgrundlagen in der Ausführung des Gefahrenabwehrauftrages gilt (*Gintzel*, a.a.O., S. 4, Fn. 2; *Scholz*, a.a.O., S. 20ff.).
Allen Ländergesetzen ist aber die Aussage gemeinsam, nämlich die Gefahrenabwehr als die zentrale Aufgabe der Polizei- und Ordnungsbehörden (Sicherheitsbehörden) – (*Erbel* II, a.a.O., S. 11). Die Abgrenzung verläuft allgemein in der Art, daß der Polizei die Zuständigkeit zugeschrieben wird für die Strafverfolgung, die Verkehrsüberwachung, die Bekämpfung akuter Gefahren und Störungen (somit Recht des ersten Zugriffs) und den Vollzug von Maßnahmen, deren Durchsetzung den Einsatz spezifischer, vollzugspolizeilicher Machtmittel erfordert (*Erbel* II, a.a.O., S. 12; *Schumann*, a.a.O., S. 4). Man spricht von einer „Notzuständigkeit" der Polizeibehörde, zumal generell der Grundsatz der „subsidiären Zuständigkeit", die „Vollzugshilfe" die Regel sind für Akte der allgemeinen Verwaltung, der kein der Polizei vergleichbarer Exekutivapparat zur Verfügung steht.
Die sog. *Standardbefugnisse der Polizei* finden also ihre Regelung in den Länderpolizeigesetzen, sei es in Form einer Spezialbefugnis oder in Verbindung mit der Generalklausel. Ihre Durchsetzung erfolgt notfalls mit Zwang, der in verschiedenen Ländern durch Verwaltungsvollstreckungsgesetze geregelt ist. Etwaiger notwendiger Einsatz der Anwendung unmittelbaren

Zwanges oder der Waffenanwendung wird polizeirechtlich oder in dem ländereigenen UZwG bestimmt. Diese Standard- und Zwangsbefugnisse sollen künftig auf Länder- und Bundesebene vereinheitlicht werden (vgl. *Riegel*, Gesetze zur inneren Sicherheit, in: Das Parlament, Nr. 3/21. Januar 1978, S. 14). *Das Grundgesetz für die Bundesrepublik Deutschland vom 23. Mai 1949* hat auch Konsequenzen für das Polizeirecht gebracht, zumal der Grundsatz der Rechtsstaatlichkeit, obwohl in Art. 20 GG nicht ausdrücklich aufgenommen, ein elementarer Verfassungsgrundsatz ist (BVerfGE 6, S. 32, 41; *Schmidt-Bleibtreu/Klein*, GG, 4. Auflage, Neuwied, Darmstadt 1977, Art. 20, Rdnr. 9, S. 339, vgl. auch S. 88) mit der Folge, daß jeder belastende Eingriff der Polizei einer Rechtsgrundlage in einem formellen Gesetz oder in der Verfassung bedarf (*Vorbehalt des Gesetzes*), polizeiliche Maßnahmen nicht gegen bestehende Gesetze verstoßen dürfen (*Vorrang des Gesetzes* (siehe Art. 20 Abs. 3 GG, ebenso Art. 80 Abs. 1, Satz 2 GG, Art. 19 Abs. 4 GG; BVerfGE 7, 92f.; 274, 325; 20, 150, 158; 23, 133 m. w. N.)). Ermächtigungshandlungen der Vollzugspolizei müssen folglich durch das in Frage kommende Gesetz nach Inhalt, Gegenstand, Zweck und Auswirkung hinreichend bestimmt und begrenzt sein (*Reichert/Röber*, a. a. O., F 2.3). Ferner müssen die polizeilich erforderlich werdenden Maßnahmen geeignet, erforderlich, verhältnismäßig sein (BVerfGE 10, 117; *Schmidt-Bleibtreu/Klein*, a. a. O., Art. 20, Rdnr. 13, 13a, 11, S. 341). Dies erfolgt allein aus der Idee der Gerechtigkeit und seinem Gebot im Einzelfall, Rechtssicherheit und Gerechtigkeit herbeizuführen (BVerfGE 7, 92; 20, 332; 21, 388; 37, 65).

Wie auch in allen Rechtsbereichen gilt ebenso für das polizeiliche Handeln die Verpflichtung zur Gleichbehandlung von polizeipflichtigen Personen (vgl. Art. 3 Abs. 1 GG; BVerfGE 35, 263, 272; 6, 32, 41; 30, 1, 25f.; BVerfGE 34, 281; BVerfGE 18, 363; 1, 233; 21, 372; *Rinck*, Gleichheitssatz, Willkürverbot und Natur der Sache in JZ 1963, S. 521), wobei die *oberste* Wertentscheidung, die Würde des Menschen, als unabänderbare im Sinne der Artikel 1 Abs. 1, 79 Abs. 3 GG stets zu Gebote steht, damit eine Herabwürdigung des Bürgers zum Objekt der Staatsgewalt vermieden wird (es ist ein umfassendes Gebot: Gleiches gleich, Ungleiches seiner Eigenart entsprechend verschieden zu behandeln und die Gesetze ohne Ansehen der Person gleich anzuwenden..., *Schmidt-Bleibtreu/Klein*, a. a. O., Art. 3, Rdnr. 13, S. 163).

Keine Pflicht einer staatlichen Institution wie die der Polizei ist grundlegender als die, höchste Normen ethischen Verhaltens unter denjenigen aufrechtzuerhalten, die mit der Führung der öffentlichen Angelegenheiten betraut sind. Das Fundament jeder staatlichen leistungsfähigen Exekutive ist das Vertrauen der Öffentlichkeit, und dieses Vertrauen ist gefährdet, wenn sittliche Normen ins Wanken geraten oder auch nur zu geraten scheinen (vgl. *John F. Kennedy*, Dämme gegen die Flut, Frankfurt am Main, Hamburg 1964, S. 89 – Sonderbotschaft über Interessenkollisionen, 27. April 1961). Dieser Pflicht trägt das GG als oberstem Leitsatz, tragen die Polizeigesetze der Länder Rechnung.

Grundsätzlich gilt also, daß die Verhältnismäßigkeit polizeilichen Entschließungsermessens mit ihren Elementen der Geeignetheit, Erforderlichkeit und

Proportionalität jede Phase der Durchsetzung polizeilicher Verfügungen bis hin zur Wahl der Zwangsmittel bestimmt und selbstverständlich den verfassungsrechtlichen Vorgaben entspricht, daß die Anwendung dieser Normen insoweit kongruent diesen zugeordnet werden kann (*Krüger*, Die Beurteilung der Rechtslage als wichtige Voraussetzung einer Lagebeurteilung, in: DIE POLIZEI, Heft 5, Mai 1980, S. 133ff. (136/133)).

Neben der präventiven Gefahrenabwehr im Sinne der Polizeigesetze bzw. der Spezialgesetze zur Gefahrenabwehr besteht eine repressive Strafrechtspflege durch die Polizei, geregelt durch die bundesrechtlichen Bestimmungen von StPO und GVG (*Kühne*, Strafprozeßlehre, Kehl am Rhein, Straßburg 1978, S. 31, Rdnr. 66). Gemäß § 163 StPO ist die Polizei zuständig, wenn tatsächlich Anhaltspunkte bestehen, daß eine strafbare und damit de lege verfolgbare Handlung vorliegt, die Erforschung der Tatumstände und ihnen entsprechende Maßnahmen der Ermittlung zu rechtfertigen. Dieser sogenannte *erste Angriff*, alle unaufschiebbaren Feststellungen und Maßnahmen zur Aufklärung einer Straftat zu treffen, um eine Verdunkelung der anstehenden Sache zu verhüten (*Altmann/Berke-Müller/Bernhardt/Erlich/Uebe/Waldow/Zimmermann*, Handbuch für Führung und Einsatz der Polizei, Kommentar zur PDV 100, Stuttgart, München, Hannover, Ziffer 2.3.2.), in seiner Unterteilung als *Sicherungs- und Auswertungsangriff* spezifiziert, ist eine Rechtmäßigkeitsvoraussetzung und damit Ermächtigung nach § 163 StPO. Dies ist allein im kriminaltechnischen Sinne z.B. von besonderer Bedeutung, da häufig der Straftäter, das Opfer, das Tatmittel und der Tatort gleichzeitig als Spurenverursacher und als Spurenträger in Betracht kommen, damit sowohl Formspuren als auch Materialspuren durch Übertragung interdependent einander bedingen (*Wigger*, Kriminaltechnik, BKA-Schriftenreihe, Band 50, Jahrgang 1980 (1-3), Wiesbaden 1980, S. 8/9).

Zwangsbefugnisse der Polizei außerhalb der §§ 157-177 StPO bestehen nicht. Diese sind in den §§ 81a - 81c, 98, 105, 111a ff., 127 und 164 StPO vorgesehen, wenn eine Einwirkung auf Personen oder Sachen erforderlich wäre aus Sachzwängen heraus. Dies setzt aber voraus, daß die tätig werdenden Polizeibeamten den Status eines Hilfsbeamten der Staatsanwaltschaft innehaben, zumal § 152 Absatz 2 GVG die Landesregierungen ermächtigt, durch Rechtsverordnungen diejenigen Beamten und Angestelltengruppen zu bezeichnen, die Hilfsbeamte der Staatsanwaltschaft sein sollen (*Kühne*, a.a.O., Rdnr. 67, S. 31, ebenso S. 32, Fn. 2; vgl. zum Vorgesagten *Prinz*, Verdachts- und Haftgründe, in POLIZEINACHRICHTEN Nr. 6/Dezember 1980, S. 165ff.).

Der § 81b StPO nimmt innerhalb dieser Vorschriften eine Sonderstellung ein, da erkennungsdienstliche Maßnahmen präventive Gefahrenabwehr und Verbrechensvorbeugung beinhalten, somit als eine spezialgesetzliche ordnungsrechtliche Vorschrift bezeichnet werden kann (VGH Baden-Württemberg in : DÖV 1973, S. 462 m. w. N.). Wird die ersuchte Polizeidienststelle auf Anweisung oder im Wege der Amtshilfe tätig, so beurteilt sich die Rechtslage, die Rechtmäßigkeit und damit Überprüfbarkeit der Maßnahmen, soweit es nicht um die Modalitäten der Durchführung geht, nach dem Recht der Behörde, die die Maßnahme in ihrer Gestalt so angeordnet hat (BVerwG in MDR 1972, S. 265; OVG Berlin in NJW 1973, S. 1246).

Der *Vollzugspolizei auf Länderebene* in Form einer *Schutz-*, *Kriminal-*, *Wasserschutz-*, *Bereitschaftspolizei* und den *Landeskriminalämtern* (vgl. hierzu *Rasch*, Polizei und Polizeiorganisation, Stuttgart, München, Hannover 1977, der für jedes Bundesland die diesem eigene Polizeiorganisation aufzeigt) steht die Vollzugspolizei des Bundes gegenüber. Unter *Vollzugspolizei des Bundes* im engen Sinne können alle die Bundesbehörden angesehen werden, bei denen Polizeivollzugskräfte im Sinne des Bundespolizeibeamtengesetzes (BPolBG) in der Fassung der Bekanntmachung vom 3. Juni 1976 gem. der Definition des § 1 Absatz 1 BPolBG tätig werden. Insofern handelt es sich hier um den *Bundesgrenzschutz*, das *Bundeskriminalamt* und nach § 1 Absatz 2 BPolBG die *Hausinspektion der Verwaltung des Deutschen Bundestages*. Beamte der vorgenannten Institutionen sind Vollzugsbeamte des Bundes nach § 6 Nr. 1 des Gesetzes über den unmittelbaren Zwang bei Ausübung öffentlicher Gewalt durch Vollzugsbeamte des Bundes (UZwG) vom 10. März 1961 (BGBl I, S. 165). Die Anwendung unmittelbaren Zwanges bei der rechtmäßigen Ausübung des Dienstes richtet sich nach diesem Gesetz, so auch der Schußwaffengebrauch. Alle übrigen Bundespolizeibehörden, deren Einrichtung aufgrund der vorgesehenen Möglichkeiten des Artikels 87 GG geschaffen wurden, sind spezielle Fachbehörden, deren Funktionen teils gefahrenabwehrender, kriminalpolizeilicher, verwaltungspolizeilicher Natur sind (*Schmidt-Bleibtreu/Klein*, a. a. O., Art. 87, S. 752 ff.; vgl. insbesondere hier die Randnummer 4, S. 756, in der die verfassungsrechtlichen Besonderheiten der Gestaltung der bundeseigenen Verwaltung aufgezeigt werden (für: BGS, BKA, Verfassungsschutz); lies u. a. auch § 6 Nr. 2 ff. des Gesetzes über den unmittelbaren Zwang bei Ausübung öffentlicher Gewalt durch Vollzugsbeamte des Bundes, deren enumerative Aufzählung einen genauen Überblick über die Vollzugskräfte im allgemeinen gibt)).

XII. Kapitel:

Die westlichen Besatzungszonen

Die Besatzungsmächte übten durch die Besatzungsbehörden die Besatzungsgewalt aus. Daher fungierte bis zum 14.7.1945 der Oberste Befehlshaber der Alliierten Streitkräfte (General *Dwight D. Eisenhower*) und danach in jeder Besatzungszone der *Zonenbefehlshaber* und die Militärregierungen. Durch Proklamation vom 5.6.1945 wurde der Alliierte *Kontrollrat* (bestehend aus den Befehlshabern der 4 Besatzungszonen) gebildet, dem allerdings Befugnisse der vollziehenden und rechtsprechenden Gewalt nicht zustanden.
Mit Einführung des Besatzungsstatuts traten an die Stelle der Zonenbefehlshaber und Militärregierungen die *Hohen Kommissare* der Drei Mächte und die Alliierte Hohe Kommission.

1. Die amerikanische Zone

Die ehemaligen Länder Bayern, Hessen, Württemberg-Baden und Bremen wurden zur amerikanischen Besatzungszone zusammengeschlossen.
Nach dem Titel IX (Nr. 9-212) wurde in Bayern (auch Hessen und Württemberg) für alle Gemeinden unter 5.000 Einwohnern, soweit sich diese nicht eine eigene kommunale Polizei einrichten wollten, eine staatliche Polizei eingerichtet.
Sie wurde in Bayern *Landpolizei*, in Hessen *Gendarmerie* und in Württemberg *Landespolizei* genannt. Der Leiter der staatlichen Polizei, in Bayern und Württemberg-Baden, Präsident der Land- bzw. Landespolizei, in Hessen Direktor der Landgendarmerie wurde dem Innenminister unmittelbar unterstellt.
In Bayern wurden dem Präsidenten der Landpolizei auf der Regierungsbezirksebene die Chefs der Polizei; in Hessen dem Direktor der Landgendarmerie die Gendarmeriebezirksleitung unterstellt, denen ihrerseits auf der Kreisebene wieder Bezirksinspekteure bzw. Kreiskommissariate nachgeordnet wurden. In Württemberg-Baden wurde die gesamte Landespolizei in zwei Direktionsbezirke (nämlich Stuttgart und Karlsruhe) eingeteilt, die ihrerseits in je drei Distriktskommissariate zerfallen waren, die sich auf der Kreisebene aus Kreiskommissariaten zusammensetzten. Die Kriminalpolizei wurde allgemein ihrer Sonderstellung entkleidet und in die allgemeine Polizei eingeordnet.
Aufgrund des Art. 83 der Bayerischen Landesverfassung vom *2.12.1946* mußte in den Gemeinden über 5.000 Einwohner nach den Vorschriften der Militärregierung eine selbständige *kommunale* Polizei eingerichtet werden. Die

Gemeindepolizei wurde Teil der Gemeindeverwaltung, aber als besondere Einheit.
In Hessen und Bayern bestand noch neben der allgemeinen staatlichen und kommunalen Polizei die *Staatliche Grenzpolizei*, die in Bayern noch einige Zeit an der innerdeutschen Grenze Dienst tat, nunmehr aber nur noch an der Grenze zur DDR und nach dem Auslande eingesetzt ist. Die Grenzpolizei unterstand in Bayern der Landesgrenzpolizeidirektion, die ihrerseits dem Minister des Innern verantwortlich für ihre Tätigkeit war. In Württemberg-Baden wurde eine Grenzpolizei nicht aufgestellt.
Wenn man die Vorschriften des Titels IX dann weiter durchforstet, so stellt man fest, daß die Verwaltungspolizei aufgehoben worden war und daß die Verwaltung innerhalb der Polizei grundsätzlich nur die Angelegenheiten des eigenen Betriebes der Polizei in verwaltungsmäßiger Hinsicht bearbeiten durfte.
Im Gegensatz zur britischen Zone durfte man in der amerikanischen Zone noch bestimmte Teilgebiete von der Polizei durchführen lassen, und zwar das Paß- und Ausweiswesen, die polizeilichen Leumundszeugnisse, verkehrspolizeiliche Angelegenheiten – wie z.B. Zulassung und Registrierung von Kraftfahrzeugen –, das Meldewesen und die Ausübung der Polizeiaufsicht sowie die Überwachung von öffentlichen Lotterien.
Zur reinen Verwaltungstätigkeit wurden dagegen in Bayern das Bauwesen, das Feld- und Postwesen, das Gesundheits- und Veterinärwesen, die Prüfung von Genußmitteln und der Märkte, das Gewerbewesen und die Gewerbeaufsicht. Die Regelung in Hessen und in Bremen wurde ähnlich durchgeführt, doch mit einigen Abweichungen hinsichtlich der verwaltungspolizeilichen Aufgabenbereiche, auf die aber nicht extra näher eingegangen werden soll. Hinsichtlich der einzelnen Gesetze, die die Militärregierung dann zum Vollzug erließ, wird auf die Ausführung im Teil Bayern bzw. Hessen, Bremen und Baden-Württemberg Bezug genommen. So fiel z. B. das sog. Zwangsgeld durch Titel IX Ziffer 430c in Verbindung mit einer ausdrücklichen Anordnung der Landesmilitärregierung Hessen vom *2.5.1947* fort.
Im allgemeinen wurde eingeführt, daß die Polizeibehörden polizeiliche Angelegenheiten nicht mehr generell durch Polizeiverordnungen regeln durften. Rechtsquelle für diese Neuordnung war eine Anordnung des Hauptquartiers der US-Streitkräfte für die Verwaltung in Europa, betr. Verwaltung der Militärregierung in der US-Zone Deutschlands, und zwar mitgeteilt in Hessen durch eine Anordnung der Militärregierung vom 21. 1. 1946 in Verbindung mit Titel IX für das öffentliche Sicherheitswesen. In Hessen gliederte der Minister des Inneren mit Erlaß vom *13.8.1948* die Direktion der Landesgendarmerie seiner eigenen Dienststelle, die Gendarmeriebezirksleitungen den Regierungspräsidenten und die Kreiskommissariate den Landräten ein. Die bisher selbständigen, nur ihren vorgesetzten Polizeidienststellen unterstellten Dienststellenleiter der Polizei wurden damit wieder Dezernenten bzw. Sachbearbeiter innerhalb der betreffenden Verwaltungsbehörden. Wie schon aufgezeigt, gehörte zur amerikanischen Zone auch die Hansestadt Bremen.

Nach dem Bremischen Gesetz über die Rechtsverhältnisse der Polizei vom 2.8.1947 (Brem. Ges. Bl. S. 128) ist die Polizei an sich eine Selbstverwaltungsangelegenheit der Stadtgemeinden Bremen und Bremerhaven, die in ihrem Stadtgebiet die Aufgaben der Polizei ausüben, die erforderlichen Polizeikräfte unterhalten und die polizeilichen Gesetze und Verordnungen nach Maßgabe der Gemeindeverfassung erlassen. Dabei ist in Bremen zu beachten, daß es sich hier nicht nur um eine Stadt, sondern auch gleichzeitig um ein Land handelt, so daß man davon sprechen konnte, daß eine staatliche wie eine Selbstverwaltungsangelegenheit hier geregelt worden war. Wichtig ist, daß in Bremen auch die verwaltungspolizeilichen Angelegenheiten bei der Exekutive verbleiben, wie z.B. das Melde-, Paß-, Kennkarten- und Ausländerwesen sowie die Staatsangehörigkeitsangelegenheiten, das Gesundheits-, Lebensmittel- und Veterinärwesen, Leichen- und Nachlaßsachen, Amtshilfe, Beglaubigungen und Bescheinigungen. Weitere Ausführungen siehe bei den Bundesländern, die die Besatzungszone der Amerikaner darstellten.

2. Die britische Besatzungszone

Die ehemaligen Länder Niedersachsen, Nordrhein-Westfalen, Schleswig-Holstein und Hamburg wurden zur britischen Besatzungszone zusammengeschlossen.

Die Britische Militärregierung regelte die Organisation und Zuständigkeit der Polizei in ihrer Zone durch die Verordnung BAOR 38708/30/G (SDO 1 b) vom 25.9.45.

Danach sollte es in der Provinz Westfalen zehn unabhängige Polizeieinheiten geben.

Aufgabengebiet und Verantwortung des Polizeipräsidenten der Provinz Westfalen wurde damals von Colonel *G. Ingham*, Public Safety 307 P Mil Gov Det umschrieben:

1. Der Polizeipräsident ist der Leiter der Polizeiabteilung „Allgemeine Provinzial Angelegenheiten" des Oberpräsidiums, Münster.
2. Er ist ebenso Berater des Chefs-Offiziers des Public Safety (Abt. Öffentliche Sicherheit) für die Provinz Westfalen in bezug auf allgemeine deutsche Polizeiangelegenheiten.
3. Die höchste Stelle deutscherseits für die Kontrolle der Vollzugspolizei wird beim Regierungsbezirk (RB) sein und später unabhängig beim Stadt Kreis (SK) Hauptquartier, unter der Aufsicht der Militärregierung, Abt. Public Safety. Der Polizeipräsident wird daher keine Verantwortung haben in Verbindung mit der Vollzugskontrolle dieser Kräfte. Jede derartige Kontrolle erfolgt durch die PS Kanäle.
4. Seine Verantwortung, abgesehen von Ratschlägen, welche er dem Chef-Offizier der Provinzabt. Public Safety in anderen Angelegenheiten unterbreitet, ist nur verwaltungstechnischer Art.
5. Jede herauszugebende Anordnung ist an den Chef-Offizier der Polizei des

Regierungsbezirks (RB) und später an den unabhängigen Stadtkreis (SK) zu berichten.

6. Die herauszugebenden Instruktionen sind zweifacher Art:
   a) solche, welche der Ermächtigung des Chef-Offiziers der Abt. PS der Provinz bedürfen (siehe Anhang A)
   b) solche, welche ohne jede solche Ermächtigung herausgegeben werden können (siehe Anhang B).
7. Abschriften aller Anordnungen, die unter Abt. 6a herausgegeben wurden, müssen dem Hauptquartier der Provinzabt. Public Safety überreicht werden, damit dieselben durch die PS-Kanäle zur Information weitergesandt werden können.
8. Alle Angelegenheiten, welche in den Anhängen A und B nicht enthalten sind, werden von der Abt. PS behandelt.

Aus dem Auszug der Richtlinien für die „Öffentliche Sicherheit":

Kontroll-Kommission.

3. Die Befehlsgewalt des Staates über die Polizei ist aufgehoben und die Überwachung der Polizei wird den in folgenden Paragraphen bezeichneten Behörden übertragen werden. Dies bedeutet das Verschwinden der Schutzpolizei des Reiches, der Gendarmerie und Kriminalpolizei als staatliche Organisationen.

4. Das Polizeiwesen der größeren Städte

In jedem Stadtkreis mit einer Bevölkerungszahl von 10.000 oder mehr wird eine gesonderte Polizeitruppe geschaffen mit eigenen Spezialkräften für innere Angelegenheiten, wie Kriminal-, Verkehrs- und Verwaltungsabteilungen. Jede dieser gesonderten Stadtkörperschaften wird unter dem Befehl und der Leitung der Exekutive eines ausgewählten führenden Polizeioffiziers stehen.

5. Das Polizeiwesen des Regierungsbezirks

Für jeden Regierungsbezirk oder gleichwertiges Gebiet (die Länder Oldenburg, Braunschweig und Lippe werden als gleichwertige Gebiete angesehen) wird es nur eine Polizeikörperschaft geben. Diese Körperschaft wird aus geeigneten Elementen der Gendarmerie und der Schutzpolizei gebildet, die jetzt in den kleinen Stadtkreisen (unter 100.000) bestehen. Sie wird mit eigenen Spezialkräften für innere Angelegenheiten organisiert werden. Eine jede solche Körperschaft wird von einem Polizeioffizier mit einer angemessenen Anzahl von Assistenten befehligt.

6. Die Polizeigewalt jedes Regierungsbezirks wird in geeignete Abteilungen, Unter- und Unterste Abteilung gegliedert werden und zwar in der Weise, daß im Polizeiwesen der Kreise und Städte so wenig Unruhen wie möglich im Anfangsstadium entstehen, und die Gliederung bleibt so lange in Kraft, wie sie für das Polizeiwesen wirksam und für die Zwecke der Militärregierung geeignet ist.

7. Örtliche Polizeibehörden

a) Unter den gegenwärtigen Verhältnissen werden in den Polizeibezirken der Stadtkreise und des Regierungsbezirks der Oberbürgermeister und der Regierungspräsident die örtliche Polizeibehörde darstellen. In der Hansestadt Hamburg wird der regierende Bürgermeister die örtliche Polizeibehörde sein, in den Ländern Oldenburg und Braunschweig die Innenminister und im Land Lippe der Landespräsident. In Ausübung der Verwaltungsfunktionen der örtlichen Polizeibehörde wird der Regierungspräsident mit den Oberbürgermeistern der Städte des Regierungsbezirks, die keine eigene Polizei haben, zusammenarbeiten, sowie mit dem Landrat hinsichtlich der Kreise.

b) Es werden sobald wie möglich verantwortliche Polizeibehörden gebildet werden, die den örtlichen Magistrat und gewählte Mitglieder des örtlichen Verwaltungsrates vorstellen, der aus berufenen Vertretern besteht, die gemäß den Anweisungen, die dafür herausgegeben werden sollen, aufgestellt werden. Die Polizeibehörden werden jedoch satzungsmäßige Körperschaften sein, die für die verwaltungsmäßige Überwachung der Polizei verantwortlich sind und – getrennt von der örtlichen Verwaltung – ihre Funktionen ausüben.

c) Die vorläufigen und ständigen Polizeibehörden, wie sie unter a) und b) bezeichnet sind, werden unter der Oberaufsicht der Militärregierung für die Finanzen, Genehmigung von Einrichtungen, Beschaffung von Gebäuden und Ausstattung verantwortlich sein. Sie tragen keine Verantwortung für Disziplin, Beförderungen, Ernennungen, Disposition der Polizei und polizeiliche Unternehmungen. All dies sind Funktionen des führenden Polizeioffiziers unter der Aufsicht der Militärregierung.

Bezüglich b) und c) werden getrennte Anweisungen herausgegeben.

Anhang ‚A'

Angelegenheiten, welche dem PS unterbreitet werden müssen

1. Errichtung, Organisation von Polizei-Ämtern.
2. Veröffentlichungen des Polizei-Amtsblattes und Information.
3. Veröffentlichungen von Polizei-Angelegenheiten in der Presse.
4. Beschaffung von Unterkunftsräumen und Büros für die Polizei.
5. Uniformen und Ausrüstung.
6. Dienstbedingungen, Gruppe der Gehälter usw.
7. Disziplin-Kodex und Strafreglement.
8. Mitteilungen.
9. Bedingungen der Rekrutierung und der Rekrutierungs-Propaganda.
10. Allgemeine Polizei-Anordnungen und Organisationen.
11. Verwaltungs-Angelegenheiten betr. Wasserschutzpolizei.

Anhang ‚B'

Angelegenheiten, welche dem PS nicht unterbreitet werden müssen

1. Krankheit, Unfälle, Tod und Medizinal-Amt der Polizei.
2. Polizei-Eigentum.

3. Beschaffung von Fahrzeugen.
4. Beschaffung von Landkarten, Ausbildungsmaterial, Papierwaren und gedruckten Sachen.
5. Gesundheit der Polizei.
6. Wohlfahrt der Polizei.
7. Wirtschaftliche Organisation der Provinzial-Polizeischule.

Von: – 110 RB Mil Gov Det 110/PS/352 3 Dec 45

Betrifft: Neuorganisation des Aufbaues der deutschen Polizei in der britischen Zone

1. Die Verordnung der Militärregierung BAOR/38708/30/G (SDO 1b) vom 25. September 1945 bestimmt, daß es in der Provinz Westfalen 10 unabhängige Polizei-Einheiten geben soll. Drei von diesen sind im RB Münster.
   a) Stadtkreis Münster,
   b) Gelsenkirchen-Buer,
   c) RB-Münster – der ganze RB mit Ausnahme von a) und b).
2. a) und b) sind daher die einzigen Stadtpolizeien im RB. Recklinghausen, Gladbeck, Bottrop, Bocholt gehören in polizeilicher Hinsicht zum Regierungsbezirk c). Im Folgenden sind die Gebiete angegeben, für die die 3 Polizei-Einheiten verantwortlich sein werden:

Polizei-Einheit	*Gebiet*	*Vorübergehende örtliche Polizei-Behörde*
RB Münster	SK Bottrop SK Recklinghausen SK Bocholt LK Borken SK Gladbeck LK Burgsteinfurt LK Münster LK Beckum LK Tecklenburg LK Warendorf LK Coesfeld LK Recklinghausen LK Lüdinghausen LK Ahaus	Reg. Präs. Münster
SK Gelsenkirchen	SK Gelsenkirchen	Oberbürgermeister von Gelsenkirchen
SK Münster	SK Münster	Oberbürgermeister von Münster

3. Die Einrichtung der Stadtpolizeien in Münster und Gelsenkirchen wird einen Wechsel in der Frage der Zuständigkeiten herbeiführen. Diese werden nicht länger mehr unter der Aufsicht und Kontrolle des Regierungspräsidenten stehen.

4. Die oberste Polizeibehörde für die Polizei in den Stadtkreisen Münster und Gelsenkirchen wird vorübergehend der Oberbürgermeister dieser Städte sein.

5. Die oberste Polizeibehörde für die Polizei im übrigen Gebiet des Regierungsbezirks wird vorübergehend der Regierungspräsident sein.

6. Die Befehlsgewalt der Public Safety (Militärregierung) wird bleiben wie bisher, d.h. alle Public Safety Offiziere in den 3 Polizei-Einheiten des Regierungsbezirks sind dem leitenden Public Safety Offizier für den Regierungsbezirk gegenüber verantwortlich.

7. Bitte benachrichtigen Sie alle Polizeibehörden im RB von dieser Neuorganisation.

Der Generalinsepekteur der Control Commission for Germany (BE) Public Safety Branch ordnete zur Neuorganisation der deutschen Polizei an:

1. ....

2. Es ist beabsichtigt klar zu machen, daß die Verwaltungspolizei, sowohl als Organisation wie als Bezeichnung für eine Sparte der Polizei, aufgehört hat zu bestehen. Es wird in Zukunft keine Angehörigen der Verwaltungspolizei mehr geben noch wird es irgendwelche verwaltungsmäßigen Funktionen der Polizei geben, wie die Besichtigung von Bäckereien, Gebäuden usw.

3. Der früher als Verwaltungspolizei beschäftigte Personenverband wird aufgelöst. Eine gewisse Anzahl dieser Leute wird benötigt für die innere Organisation jeder Polizei-Einheit (Polizei-Macht) zur Beschäftigung mit rein innerpolizeilichen Verwaltungsangelegenheiten und für Schreibarbeit; und eine tragbare Anzahl von früheren Angehörigen der Verwaltungspolizei kann für diese Pflichten wiedereingestellt werden.

4. Solch ein Stab von Schreibern und Verwaltungsbeamten, wie er benötigt wird, wird nicht als Polizei angesehen werden, noch wird er zur Polizei gerechnet werden. Sie werden keine Uniform tragen und sie werden nur reine Angestellte und Beamte (öffentliche Diener) sein und werden unter die „Verordnung für die Zivilregierung und Verwaltung" fallen, die in kurzer Zeit herauskommen wird. Die Anzahl dieser so beschäftigten Personen wird angegeben werden unter der Überschrift „Verwaltungspolizei in Anhang „D" der Verordnung der Militärregierung über die Neuorganisation des deutschen Polizei-Systems in der britischen Zone". Es steht jedoch fest, daß diese Überschrift etwas irreführend ist im Hinblick auf die oben gemachten Bemerkungen. Diese Personen werden nicht eingerechnet werden bei der Aufstellung des Etats, der 10.000 aktive Polizeibeamte für ihre Provinz vorsieht.

5. Jene Angehörigen der Verwaltungspolizei, die wieder eingestellt werden, werden bezahlt werden nach ihrer verwaltungsmäßigen Fähigkeit, in Übereinstimmung mit den für solche Ernennungen üblichen Gehaltssätzen je nach dem Orte, an dem sie beschäftigt sind.

6. Jene Angehörigen der Verwaltungspolizei, die in dem oben angegebenen Sinne nicht wieder eingestellt worden sind, werden wahrscheinlich von den örtlichen Behörden benötigt werden zur Ausführung jener Funktionen, die nicht mehr länger als Polizeifunktionen angesehen werden, da der größte Teil dieser Arbeit

weiterlaufen wird, wenn auch nicht mehr in Verbindung mit der Polizei. Es muß den örtlichen Behörden bekannt gegeben werden, daß solche Leute nicht länger mehr als Verwaltungspolizei bezeichnet werden dürfen und daß sie Schreib- und Verwaltungspersonal im Stabe der örtlichen Behörden sein werden.

7. In diesem Zusammenhang soll auch erwähnt werden, daß es vorgesehen ist, daß das Meldewesen, das früher von der Verwaltungspolizei geführt wurde, in Zukunft eine Aufgabe der örtlichen Behörden sein wird. Die Abteilung für Verwaltung und zivile Behörden hat ihre Zustimmung gegeben. Eine kleine Anzahl dieser Leute muß jedoch auf den örtlichen Polizeistationen zurückbehalten werden zur Durchführung der Meldung von Ausländern, die auch weiterhin eine Aufgabe der Polizei bleiben wird. Es ist vorgesehen, besondere Verordnungen über diesen Gegenstand in Kürze herauszugeben.

Anhang ‚A'

Gewalt und Aufgaben der deutschen Polizei

Einführung

1. Die Verordnung der Militär-Regierung über „Die Reorganisation des deutschen Polizeisystems in der britischen Zone" besagt, daß die vollständige Entfernung *der Polizei* von aller richterlichen und gesetzgebenden Gewalt eines der Ziele in der *Reorganisation* des *deutschen Polizeisystems* sein soll. Paragraph 14 der Verordnung umschließt folgendes:
„Sie (die deutsche Polizei) darf auf keinen Fall irgendwelche gesetzgebenden oder richterlichen Funktionen ausüben, es ist besonders wichtig, daß kriminelle Vergehen angeklagter Personen ohne Aufschub zur Verantwortung gezogen und nur in Polizeihaft unter der gewöhnlichen Bewachung und Beschränkung im Hinblick auf ihre schnelle Vorführung vor einem angemessenen Gerichtshof gehalten werden".

2. In dem Bezug nehmenden auf die o.a. Verordnung werden diese Richtlinien durch folgendes näher erläutert:
„Es wird jedoch anerkannt, daß es infolge Mangels an gerichtlichen Einrichtungen in gewissen Gebieten der britischen Zone dienlich sein wird, einen Teil der ausgeübten Gewalt für eine gewisse Zeit dort beizubehalten, wo diese Gewalt noch durch die deutsche Polizei ausgeübt wird.
Es wird betont, daß diese Vollmachten nur in den Gebieten weiterbestehen werden, wo sie ausgeübt worden sind, sie sind mit Wirkung des Datums der genannten Verordnung ausschließlich auf richterliche Vollmachten in Hinsicht auf Verkehrsvergehen zu beschränken".

3. Das Ziel dieses Memorandums ist die Verstärkung der in Paragraph 2 oben genannten Anordnungen.

4. In der Vergangenheit übte die deutsche Polizei richterliche und gesetzgebende Tätigkeit durch folgendes aus:
   a) Polizeiverordnung,
   b) Polizeiverfügung,
   c) Gebühren-pflichtige Verwarnung,
   d) Strafverfügung.

5. In einigen Gebieten der britischen Zone ist die Macht der deutschen Polizei und der deutschen Polizeibehörden hinsichtlich a) – d) oben schon aufgehoben. In solchen Gebieten wird die vollständige Aufhebung dieser Macht wirksam bleiben. Wo diese Aufhebung noch nicht stattgefunden hat, haben in Zukunft folgende Anordnungen zu gelten.

6. *Polizeiverordnung – Police-Orders*
Soll nicht länger durch die Polizei oder Polizeibehörden in ihrer Eigenschaft als solche bekanntgemacht werden. Es wird erwogen, daß die bisher durch die Polizei und Polizeibehörden ausgeübte Tätigkeit hinsichtlich dieser Verordnung evtl. von dem örtlichen Regierungsausschuß von benannten Vertretern zu übernehmen ist, der in Übereinstimmung mit den erlassenen Anordnungen gebildet wird.

7. *Polizeiverfügung – Specific Police Orders*
Die Zwangsmittel zur Sicherung der Durchführung solcher Verfügungen, nämlich Ersatzvornahme, Zwangsgeld, Zwangshaft, unmittelbarer Zwang, sollten ebenfalls abgeschafft werden. Wo immer ein solches Vorgehen anwendbar ist, wird Nichtbeachtung des Gesetzes, nachdem die Übertretungen klar herausgestellt worden sind, mit den Vorgängen einer Strafverfügung (siehe weiter unten) bestraft.

8. *Gebührenpflichtige Verwarnung – Warning Fee*
Diese soll nicht länger erteilt werden. Gewöhnlich war ihre Anwendung auf kleinere Verkehrsvergehen begrenzt. In Zukunft sind diese Fälle, wenn erforderlich, durch Strafverfügungen zu behandeln.

9. *Strafverfügungen – Penal Orders*
   a) Die Vollmacht der Polizei, Strafen durch Strafverfügungen zu verhängen, soll scharf auf Verkehrsvergehen begrenzt sein. Es muß klar verstanden werden, daß es Aufgabe der Polizeibehörde ist, diese Strafbefehle zu erlassen, unter keinen Umständen sollen diese Vollmachten auf den Chef-Offizier der Polizei übertragen werden.

   b) Polizeibehörden für die verschiedenen Einheiten sind im Paragraph 7 a) der Mil Gov-Verordnung, auf die in Paragraph 1 oben Bezug genommen wird, erläutert. Sobald wie die Vollmachten dieser „einstweiligen" Polizeibehörden auf bestehende Ausschüsse – wie in Paragraph 7 der Verfügung ersichtlich – übergehen, hat die Erlassung von Strafverfügungen aufzuhören.

   c) Das deutsche Gesetz sieht vor, daß die durch den Erlaß einer Strafverfügung betroffene Person
   (i) die richterliche Entscheidung innerhalb einer Woche nach Erhalt der Strafverfügung anrufen kann oder
   (ii) Klage bei der Höheren Polizei-Behörde führen kann.
   Die Verordnung betr. Polizei-Behörden in Paragraph 7 der Mil Gov-Verfügung sieht nur eine einzelne Polizei-Behörde für je Einheit vor. Anrufung einer Höheren Polizei-Behörde ist daher nicht länger möglich, folglich kann jede durch den Erlaß einer Strafverfügung infolge eines festgelegten Verkehrsvergehens betroffene Person nur die richterliche Entscheidung dem bestehenden Verfahren gemäß anrufen. Die Form der Verfügung ist entsprechend zu berücksichtigen.

d) Strafverfügungen sind im Falle Jugendlicher nicht zu erlassen (Personen, die z.Zt. des Vergehens mindestens 14, aber noch nicht 18 Jahre alt sind).
e) Durch Strafverfügung verhängte Strafen sind daher begrenzt auf
   - Haft, nicht mehr als 14 Tage (mindestens 24 Stunden).
   - Höchstgeldstrafe von 150,-- RM.
   - Haft anstatt Geldstrafe oder Nichtzahlung der Geldstrafe (höchstens 6 Wochen).
   - Beschlagnahme des Corpus Delicti.
   - Haft *und* Geldstrafe in besonderen Fällen.

   Diese Strafen sind jetzt zu beschränken auf:
   - eine Höchstgeldstrafe von 150,-- RM.
   - Im Falle der Nichtzahlung der Geldstrafe nach einer Zeit von 3 Wochen vom Ausstellungsdatum der Strafverfügung an gerechnet (dieser Zeitpunkt ist 3 Wochen nach dem Zeitpunkt des Eingangs der Strafverfügung, vorausgesetzt, daß keine richterliche Entscheidung angerufen wurde) kann statt dessen Inhaftierung bis zu einer Höhe von *3 Wochen* verhängt werden.

10. Unter Berücksichtigung der oben erwähnten Beschränkungen, bleibt das bestehende Verfahren und die Einrichtungen hinsichtlich Erlaß von Strafverfügungen, wie Einschränkung der Verfolgung, Einschränkung in der Vollstreckung, Anruf einer richterlichen Entscheidung, Kosten der polizeilichen Verfahren, Form der Strafverfügungen etc., weiter bestehen.

Abdruck

Dienststelle des Stellv. Militär-Gouverneurs und Chef des Stabes (Britische Zone) Kontroll-Kommission für Deutschland (Britischer Sektor) Zimmer Nr. 49 Lübbecke BAOR

Betr.: Richterliche und gesetzgebende Funktionen der deutschen Polizei

Bezug: BAOR 38708 30 G (SDO. 1b) dated 25. Sept. 45

1. Im Anhang „A" zu diesem Schreiben (zur Verteilung hinab bis zu den K Detachments) ist eine Verfügung, die Ziff. 14 und Ziff. 1 (H) der „Mil Gov Anordnung über die Reorganisation des deutschen Polizeisystems in der britischen Zone" erweitert.

2. Die Anordnung setzt fest, daß:
   a) alle richterliche und gesetzgebende Gewalt, die durch die deutsche Polizei ausgeübt wurde, ohne Vorzug abgeschafft werden soll, mit Ausnahme der Ausgabe von Strafverfügungen bei kleineren Verkehrsunfällen.
   b) Der Erlaß von Strafverfügungen wie in Ziff. (a) soll auf solche Gebiete begrenzt werden, wo ein solcher Erlaß nicht bereits abgeschafft wurde. Vergehen, für die ein derartiger Erlaß ergeht, sollen auf Übertretungen der Verkehrsgesetze beschränkt werden.
   c) Strafverfügungen sollen nicht für Jugendliche erlassen werden.
   d) Die Dauer der Haft, die bei Nichtzahlung der Geldstrafe verhängt werden kann, ist von 6 auf 3 Wochen herabzusetzen.

3. In Übereinstimmung mit Ziff. 14 der „Mil Gov Anordnung über die Reorganisation des deutschen Polizeisystems in der britischen Zone" ist gleichzeitig

beabsichtigt, der deutschen Polizei alle richterlichen und gesetzgebenden Vollmachten zu entziehen. Der derzeitige hohe Arbeitsanfall bei den Gerichten macht jedoch die vorübergehende Beibehaltung des Verfahrens mit Strafverfügungen notwendig. Diese Lage wird in einer Zeit von 3 Monaten wieder überprüft. Dann wird es wahrscheinlich durchführbar sein, der deutschen Polizei die Vollmacht zum Erlaß von Strafverfügungen wieder zu entziehen. Diese vollkommene Entziehung ihrer richterlichen und gesetzgebenden Gewalt hat bereits in Schleswig-Holstein und in der Nord-Rhein-Provinz stattgefunden.

4. Der Erlaß von Strafverfügungen durch Polizei-Behörden wird nicht durchführbar sein, wenn die Befugnisse der Polizei-Behörden, die z.Zt. durch den Oberbürgermeister oder Regierungspräsidenten dargestellt werden, auf Stehende Ausschüsse übergehen, die aus berufenen Ratversammlungsvertretern zusammengesetzt sind (wie aus Ziff. 7 der Mil Gov Anordnung über die Reorganisation des deutschen Polizeisystems in der britischen Zone ersichtlich). Wenn daher solch Stehende Ausschüsse vor Ablauf der 3 Monate gebildet sind, wird ein Verbot zur Erlassung von Strafverfügungen in jenen Gebieten, wo die Stehenden Ausschüsse die Polizei-Behörden darstellen, notwendig sein.

gez.
für Generalleutnant
Stellv. Militär-Gouverneur und
Chef des Stabes (Britische Zone)

Abschriften an: Verteiler pp.

Hinsichtlich der Kriminalpolizei in der britischen Zone ist zu sagen, daß bis zum Kriegsende die Preußische Landeskriminalpolizei durch den Runderlaß des Preußischen Ministeriums des Innern vom 20.5.1925 für das Gebiet des Freistaates Preußen eine Regelung geschaffen hatte. Kurz vorher war das Reichskriminalpolizeigesetz vom 21.7.1922 gescheitert, denn die Länder hatten dagegen Widerstand gezeigt.
Da das Reichskriminalpolizeigesetz nicht in Kraft trat, hatten dann einige Länder Initiativen gezeigt, vor allem Preußen, und ein eigenes Recht geschaffen.
Im *Jahre 1945* war nun die Kriminalpolitik wieder einmal vor das brennende Problem einer Verbrechensbekämpfung gestellt worden, dessen Lösung weniger in den Ursachen des Verbrechens als vielmehr in der Überwindung äußerer Umstände zu suchen war. Eine durch die lange Dauer des Krieges stark herabgesunkene Moral, die Freilassung eines großen Teils der Sicherungsverwahrten, der Berufsverbrecher und kriminellen Zigeuner sowie Asozialen, der verlorene Krieg selbst und eine daraus resultierende Wirtschaftskrise und zu erwartende Arbeitslosigkeit großen Ausmaßes, schließlich der aus dem Osten kommende gewaltige Flüchtlingsstrom gaben und werden dem Verbrechertum weiterhin starken Auftrieb geben (siehe *Paar*, 1.Jg. 1947, Polizei-Zeitung, Hannover, S. 21). Die neue Kriminalpolizei in der britischen Zone wurde keine selbständige Fachsparte mehr, sondern bildete nach der

fachlichen Anweisung zur Reorganisation der Kriminalpolizei in der britischen Zone nur einen Teil der Gesamtpolizei. Die früher in Schutzpolizei, Gendarmerie und Kriminalpolizei geschiedene Polizei bildete nun in einem bestimmt abgegrenzten Polizeigebiet eine Einheit unter der Leitung eines Chefs der Polizei. Das Wesen dieser Einheitspolizei bestand darin, daß es nur noch eine Polizei in Stadt und Land gab, innerhalb welcher die mit der Verbrechensbekämpfung betrauten Zivilkleidung tragenden Beamten Kriminalbeamte genannt wurden, wobei ein Übergang von der einen zur anderen Sparte jederzeit möglich war, falls sich hierzu eine dienstliche Notwendigkeit ergab. Jeder Regierungsbezirk bildete ein in sich geschlossenes Polizeigebiet. Städte mit gewöhnlich 100.000 Einwohnern und mehr wurden aus dem Verband eines Regierungsbezirkes herausgenommen und erhielten eine selbständige Stadtkreispolizei. Die in der britischen Zone vorhandenen Regierungsbezirks- und Stadtkreispolizeigebiete sind folgende gewesen:

1. Im Land Nordrhein-Westfalen

SK Düsseldorf	RB Düsseldorf
SK Krefeld-Uerdingen	
SK Mönchen-Gladbach	
SK Essen	
SK Oberhausen	
SK Duisburg	
SK Mülheim	
SK Wuppertal	
SK Solingen	
SK Remscheid	
SK Aachen	RB Aachen
SK Köln	RB Köln
SK Bonn	
SK Münster	RB Münster
SK Bielefeld	RB Minden
	RB Lippe-Detmold
SK Dortmund	RB Arnsberg
SK Hagen	
SK Hagen	
SK Bochum	
SK Gelsenkirchen	

2. Im Land Niedersachsen

SK Hannover	RB Hannover (einschl. Schaumburg-Lippe)
	RB Stade
	RB Lüneburg
SK Braunschweig	RB Braunschweig
	RB Hildesheim
	RB Oldenburg
	RB Osnabrück
	RB Aurich

3. Im Land Schleswig-Holstein

SK Lübeck
SK Kiel
RB Schleswig-Holstein

4. Hansestadt Hamburg

SK Hamburg

Die Hansestadt Bremen stellt mit SK Bremerhaven-Wesermünde eine US-Enklave in der britisch besetzten Zone dar, welche aber mit der SK- und RB-Polizei der britischen Zone Hand in Hand arbeitet.
Auf Wasserstraßen bzw. auf Eisenbahngelände sind ferner noch die Wasserschutzpolizei-Gruppen Rhein-Westfalen, Niedersachsen, Hamburg und Schleswig-Holstein mit eigener Kriminalpolizei sowie Bahnpolizei mit eigener Bahnkriminalpolizei zuständig, welche besonderen Polizeichefs unterstehen.
Die Unterteilung eines SK-Polizeigebiets erfolgt im allgemeinen in Abschnitte, Reviere und (Land-)Posten, die eines RB-Polizeigebiets in Distrikte (Divisionen), Polizeikreise (Subdivisionen), Abteilungen und Gruppen- sowie Einzelpersonen, welchen Kriminalbeamte zugeteilt sind (*Paar*, a. a. O.).

3. Die französische Zone

Die Französische Besatzungszone bestand aus den Ländern Rheinland-Pfalz, Württemberg-Hohenzollern und Baden.
Demnach richtete sich in diesen Ländern der Aufbau der Polizei in der Nachkriegszeit nach den Gegebenheiten in dem Heimatland der Besatzungsmacht.
Hier wurde es besonders schwierig, da zwei Besatzungsmächte für das spätere Bundesland Baden-Württemberg zuständig waren. Die USA und Frankreich hatten zunächst die Länder Baden und Württemberg in die drei neuen Länder Baden, Württemberg-Baden und Württemberg-Hohenzollern eingeteilt. Baden und Württemberg-Hohenzollern gehörten der französischen Besatzungszone und Württemberg-Baden zur amerikanischen Besatzungszone.
Somit knüpfte die Französische Besatzungsmacht an das System der straff zentralisierten Polizei, die einheitlich ausgerichtet ist; sie gestattete aber zugleich das organisatorische Gefüge der Polizei, wie es vor der Besatzung bestanden hatte, im allgemeinen wieder herzustellen (*Pioch*, a. a. O., S. 11).
Die Richtlinien des „Administrateur Général" vom 15. 1. 1946 für die Französische Besatzungszone waren Vorbild für die Errichtung einer Landespolizei in Württemberg-Hohenzollern vom 18. 1. 1946 (Staatssekretariatsamtsblatt, S. 2).
Gleichzeitig wurde in Rheinland-Pfalz durch Landesverordnung vom 18. 5. 1946, und in Baden durch Anordnung mit Wirkung vom 18. 5. 1946 eine Polizei eingerichtet, die einheitlich und organisatorisch ähnlich war.
In allen drei Ländern wurde der Minister des Innern Landespolizeibehörde.
Der Polizeivollzugsdienst wurde ausschließlich durch staatliche Organe

ausgeübt. In *Württemberg-Hohenzollern* bestanden am Sitz eines jeden Kreises die Oberkreiskommissariate mit der Untergliederung in Kommissariate und Posten.
Ähnlich ist die Gendarmerie in Rheinland-Pfalz gegliedert. Die *badische* Gendarmerie gliedert sich dagegen in Gendarmeriekreise (am Sitz der Landratsämter), die sich wiederum in Gendarmerieabteilungen und Gendarmerieposten untergliederten. Zwischen Gendarmeriekreisen und Landespolizeidirektionen waren Polizeidistrikte als Bewachungs- und Befehlsstellen der Exekutive eingeschaltet.
Außerdem bestand die Gendarmerie in Baden auf dem Lande als Vollzugsorgan, in den Städten als Ordnungspolizei, Schutzpolizeidienstabteilungen und in den Orten mit staatlicher Polizeiverwaltung auch staatliche Kriminalpolizeiabteilungen.
In verwaltungspolizeilichen Angelegenheiten wurde der Bürgermeister tätig (Bürgermeister als „Ortspolizei", siehe Gemeindeordnung für Württemberg-Hohenzollern vom 14.3.1947, Reg.Bl.48, S. 1). Es war sogar möglich, daß der Bürgermeister aufgrund der Gemeindeordnung (§§57, 58) für Württemberg-Hohenzollern Geldstrafe und Haftstrafe bis zu 6 Tagen festsetzen durfte (Strafverfügung).

12 Der nordrhein-westfälische Innenminister Dr. Menzel besichtigt in der Landespolizeischule Münster einen Lehrgang (anfangs der 50er Jahre)

Foto: Archiv der früheren Landespolizeischule Münster

13 Verkehrsunfallaufnahme durch die Polizei Frankfurt a. M. um 1946

Foto: Theodor Wilhelm, Freundeskreis für Polizeigeschichte, Kassel

14 Ein der Weltsprache „Esperanto“ kundiger Schutzpolizist der Polizei Hamburg als Angebot an die „Weltgäste“ Hamburgs (anfangs der 50er Jahre)

Foto: Günter Tausch, Münster

15 Marsch einer Hundertschaft der Westberliner Bereitschaftspolizei (Anfang der 50er Jahre)

Foto: Polizeipräsidium Berlin

16 Diensthundeführer der Bahnpolizei der Deutschen Bundesbahn auf Streife (50erJahre)

Foto: Deutsche Bundesbahn, Frankfurt a. M.

XIII. Kapitel:

Polizeiliche Entwicklung in den 11 Bundesländern

1. Baden-Württemberg

1.1. Die Gründung des „Südweststaates":

Am 9.12.1951 wurde aus Mitgliedern der Länder Württemberg-Hohenzollern, Württemberg-Baden und Baden ein Ministerrat gebildet, der eine verfassungsgebende Landesversammlung vorbereitete.
Am 9. März 1952 wurde diese dann gewählt und kurz darauf die vorläufige Regierung des „Südweststaates" gebildet.
Am 19. Nov. 1953 trat dann die Verfassung des neuen Bundeslandes in Kraft. Mit dieser Verfassung verwandelte sich der „Südweststaat" (auch seinem Namen nach) in das Land *Baden-Württemberg*.
Nur in der Französischen Besatzungszone wurde der Aufbau einer zentralisierten Polizei gestattet, ohne jedoch zugleich Waffen zur Verfügung zu stellen. Im früheren Lande Baden (dem heutigen Regierungsbezirk Südbaden) gab es in Freiburg das Landeskriminalpolizeiamt (LKPA) schon kurz nach 1945 und in den größeren Städten eine örtliche Kriminalpolizei.
Das LKPA unterstand unmittelbar der Dienstaufsicht des Ministeriums des Innern und hatte alle zentralen kriminalpolizeilichen Aufgaben im Land wahrzunehmen:

- Fahndungswesen
- Polizeistatistik
- Erkennungsdienst
- Verbrechensbekämpfung (überbezirklich).

Die Aufgaben für den Landgerichtsbezirk Tübingen nahm das LKPA wahr. Den Kriminalkommissariaten nachgeordnet wurden Kriminalaußenstellen errichtet. Zunächst wurde die KASt. Reutlingen ihrer Bedeutung wegen zum KK erhoben, später wurde sie jedoch wieder eine Außenstelle. Im Landeskriminalpolizeiamt Tübingen wurde die kriminaltechnische Anstalt errichtet. Zur Zuständigkeit des Amtes gehörten die Aufgaben der zentralen Leitung der Fahndungsmaßnahmen. Auch wurde ein Kommissariat „WKP" errichtet (*Teufel*, Die geschichtliche Entwicklung der Kriminalpolizei, BDK-Bundesdelegiertenkonferenz 1970 (BW), S. 99).
Die Organisation der Kriminalpolizei wurde bis zur Gründung des Landes Baden-Württemberg nahezu beibehalten.

1.2. Organisation der Polizei in Baden-Württemberg

Dem Innenministerium unterstehen unmittelbar:

a) Landeskriminalamt
b) Landesamt für Verfassungsschutz
c) Landes-Polizeischule in Freiburg im Breisgau
d) Bereitschaftspolizeidirektion mit 4 Bereitschaftspolizeiabteilungen, mit je 5 Hundertschaften
e) Wasserschutzpolizeidirektion
mit den 3 Wasserschutzpolizei-Abschnitten
Rhein (in Mannheim) mit 3 WSP-Revieren und 4 WSP-Stationen
Neckar (in Heilbronn) mit 3 WSP-Revieren und 2 WSP-Stationen
Bodensee (in Friedrichshafen) mit 3 WSP-Revieren und 3 WSP-Stationen.

Die Landespolizei; sie gliedert sich in:

a) Landespolizeidirektionen (5) am Sitz der Regierungspräsidien mit den Abteilungen I (Schutzpolizei) und II (Kriminalpolizei)
b) Polizeidirektionen (19) / Polizeipräsidien (2)
c) Polizeikommissariate (16) mit nachgeordneten Polizeirevieren und Polizeiposten
d) Kriminalkommissariate (13) mit nachgeordneten Kriminalaußenstellen.

Wo infolge der Neuorganisation Polizeikommissariate wegfielen, wurden Polizeireviere errichtet.
Die Verkehrskommissariate bleiben in der Regel auch künftig für den Dienstbezirk der Landespolizeidirektionen zuständig.
Die Um- bzw. Neuorganisation der Landespolizei richtete sich weitgehend nach dem I-Sicherheitsprogramm, vor allem wurden die Grundsätze beachtet:

- unter Berücksichtigung polizeigeografischer Gesichtspunkte größere Zuständigkeitsbereiche und damit personalstärkere Zentraldienststellen zu bilden,
- hierbei die Grenzen der Gebietskörperschaften sowie die Ziele und Gesichtspunkte des Landesentwicklungsplanes zu berücksichtigen,
- eine enge Verbindung zwischen leistungsstarken örtlichen Polizeidienststellen und schwerpunktmäßig auf Informations- und Leitungsaufgaben zugeschnittenen Führungsdienststellen herzustellen und
- im Endziel Schutz- und Kriminalpolizei schon auf unterer Ebene organisatorisch unter eine Führung zu stellen.

Außer der Landespolizeidirektion Stuttgart II, deren örtliche Zuständigkeit auf den Stadtkreis Stuttgart beschränkt bleibt, gibt es die Landespolizeidirektion Stuttgart I, Karlsruhe, Freiburg und Tübingen. Der einer Landespolizeidirektion vorstehende Landespolizeipräsident leitet zugleich das Referat II

„Polizeiwesen" im Regierungspräsidium. Die Landespolizeidirektionen sind am Sitz der Regierungspräsidien. Nur noch im Bereich der Landespolizeidirektion Karlsruhe gibt es zwei Polizeipräsidien, und zwar in Karlsruhe und Mannheim.

In Baden-Württemberg werden folgende Dienststellen, anders als im I-Sicherheitsprogramm erwähnt, bezeichnet:

Schutzpolizeikommissariat	= Polizeikommissariat
Polizeiwache	= Polizeirevier
Kriminalpolizeiinspektion	= Kriminalkommissariat
Kriminalkommissariat	= Kriminalaußenstelle.

Am Beispiel der *Landespolizeidirektion Karlsruhe* (mit Abt. I Schutz- und Abt. II Kriminalpolizei) soll die Organisation veranschaulicht werden:
Polizeipräsidien (jeweils mit integrierten Abt. I und II) in *Karlsruhe* und *Mannheim*,
Polizeidirektionen (jeweils mit integrierten Abt. I und II) in Baden-Baden, Heidelberg und Pforzheim,
Polizeikommissariate in Calw, Freudenstadt, Mosbach, Rastatt,
Kriminalkommissariate in Calw, Freudenstadt, Mosbach; Verkehrskommissariat Karlsruhe mit 6 Verkehrszügen und 1 Technischer Zug.

Im Bereich der Landespolizeidirektion Freiburg gab es beispielsweise 5 Polizeidirektionen, 4 Polizeikommissariate mit 32 Polizeirevieren und 85 Polizeiposten sowie 3 Kriminalkommissariate mit 4 Kriminalaußenstellen.

2. Bayern

Nachdem die Alliierten Truppen im Frühjahr 1945 die Aufteilung des Reichsgebietes in Besatzungszonen durchgeführt hatten, ging in der amerikanischen Besatzungszone die Staatsgewalt auf die amerikanische Militärregierung über (siehe dazu die Anweisung des Hauptquartiers der US-Streitkräfte, Europäischer Kriegsschauplatz AG 014.1-1 (Deutschland) GE APO (Main) vom 7. 7. 1945 betreffend Verwaltung der Militärregierung in der US-Zone in Deutschland – Abteilung 8, und Ergänzungsbefehl vom 21. 1. 1946 – AG 014.1 – GEC-AGO).

Die Militärregierung ging zuerst daran, Gesetze, die noch aus der Vorkriegszeit stammten, abzuschaffen. So z.B. durch das Gesetz Nr. 12 über die Aufhebung des Gesetzes über den Erlaß polizeilicher Strafverfügungen vom 28. 1. 1946 (GVBl. 1946, S. 54). Die Militärregierung hielt es auch für unbedingt wichtig, eine Bereinigung selber durchzuführen. So wurde durch einen Befehl des Amtes der Militärregierung für Bayern vom 28.11.1947 (AG 014.1 MGBLA. Vgl. auch Bekanntmachung des bayerischen Ministerpräsidenten vom 3. 12. 1947 (GVBl. S. 247), das Zigeuner- und Arbeitsscheuengesetz vom 16. 7. 1926 (GVBl. 1926, S. 359) aufgehoben. Von besonderer

Wichtigkeit war auf dem Gebiet des Polizeiorganisationswesens die Verordnung Nr. 72 vom 15. 11. 1945 (GVBl. 1946, S. 217), durch die eine *Landesgrenzpolizei* geschaffen wurde.

1946 war es dann soweit, daß unter dem Einfluß der amerikanischen Militärregierung von einer verfassungsgebenden Landesversammlung eine bayerische Verfassung geschaffen wurde (Bayerische Verfassung vom 2. 12. 1946, GVBl. S. 333 ff; BayBS I S. 3 f).

Von besonderer Wichtigkeit war damals, daß ein Grundrechtskatalog in diese Verfassung aufgenommen war, der allerdings noch nicht wie im Grundgesetz im vorderen Teil am Anfang stand, sondern etwas weiter hinten.

Interessant ist aber die Tatsache, daß bereits im Artikel 49 der Bayerischen Verfassung die Polizei selber aufgeführt ist, und zwar unter folgendem Wortlaut:

„Die Verfassung dient dem Schutz und dem geistigen und leiblichen Wohl aller Einwohner. Ihr Schutz gegen Angriffe von draußen ist gewährleistet durch das Völkerrecht, nach innen durch das Gesetz, die Rechtspflege und die Polizei".

Nur wenn man sich mit dem Rechtskreis der Besatzungsmacht befaßt, kann man auch verstehen, daß die Militärregierung den deutschen Behörden für den Aufbau der Polizei eigene Richtlinien an die Hand geben wollte.

In den *Vorschriften der Militärregierung* vom 1. 2. 1946, die danach mehrmals geändert wurden, wurde eine zusammenfassende Darstellung der Richtlinien der Militärregierung niedergelegt. Die drei wichtigsten Untertitel aus dem Titel IX, Öffentliches Sicherheitswesen, sind nachfolgend im Wortlaut der Fassung vom 22. 5. 1947 wiedergegeben:

Untertitel 235: Verwaltungspolizei

„Alle früher von der deutschen Polizei wahrgenommenen Aufgaben, die nicht unmittelbar im Zusammenhang mit dem Schutz von Leben und Eigentum, der Aufrechterhaltung der öffentlichen Ordnung und der Verhütung und Entdeckung von Straftaten stehen, werden dem polizeilichen Tätigkeitsgebiet entzogen. Derartige Pflichten können von anderen geeigneten Stellen wahrgenommen werden, doch ist die Bezeichnung „Polizei" für derartige Funktionen oder für die sie ausübenden Dienststellen oder Personen nicht zu benutzen. Dies bedeutet nicht, daß es einer Polizeibehörde untersagt ist, zur Ausübung von Verwaltungsarbeiten innerhalb der Organisation eine Verwaltungsabteilung zu unterhalten".

Untertitel 400: Allgemeine Verantwortlichkeit

„Die deutschen Polizeistellen tragen im Rahmen ihrer Zuständigkeit die Verantwortlichkeit für die Aufrechterhaltung von Ruhe und Ordnung, für die Durchführung der deutschen Strafgesetze und Strafbestimmungen, für die Durchführung der Gesetzeserlasse und Befehle der alliierten Kontrollbehörden und der Militärregierung und für die Erfüllung solcher anderen nicht mit diesen Bestimmungen im Widerspruch stehenden Polizeiaufgaben, die ihnen auf Grund deutscher Gesetzgebung übertragen sind. Die Gemeinde-, Land- oder Grenzpolizeistellen haben außerdem die besonderen Polizeiaufgaben zu erfüllen, die in den vorliegenden Vorschriften oder in anderen Direktiven der

Militärregierung umrissen sind, es sei denn, daß diese Aufgaben ausdrücklich anderen Polizeistellen zugewiesen worden sind".

Untertitel 430: Allgemeine Beschränkung der Zuständigkeit und Befugnisse der deutschen Polizei

„Die deutsche Polizei darf keinerlei einschränkende Aufsicht über die politische Tätigkeit der deutschen Bevölkerung ausüben. Die deutsche Polizei ist nicht befugt:

aa) Ohne ordnungsgemäßes Verfahren der Militärregierung oder der deutschen Rechtsprechung Personen ihres Lebens, ihrer Freiheit oder ihres Eigentums zu berauben;

bb) Verfügungen, Verordnungen oder andere Anordnungen mit Gesetzeskraft zu erlassen;

cc) Vergehen gegen Gesetze oder Verordnungen abzuurteilen, Strafe festzusetzen oder sonstwie in richterlicher Eigenschaft zu handeln".

Um im Polizeirecht wieder neue Gesetze zur Durchführung der Gefahrenabwehr für die Polizei zu haben, mußten einzelne alte Gesetze aufgehoben werden, die nicht mehr im Einklang standen mit dem demokratischen Nachkriegsrecht und mit den Ansichten der Alliierten.
So z.B.:

- Gesetz Nr. 12 über die Aufhebung des Gesetzes über den Erlaß polizeilicher Strafverfügungen vom 28. 1. 1946 (GVBl. 1946, S. 54).
- Gesetz Nr. 57 zur Überleitung der Befugnis zum Erlaß von Strafverfügungen von den Polizeibehörden auf die Gerichte vom 30. 11. 1946 (GVBl. 1947, S. 16, BER S. 160).

Die Militärregierung schaltete sich selber ein und erließ folgendes:

- Verordnung Nr. 72 vom 15. 11. 1945 (GVBl. 1946, S. 217) zur Schaffung einer Landesgrenzpolizei,
- Verordnung Nr. 89 vom 1. 5. 1946 (GVBl. 1946, S. 296), in der ein Landesbeschaffungsamt für Polizeiausrüstung geschaffen wurde
  und
- Verordnung Nr. 59 und 76 vom 15. 11. 1946 (GVBl. 1946, S. 190 und S. 220), mit denen ein Landeserkennungsamt errichtet wurde
  (mit ME vom 30. 12. 1949, MABl. 1950, S. 18) wurde dieses Landeserkennungsamt dann umbenannt in Zentralamt für Kriminalidentifizierung und Polizeistatistik des Landes Bayern).

Eine Fülle von Einzelgesetzen wurde nun geschaffen, die u. a. die nachstehende Aufzählung verdeutlichen soll:

Das Gesetz über die Presse vom 3. 10. 1949 (GVBl. 1949, S. 243).
Das Gesetz über den Schutz der Sonn- und Feiertage vom 15. 12. 1949, geändert durch Gesetz vom 12. 6. 1950 und durch Gesetz vom 8. 11. 1954 (GVBl. 1950, S. 41; GVBl. 1950, S. 95; GVBl. 1954, S. 291).
Das Gesetz über die Anwendung unmittelbaren Zwangs durch die Polizei vom 22. 11. 1950 (GVBl. 1950, S. 239).
Das Bayerische Ausführungsgesetz zu §413 StPO vom 31. 5. 1951 in der Fassung des Gesetzes vom 28. 10. 1952 (GVBl. 1951, S. 85 und GVBl. 1952, S. 293).
Das Gesetz über die gebührenpflichtige Verwarnung durch die Polizei vom 7. 3. 1952 (GVBl. 1952, S. 99).

Das Gesetz über die Befriedung des Landtagsgebäudes vom 7.3.1952 (GVBl. 1952, S. 99).
Das Gesetz gegen die Verwendung von Kennzeichen verbotener Organisationen vom 27.3.1952 (GVBl. 1952, S. 153).
Das Verwahrungsgesetz vom 30.4.1952, GVBl. 1952, S. 163).
Die Landfahrerordnung vom 22.12.1953 (GVBl. 1953, S. 197).
Das Gesetz zur Änderung des Sprengstoffgesetzes vom 31.7.1952 (GVBl. 1952, S. 230).
Das Gesetz zur Errichtung eines Landesamtes für Verfassungsschutz vom 22.11.1950 (GVBl. 1950, S. 224).
Das Gesetz über die Verwendung der Polizei im Falle des öffentlichen Notstandes vom 24.10.1950 (GVBl. 1950, S. 240),
und
das Gesetz über die Bereitschaftspolizei vom 31.5.1951 (GVBl. 1951, S. 85).

Von besonderer Wichtigkeit war dann der Erlaß des Polizeiorganisationsgesetzes vom 28.10.1952 (GVBl. S. 285) in der Fassung vom 20.10.1954 (GVBl. S. 245; BayBS I S. 450).
Das setzte voraus, daß der Polizeivollzugsdienst mit dem Begriff Polizei gemeint war. Aus diesem Grunde enthielt es den Aufbau und die gegenseitige Abgrenzung der einzelnen uniformierten Polizeiverbände sowie der Kriminalpolizei.
Am besten kann dies deutlich gemacht werden durch die Aussage des damaligen Leiters der Abteilung P im bayerischen Staatsministerium des Innern, Ministerialrat *Dr. A. Mayer*: „*Der neue Polizeibegriff hat den Vorteil, daß er sich freimacht von den noch aus der Ära des Polizeistaats überkommenen Vorstellungen von einer Polizeigewalt, die alle der Aufrechterhaltung der öffentlichen Sicherheit und Ordnung dienende hoheitliche Verwaltungstätigkeit umfaßt*" (Die neue Polizei 1952, S. 166).
Am 16.10.1954 wurde das Bayerische Polizeiaufgabengesetz erlassen (BayBS I S. 442).
Hierbei wurde erstmals in Art. 1 PAG der Polizeibegriff festgelegt. Art. 1 PAG von 1954 lautete:

„Die Polizei im Sinne dieses Gesetzes sind die im Vollzugsdienst tätigen Dienstkräfte der Polizei des Staates und der Gemeinden".

Außerdem wurde dann in Art. 2 PAG 1954 erklärt, daß die Polizei „Vollzugsorgan der Behörden der allgemeinen inneren Verwaltung und Hilfsorgan anderer Verwaltungsbehörden" ist. Dies bedeutete schließlich, daß der Bürgermeister nicht mehr Ortspolizeibehörde, das Landratsamt und die kreisfreie Stadt nicht mehr Kreispolizeibehörde, die Regierung nicht mehr Oberpolizeibehörde und das Innenministerium nicht mehr Landespolizeibehörde war (siehe *Schiedermair*, Einführung in das Bayerische Polizeirecht, 1961, §4 Ziffer 2).
Die Worte „Polizei" und „polizeilich" kommen aufgrund der neuen Polizeigesetze in Bayern nur noch für die Organisation und die Tätigkeit der Verbände und Einrichtungen der Vollzugspolizei im Sinne von Art. 1 PAG und Art. 1 POG in Betracht.
Dagegen können die früheren, dem Polizeirecht zugerechneten Verwaltungszuständigkeiten auf dem Gebiet der öffentlichen Sicherheit und Ordnung, wie

z. B. Bauaufsicht, Lebensmittelüberwachung, Gewerbeaufsicht, Gesundheitswesen etc. nicht mehr mit dem Wort „Polizei" bezeichnet werden. Die Landratsämter und die Gemeinden werden auch nicht mehr als Ausländerpolizei oder als Baupolizeibehörden usw. tätig, sondern als Ausländerbehörden, Baubehörden usw.

Um eine Klarheit festzulegen, hatte das Bayerische Staatsministerium des Innern im Einvernehmen mit den übrigen Staatsministerien durch eine Verordnung über die Wahrnehmung von Aufgaben und Befugnissen der Polizeibehörden durch die Polizei vom 13. 3. 1956 (BayBS I, S. 449) diejenigen Fälle bestimmt, in denen in bundes- und landesrechtlichen Vorschriften unter Polizei die polizeilichen Vollzugskräfte im Sinne des geltenden Polizeibegriffs verstanden sein wollen.

Anschließend folgte dann ein neues Gesetz über die Organisation der Polizei in Bayern, POG vom 20. 10. 1954 (GVBl. S. 245; BayBS I, S. 450), und zwar aufgrund der vorher ergangenen Regelungen im Polizeiaufgabengesetz.

Es werden nun als Polizeiträger unterschieden:

Der *Staat* und die *Gemeinden*, so daß nun fünf verschiedene Arten von Polizeien möglich sind:

1. die Gemeindepolizei,
2. die bayerische Landpolizei,
3. die bayerische Grenzpolizei,
4. die bayerische Bereitschaftspolizei,
   und
5. das bayerische Landeskriminalamt.

Es wurde dann erneut ein neues Polizeiaufgabengesetz erlassen, und zwar in der Fassung der Bekanntmachung vom 3. April 1963 (GVBl. S. 95, BR S. 210), geändert durch Art. 33 des Vorstrafgesetzes vom 9. Juli 1965 (GVBl. S. 117), Art. 4 des Gesetzes zur Ausführung des Vereinsgesetzes vom 15. Dezember 1965 (GVBl. S. 346), § 3 des 3. Gesetzes zur Änderung des Landesstraf- und verordnungsgesetzes vom 25. Oktober 1966 (GVBl. S. 323) und § 3 des Gesetzes zur Änderung des Polizeiorganisationsgesetzes vom 22. Juli 1968 (GVBl. S. 243). Danach folgte dann das Polizeiaufgabengesetz vom 24. August 1978 (GVBl. S. 561) und danach das Polizeiaufgabengesetz vom 24. August 1978, zuletzt geändert durch Gesetz vom 21. Juli 1983 (GVBl. 1983, S. 505).

Für den *Neuaufbau der Polizei* waren die Abteilungen öffentliche Sicherheit und deren Leiter bei den Militärregierungen verantwortlich. Mit dem Ziel der *Entnazifizierung*, *Entmilitarisierung* und *Demokratisierung* nahmen diese ihre Tätigkeit auf. Die an sich unbedingt notwendigen Ausführungsbestimmungen für das Aufgabengebiet der Polizei, ihre Organisation und ihren personellen Aufbau fehlten in diesem Anfangsstadium, so daß die dadurch bedingte verschiedene Auslegung der oben aufgeführten Begriffe, die sich sehr viel nach den Anschauungen der mit der Leitung des *Amtes öffentliche Sicherheit* beauftragten Offiziere richtete, sich auch auf den Ausbau, die Besetzung und die Tätigkeit der Polizeidienststellen auswirkte. So wiesen diese in den

Landkreisen und in den Regierungsbezirken erhebliche Unterschiede auf (*Binder*, Die Bayerische Polizei, S. 10f.).
Am 30. Juni 1945 erhielt der Regierungspräsident des Regierungsbezirkes Oberbayern mit Schreiben vom 29. 6. 1945 durch den Offizier für Öffentliche Sicherheit in der Militärregierung von Oberbayern folgenden Befehl, eine „Landespolizei im Regierungsbezirk" zu errichten:

Military Government
Detachment F 1 H 2.
Regierungsbezirk Oberbayern

München, den 29. Juni 1945

An
Herrn O s t h e l d e r
Regierungspräsident
Regierungsbezirk Oberbayern

Betrifft: Herrn Kommandeur Miller.

Die Landespolizei muß sofort wieder aufgestellt werden, um die Mil.-Gov.-Kontrolle zu erleichtern und um nicht einwandfreie Kräfte auszuscheiden.
Diese Wiederaufstellung der Landespolizei wird sich nach der Dezentralisierung des Kommandos und demokratischen Kontrolle richten. Das Fundament der Polizei wird die Gründung der örtlichen Verantwortlichkeit und Kontrolle bilden.
Die ganze Verantwortlichkeit, einschl. der Verantwortlichkeit für Bauten, Vorräte, Ausrüstung, Verstärkung, Ergänzungspersonal, Ausbildung, Disziplin, Zahlung und alle Verwaltungsangelegenheiten werden dem Regierungspräsidenten übertragen werden.
Für die Aufstellung der Polizei in den Landkreisen und Städten mit weniger als 5.000 Einwohnern sind die Regierungsbezirke bzw. Regierungspräsidenten verantwortlich.
Das System der Landespolizei gründet sich auf den Bestand von nicht mehr als 2 Polizisten für eintausend Einwohner mit Verwaltungspolizei und dem Vorstand eines Polizeichefs. Der Ausdruck „Gendarm" wird abgeschafft und der Ausdruck „Land"-polizei wird von nun an gebraucht.
Es gibt keine militärischen Titel wie „General, Oberst, Oberstleutnant" usw. Sie wählen ihre eigenen Titel wie „Chef der Landpolizei, stellvertretender (Vize-) Chef, Distrikt-Chef" usw. Diese Polizei ist beritten, mit Fahrrädern oder Motorfahrzeugen ausgestattet.
Eine Ausbildungsschule wird eingerichtet für die Unterrichtung von Ausbildern, welche nach Beendigung ihrer Ausbildung zu ihren Distrikten zurückkehren und andere Personen unterrichten.
Es wird keine Schule für höhere Offiziere geben, es gibt nur eine Schule, und alle Grade, vom niedrigsten bis zum höchsten, werden nur durch Verdienste erworben nach genauester Prüfung. Durch die Errichtung dieser Landpolizei werden alle Besitzungen, Vorteile und angenommenes Personal der errichteten Polizeigewalt

in diesem Regierungsbezirk einschl. der früheren nationalen Gendarmerie, motorisierten Gendarmerie und der Gebirgsgendarmerie nutzbar gemacht.
Der Landespolizei wird erlaubt, ihre eigene Uniform zu tragen, sich die Uniformen zu verschaffen, aber sie dürfen weder militärischen Charakter annehmen noch nach dem Muster von Uniformen gefertigt werden, wie sie irgendwelche Polizei, Militär- oder militärähnlichen Organisationen unter der NSDAP getragen haben. Dem Chef dieser Landpolizei oder jedem seiner Unterstellten werden folgende Vollmachten versagt:

1. Verordnungen, Vorschriften oder andere Anordnungen, die die Wirkung von Gesetzen haben, herauszugeben.
2. Fälle von Verstößen gegen die Verordnungen, Vorschriften oder Gesetze zu verurteilen, Strafen zu verhängen oder in irgend einer anderen Art in gerichtlicher Eigenschaft zu handeln.

Die Frage der Bewaffnung dieser Polizei wird später entschieden werden. Sie wollen sobald als möglich Ihren Plan über die Organisation der Landespolizei, wie er in den vorhergehenden Ausführungen entworfen wurde, diesem Amt unterbreiten.

Für den leitenden Military-Government-Offizier:

gez.: James H. K e l l y
Oberstleutnant
Offizier für öffentliche Sicherheit

Am 12. Juli 1945 erging von der *Militärregierung* von Oberbayern der erste *Organisationsplan* für die Landpolizei im Regierungsbezirk Oberbayern, dem sowohl mündliche Besprechungen als auch die Vorlage einer durch den neuen Chef der Landpolizei im Regierungsbezirk Oberbayern für die Militärregierung ausgearbeiteten Planung vorausgegangen waren.
Der Plan für den Aufbau und die Tätigkeit der Landpolizei war folgender:

12. 7. 1945

Landpolizei Oberbayern

Organisationsplan:

Organisation:

Hauptstelle
Direktor
Vizedirektor
(2) Hauptinspektoren
(2) Oberinspektoren
(2) Inspektoren
(2) Stab

Schulen	*Verbrecherlaboratorium*	
Landkreis *Dienststelle*	*Landkreis* *Dienststelle* *(3) Bezirksinspektor*	*Landkreis* *Dienststelle*
Posten *(4) Unterinspektor* *(5) Hauptwachtmeister* *(6) Oberwachtmeister* *(6) Wachtmeister*	*Posten*	*Posten*

1.) Die Landpolizei besteht in erster Linie zum Schutz von Leben und Eigentum des Volkes, und um Frieden und Ordnung in der Gemeinde aufrecht zu erhalten. Sie vollzieht die Kriminalgesetze und die Befehle der Militär-Regierung.

2.) Die *Landpolizei* lenkt und kontrolliert den Verkehr, vollzieht die Verkehrsgesetze und leistet heimatlosen Reisenden und Notleidenden in Bedarfsfällen Hilfe.

3.) Die *Landpolizisten* halten sich jederzeit von Politik streng zurück. Sie sind *Diener der Öffentlichkeit*, allen gegenüber anständig und unparteiisch. Nur auf diese Weise werden sie Respekt und Achtung aller guten, gesetzestreuen Bürger erringen und sich selbst eine ehrenvolle Stellung erwerben. Bestrafung von Verbrechern gehört nicht zu den Polizeifunktionen, es ist der Tätigkeitsbereich des Gerichtes. Die Polizei hat keine Richterfunktionen. Die Polizei schlägt und beschimpft keine Gefangenen.

4.) Es ist eine *Pflicht der Landpolizei*, Verbrechen zu verhindern, sie aufzudecken, Verbrecher festzunehmen, und Verhaftete sofort vor Gericht zu bringen. Ebenso ist es die Pflicht der Landpolizei, den Fall vorzubereiten und das Beweismaterial gegen den Angeklagten dem Gericht vorzulegen, so daß das Gericht entscheiden kann, ob der Angeklagte schuldig ist. Wenn die Landpolizei dem Gericht einen solchen Fall vorlegt, soll sie die Wahrheit angeben, die ganze Wahrheit und nichts als die Wahrheit.

5.) Die Landpolizei arbeitet mit anderen Zweigen der Zivil-Regierung zusammen, aber sie übernimmt nicht deren Arbeit. Bei der Landpolizei gibt es keine Gesundheits-, Bauinspektoren etc.

Organisation der Landpolizei-Hauptstelle:

Der *Direktor* hat den Oberbefehl.

Der *Vize*-Direktor ist der 2. Befehlshaber und überwacht den Stab und ordnet ihn gleich. Er ist dem Direktor nach jeder Richtung hin unterstellt. Der Stab soll aus einer Adjutanten-Abteilung, einer Verwaltungsabteilung und einer Dienstabteilung bestehen, deren jede unter der Leitung eines Inspektors, eines Oberinspektors oder eines Hauptinspektors steht.
Die *Landpolizisten* sollen sorgfältig ausgewählt und sehr gut ausgebildet werden.

Sie sollen strenger, ehrlicher und unparteiischer Disziplin, die in Übereinstimmung mit den Vorschriften der Landpolizei steht, unterworfen werden.

- Militärische Ausbildung ist verboten.
- Politischer Unterricht ist verboten.

Mit dem langsam fortschreitenden Auffüllen des Personals, das jeweils von der Militärregierung bestätigt werden muß, gelang es, den Aufbau der gesamten Organisation voranzutreiben. Die im Zuge dieses Aufbaues durchgeführte Errichtung von Landpolizeischulen ermöglichte es dann, nun den Beamten für ihre Tätigkeit auch die notwendige Ausbildung zu vermitteln.
Unter ganz erheblichen Schwierigkeiten wurde die *dringendste Motorisierung*, die Betankung der Kraftfahrzeuge, die *Uniformierung*, wie auch die *Ausrüstung* mit anderem *notwendigen Gerät* und nicht zuletzt mit *Waffen* und *Munition* erreicht. Daß die Landpolizei von Oberbayern so frühzeitig ihren Dienst mit der Waffe versehen konnte, zeigt das große Vertrauen, das die Militärregierung dem Chef der Landpolizei entgegenbrachte und welche Vorteile damit für die ganze Organisation im Reg.-Bezirk Oberbayern verbunden waren.
Der *Aufbau des Kriminalpolizeilichen Dienstes* erfolgte jeweils durch den Direktor der Landpolizei im Regierungsbezirk Oberbayern.
Die Landpolizei-Hauptposten mit überörtlichem Sonderdienst, denen Spurensicherer, Branderforschungsbeamte, Verkehrsunfallsachbearbeiter, Hundeführer usw. zugeteilt waren, wurden als Außenstellen der Kriminal-Untersuchungsstelle beim Direktor der Landpolizei angegliedert.
Das Unterstellungsverhältnis der Landpolizei-Hauptposten mit überörtlichem Sonderdienst unter die Dienstaufsicht der Bezirks-Inspektoren blieb dadurch unberührt.
Die Kriminal-Untersuchungsstelle war das Bindeglied zwischen der Landpolizei und zu dem für das Land Bayern vorgesehenen Amt für Kriminal-Identifikation, Polizeistatistiken und Polizeinachrichten.
Der gesamte Geschäftsverkehr der Landpolizei, soweit er in das Fachgebiet der Kriminalpolizei einschlug, wurde durch die Kriminal-Untersuchungsabteilung beim Direktor der Landpolizei gelenkt und dort auf sachliche und fachliche Ordnungsmäßigkeit überprüft.
Für das Land Bayern sollte nach Mitteilung der Militär-Regierung für Oberbayern ein Amt für Kriminal-Identifikation, Polizeistatistiken und Polizeinachrichten errichtet werden. Da diese Einrichtung in ihrer endgültigen Form und Zuständigkeit noch nicht feststand, konnten Ausführungsanweisungen z.Z. noch nicht gegeben werden.
Am 27. August 1945 folgte eine ergänzende Anordnung für den Organisationsplan, in dem weitere Ausführungen für die Durchführung des polizeilichen Vollzugsdienstes enthalten waren.
Durch diesen Organisationsplan wurde von der Mil.-Regierung von Oberbayern der Grundstock für die Landpolizei gelegt.
Die Landpolizeipostenchefs waren dafür verantwortlich, daß alle ihnen unterstellten Angehörigen der Landpolizei von dem Organisationsplan

Kenntnis nahmen. Die Leiter der Bez.-Inspektionen überprüften anläßlich der Postenbesichtigungen den Vollzug.
Nach Ziffer 4.) des Organisationsplanes waren die Angehörigen der Landpolizei nicht nur berechtigt, sondern verpflichtet, Verbrechen zu verhindern, sie aufzudecken und Verbrecher zu verhaften.
Bei engster Zusammenarbeit mit den zuständigen Mil.-Regierungen mußte es unter allen Umständen gelingen, die Verbrechen auf ein Mindestmaß herabzudrücken. Da diese Straftaten fast ausnahmslos zur Nacht verübt worden waren, wurde in vorläufiger Abänderung des §46 Abs. 1 der D.V.f.d.L.P. angeordnet, wöchentlich mindestens 4mal Nachtdienstgänge, die von mehr als 2 Beamten zu verrichten waren, anzusetzen, solange es die dienstlichen Verhältnisse erforderten.
Soweit nicht schon geschehen, hatten die Bez.-Inspektoren bei der zuständigen Mil.-Regierung zu erreichen, daß den Beamten der Landpolizei auch zur Nachtzeit die Begehung und Durchstreifung ihres Dienstbezirks möglich gemacht wurde.
Der Chef der Landpolizei verlangte bei dem z.Z. besonders ungünstigen Sicherheitszustand von jedem ihm unterstellten Angehörigen der Landpolizei äußerste Pflichterfüllung; nur dadurch sei es möglich, der oberbayerischen Landbevölkerung entsprechenden Schutz für Leib, Leben und Eigentum zu gewähren.
Soweit möglich, ordnete er die Verstärkung der neu eingerichteten Kriminaldienststellen an. Die Beamten dieser Stellen hatten auf Grund ihrer Spezialausbildung und -erfahrung besonders bemüht zu sein, möglichst viele Verbrechen zu klären, um die Täter der gerechten Strafe zuführen zu können.

Die Bezirks-Inspektionen:

Unter Bezugnahme auf eine Dienstbesprechung am 21.8.45 weist der Chef der Landpolizei darauf hin, die Motorisierung der Landpolizei möglichst rasch vorwärts zu treiben, insbesondere aber in den Bezirken, wo die Bewaffnung der Landpolizei durch die Mil.-Regierung bereits zugesagt war, mit allen Mitteln danach zu trachten, daß wenigstens die zu Nachtdienstgängen eingeteilten Beamten möglichst bald Waffen erhielten.
Freiherr von Godin wies ferner darauf hin, daß er nur nach Leistungen befördern werde. Er halte sich streng an diese Grundsätze und werde u.a. die Voraussetzung für die Beförderung darin erblicken, wenn der Sicherheitszustand in dem Bereich, in dem der Angehörige der Landpolizei tätig ist, gut sei.
Ein dem Bayer. Ministerpräsidenten, Herrn *Dr. Hoegner*, am 12.3.1946 vorgelegter Vorschlag für den Aufbau der Landpolizei von Bayern wurde mit folgendem Schreiben der Militärregierung genehmigt:

Organisationsbestimmungen
für den
Aufbau der Landpolizei von Bayern

(Genehmigt durch die Militär-Regierung von Bayern mit Schreiben vom 26. 3. 1946 AG 014.12 – OMGB – 3/12)

In Kraft seit 5. 4. 1946

1. Auf Befehl der Militär-Regierung wird eine Landesdienststelle der Landpolizei von Bayern mit der Amtsbezeichnung
   „Präsidium der Landpolizei von Bayern"
   und dem Sitz in München errichtet.

   Der Chef des Präsidiums der Landpolizei von Bayern führt den Titel
   „Präsident der Landpolizei von Bayern".
   Er untersteht unmittelbar dem Minister des Innern und den Befehlen der Militär-Regierung von Bayern.

2. Gliederung des Präsidiums der Landpolizei von Bayern

   Präsident
   Vizepräsident
   Persönlicher Sachbearbeiter

Dienst-Abteilung	Wirtschafts-Abteilung	Kriminal-Abteilung

3. *Gliederung der Landpolizei* von Bayern:
   Die Landpolizei von Bayern gliedert sich in die Landpolizeien der fünf Regierungs-Bezirke und die Landpolizeischulen.

   In jedem Regierungs-Bezirk wird eine Chefdienststelle errichtet. Dieser sind die Bezirks-Inspektionen direkt unterstellt. Den Bezirks-Inspektionen unterstehen die Landpolizei-Posten. Am Sitze des Bezirks-Inspektors ist ein Landpolizei-Hauptposten zu errichten.

   Zur Steuerung der Bekämpfung der Kriminalität sind Kriminal-Außenstellen, die für mehrere Bezirke zugleich zuständig sind, zu errichten. Sie unterstehen dem Bezirks-Inspektor, an dessen Sitz sie errichtet werden. Sie arbeiten mit der Kriminalstelle bei der Chefdienststelle eng zusammen.

   Die Kriminalstelle der Chefdienststelle ist für besondere Einsätze bei schwierigen Kriminalfällen vorzusehen. Außerdem leitet sie die Bekämpfung der überörtlichen Kriminalität im Bereich der Landpol. im Reg.-Bez. Unter überörtlicher Kriminalität wird hier die Kriminalität verstanden, welche über die örtliche Zuständigkeit des einzelnen Polizeikörpers hinausreicht.

   Bei der Landpolizei von Bayern gibt es nur eine Laufbahn (Einheitslaufbahn). Der Landpolizeibeamte kann also im Exekutivdienst, im Kriminaldienst oder im Wirtschaftsdienst der Landpolizei Verwendung finden.

Für die Schaffung einheitlicher Titel der Beamten, Vereinheitlichung der Ausweisungen und Einstufungen gelten die Anlagen 1, 2 und 3.

4. Aufgaben der Landpolizei von Bayern:
Aufgabe des Präsidiums der Landpolizei von Bayern ist die Herausgabe von einheitlichen Richtlinien und Weisungen an die Chefdienststellen in den einzelnen Regierungs-Bezirken Bayerns auf Gebieten, deren Zusammenfassung zum Zweck der Erhöhung des Sicherheitszustandes in Bayern beziehungsweise zur Einsparung von Kräften und Mitteln bei der Landpolizei unbedingt notwendig ist.

Der Präsident der Landpolizei von Bayern ist verantwortlich für die gesamte Landpolizei von Bayern und für die Verwendung des Eigentums, der Hilfsmittel und des geeigneten Personals der abgeschafften ehemaligen Gendarmerie (einschließlich der motorisierten Gendarmerie und der Gebirgs-Gendarmerie).

Im Rahmen dieser Verantwortlichkeit ist den Chefdienststellen in den Regierungs-Bezirken zweckentsprechende Selbständigkeit zu belassen.

5. Unterstellungsverhältnisse:
Dem Präsidenten der Landpolizei von Bayern untersteht die gesamte Landpolizei von Bayern unmittelbar.

Für die Chefdienststellen in den Regierungs-Bezirken wird folgendes festgelegt:
a) Die Bezeichnung der Dienststelle lautet:
„Landpolizei – Bayern – Chefdienststelle Schwaben" usw.
Der Chef dieser Dienststelle führt den Titel:
„Präsident der Landpolizei von ...".
b) Der Präsident der Landpolizei im Regierungs-Bezirk befehligt die Landpolizei seines Bereiches. Er ist für die Bekämpfung der Kriminalität in seinem Dienstbereich, für Einstellung, Auswahl, Aus- und Weiterbildung aller Beamten, für wirtschaftliche Versorgung, Disziplin und Dienstleistung der ihm unterstellten Landpolizei nach den vom Präsidenten der Landpolizei von Bayern herausgegebenen Richtlinien verantwortlich. Der Präsident der Landpolizei im Regierungs-Bezirk hat die Befugnis, Beamte bis zum Hauptwachtmeister der Landpolizei einschließlich zu ernennen und zu entlassen.
c) Alle Landpolizei-Beamten unterstehen den Befehlen ihrer Vorgesetzten innerhalb der Landpolizei.

6. Zusammenarbeit mit den Militär-Regierungen und allen anderen Alliierten Militäreinheiten.
Auf einwandfreies Zusammenarbeiten mit den Militär-Regierungen und allen anderen alliierten Militäreinheiten ist besonderer Wert zu legen.
(Siehe auch Ziffer 1 letzter Absatz).

7. Rechtsbereich:
Die Landpolizei ist als Staatspolizei in ganz Bayern zuständig. Ihr Wirkungsbereich beschränkt sich im allgemeinen auf die Landbezirke und Städte bis zu 5.000 Einwohnern. Ausgenommen hiervon sind Notfälle oder Fälle, in denen die Landpolizei ersucht wird, einer gemeindlichen Polizei beizustehen oder in denen die Landpolizei deren Mitarbeit erbitten muß.

Für die Tätigkeit und Verwaltung der Polizei wird als Stadt (town) jede Gemeinde oder jeder Stadtkreis mit einer Bevölkerung von 5.000 Einwohnern oder mehr bestimmt.

Die Landpolizei hat den gemeindlichen Polizeien in folgenden Fällen Hilfe zu leisten:

1. Auf Ersuchen des Chefs der zivilen Behörde eines Stadtkreises oder einer Gemeinde,
2. auf Anweisung des Ministers des Innern, falls eine gemeindliche Polizei unfähig oder unwillig erscheint, Gesetz und Ordnung aufrechtzuerhalten,
3. bei der Bekämpfung der überörtlichen Kriminalität.

8. Zusammenarbeit der Polizeien:
   Laut Befehl vom 7.7.1945 des Hauptquartiers der US-Streitkräfte Europäischer Schauplatz AG 014.1 – 1 (Deutschland) G E APO 757 (main) Ziffer 10, betreffend Verwaltung der Militär-Regierung in der US-Zone Deutschlands, besteht für die Polizeichefs die Verpflichtung, Maßnahmen zwecks Austausch von Informationen auf dem Gebiet der Verbrechensbekämpfung zu treffen. Dazu ist notwendig, daß die verschiedenen Polizeistellen eng zusammenarbeiten, um die Ergreifung der Rechtsbrecher, die von einem Polizeibereich in den anderen flüchten, zu ermöglichen und die Rückführung von Eigentum, das gesetzwidrig von einem Polizeibereich in den anderen verbracht wurde, zu gewährleisten.

9. Beförderung und Entlassung:
   Für die Beförderung der Beamten der Landpolizei sind allein Charakter und Leistung ausschlaggebend. Bei ungenügenden Leistungen hat Entlassung zu erfolgen.

   Beim Vorliegen von Polizeidienstuntauglichkeit kann Überführung der Angehörigen der Landpolzei in einen anderen Beamtenberuf erfolgen. Voraussetzung hierzu ist aber, daß die Eignung zum Beamten allgemein noch gegeben ist.

10. Ausführungsbestimmungen:
    Die zu diesen Anordnungen erforderlichen Ausführungsbestimmungen erläßt – unter Bezugnahme auf den Befehl vom 21.1.1946 des Hauptquartiers der US-Streitkräfte Europäischer Schauplatz AG 014.1 – GEC – AGO 757 §2 letzter Absatz, betreffend Landpolizei – der Präsident der Landpolizei von Bayern.

Im Laufe des Sommers 1946 wurde von der Militärregierung von Bayern der Titel IX der „Military Government Regulations“ ausgegeben, der bis zur Wiedererlangung der Souveränität der Bundesrepublik Deutschland seine Gültigkeit hatte.
Am 19.8.1946 wurde die Gliederung und der Zuständigkeitsbereich der Kriminaldienststellen für das ganze Land Bayern festgelegt, die mit geringen Ausnahmen heute noch bestehen.
Die nun folgenden Jahre waren erfüllt von dem Bemühen, die gesamte Landpolizeiorganisation auf allen Gebieten zu festigen, ihr Niveau zu heben und die Leistungen im Kampf um die Sicherheit des Staatsbürgers zu steigern.

Die Stabilisierung der Wirtschaft und damit der gesamten Verhältnisse haben den Lebensstandard der Bevölkerung wieder normalisiert und im weiteren Verlauf so gehoben, daß auch die Polizei sich dieser Aufwärtsentwicklung mit ihren vielfachen Folgeerscheinungen, nicht zuletzt dem überragenden Problem des Verkehrs anpassen mußte.
Eine vormals nie gekannte Verkehrsdichte auf dem Lande trat in Erscheinung. Das völlige Verdrängen der Zugtiere und deren Ersatz durch Motorfahrzeuge, die Aufnahme vieler Flüchtlingsbetriebe, sowie der ungeheure Zustrom der Bevölkerung aus den Ostgebieten brachten insgesamt zusätzliche Exekutivaufgaben und damit ständig neue und wachsende Anforderungen an die Landpolizei.
So stellte sich als besonders dringliches Problem – und das ist es bis heute geblieben – mit dem Anwachsen des Kraftfahrzeugverkehrs die polizeiliche Verkehrsüberwachung und vor allem die Unfallbekämpfung heraus.
Damit entwickelte sich zwangsläufig der Aufbau entsprechender Einrichtungen in der Landpolizei.
Der fortschreitende Staatsaufbau brachte auch entsprechende Neuerungen oder Änderungen im Gefüge der polizeilichen Organisation des Landes Bayern mit sich.
Mit der sich anbahnenden Wiedererlangung der Souveränität der Bundesrepublik Deutschland gab die Besatzungsmacht auch in Bayern ihre Aufgaben und Befugnisse Schritt für Schritt an die zuständigen bayerischen Stellen ab. Im gleichen Zuge übernahm das Bayer. Staatsm. d. Innern auch die Aufgaben und Befugnisse für die Polizei. Das Polizeiorganisationsgesetz schließt rein formell endgültig die vorausgegangene Periode ab, der Titel IX der Militärregierung wurde durch das Polizeiaufgabengesetz abgelöst.
Am eindrucksvollsten verdeutlichen die chronologisch aufgeführten Anordnungen, die *Binder* (a. a. O.) zusammengestellt hat, wie sich die polizeiliche Tätigkeit entwickelt hat.

Juli 1946:	Errichtung von mot. Verkehrsstreifengruppen (später Unfalltrupps) – Vfg. v. 17. 7. 1946 – Präsid. LP. v. Bayern I/Ausr./Verk. Tgb. Nr. 667 –
September 1948:	Auf Weisung des Bayer. Staatsministeriums des Innern übernimmt die Landpolizei von Bayern die Wasserschutzpolizei auf der Donau und den bayerischen Seen. – Vfg. v. 29. 9. 48 – Präs. d. LP. v. By. I/Org. Tgb. Nr. 1355/48 –
September 1949:	Inbetriebnahme des Schubgefängnisses d. LP. v. Bayern – Vfg. v. 28. 9. 49 II/Sch. Az. 31 h (S) 2 bis 592/49 –
November 1949:	Übernahme der Wasserschutzpolizei auf dem Main am 1. 4. 1950 – ME v. 19. 11. 1949 – IC 2 – 2181/80 –
Februar 1950:	Eingliederung der Sachgebiete Fahndung, Krim.-Technik und Beratungsstelle des Präsidiums d. BLP in das Zentralamt f. Kriminalidentifizierung und Polizeistatistik des Landes Bayern – IME v. 17. 2. 1950 Nr. I C 2 – 2010 g 2 –

September 1950:	Inkraftsetzung der Dienstvorschrift für das Hundewesen der Landpolizei von Bayern – IME v. 20. 9. 1950 – Nr. IC 1 – 2349/7 –
Juli 1952:	Errichtung einer Verbindungsstelle der Chefdienststelle der Landpolizei Mittelfranken und Oberfranken in Ansbach mit dem Dienstsitz in Bayreuth – IME. v. 24. 7. 1952 – Nr. IC 1 – 2322 – e 5 –
1. November 1952:	Inkrafttreten des Polizeiorganisationsgesetzes am 1. 1. 1952 Umbenennung der Landpolizei von Bayern in Bayer. Landpolizei, ferner Umbenennung des Präsidiums d. LP v. Bayern in Präsidium d. BLP, der Chefdienststellen in LP.-Direktionen. der Bezirksinspektionen in LP.-Inspektionen, der LP.-Hauptposten und LP.-Posten in LP.-Stationen.
Januar 1953:	Übernahme der e r s t e n Gemeindepolizei Olching, Ldkrs. Fürstenfeldbruck in die LP – IME. v. 9. 1. 53 – IC 1 – 2322 e 21 –
Februar 1953:	Überführung der bisherigen Polizeischulen der Bayerischen Landpolizei mit Wirkung vom 1. Januar 1953 zur Bayerischen Polizeischule. – Bek. d. BStMdI. v. 10. 2. 53 Nr. IC 1 – 2318 ef 3 –
23. März 1953:	Überführung des Sachgebiets Einsatz des Präsidiums der BLP in das Bayer. Landeskriminalamt – IME. v. 18. 3. 1953 Nr. IC 3 – 2321 a 14 –
April 1953:	Schaffung von Referaten für Fragen des Verfassungsschutzes beim Präsidium und den Direktionen der Bayer. Landpolizei – IME v. 29. 4. 53 – Nr. IC 4 – 2009 e 59 –
Juli 1953:	Errichtung der LP-Direktion Oberfranken – IME. v. 11. 4. 53 – IC 1 – 2322 e 19
März 1954:	Errichtung der Verkehrsstreifengruppen, Inbetriebnahme der Inspektions- und Stationsstreifen und Unfalltrupps. – Bek. d. BStMdI. v. 24. 3. 54 –IC 1 – 2322 fa I 4 –
1. Dezember 1954:	Inkrafttreten des Gesetzes über die Aufgaben und Befugnisse der Polizei in Bayern (Polizeiaufgabengesetz/PAG) vom 16. 10. 54 (GVBl. S. 237)
8. Dezember 1955:	Vorlage einer Studie über die Neuorganisation der LP.-Stationen im Reg.-Bez. Mittelfranken an das MdL. – Präs. d. LP. L I Nr. 2 a – 79/55 vom 8. 12. 1955 –
August 1956:	Errichtung des Sachgebietes Verkehrswesen – PR. v. 1. 8. 1956 Nr. I a – 2 a 10 – 610/56 –
August 1956:	Einrichtung von Probebezirken in den Landkreisen Lauf und Weißenburg – IME v. 13. 8. 1956 Nr. I C 1 – 232214 –
1. Dezember 1957:	Erweiterung des Probebetriebs in den Landkreisen Füssen, Grafenau, Waldmünchen und Würzburg – IME vom 8. 11. 1957 Nr. IC 1 – 2322/3 – 35 –

3. Berlin

Berlin stand nach der Besetzung durch sowjetische Truppen Ende April 1945 zunächst unter deren Alleinherrschaft, bis das Stadtgebiet am 11.7.1945 in 4 Sektoren aufgeteilt wurde, deren Verwaltung die aus den 4 Mächten bestehende Alliierte Kommandantur übernahm.
Während die vier Oberkommandierenden den Kontrollrat bildeten, übten die vier Stadtkommandanten zur Ausübung ihrer Hoheitsgewalt diese in der Alliierten Kommandantur aus.
So wurde zuerst eine „vorläufige Verfassung" am 13.8.46 erlassen (aufgrund Besatzungsrechts).
Als dann die UdSSR ihre Mitarbeit einstellte (am 1.7.48) und es zur Spaltung der Verwaltung und des Parlamentes kam, wurde am 1.9.50 für die drei Westsektoren eine neue Verfassung beschlossen. Diese gilt seit dem 1.10.1950.
Nach dieser Verfassung (Art. 1 Abs. 2) ist Berlin ein Land der Bundesrepublik Deutschland.
Dies ist allerdings noch strittig, da das Genehmigungsschreiben der drei westlichen Militärgouverneure zum GG vom 12.5.49 den Vorbehalt enthält, daß Berlin keine abstimmungsberechtigte Mitgliedschaft im Bundestag und im Bundesrat erhält und auch nicht durch den Bund regiert wird.
So ist der Art. 87 Abs. 1 und der Art. 23 des GG zu beachten.
Nachstehend soll anhand einer chronologischen Übersicht verdeutlicht werden, wie speziell in Berlin die Polizei wieder zu einer geordneten Tätigkeit gelangte und welche besonderen Schwierigkeiten dabei gegeben waren:

19. 5.45 Zentralisierung der Berliner Polizei durch Einrichtung eines Polizeipräsidiums unter der Leitung von *Paul Markgraf* als Polizeipräsident.
Sitz des Pol. Präs.: Linienstr. 83/85.
(Forschungsgruppe für Berliner Nachkriegsgeschichte (FBN) 2236, 2238, 5359)
(die hinter diesem Siegel aufgeführten Zahlen beziehen sich auf die Inventar-Nummern der Quellensammlung zur Berliner Zeitgeschichte)

25. 5.45 Befehl des Militärkommandanten der Stadt Berlin, Generaloberst *Bersarin*.
Betr. ..., Organisation der Stadtpolizei.

26. 5.45 Erlaß des Polizeipräsidenten über die Neuaufstellung der Polizei und ihre Aufgabe als Volkspolizei.
Appell an die Bevölkerung, mit der Polizei zusammenzuarbeiten und sie zu unterstützen. (Verordnungsblätter der Stadt Berlin – VOBl 1945 S. 19)

3. 8.45 Befehl der Alliierten Kommandantur, BK/O (45) I, verbietet mit Wirkung vom 6.8.1945 das Tragen militärischer und sonstiger Uniformen. Ausgenommen sind Polizei, Feuerwehr und ähnliche Dienste.
(VOBl 1945 S. 71)

20. 9.45 Gesetz Nr. 1 des Alliierten Kontrollrats (Betr. Aufhebung der Grundgesetze des Hitlerregimes, Liquidierung und Verbot der militärischen Ausbildung).
(VOBl 1945 S. 102)

8. 2.46 Polizeipräsident ordnet Registrierung der Berliner Einwohner und Ausgabe neuer „beh. Ausweise" an sämtliche Einwohner der Stadt an. Auf Grund der Vfg. der Alliierten Kommandantur vom 24. 1. 1946 ist die Durchführungsfrist auf 45 Tage festgesetzt. Registrierungs- und ausweispflichtig sind alle Personen, die am 24. 1. 1946 das 15. Lebensjahr vollendet und ihren Wohnsitz oder dauernden Aufenthalt in Berlin haben.
(VOBl 1946 S. 43)

27. 2.46 Befehl BK/O (46) 107 der Alliierten Kommandantur verfügt, daß Personalausweise von Personen, die unter Entnazifizierungsbestimmungen fallen, noch mit einem Sonderstempel (Trockenstempel) zu versehen sind. Durchführung dieser Anordnung obliegt dem Polizeipräsidenten.
(VOBl 1946 S. 81)

28. 2.46 Berliner Schutzpolizei erhält wieder Eingreif- und Einsatzkommandos (Überfall-Abwehrkommandos) mit der entsprechenden Kraftfahrzeugausstattung.
(Tägliche Rundschau vom 13. 2. 1946)

1. 6.46 Das 1. Mal:
„Tag der Polizei"
(FBN 4861)

12. 4.47 Da die Tätigkeit der „Volkspolizei" in der Öffentlichkeit scharf kritisiert wird, sieht sich Polizeipräsident *Markgraf* (SED) veranlaßt, den Gebrauch der Bezeichnung „Volkspolizei" im dienstlichen Verkehr grundsätzlich zu untersagen und die amtlichen Bezeichnungen Verwaltungs-, Schutz- und Kriminalpolizei wieder anzuwenden.
(Forschungsstelle für Berliner Zeitgeschichte (FBZ) 8528)
(entstanden durch Umbenennung:
Landesarchiv Berlin – Abteilung Zeitgeschichte)

12. 5.47 Der Polizeipräsident in Berlin, *Markgraf*, legt mit Hinweis auf § 22 PrPVG die örtliche Zuständigkeit der Polizeibehörden fest. Polizeiangehörige dürfen in einem fremden Polizeibezirk nur auf Anweisung der Aufsichtsbehörde oder auf Ersuchen der zuständigen Polizeidienststelle tätig werden. Aufsichtsbehörden sind die Militärverwaltungen der einzelnen Sektoren. Auswärtige Polizeiangehörige können in Berlin nur mit Genehmigung der zuständigen Militärverwaltungen ihre Aufgaben durchführen.
(FBZ 8603)

23. 1.48 Der Berliner SPD-Vorsitzende *Franz Neumann* forderte auf einer Polizeiversammlung in Kliems-Festsälen die Unterstellung der Polizei unter den Magistrat. Die Polizisten dürften nicht Beauftrag-

te einer Partei sein; sie seien Angestellte des Staates und nicht seine Gegner.
(FBZ Nr. S. 48/2, S. 45)

5. 4.48 Die Polizei im amerikanischen Sektor wird mit Funkwagen ausgerüstet. Die sowjetischen Behörden hatten eine solche Einrichtung für ihren Sektor abgelehnt.
Funkbetriebszentrale:
Steglitz, Rothenburgstraße
(FBZ Nr. S. 101, S. 68f)

24. 5.48 Die westlichen Besatzungsmächte entsenden nach dem Auszug der sowjetischen Vertreter aus dem Sicherheitskomitee der Alliierten Kommandantur Verbindungsoffiziere zu den zentralen Amtsstellen der Berliner Polizei und machen damit von dem Recht der Viermächtekontrolle über die Polizei Gebrauch, das die sowjetische Besatzungsmacht schon seit langem ausübt.
Es sollen hierdurch Repressalien und Einschüchterungsmaßnahmen gegen antikommunistische Polizeiangehörige verhütet werden. Die britische Militärregierung entsendet ihren Vertreter in das Polizeipräsidium, die amerikanische in das Hauptquartier der Schutzpolizei und die französische in die Zentrale der Kriminalpolizei.
(FBZ Nr. S. 140, S. 59f)

28. 7.48 *Dr. Johannes Stumm* übernimmt kommissarisch die Amtsgeschäfte des Polizeipräsidenten in Berlin. Da der suspendierte Polizeipräsident *Markgraf* sich weigert, sein Amt *Dr. Stumm* zu übergeben, wird der Dienstsitz der Präsidialabteilung, der Polizei-Pressestelle, des Nachrichtentechnischen Amtes, der Fremdenpolizei mit Einwohnermeldeamt, der Personalabteilung, der Abteilung Kraft und Verkehr, der Gewerbepolizei, der Gesundheits- und Veterinärpolizei, des Gewerbeaußendienstes, der Polizeihauptkasse, der Kriminalpolizei und des Kommandos der Schutzpolizei aus der Elsässer Straße 87, der Neuen Königstraße und der Dirksenstraße 14 im sowjetischen Sektor nach Berlin SW 29, Friesenstraße 15 im amerikanischen Sektor verlegt.
(VOBl 1948, Teil I, S. 410)

29. 7.48 Bekanntmachung des Polizeipräsidenten *Dr. Stumm*. Betr.: Verlegung des Polizeipräsidiums in die Friesenstraße.
(Der Tagesspiegel vom 29. 7. 48)

30. 8.48 Auf Anordnung des kommissarischen Polizeipräsidenten *Dr. Stumm*
– Präs. Abt. Tagb. Nr. 107/48 GB –
werden alle Angehörigen der ehem. zentralen Polizeidienststellen, die seiner am 28. 7. 48 veröffentlichten Aufforderung, ihre Diensttätigkeit bis zum 30. 8. 48 im Präsidium in der Friesenstraße fortzusetzen, nicht nachgekommen sind, mit dem Ablauf dieses Tages fristlos entlassen. Etwa 70 % der Angestellten der zentralen

Dienststellen haben sich inzwischen im Polizeipräsidium in der Friesenstraße gemeldet.
(VOBl 1948, Teil I, S. 432)

2.10.48 Auf Anordnung der 3 westlichen Stadtkommandanten übernehmen Polizeikräfte den Schutz der Bevölkerung auf den S-Bahnhöfen in den westlichen Sektoren und sichern den ungehinderten Verkauf westlich lizensierter Zeitungen.
Die britische Militärregierung weist in einer Erklärung darauf hin, daß die sowjetischen Behörden zwar sämtliche Eisenbahnlinien in Berlin kontrollieren, jedoch keine territorialen Rechte hieraus ableiten können.
(FBZ Nr. 11042)

4.10.48 Die Westberliner Polizei wird auf Anordnung der westlichen Militärregierungen von den S-Bahnhöfen zurückgezogen.
(Tagespresse v. 5. 10. 48)

14. 5.49 Erklärung über die Grundsätze der Bestimmungen zwischen der Stadt Groß-Berlin und der Alliierten Kommandantur.

7. 6.50 Vfg. des Polizeipräsidenten
(Präs. Abt. II/922/50 G.B.).
Alle Beamten, die Westberlin verlassen müssen, haben sich auf ihrer Dienststelle in eine Abwesenheitsliste einzutragen, um bei evtl. Festnahme im Sowjetsektor oder in der SBZ Nachforschungen anstellen zu können.

1. 4.51 Polizeipräsidium verlegt nach Berlin-Tempelhof, Tempelhofer Damm 1-7.

24. 9.51 Kommando der Schutzpolizei verlegt nach Berlin-Tempelhof, Tempelhofer Damm 1-7.

30. 9.51 1. Polizeischau im Olympiastadion.

1. 1.52 Die Bereitschaftspolizei Berlin wird aufgestellt. Sie umfaßt 3 Abteilungen mit je 5 Bereitschaften.

1. 6.54 Umstellung des Notrufes von 01 auf 110.

24. 1.55 Der Regierende Bürgermeister *Dr. Suhr* überträgt die Aufsicht über die Polizei dem Bürgermeister *Amrehn.*
(Senatsbeschluß Nr. 16/55)

12. 4.56 Verordnung zur Änderung von Vorschriften des Straßenverkehrs – Neukennzeichnung der Kraftfahrzeuge, statt KB für Berlin ab 1. 5. 1956 Kennbuchstabe B.
(GVBl. 1956 S. 285, Amtsbl. f. Berlin v. 15. 5. 1956)

6. 5.57 Vfg. des Polizeipräsidenten.
Die Beamten der Polizei dürfen ab sofort bei Reisen in die Bundesrepublik den Landweg (Interzonenverkehr) benutzen.

3.10.57 Der Regierende Bürgermeister *Willi Brandt* beauftragt nach Übernahme der Geschäfte des Regierenden Bürgermeisters wiederum den Bürgermeister *Amrehn* mit der Aufsicht über die Polizei.
(Senatsbeschluß Nr. 3684/57)

5. 5.58 Vfg. P I 258/58.
Betr.: Umwandlung der Sektoren in Polizeigruppen

2.10.58 Reform im Polizeirecht.
Nach dieser Reform gelten nunmehr folgende gesetzliche Bestimmungen für das Tätigwerden der Polizei:

a) Gesetz über Zuständigkeiten in der Allg. Berliner Verwaltung (AZG) v. 2. 10. 1958.
(GVBl. Nr. 60)
b) Gesetz über die Zuständigkeit der Berliner Polizei- und Ordnungsbehörden (PolZG) vom 2. 10. 58
(GVBl. S. 959)
c) Verordnung zur Durchführung des Polizeizuständigkeitsgesetzes (DVO – PolZG) vom 7. 10. 58
(GVBl. S. 969)
d) Gesetz über das Verfahren der Berliner Verwaltung (VwVerfG) vom 2. 10. 58
(GVBl. S. 951)
e) Polizeiverwaltungsgesetz (PVG) vom 1. 6. 31 in der Fassung vom 2. 10. 58
(GVBl. S. 960)
f) Verwaltungsvollstreckungsgesetz (VwVG) vom 27. 4. 53 mit Gesetzesübernahme für Berlin vom 30. 5. 53.
(GVBl. S. 361)
g) Bestimmungen über den Waffengebrauch der Polizei.
(Präs. Abt. Tgb. Nr. I/541/49 G. B. v. 25. 7. 49)

15. 1.59 Der Regierende Bürgermeister *Willi Brandt* übergibt dem Senator für Inneres, *Lipschitz*, die Aufsicht über die Polizei.
(Senatsbeschluß Nr. 7/59)

6.10.59 Seitens der sogenannten DDR wird erstmals auf Bahngelände, Bahngebäuden und Bahnhöfen die sogenannte „Staatsflagge" (schwarz-rot-gold mit Emblem Hammer und Zirkel) gehißt.
In schlagartigem Einsatz werden die gehißten Flaggen durch die Schutzpolizei entfernt und sichergestellt. Bei diesen Maßnahmen kam es in den Bezirken Wilmersdorf, Schöneberg und Tempelhof zu schweren Zusammenstößen der Polizei mit zum Teil angetrunkenen Reichsbahnangehörigen bzw. Belegschaftsmitgliedern der Reichsbahnausbesserungswerke.
(Jahresbericht der Schutzpolizei 1959 Ziff. II, 2)

1. 4.60 Der Senator für Inneres erhöht durch Neufestsetzung der Planstellen die Stärke der Schutzpolizei um 480 Polizeibeamte auf insgesamt 10.000 Beamte.
(Sen. f. Inn. II N 4 v. 2. 11. 1959, PI 930/59 v. 11. 11. 1959)

23. 8.–
11. 9.60 Angehörige der Berliner Schutzpolizei nehmen erstmalig nach 1945 an einer Olympiade teil, und zwar im Modernen Fünfkampf: POW Goedicke und POW Krickow
im 800 m-Lauf: POW B a l k e
(S I c)

6.10.60 Beginn der Ausbildung und Aufstellung einer Freiwilligen Polizeireserve (FPR)
(S 1a (FPR))

8. 6.61 Verkündung des „Gesetzes über die Freiwillige Polizei-Reserve" v. 25. 5. 1961
(GVBl. S. 671)

13. 8.61 Sperrung der Sektor- und Zonengrenze durch das Sowjetregime.
(Berichte über Ereignisse und Einsatz der Schutz- und Bereitschaftspolizei nach dem 13. 8. 1961,
S 1-1221/61 v. 13. 11. 61 u.
S 1 - 191/62 v. 20. 2. 62, und
Jahresbericht der Schutzpolizei 1961 S 1-659/61 v. Januar 1962)

21. 8.62 Befehl BK/O (62) 6
Festlegung der Befugnisse der Berliner Polizei auf dem West-Berliner Gelände der S- und Reichsbahn.
(GVBl. S. 1098)

28. 2.63 In die Alarmordnung der Berliner Polizei wird der „Akustische Alarm" aufgenommen, nachdem der größte Teil der ca. 200 Alarmsirenen installiert ist.
(S 1/0p)

1. 5.63 Tragebeginn für die Uniform neuen Schnitts (ohne Koppel).
(Abt. W v. 4. 4. 1962)

26. 6.63 Besuch des Präsidenten der Vereinigten Staaten von Amerika, *John F. Kennedy*, in West-Berlin.
Der Besuch verlief ohne Zwischenfälle.
Eingesetzt waren ca. 15.000 Beamte der Schutz- und Kriminalpolizei sowie ca. 2.000 Angehörige der FPR.
(Erfahrungsbericht S 1-555/63 v. 8. 7. 1963)

1. 1.64 Wegfall der festgelegten Streifenwege und Einführen von „Raumstreifen".
(S 4-174/63 Az. 50.11 v. 6. 9. 1963)

1. 4.64 Mit Erlaß des Senators für Sicherheit und Ordnung wird die innere Polizeiverwaltung in die Abteilungen „Allgemeine Verwaltung" (AV) und „Wirtschaft" (W) gegliedert.
(SenSuO III A – 1061/10-14 v. 13. 2. 1964)

5. und Erstmals findet die „Große Polizeischau"
6. 9.64 an zwei aufeinander folgenden Tagen statt.
(250.000 Besucher)
(S 5 – 355/64 Az. 41.90 v. 20. 8. 64)

1.10.64 Im Rahmen der zweiten Passierscheinaktion werden 343.500 West-Berliner in den Passierscheinstellen abgefertigt.
Während der ersten beiden Besuchsphasen machten Polizeiangehörige in 6.213 Fällen von der Möglichkeit Gebrauch, ihre Angehörigen im Sowjetsektor zu besuchen.
(S 1 – 722/64 v. 28. 11. 64)

9.11.64 Indienststellung von zwei Polizeibooten (Neubauten) mit Radargerät.
Damit ist die WSP mit insgesamt
12 Arbeitsbooten
3 Hilfsbooten und
2 Reservebooten
ausgerüstet.
(W-H (KTA) c 2-21.03/64

1. 4.65 Das gesamte Schulwesen der Polizei wird neu gegliedert und bei der Polizeischule *Joachim Lipschitz* organisatorisch zusammengefaßt.
Schulabteilung I : Schutzpolizei
II : Kriminalpolizei
III: Technik und Verkehr
IV: Allgemeinbildung, staatsbürgerliche Bildung
(SenSuO III A 0391/212 v. 2. 2. 65)

16. 5.65 Zum zweiten Mal „Tag der offenen Tür der Polizei". Ca. 11.000 Berliner besichtigten die polizeilichen Einrichtungen der BPA, VkSt und RSt.
(S 1)

1. 4.66 Seit Gründung der FPR wurden in 278 Lehrgängen (Grund-, Wiederholungs-, Unterführer-, Erste Hilfe-, kraftfahrtechnischen Lehrgängen) über 30.000 Reservisten ausgebildet.
Im gleichen Zeitraum nahmen im Rahmen des Fortbildungs- und Betreuungsprogramms an ca. 1.500 Veranstaltungen ca. 50.000 Polizei-Reservisten teil.
Personalbestand der FPR:
ca. 5.500 Mann
(S 6)

4. Bremen

Das bremische Polizeihaus wurde am 26.4.1945, gegen 13.00 Uhr von Einheiten der britisch-kanadischen Truppen unter General Dempsey besetzt (*Knevelkamp*, Die Polizei im Lande Bremen, Jg. 15, 1963, Nr. 9, S. 16), die Beamten wurden entwaffnet und General *Schroers* wurde vom alliierten Stadtkommandanten als Regierender Bürgermeister eingesetzt (wegen seiner Zugehörigkeit zur SS aber 4 Tage später in Haft genommen).
Nach der Kapitulation wurde dann der Polizeidienst durch die alliierte Militärpolizei und die unbewaffnete deutsche Schutzpolizei verrichtet und bereits am 7. 5. 1945 wurden die Städte Bremen und Bremerhaven Besatzungsgebiet der USA (die Hafenlage war für die USA ausschlaggebend). Nach den Bestimmungen der Haager Landkriegsordnung (HLKO) (RGBl. 1910, S. 107 ff.) übernahm die amerikanische Militärregierung die Verantwortung für Sicherheit und Ordnung.

Die Anfang Mai 1945 wiederaufgenommene Streifentätigkeit der bremischen Schutzpolizei war erst nach dem Erhalt von 50 Pistolen effektiv genug, denn die bewaffneten Banden konnten nur von ebenfalls bewaffneten Ordnungskräften bekämpft werden. Die rechtliche Angliederung Bremens war bis 1947 in Form einer Enklave (Besatzungsenklave) nach den Grundsätzen der britischen Zonenverwaltung geschehen, anschließend ab 1947 wurde Bremen dann der amerikanischen Besatzungszone angegliedert.
Nachdem Helmut bis 1947, Franz *Noch* bis 1951 „Chef der Polizei" waren, trat am 19.5.1951 Erich von *Boch u. Goloch* als Polizeipräsident an die Spitze der Polizei (*Leinemann/Bleck* u.a., 100 Jahre Bremen und seine Polizei, Polizei-Verlag Kuntz, S. 27).
Auch in den Häfen wurden die Sicherungsaufgaben zuerst von der amerikanischen Militärpolizei durchgeführt und erst ab Mai 1946 von dem Wasserschutzpolizei-Abschnitt „Bremen" wieder in den Häfen und auf der Unterweser durch den Wasserschutzpolizeidienst.
Am 15. Mai 1946 wurde in Bremen die Polizeigewalt auf dem Wasser und an Land geteilt. Zur landseitigen Sicherung der Häfen wurde die Hafenpolizei als neuer Abschnitt „Hafen" mit der alten Bezeichnung 13. und 15. Polizeirevier unter dem Chef der neuen Polizei neu organisiert, während sich der überwiegende Teil der bisherigen Wasserschutzpolizeibeamten zu der bereits in der amerikanischen Zone bestehenden Behörde „Schiffsinspektion und Wasserschutz – Water Transport Branch and Inspection Security –" abordnen ließ. Die Zuständigkeit erstreckte sich auf alle Wasserwege in der amerikanischen Enklave. Die Träger des Vollzugsdienstes waren die Stationen I und II in Bremen, Station III in Vegesack, Station IV in Elsfleth und die Stationen V und VI in Bremerhaven.
Am 1.10.1948 wurde der Wasserschutzpolizeiabschnitt „Weser" der „Schiffsinspektion und Wasserschutz" aus der bizonalen Verwaltung, die ihren Sitz in Niederwalluf/Rhein hatte, gelöst und wieder durch das Land Bremen übernommen, da die Polizei in die Zuständigkeit der Länder fällt. Die Wasserschutzpolizei ist als „Wasserschutzpolizei Bremen" dem Senator für Inneres als unmittelbare Landesbehörde unterstellt worden („Unsere Polizei", Die Freie und Hansestadt Bremen 1945-1965, Senator für Inneres, 1966, S. 33).

Gesetzliche Grundlagen:

Bis zum Jahre 1960 war das Polizeirecht nur für Teilbereiche gesetzlich geregelt gewesen und im übrigen beruhten die polizeilichen Maßnahmen auf Gewohnheitsrecht (*Riege*, a.a.O., S. 66), d.h., es wurden weitgehend die von der Rechtsprechung und der Rechtswissenschaft entwickelten Rechtsgrundsätze angewendet wie im Preußischen Polizeiverwaltungsgesetz.
Ab 5.7.1960 galt das neue Polizeigesetz (Sa BremR 105-a-1, zuletzt geändert durch Gesetz vom 15.11.1976 (BremGBl. S. 243)), das mit Ablauf des

30. April 1983 (Ausnahme §76 mit Ablauf des 31.8.1983) außer Kraft trat. Durch das Polizeigesetz vom 5.7.1960 wurde in §1 eine polizeiliche Generalklausel (ähnlich dem §14 Abs. 1 des Preuß. PVG) geschaffen.

Das Polizeigesetz unterscheidet zwischen ordentlichen Polizeibehörden und Sonderpolizeibehörden. Die ordentlichen Polizeibehörden gliedern sich in Ortspolizeibehörden und Landespolizeibehörden. Ortspolizeibehörden sind in Bremen das Stadt- und Polizeiamt und in Bremerhaven der Oberbürgermeister als Vertreter des Magistrats, soweit nicht in gesetzlichen Vorschriften andere Behörden als Ortspolizeibehörden bezeichnet werden, z.B. das Bauaufsichtsamt, das Amt für Wohnung und Siedlung, Landespolizeibehörden sind die nach dem Geschäftsverteilungsplan des Senats zuständigen Senatoren, z.B. der Senator für Inneres in Angelegenheiten der allgemeinen Polizei, der Senator für das Bauwesen in Angelegenheiten der Baupolizei (Sonderpolizeibehördengliederung; ihnen sind durch besondere Rechtsvorschriften bestimmte polizeiliche Wirkungsbereiche zugewiesen, z.B. staatliche Gewerbeaufsichtsämter, Luftaufsichtsbehörden (*Riege*, a.a.O., S. 66; siehe auch §56 BremPolG 1960)).

Der Polizeivollzugsdienst gliederte sich in den des

Landes	und der	*Gemeinden*
• LKA		• Schutzpolizei
• Wasserschutzpolizei		• Kriminalpolizei
• Bereitschaftspolizei		

Das neue bremische Polizeigesetz vom 21.3.1983 (BremGBl. S. 141) berücksichtigt den SPD-Entwurf vom 12.11.1982 (LT-Dr. 10/945), ebenfalls auch den FDP-Entwurf vom 8.1.1981 (LT-Dr. 10/994-10/1001). Das bisher gültige Polizeigesetz von 1960 enthielt nicht nur dem rechtsstaatlichen Bestimmtheitsgebot entsprechende vage Regelungen, z.B. §9 alter Fassung zur Identitätsfeststellung, sondern eröffnete durch äußerste weitgefaßte Bestimmungen theoretisch Möglichkeiten, die den Gefahrenabwehrauftrag der Polizei überschritten, z.B. Explosivmittel gegen Menschenmengen, §50 in Verbindung mit §49 (2) alter Fassung (*Alberts*, „Das neue bremische Polizeigesetz", NVwZ 1983, S. 585).

Das neue bremische Polizeigesetz enthält im ersten Teil das Recht der Polizei mit den Abschnitten Aufgaben und allgemeine Vorschriften, Befugnisse, Vollzugshilfe, Zwang, Polizeiverordnungen, Schadensausgleich, Erstattungs- und Ersatzansprüche. Im zweiten Teil die Organisation der Polizei mit Polizeihoheit und Aufgabenverteilung, Polizeibehörden, Polizeivollzugsdienst, Zuständigkeiten. Der dritte Teil enthält die Kosten der Polizei und der vierte Teil Übergangs- und Schlußbestimmungen.

Nach dem nun vorliegenden Polizeigesetz gliedert sich die Organisation der Polizei Bremen in:

1. das Land mit seinen senatorischen Behörden als Landespolizeibehörden und
2. die Gemeinden als Ortspolizeibehörden (§65 BremPolG).

Als Sonderpolizeibehörden sind alle übrigen Behörden des Landes, soweit ihnen durch Rechtsvorschrift bestimmte Zuständigkeiten für Aufgaben der Gefahrenabwehr übertragen worden sind, eingerichtet. Des weiteren wird untergliedert, daß Landesbehörden die zuständigen Senatoren sind, denen durch Rechtsvorschrift oder durch die Geschäftsverteilung des Senats bestimmte Zuständigkeiten für Aufgaben der Gefahrenabwehr übertragen worden sind (§67 BremPolG).

Die Ortspolizeibehörden sind:

a) in der Stadtgemeinde Bremen das Stadt- und Polizeiamt sowie weitere kommunale Ämter, denen durch Rechtsvorschrift bestimmte Zuständigkeiten für Aufgaben der Gefahrenabwehr übertragen worden sind
und
b) in der Stadtgemeinde Bremerhaven vorbehaltlich anderer gesetzlicher Regelung der Oberbürgermeister als Vertreter des Magistrats. Der Senat kann auf Antrag des Oberbürgermeisters an seiner Stelle einen Beauftragten mit der Verwaltung einzelner Aufgaben der Ortspolizeibehörde betrauen; er hat das gleiche Recht von Amts wegen, wenn und solange der geordnete Gang der Verwaltung oder sonstige Staatsnotwendigkeiten eine solche Maßnahme erfordern und die sonstigen Aufsichtsbefugnisse des Senats nicht ausreichen.

Der Polizeivollzugsdienst des Landes gliedert sich in die Landesbehörden des Polizeivollzugsdienstes, und zwar das Landeskriminalamt und das Wasserschutzpolizeiamt. Die Bereitschaftspolizei ist eine Einrichtung des Polizeivollzugsdienstes.

Ferner gibt es den Polizeivollzugsdienst der Gemeinden, der die Aufgaben übernimmt, soweit sie nicht den Landesbehörden und Landeseinrichtungen nach §70 des BremPolG übertragen worden sind. D.h., der gemeindliche Polizeivollzugsdienst ist Teil der Ortspolizeibehörden, in Bremen des Stadt- und Polizeiamtes. Er gliedert sich in Schutzpolizei und Kriminalpolizei. Das neue BremPolG enthält eine Besonderheit, und zwar ist ein Verzicht auf das Schutzgut der öffentlichen Ordnung ausgesprochen worden.

Denn das neue Gesetz verzichtet in Aufgabenzuweisung und Ermächtigungsgrundlage auf das Schutzgut der öffentlichen Ordnung als des Inbegriffs der für eine Rechtsgemeinschaft verzichtbaren Wertvorstellungen (*Götz*, Allgemeines Polizei- und Ordnungsrecht, 6. Aufl. 1980, §3 III Nr. 1, S. 45).

Hinsichtlich der im Bremer Polizeigesetz aufgeführten Standardmaßnahmen geht das Gesetz einen Mittelweg zwischen dem Musterentwurf der Innenminister und dem Alternativentwurf der liberalen Professoren.

Das neue BremPolG enthält aber ein Novum, und zwar eine bereichsspezifische Datenschutzregelung. So sind im BremPolG sogar über den Alternativentwurf hinausgehende Ermächtigungsgrundlagen für die Datenerhebung aufgenommen worden. In § 29 findet sich z.B. eine Regelung für die umstrittene Rasterfahndung. In §32 BremPolG ist geregelt worden, daß derjenige, dessen Bewertungen in einem Informationssystem gespeichert werden, bekannt sein muß. Diese Bewertungen dürfen an andere als Polizeibehörden nicht weitergegeben werden. Damit hat der Bremer Gesetzgeber weitreichende Konsequenzen aus dem sogen. Narrurteil des OVG Berlin gezogen (OVG Berlin, DVBl. 1978, S. 756ff.). Für personenbezogene Sammlungen wird in §36 eine förmliche Feststellungs- oder Errichtungsanordnung gefordert. Die erstmalige Anerkennung eines Auskunftsanspruches auch gegenüber der Polizei kann ebenfalls das Datenbewußtsein stärken. Die in §34 BremPolG gefundene Lösung zeigt zugleich, daß der Gesetzgeber grundsätzlich nicht über die Abwägungslinie zwischen öffentlichen Interessen und privaten Rechten hinausgeht, die von der Verwaltung festgelegt worden sind. Der Auskunftsanspruch ist in ähnlichem Umfang wie nunmehr in der gesetzlichen Regelung schon in den Richtlinien der kriminalpolizeilichen Sammlung enthalten (abgedruckt bei *Koch*, Bürgerhandbuch Datenschutz, Hamburg 1981, S. 323f); die Regelung des §28 Abs. 1 Nr. 2 BremPolG über die Erhebung von Informationen zur vorbeugenden Bekämpfung von Straftaten und bei der verdeckten Informationserhebung aus Versammlungen, die nunmehr in §30 Abs. 2 BremPolG gewordene Formulierung, daß der Polizeivollzugsdienst in öffentlichen Versammlungen personenbezogene Informationen erheben darf, wenn er sich gemäß § 12 des Versammlungsgesetzes oder auf andere Weise zu erkennen hat. In §30 Abs. 2 ist dann schließlich festgelegt, wenn sich der Polizeibeamte nicht zu erkennen gegeben hat, so darf er personenbezogene Informationen nur erheben, wenn dies zur Abwehr einer erheblichen Gefahr erforderlich ist. Diese erhebliche Gefahr dürfte in der Regel schwer zu begründen sein, so daß es sich bei dieser Vorschrift nur um eine quasi selten anzuwendende Bestimmung handelt.

5. Hamburg

Bereits im Dezember 1945 hatte die britische Militärregierung in dem dichtbevölkerten Stadtstaat Hamburg die Aufstellung einer Polizeireserve angeordnet, die den Namen Polizeieinsatzbereitschaft (PEB) trug. Mit dieser Polizeieinheit war der Neuaufbau eines in reinen Anfängen auf die ersten Jahre der Weimarer Republik zurückgehenden Polizeizweiges eingeleitet worden (*Fischer*, in „10 Jahre Motorisierte Polizeiabteilung Hamburg", Jubiläumsschrift 1951-1961, S. 17).
Die PEB, die aus drei Zügen zu je 50 Mann bestand, erwies sich bald angesichts ihrer starken Beanspruchung insbesondere bei der Bekämpfung des Schwarzen Marktes als zu schwach. Daher wurden bald 2 weitere Bereitschaften aufgestellt, die zusammen mit der PEB die neue Polizei-Einsatzabteilung (PEA) bildeten.
Schon vorher, nach der Übergabe der Stadt Hamburg an die britische Militärregierung am 3. Mai 1945 hatte diese den Kaufmann *Rudolf Petersen*, den Bruder des früheren Bürgermeisters von Hamburg *Dr. Carl Petersen*,

zugleich Enkel des vor 1900 als Polizeichef und Bürgermeister tätigen *Dr. Petersen*, zum Bürgermeister von Hamburg ernannt.
Ferner war *Lothar Danner* beauftragt, die Polizei zu führen. Dieser berief einige seiner politischen Freunde, die bis 1933 Polizeibeamte gewesen waren, darunter auch den ehemaligen Polizeihauptmann *Bruno Georges*, als Mitarbeiter. Wegen seiner englischen Sprachkenntnisse wurde *Bruno Georges* der Verbindungsbeamte zur britischen Militärregierung, Abteilung „Public Safety". Aber schon am 26. Mai 1945 löste diese *Lothar Danner* ab und ernannte *Bruno Georges* zum „Polizeichef". Der Leiter der Abteilung „Public Safety" in der britischen Militärregierung für Hamburg, Brigadier *O'Rourke*, ein recht eigenwilliger und schwieriger Mann, befahl die sofortige Suspendierung der leitenden Polizeibeamten, die sich durch ihre nationalsozialistische Gesinnung belastet hatten (Hamburger Polizeigeschichte, Bd. II, „Die bitteren Jahre von 1933-1945", Behörde für Inneres, S. 177).
Die britische Militärregierung hatte ein allgemeines Ausgehverbot aller Bürger, das in den darauffolgenden Monaten in ein nächtliches Ausgehverbot umgewandelt wurde, verfügt. Eine britische Order folgte der anderen, und sie wurden in zweisprachigen Anschlägen, aber auch teilweise durch den Rundfunk bekanntgegeben. Die Bevölkerung mußte Waffen aller Art, alle Fotoapparate und sonstigen Gegenstände, Bekleidungsstücke für die freigelassenen KZ-Häftlinge in Sammelstellen abgeben.
Außerdem requirierten die Besatzungstruppen für sich Wohnhäuser, Möbel und ganze Straßenzüge sowie andere Haushaltsgegenstände, die sie ebenfalls den entlassenen KZ-Häftlingen übergaben.
Die britischen Truppen hatten in den ersten Wochen der Besetzung Hamburgs die Elbbrücken gesperrt. So mußte die Hamburger-Polizei in wenigen Stunden auf Befehl der Engländer den gesamten Freihafen, in dem Tausende von ausgebombten Hamburgern ihre vorläufige Wohnstätte nach den Fliegerangriffen gefunden hatten, von der Bevölkerung räumen. So mußte auch die Polizei das Wohnungsamt bei der Sichtung und Evakuierung unberechtigt zugezogener Flüchtlinge unterstützen, und die britische Militärregierung verfügte wegen der beängstigenden Wohnungsnot ein Zuzugverbot nach Hamburg.
Um Brennholz für die Bevölkerung beschaffen zu können, leitete die Polizei eine Holzaktion im Sachsenwald und in den anderen Waldgebieten Schleswig-Holsteins. Außerdem wurde durch die Polizei das gemüseerzeugende Gebiet der Vier- und Marschlande und des alten Landes, um die gleichmäßige Zuteilung von Gemüse auf Lebensmittelmarken nicht durch wildes Aufkaufen völlig zusammenbrechen zu lassen, gesperrt. Wie hart der damalige Polizeieinsatz war, kann daraus herausgelesen werden, daß bereits bis März 1946 10 Polizeibeamte ihr Leben lassen mußten, weil sie nahezu unbewaffnet waren. Nur einige alte britische Colts standen ihr als Bewaffnung zur Verfügung.
Am 26. Mai 1945 wurde der ehemalige Polizeihauptmann *Georges*, 1933 vom Hitlerregime nach § 4 des Gesetzes zur Wiederherstellung des Berufsbeamtentums vom 7.4.1933 aus dem Polizeidienst entlassen (nach diesem Gesetz

konnten alle politisch und rassisch der NSDAP nicht genehmen Beamten aus dem Dienst entfernt werden), vom Hamburger Senat und mit Zustimmung der Militärregierung als Polizeichef an die Spitze der gesamten Hamburger Polizei berufen. Unter seiner fachlichen Leitung wurden Reorganisation und Neuaufbau der Hamburgischen Polizei nach den Weisungen der Militärregierung (Public Safety Branch) durchgeführt. Die Public-Safety-Offiziere hatten direkte Befehlsgewalt über die Polizei und waren der Militärregierung für die Aufrechterhaltung von Sicherheit und Ordnung verantwortlich (150 Jahre Hamburger Polizei, aus der Festschrift aus Anlaß des internationalen Jubiläumssportfestes der Polizei Hamburg, 1964, Reorganisation des Polizeisystems 1945-1947, S. 61). Alle richterlichen und gesetzgebenden Funktionen waren der Polizei entzogen worden, d. h., die Befugnisse zur Rechtsetzung und Rechtsprechung (vgl. Gesetz betr. das Verhältnis der Verwaltung zur Rechtspflege vom 23.4.78, HmGBl. S. 110 und 10.10.1923, HmGVOBl. S. 1233). Androhung und Festsetzung von Geldstrafen (sog. Zwangsgeld) waren verboten – anstelle polizeilicher Strafverfügungen traten gerichtliche Strafverfügungen).

Unter dem Einfluß der Militärregierung waren die Aufgaben der hamburgischen Polizei (wie auch in den anderen Ländern der britischen Zone) auf die Exekutivbefugnisse der Schutz- und der Kriminalpolizei beschränkt. Schließlich fanden sie ihren Niederschlag in den beiden Verordnungen über die Zuständigkeit der Polizei in der Hansestadt Hamburg vom 29.3.1945 und 13.9.1946 (vgl. HmGVOBl. 1946, S. 5, 95).

Durch diese Verordnungen wurden alle über den Sicherheits- und kriminalpolizeilichen Bereich hinausgehenden verwaltungspolizeilichen Befugnisse von der Polizei genommen und auf die Fachbehörden übertragen.

Die Verordnung Nr. 57 der Militärregierung vom 1.12.1946 (siehe Amtsblatt Nr. 15 der Militärregierung Deutschland – Britisches Kontrollgebiet –, S. 344f) übertrug den Ländern die Gesetzgebungsgewalt auf dem Gebiet der Polizei nach britischen Richtlinien und vorbehaltlich der gesetzgeberischen Maßnahmen des Kontrollrates. In dem Gesetz über die Polizeiverwaltung vom 7. November 1947 (vgl. § 1, HmGVOBl. 1947, S. 73) mit Wirkung vom 12. November 1947 wurden die Beamten der hamburgischen Polizei als Beamte der Hansestadt Hamburg übernommen. Nach Durchführung der Reorganisation im Jahre 1946 umfaßte die Hamburger Polizei 5 Ämter:

1. das Außendienstamt
2. das Kriminalamt
3. das Ausbildungs- und technische Amt
4. das Personalamt
5. das Wirtschaftsamt

An der Spitze der Polizei Hamburgs stand der Polizeichef. Er hatte die Polizei nach den Weisungen und Anordnungen des Polizeisenates zu leiten. Aus der Tätigkeit der damaligen Polizei soll hervorgehoben werden, daß z. B. in den Akten der Hamburger Schwarzmarktbekämpfung zu lesen ist, daß jede der vielen Strukturwandlungen des illegalen Handels verzeichnet worden ist, vom

Tauschhandel auf Zigarettenbasis bis zur Verschiebung verheimlichter Ausweichlager des Großhandels, vom organisierten Lebensmittelkartendiebstahl in den Landgebieten bis zur Markenfälschung mit Hilfe gestohlener Originalpapiere. So gelang es der Polizei im Jahre 1946 allein 2.156 Tonnen hochwertige Lebensmittel und Gebrauchsgüter aus den Schlupfwinkeln des Schwarzhandels zu bergen. Im gleichen Jahr wurden 8,4 Mill. Reichsmark an Bargeld sichergestellt und 725 Schwarzbrennereien ausgehoben, 70 Lebensmittelmarkenfälscherwerkstätten entdeckt und stillgelegt. Im Jahre 1947 wuchs die Menge der beschlagnahmten Lebensmittel und Gebrauchsgüter auf dem schwarzen Markt auf 18.756 Tonnen und sichergestellten Betriebskapitalien von Schwarzhändlern auf über 40 Mill. Reichsmark an.
Die Polizeiführung verfügte am 30. April 1946 die Einführung der Einheitslaufbahn, nach der jeder Kriminalbeamte aus der Schutzpolizei hervorgehen mußte. Interessant sind die Dienstgradbezeichnungen, die folgendermaßen hießen:

Polizeichef
Vizechef
Gruppenchef
Abschnittschef
Revierchef
Polizeioberinspektor
Polizeiinspektor
Meisterpolizist
Oberpolizist
und Polizeianwärter

Am 25. Oktober 1945 wurde durch eine Verfügung des Polizeichefs die uniformierte weibliche Polizei aufgestellt, und zwar mit 45 Beamtinnen, die mit den 15 Beamtinnen der weiblichen Kriminalpolizei zusammengefaßt wurden. Zum 1. April 1946 konnte die Polizei folgenden Personalstand aufweisen:

5.061	uniformierte Beamte
630	Polizeianwärter
703	Kriminalbeamte
122	Kriminalangestellte
zus. 6.516	Bedienstete.

Bis zur Währungsreform wurde die grüne Uniform wieder abgeschafft bzw. umgefärbt und die blaue Uniformfarbe wieder eingeführt.
Die aktive Verbrechensbekämpfung wurde durch die Einrichtung des telefonischen Überfallrufes *01* verbessert, und zwar konnte dann mit dieser Hilfe in kürzester Zeit die sog. Radiostreifenwagenbesatzung der Polizei herangeholt werden. Diese Radiostreifenwagen waren mit drei ausgesuchten Beamten besetzt, durchfuhren bei Tag und Nacht ihre Reviere und wurden durch Funk an den Tatort beordert (*Viether*, Beiträge zur Polizeigeschichte Hamburgs, 1969, S. 11). Schon bald konnten diese Radiostreifenwagen einen großen Erfolg verbuchen, denn sie konnten innerhalb eines Monats z. B. etwa 100

Verbrecher auf frischer Tat festnehmen. Ferner erwiesen sie sich als große Hilfe bei Autodiebstählen, bei Unglücksfällen, Bränden und Explosionen. Schon bald nach der Einführung dieser Fahrzeuge bürgerte sich die Bezeichnung „Peterwagen" ein. Über die Entstehung dieses Namens gibt es verschiedene Anekdoten. Die hübscheste berichtet, daß sich ein britischer Kontrolloffizier die Funktion dieser Fahrzeuge von einem Dolmetscher erklären ließ, der als der Offizier das Wort *Patrolcar* nicht gleich verstand und zu buchstabieren anfing, mit P like Peter, worauf der Kontrolloffizier verstehend nickte und hinfort nur noch von Peterwagen sprach (150 Jahre Hamburger Polizei, 1814-1964, herausgegeben von der Freien und Hansestadt Hamburg, Behörde für Inneres, Dokumentation, Seite nicht angegeben, etwa in der Mitte des Werkes).

Herausragende polizeiliche Einsätze waren damals der am 10. Mai 1951 stattgefundene Studentenkrawall, und zwar vor dem Universitätsgebäude und dann später auch vor dem Hochbahnhaus in der Steinstraße innerhalb des Bannkreises.

Weiterhin der Hafenarbeiterstreik 1951 (22. Oktober 1951), der als wilder Lohnstreik der Hafenarbeiter angefangen hatte. Er endete erst am 8. November 1951. Außerdem fand am 19. Mai 1952 der sog. Flüggerstreik statt, der von den Kommunisten auch mit werksfremden Personen radikalisiert wurde. Mit der Zweiten Verkündung des Zweiten Gesetzes zur Änderung des Gesetzes über die Verwaltungsbehörden 30. Juni 1952 erhebt die Polizeibehörde eine Deputation. Der von der britischen Besatzungsmacht eingerichtete Polizeiausschuß als beratendes Gremium neben dem Polizeichef und später neben dem Senator für die Polizei wurde nunmehr als eine ordentliche Deputation gebildet, wie sie auch für die anderen Verwaltungsbehörden eingerichtet worden war und alter hamburgischen Tradition entsprach. So kehrte denn auch die Amtsbezeichnung Polizeipräsident wieder. *Bruno Georges* wurde Polizeipräsident. Das unter Leitung des uniformierten Exekutivdienstes bestehende Außendienstamt wurde in ein Kommando der Schutzpolizei umgewandelt und am 15. September 1952 begann seine Tätigkeit.

Der Senat beschloß aufgrund des am 11.4.1962 von der Bürgerschaft verabschiedeten Gesetzes zur Änderung des Verwaltungsbehördengesetzes mit Wirkung vom 1.5.1962 die Bildung der *Behörde für Inneres* (vgl. Ges. zur Änderung des Gesetzes über Verwaltungsbehörden und des Bezirksverwaltungsgesetzes vom 13.4.1962, HmbgGVOBl. 1962, Nr. 21, Seite 107).

Damit wurde die Hamburger Polizei ein Teil der Behörde für Inneres und sie führte die amtliche Bezeichnung:

„Behörde für Inneres – Der Polizeipräsident".

Die Sturmflutkatastrophe, die in der Nacht zum 17.2.1962 über große Teilflächen Hamburgs hereinbrach, beschleunigte die Reorganisation der Polizei in Hamburg.

Mit der Reorganisation änderten sich auch regionaler und organisatorischer Aufbau der Schutzpolizei und der Kriminalpolizei, und die Gebietseinteilung wurde den Grenzen der Bezirksamtsbereiche angepaßt (*Lessat*, „Vom Corps der Nachtwache zur modernen Schutzpolizei", in der 150jährigen Geschichte der Polizeibehörde Hamburg, 1964, S. 70).

Polizeipräsident
Präsidialstab (Präsidialangelegenheiten, Öffentlichkeitsarbeit, Pressestelle)

1. Landespolizeiverwaltung (LPV)
   gegliedert in Verwaltungsabteilung, Technische Abteilung, Rechtsabteilung. Der Ärztliche Dienst der Behörde für Inneres ist der LPV organisatorisch angegliedert.

2. Landespolizeidirektion (LPD)
   gegliedert in Allgemeine Grundsatzangelegenheiten, Grundsatzangelegenheiten in der allgemeinen Sicherheit und Ordnung, Grundsatzangelegenheiten der Verbrechensbekämpfung, Grundsätzliche Verkehrsangelegenheiten, Grundsätzliche schifffahrtspolizeiliche Angelegenheiten.

3. Landespolizeischule (LPS).

Der Landespolizeidirektion nachgeordnet sind die

a) Polizeidirektionen (PD) (4), gegliedert in Verwaltung, Schutzpolizei, Kriminalpolizei und Straßenverkehrsbehördliche Angelegenheiten, z.B. ist die Polizeidirektion Mitte (PD 1) gegliedert in Stab, Zentrale Dienste, Polizeireviere und Fachkommissariate. In beiden letzteren wird die polizeiliche Alltagsarbeit bewältigt: sie garantieren die öffentliche Sicherheit im örtlichen Bereich. In ihrer Arbeit werden sie durch die Spezialdienste und die Zentralen Dienste jeder Direktion unterstützt, entweder direkt oder durch eigenverantwortliche Übernahme spezieller und überregionaler Aufgaben.
   Zur Polizeidirektion Süd (PD 4) gehört die Wasserschutzpolizei, gegliedert in Fachdienst Hafensicherheit, Fachdienst Grenzpolizeiliche Angelegenheiten (Grenzschutzamt Hamburg-Hafen), Dienstgruppe besonderer Einsatz/Hafen, Dienstgruppe Gewässer- und Immissionsschutz, Gefährliche Güter/Umweltschutz sowie 5 Polizeireviere.

b) Fachdirektionen (FD) (5)
   FD 5 Führungs- und Lagedienst, gegliedert in Führungsdienst, Lagedienst, Polizeieinsatzzentrale, Verkehrsleitzentrale
   FD 6 Spezieller Kriminaldienst, gegliedert in Fachinspektionen mit Fachkommissariaten
   FD 7 Staatsschutz, gegliedert in Fachinspektionen mit Fachkommissariaten
   FD 8 Verkehrsverwaltung, gegliedert in Straßenverkehrsabteilung, Zulassung von Kraftfahrzeugen und Verkehrsteilnehmern, Technische Prüfstelle für den Kfz-Verkehr
   FD 9 Bereitschaftspolizei, gegliedert in Bereitschaftspolizeiabteilung Hamburg. Landesfernmeldezug und Hubschrauberstaffel.

Bisher (Stand 1970)	Künftig (ab 1976)
16 Polizeibezirke	**4 Polizeidirektionen**
7 der Schutzpolizei,	(Süd, Ost, West, Mitte)
7 der Kriminalpolizei,	
2 der Wasserschutzpolizei	

52 Reviere der Schutzpolizei,	**29 Reviere +**
3 Sonderwachen,	**übergangsweise 3 weitere.**
16 Zweigstellen	Zweigstellen fallen weg.
21 Polizeiposten	5 Polizeiposten bleiben. 7 Reviere erhalten wegen differenzierter örtlicher Gegebenheiten je eine Außenstelle.
10 Wasserschutzpolizeireviere	**4 Reviere**
3 Zweigstellen	4 Bedarfsaußenstellen
27 Kriminalkommissariate	**4 regionale Kriminaldienste**
8 Kripo-Posten	1 Außenstelle

6. Hessen

Bereits am 16. Oktober 1945 wurde aufgrund der Anordnung des damaligen Direktors der amerikanischen Militärregierung (Oberst Dr. *James Newman*) die Landesregierung Groß-Hessen unter Ministerpräsident Prof. Dr. *Geiler* gebildet. Erster Hessischer Innenminister wurde nach Kriegsende der sozialdemokratische Politiker Hans *Venedey* (*Urban*, „22 Jahre Entwicklung der Polizeiorganisation in Hessen", Polizei-Technik-Verkehr, Sonderausgabe III/1967, S. 18).
Man sagt, daß den Amerikanern mit der hessischen Staatsneugründung eine der unbestrittenen glücklichen Schöpfungen ihrer Besatzungszeit gelungen ist (*Lilge*, „Hessen – ein Kräftezentrum der BRD", Polizei-Technik-Verkehr, Sonderausgabe II/1970, S. 7).
Mit Ausnahme der Landesverfassung (GVBl. S. 229, zul. geändert durch Gesetz v. 23. 5. 1970 (GVBl. S. 281)) am 1. 12. 1946, wird das Land wieder *Hessen* genannt. Es besteht aus der früheren preußischen Provinz Hessen-Nassau (Kurhessen und Nassau) und den Provinzen Starkenburg, Oberhessen und den rechtsrheinischen Teilen der Provinz Rheinhessen des ehemaligen Volksstaates Hessen. Lediglich Rheinhessen mit Worms und Mainz und vier nassauische Kreise (der heutige Regierungsbezirk Montabaur) werden von Hessen losgelöst (siehe Teil: Rheinland-Pfalz).
Nach der Wahl zur Verfassungsgebenden Versammlung am 30. Juni 1946 wurde von dieser ein Entwurf vorgelegt, der durch General *Clay* am 29. Oktober 1946 genehmigt und mit 82 Stimmen angenommen wurde; und im Volksentscheid vom 1. 12. 1946 wurden 76,8 % der Stimmen für die Verfassung abgegeben.
Im Gegensatz zu den Ländern Bayern und Württemberg-Baden, in denen zentrale Verwaltungen vorhanden waren, mußten diese in Groß-Hessen erst geschaffen werden. Nach dem Willen der Besatzungsmächte sollte das gesamte deutsche Polizeiwesen dezentralisiert werden (die französische Besatzungsmacht legte weniger Wert darauf. Daher ist es erklärlich, daß die Franzosen in Südbaden sogar eine staatliche zentrale Polizeibehörde befürworteten und in Württemberg-Hohenzollern ausschließlich staatliche Polizei war).

Die wesentlichen Grundsätze für die Tätigkeit der Polizei in den Ländern hatte die Militärregierung in der Verordnung Nr. 135 (Amtsblatt der Militärregierung Nr. 23, S. 713-716) festgelegt.
Auf Regierungsbezirksebene wurden in den Landkreisen Gendarmeriekommissariate und Gendarmeriestationen und -einzelposten errichtet und die dienstliche Bekleidung bestand aus einem Zivilanzug mit dem dienstlichen Kennzeichen „MG-Police", das auf einer Armbinde getragen wurde (*Urban*, a. a. O., S. 20).
Am 15. Mai 1946 wurde durch Innenminister *Venedey* die Bildung der Gendarmerie für das Land Groß-Hessen verfügt (in Städten und Gemeinden gab es die kommunale Polizei, siehe dazu Teil: Amerikanische Zone), die zunächst auch die kriminalpolizeilichen Aufgaben übernahm. Später wurde die Kriminalpolizei wieder von der Gendarmerie getrennt und anstelle des Landeskriminalpolizeibüros das Hessische Landeskriminalpolizeiamt errichtet, dem die Kriminalstellen *Nord* in Kassel, *Mitte* in Wiesbaden und *Süd* in Darmstadt und 8 Kriminalkommissariate (im Bereich des jeweiligen Landgerichtes; Personalstand zum Jahre 1949: 129 Beamte und 30 Angestellte) zugeordnet waren.
Durch Erlaß vom 11. 4. 1950 wurde festgelegt, daß der Regierungspräsident der gesamtverantwortliche Leiter der staatlichen Polizei innerhalb seines Bezirkes ist und der Einsatzleiter der Gendarmerie im Auftrage des Regierungspräsidenten die Dienst- und Fachaufsicht ausübt (*Urban*, a. a. O., S. 20).
Durch eine Anweisung der Amerikanischen Hohen Kommission vom September 1950 über *Organisation, Kontrolle und Verwaltung der Länder* ergaben sich neue Weisungsrechte des Innenministers an die Oberbürgermeister und Bürgermeister. So wurde auch die Organisation der Kriminalpolizei wieder geändert und zwar wurden die Kriminalpolizeidienststellen Nord, Mitte und Süd zu Kriminalinspektionen und in die Bezirksregierungen (Polizeidezernate) eingegliedert und die Kriminalkommissariate den Inspektionen unterstellt.
Die Gendarmerie bekam dunkelgrüne Uniformen, wurde mit Karabiner, Revolver und Polizeiknüppel ausgerüstet. Die „Anordnung für die Ausbildung der Beamten im Gebrauch des Gummiknüppels innerhalb der Hessischen Polizei" vom 16. 4. 1948 (Runderlaß III a/1, Az. 22 b-06) ist ein typisches polizeigeschichtliches Dokument.
Die noch bestehende *Grenzpolizei* beschränkte sich auf die Sicherung und Überwachung des Grenzübergangsverkehrs zur *russischen* Besatzungszone (Zur britischen und französischen Zone hatte sie keine Tätigkeit).
Die Uniform der Grenzpolizei war dunkelblau und ihre Ausrüstung ähnlich der Gendarmerie.
Für den allgemeinbildenden Unterricht in der Hessischen Polizei hatte der Hessische Innenminister mit Erlaß vom 12. 8. 1954 die Einrichtung einer Hessischen Polizeifachschule angeordnet. In den regional betriebenen Polizeischulen der kommunalen Polizeiverwaltung wie z. B. in Frankfurt/M., Wiesbaden und Kassel wurden Kommunalpolizeibeamte und in den beiden Polizeischulen Homberg, Bez. Kassel und Selters (Grenzpolizei) die Beamten

der staatlichen Polizei ausgebildet. 1949 wurde die Polizeischule Homberg nach Hofgeismar verlegt und 1951 mit der *Hessischen Polizeischule* in Wiesbaden vereinigt (*Kuhnke*, „Geschichte der Hessischen Polizeischule", Polizei-Technik-Verkehr, Sonderausgabe I, März 1962, S. 29), die dann die einzige Ausbildungsstätte der gesamten Polizei in Hessen wurde.
Die am 1. Januar 1946 gebildete hessische Grenzpolizei wurde im Oktober 1949 aufgelöst. Die Beamten wurden in die Gendarmerie überführt.
Die von der Besatzungsmacht aufgestellte und später der bizonalen Verwaltung angegliederte *Wasserschutzpolizei* (Gruppe Rhein-Main-Neckar) mit Sitz in Niederwolluf/Rheingau, wurde der Dienstaufsicht des Innenministers unterstellt und ab 1.4.1950 übernahmen die beteiligten Länder dann die wasserschutzpolizeilichen Aufgaben in ihre eigene Zuständigkeit (mit Wirkung vom 1.12.1948).
Mit Beschluß vom 10. Oktober 1951 hatte dann die Hessische Landesregierung den Innenminister ermächtigt, mit Erlaß die Bildung der *Hessischen Bereitschaftspolizei* mit 2 Abteilungen zu je Hundertschaften anzuordnen.

Gesetzliche Grundlagen:

Zuerst galten auch nach Kriegsende, wie in den anderen Ländern ähnlich, je nach ihrer früheren staatlichen Herkunft verschiedene gesetzliche Bestimmungen.
So z.B. in der ehemaligen Provinz Hessen-Nassau das Preußische Polizeiverwaltungsgesetz von 1931 und in dem ehemaligen Volksstaat Hessen seine damaligen Bestimmungen.
Das „Gesetz über die Anwendung unmittelbaren Zwangs bei der Ausübung öffentlicher Gewalt" vom 11.11.1950 (GVBl. I S. 247ff.) und die am 2.12.1950 dazu ergangenen Richtlinien und die „Vorläufige Dienstanweisung für die hessische Landesgendarmerie" vom 15.11.1949 galten neben der „Verordnung über die Organisation der staatlichen und kommunalen Vollzugspolizei und ihre Zusammenarbeit" (Polizeiorganisationsverordnung) vom 9.8.1965.
Dann folgte das hessische Polizeigesetz vom 10. Nov. 1954 (GVBl. S. 203).
Eine zusammenfassende Regelung enthielt aber schließlich das Hessische Gesetz über die öffentliche Sicherheit und Ordnung –HSOG – vom 17.12.1964 i.d.F. vom 26. Jan. 1972 (GVBl. 1972 I S. 23, i.d.F. v. 23.5.73 (GVBl. S. 160); 4.09.74 (GVBl. S. 361). vom 20.12.77 (GVBl. S. 481; vom 31.1.78 (GVBl. S. 109) und 20.12.79 (GVBl. S. 12)).

7. Niedersachsen

Niedersachsen ist ein aus den ehemaligen Ländern Hannover, Oldenburg, Braunschweig und Schaumburg-Lippe hervorgegangenes Bundesland.

Es gehörte zur Britischen Besatzungszone (siehe Teil: Britische Besatzungszone). Daher hatte die britische Militärregierung auch nach der endgültigen Abgrenzung der Besatzungszonen ihre Grundsätze über Organisation und Zuständigkeit der Polizei in dem Militärgouverneurbefehl vom 25.9.1945 (Auszug, abgedruckt bei *Pioch*, „Das Polizeirecht einschließlich der Polizeiorganisation", Grundriß des Verwaltungsrechts, Bd. 25, 2. vermehrte Auflage, 1952, Anlage 5) (BAOR/38708/30/GSDO 1b)) niedergelegt.
Die neue Polizeiorganisation wich erheblich von derjenigen in Preußen bzw. Deutschland vor dem 2. Weltkrieg ab. Als dann aufgrund der Verordnung der Militärregierung Nr. 57 die gesetzgebende Gewalt auf dem Polizeigebiet auf die Länder übertragen worden war, hatte auch Niedersachsen ein „Übergangsgesetz zur Übernahme der Polizeigewalt auf deutsche Träger" am 23.4.1947 (GVBl. Nr. S. 58) erlassen.
Dieses Gesetz enthielt lediglich Organisationsbestimmungen für das, was die Militärregierung unter „Polizei" verstand, nämlich die Exekutive (*Pioch*, a.a.0., S. 83). Somit stand das Prinzip der damaligen Organisation der Polizei fest (außer in Hamburg, Verteilung der Zuständigkeiten auf drei verschiedene und voneinander unabhängige Stellen, siehe dazu *Pioch*, a.a.O., S. 86):

- Polizeiausschuß
- Chef der Polizei
- Innenminister bzw. Landesregierung

Der *Polizeiausschuß* stellte die Vertretung der Einwohner des Bezirks dar. Er hatte die Aufgabe, die Polizei des Bezirks zugleich zu betreuen und zu überwachen (siehe VO 135, Ziffer 5). Er wählte den Polizeichef.
Der *Chef der Polizei* war Leiter der Polizeieinheit. Er war für den Einsatz der Polizeikräfte seines Polizeigebietes allein verantwortlich (in die technische Durchführung des Polizeidienstes durfte sich der Polizeiausschuß *nicht* einmischen). Er hatte die Dienstaufsicht und die Disziplinargewalt über die ihm unterstellten Polizeibeamten und er ernannte, beförderte und entließ die Polizeibeamten (im Einvernehmen mit dem Polizeiausschuß).
Der Innenminister führte die allgemeine Dienstaufsicht und hatte das Zustimmungs- und Bestätigungsrecht bei der Ernennung des Polizeichefs, durfte Richtlinien und Direktiven geben und stellte die Haushaltspläne der einzelnen Polizeibehörden (im Einvernehmen mit dem Finanzminister) fest. Dem Innenminister unterstanden die Landespolizeischulen, das Landeskriminalpolizeiamt und die Wasserschutzpolizei.
Daneben gab es noch den *Regierungspräsidenten* als Organ des Innenministers und den *Inspekteur der Polizei.*
Der Inspekteur hatte die Befugnis, die Polizeieinheiten zu besuchen, zu besichtigen, den Innenminister zu unterrichten und dem Innenminister Polizeieinheiten vorzuschlagen, die besondere *Leistungsprämien* bekommen sollten (*Pioch*, a.a.O., S. 98).
Hinsichtlich der Polizeischule des Landes Niedersachsen ist zu sagen, daß die Einrichtung auf einen Befehl der Militärregierung (Military Government

Instruction) zurückging und folgende Schulen ins Leben gerufen worden waren (Polizeischule des Landes Niedersachsen, Jahresbericht 1947-48, S. 5):

Aurich-Stadt für Reg.-Bez. Aurich,
Querum für Land und Stadt Braunschweig,
Eldagsen für Reg.-Bez. Hannover,
Bad Salzdetfurth für Reg.-Bez. Hildesheim,
Steinhorst für Reg.-Bez. Lüneburg,
Oldenburg-Stadt für Land Oldenburg,
Bramsche für Reg.-Bez. Osnabrück,
Neuhaus a.d. Oste für Reg.-Bez. Stade.

Im Anwesen Hannover, Am Welfenplatz 1, entstand dann die „Polizeischule des Landes Niedersachsen", die am 1.1.1947 als Landeseinrichtung dem Innenminister unterstellt wurde. Vorher waren als leitende britische Polizeioffiziere verantwortlich:

v. 10.6.45 - 14.2.46, Lt. Col. A. W. Beau, PSO I;
v. 15.2.46 - 15.3.58, Lt. Col. G. F. Hart, PSO I.

Bildung von Polizei-Reserven

1948

So wurden in der Zeit vom Frühjahr 1948 bis zum Herbst 1949 zunächst in den Zonengrenzbezirken Braunschweig, Lüneburg und Hildesheim mit stillschweigender Duldung der Besatzungsmacht Polizeireserven gebildet, die bis zum Jahre 1950 folgenden Stand erreichten (*Sarnow*, „Die Entstehung und Entwicklung der Bereitschaftspolizei des Landes Niedersachsen", 1945–56, S. 93 u. 96):

EINSATZZÜGE 1950

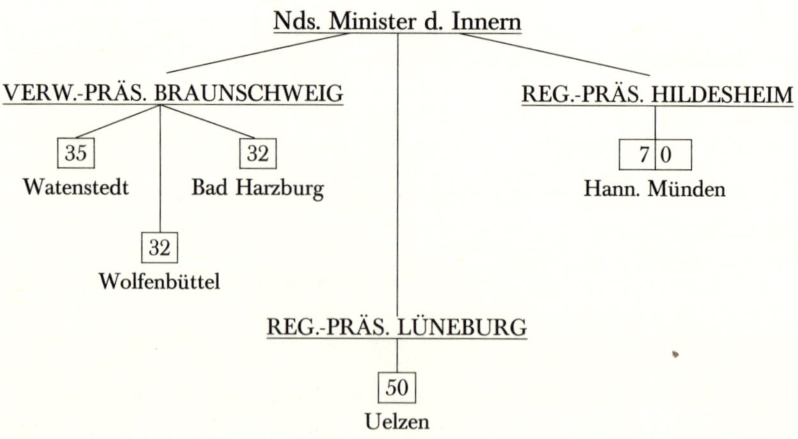

Diese Einheiten wurden neben dem polizeilichen Ausbildungsdienst hauptsächlich an der Zonengrenze eingesetzt. Die ungleiche wirtschaftliche Entwicklung in den Westzonen gegenüber der in der Ostzone und die Zerreißung der deutschen Wirtschaftsgebiete durch Zonengrenzen führten zu einem lebhaften illegalen Warenaustausch. Zu beiden Seiten der Zonengrenze mehrten sich auch die Verbrechen in erschreckendem Maße. Morde, Verschleppungen, Raubüberfälle in der Nähe der Zonengrenze rissen seit 1945 nicht ab. Das allgemeine Verbrechertum nutzte die Möglichkeiten zum Untertauchen, die sich ihnen durch die Zonengrenze bot, im großen Umfange aus.
Der Übertritt von Personen in den Westen Deutschlands mußte daher besonders überwacht und von der Erfüllung bestimmter Bedingungen abhängig gemacht werden. Somit schälten sich aus dem Geschehen an der Zonengrenze damals Aufgaben für die Polizei heraus, die von den Einzeldienstbeamten allein nicht gelöst werden konnten und den häufigen Einsatz beweglicher, geschlossener Polizeireserven erforderlich machten.

Aufstellung der Bereitschaftspolizei in Niedersachsen (LBPN)
(Sarnow; a.a.O., S. 97)

1950

Mit dem Verwaltungsabkommen über die Errichtung von Bereitschaftspolizeien der Länder vom 27.10.1950 wurde die Bildung von Bereitschaftspolizeien im gesamten Bundesgebiet festgelegt. Das Land Niedersachsen war diesem Abkommen aus Etatgründen zunächst nicht beigetreten, stellte jedoch selbständig eine Bereitschaftspolizei auf.

1951

Am 1.7.1951 wurde in Hannover die erste Hundertschaft dieser Bereitschaftspolizei zusammengestellt. Sie wurde aus jungen Polizeianwärtern gebildet, die bis dahin in einer Ausbildungshundertschaft der neu eingerichteten Landespolizeischule Hann. Münden ihre erste polizeiliche Ausbildung erhalten hatten.
Als erstes Land der Bundesrepublik stellte Niedersachsen das Polizeirecht mit dem „Gesetz über die öffentliche Sicherheit und Ordnung (SOG)“ vom 21.3.1951 auf eine neue Grundlage und löste damit auch organisatorisch das Übergangsgesetz vom 23.4.1947 ab. Es hielt an dem Grundsatz und Grundgedanken der Besatzungsmächte fest, daß eine Entpolizeilichung durchgeführt werden sollte. Daher waren auch die Verwaltungsaufgaben von den Polizeiaufgaben geschieden, und es wurden in dem neuen SOG auch die Aufgaben der Verwaltungsbehörden auf dem Gebiete der öffentlichen Sicherheit und Ordnung angegeben. Daher führt § 1 des SOG auf (Generalermächtigung), daß die Funktion der Gefahrenabwehr sowohl von den Verwaltungsbehörden als von den Polizeibehörden ausgeübt wurde.

Die besondere Bedeutung des §2 Abs. 1 SOG lag darin, daß die sachliche Zuständigkeit der Verwaltungsbehörden konkretisiert wurde. Danach hatten sie die zur Gefahrenabwehr erforderlichen Maßnahmen in eigener Zuständigkeit durchzuführen. Ist die Tätigkeit von Vollzugsbeamten erforderlich, dann haben die Polizeibehörden Vollzugshilfe zu leisten. Nach §44 SOG waren folgenden Verwaltungsbehörden Aufgaben der Gefahrenabwehr übertragen worden:

- den Gemeinden,
- den Landkreisen,
- den Regierungspräsidenten (bzw. den Präsidenten der Verwaltungsbezirke).

Den Polizeibehörden war gemäß §2 Abs. 2 SOG ein fest engumschriebener Raum auf dem Gebiete der Gefahrenabwehr gegeben worden. Sie durften grundsätzlich nur die Maßnahmen der Gefahrenabwehr treffen, die sie nach pflichtmäßigem Ermessen für unaufschiebbar hielten (Grundsatz des ersten Zugriffs).

Die Behörden in Niedersachsen, die Polizeibehörden sind, sind in §52 SOG aufgeführt gewesen, der gleichzeitig ausdrücklich festhielt, daß die Polizei eine Angelegenheit des Landes sei.

Polizeibehörden im Sinne des §52 SOG waren:

- die Regierungspräsidenten (Präsidenten der Verwaltungsbezirke),
- die Polizeidirektionen (Hannover und Braunschweig),
- das Landeskriminalamt,
- das Wasserschutzpolizeiamt.

Hierbei ist zu sagen, daß die Regierungspräsidenten auch gleichzeitig Verwaltungsbehörde im Sinne des §44 SOG waren.

Soweit sie ihre Tätigkeiten als Polizeibehörden ausübten, unterstanden sie der Dienst- und Fachaufsicht des Ministeriums des Innern. Sie waren gleichzeitig Vorgesetzte für alle ihnen unmittelbar unterstellten Polizeibeamten. Untergeordnet waren den Regierungspräsidenten die einzelnen Dezernenten der einzelnen Fachgebiete. Für die Polizei waren dies insbesondere:

- Dezernat 202 = Schutzpolizei,
- Dezernat 203 = Kriminalpolizei,
- Dezernat 204 = Bezirksnachrichtenstelle.

Zum hierarchischen Aufbau der Dienststellen der Schutzpolizei in einem Regierungsbezirk (Verwaltungsbezirk), hat *Kunze* (Die Organisation der Polizei im Land Niedersachsen, Bericht in Hiltrup, November 1967, S. 3 u. 4) eine Zusammenstellung gegeben, die nachfolgend wiedergegeben wird:

a) *Kommandeur der Schutzpolizei*
Als Dienststellen sind zu nennen die Hauptsachgebiete S 1 (Organisation und Einsatz), S 2 (Personalwesen), S/V (Verkehr, gleichzeitig ist die motorisierte Verkehrspolizei für den gesamten Regierungsbezirk unterstellt), S/F (Fernmeldewesen), S/K (Kraftfahrzeugwesen), Funkeinsatzzentrale (Lagedienst) und Polizeisanitätsstelle.

b) *Die Polizei-Inspektionskommandos*
Leiter: Polizei-Inspektionskommandeur (POR). Die Polizei-Inspektionskommandos sind räumlich etwa in der gleichen Größenordnung wie die Polizei-Inspektionen (Ziff. c), lediglich die Aufteilung und Bezeichnung der Dienststellen sind den besonderen örtlichen Gegebenheiten angepaßt. Hierbei sind besondere Schwerpunkte des Polizeidienstes berücksichtigt worden. Die Gliederung der nachgeordneten Dienststellen gleicht im wesentlichen der der Polizei-Inspektionskommandos bei den Polizeidirektionen (siehe dort).

c) *Die Polizei-Inspektionen*
Leiter: Polizei-Inspektionsleiter (PR).
In den Polizei-Inspektionen sind mehrere Polizeiabschnitte zusammengefaßt.
Sowohl der Polizei-Inspektionskommandeur als auch der Polizei-Inspektionsleiter unterstehen unmittelbar dem Kommandeur der Schutzpolizei. Ihnen obliegt in erster Linie die Dienstaufsicht und die Ausbildung der nachgeordneten Polizeibeamten in den Inspektionen bzw. Inspektionskommandos.

d) *Die Polizeiabschnitte*
Leiter: Polizeiabschnittsleiter (PHK A 11 bzw. A 12). Die Polizeiabschnitte umfassen das Gebiet eines Land- oder Stadtkreises.
Untergeordnete Dienststellen der Polizeiabschnitte sind:

aa) *Der Sicherheits-, Ordnungs- und Verkehrsdienst* (SOVD)
Hier handelt es sich um Dienststellen in Städten und größeren Ortschaften, in denen auf Grund der polizeilichen Erfordernissen ein ständiger Wachdienst aufrechterhalten werden muß (Schichtdienst). Die Aufgaben liegen insbesondere auf dem Gebiete des Streifen- und Verkehrsdienstes und der Unfallsachbearbeitung im gesamten Abschnittsbereich.

bb) *Der Sektionsdienst*
Er ist vorwiegend im städtischen Polizeidienst eingerichtet. Ihm sind bestimmte Bezirke einer Stadt zur polizeilichen Betreuung zugeteilt, in welchem der Beamte alle polizeilich anfallenden Aufgaben wahrzunehmen hat (z. B. Ermittlungen, Vernehmungen usw.).

cc) *Die Polizeistationen (S)*
Sie sind in den ländlichen Bezirken unter Berücksichtigung besonderer polizeilicher Schwerpunkte eingerichtet. Die Mindeststärke beträgt 1/3 Beamte.

dd) *Die Polizeistationen*
Aufgaben- und gebietsmäßig sind die gleichen Voraussetzungen gegeben wie unter Ziff. cc). Hier versieht jedoch nur ein Beamter seinen Dienst im Stationsbereich.

ee) Eine Sonderstellung nimmt bei den Polizeiabschnitten in dienstlicher Hinsicht der *Gewerbesachbearbeiter* ein.
Er erledigt auf Grund einer Vereinbarung mit den Landkreisen speziell die Aufgaben auf dem Gebiete der Gewerbeaufsicht.

8. Nordrhein-Westfalen

Das volkreichste Land der Bundesrepublik Deutschland gehörte als ehemaliges Land ebenso wie Niedersachsen, Schleswig-Holstein und Hamburg zur britischen Besatzungszone (siehe Teil britische Besatzungszone). Somit ist es verständlich, daß die britische Militärregierung die Organisation und die Zuständigkeit der Polizei in ihrer Zone regelte.
Dies geschah durch die Verordnung BAOR 38708-30-G (SDO 1 b) vom 25. 9. 1945.
So kamen auch die ersten Weisungen, wie die Polizei in Nordrhein-Westfalen nach dem Krieg aussehen sollte, von den britischen Sicherheitsoffizieren, den Public Safety Officers (PSO). Sie gaben den von der Militärregierung bestimmten „Chefs der Polizei" ihre Anweisungen, überwachten die Entwicklung der gesamten Polizei („Die Geschichte der Polizeischule Münster", Landespolizeischule *Carl Severing* Münster, 1961, S. 88).
Zuerst arbeitete die Polizei weiterhin nach § 14 PVG, denn in allen Ländern der britischen Zone war es noch anerkannt, daß sich auch die Verwaltungsbehörden, wie bisher, der Generalvollmacht dieses Paragraphen bedienen würden.
Aufgrund der britischen Befehle, insbesondere der Instruktion vom 25. 9. 1945, Ziffer 1 g und 10, wurde die Bezeichnung „Polizei" lediglich auf die bisherige Exekutivpolizei beschränkt, die polizeiliche Funktionen, z. B. der Verwaltungspolizei, durften daher nicht mehr als polizeiliche bezeichnet werden.
Die Bezeichnung „Verwaltungspolizei", „Polizeiliche Verfügung", „Polizeiverordnung" usw. wurden daher als unzulässig angesehen (*Pioch*, a. a. O., S. 112).
Da man nach Anweisung der britischen Militärregierung nicht mehr Polizeiverordnungen erlassen sollte, hielt man es in Nordrhein-Westfalen für zweckmäßig, Polizeiverordnungen als „Verwaltungspolizeiliche Verordnungen" zu bezeichnen, um klar herauszustellen, daß es sich nicht um eine Verordnung der damaligen Polizei handelte, sondern um eine Verordnung lediglich polizeilichen Charakters (vgl. Erl. IM NW v. 23. 3. 1949 – Abt. I. 108 – 79/49).
Des weiteren verlangte die Besatzungsmacht die Abschaffung der polizeilichen Strafverfügungen. Daher wurde damals durch die Oberlandesgerichtspräsidenten der britischen Zone in Ausübung der ihnen zugewiesenen Rechtsetzungsbefugnisse und auf Weisung der Besatzungsmacht in gleichlautenden Verordnungen der Text der StPO in den § 413 f. geändert und die Befugnis zum Erlaß von Strafverfügungen auf den Amtsrichter übertragen.
Da es unumgänglich war, nun eine im ganzen Land Nordrhein-Westfalen gleichermaßen gültige gesetzliche Regelung einzuführen, wurde das Gesetz über den vorläufigen Aufbau der Polizei im Lande Nordrhein-Westfalen vom 9. Mai 1949 (GVBl. I, S. 143) erlassen.
Das Innenministerium übertrug Rechte des Innenministers aus dem Gesetz über den vorläufigen Aufbau der Polizei im Lande Nordrhein-Westfalen vom

9. Mai 1949 in der Fassung vom 19. Juli 1951 auf die Regierungspräsidenten. Und zwar geschah dies durch Verordnung vom 4. Juli 1951.
Am 19. Juli 1951 wurde das Gesetz zur Änderung des Gesetzes über den vorläufigen Aufbau der Polizei im Lande Nordrhein-Westfalen vom 9. Mai 1949 geändert (GV NW S. 73).
Dieses Gesetz wurde dann mit Bekanntmachung der neuen Fassung des Gesetzes über den vorläufigen Aufbau der Polizei im Lande Nordrhein-Westfalen am 21. Juli 1951 in Kraft gesetzt.
Nun konnte man im Lande auch daran denken, eine Bereitschaftspolizei aufzustellen. Ihre Stärke sollte für das Land Nordrhein-Westfalen bis zu 2.700 Mann betragen. Mit Ausnahme des Landes Niedersachsen hatten dann auch alle Länder des Bundesgebietes mit dem Bund ein Verwaltungsabkommen über die Errichtung einer Bereitschaftspolizei abgeschlossen (Middelhaufe, „Der Aufbau der Bereitschaftspolizei im Lande Nordrhein-Westfalen“, DIE POLIZEI 52, S. 103). Mit dem Lande Nordrhein-Westfalen und dem Bund waren zusätzlich Vereinbarungen über die Abgrenzung einer Sicherheitszone Bonn und über die ausschließliche Stationierung von örtlicher Polizei und Landespolizeibeamten sowie über die Zuständigkeit des Landes für diese Zone getroffen worden. Die Bereitschaftspolizei hat ihre rechtliche Grundlage in dem Gesetz über die Bereitschaftspolizei des Landes Nordrhein-Westfalen vom 3. August 1951. Die Bereitschaftspolizei hatte nach diesem Gesetz die Aufgabe, die Polizeikräfte des ständigen Vollzugsdienstes bei der Abwehr von Bedrohungen und Störungen der öffentlichen Sicherheit und Ordnung sowie bei sonstigen Einsätzen zu unterstützen. Ferner sollte sie den Nachwuchs für den Einzeldienst in der richtigen Form in sich aufnehmen und schulen, und zudem sollten u. a. auch die Polizeikräfte des ständigen Vollzugsdienstes aus der Bereitschaftspolizei ergänzt werden.
Wie schon bereits im Teil „Britische Besatzungszone“ erwähnt, hat sich im Lande Nordrhein-Westfalen nach dem 2. Weltkrieg in der früheren Unterkunft der motorisierten Straßenverkehrsabteilung in Hiltrup die *Zentralpolizeischule* für die britische Zone gebildet. So lief vom 2. 7. - 28. 7. 1945 an dieser Schule, der jetzigen *Polizei-Führungsakademie*, der erste Polizeifachlehrerüberprüfungslehrgang, dem etwa 30 Polizeibeamte angehörten.
Der erste Kommandeur der Zentralpolizeischule wurde *Polizeioberst Weiberg*. Der damalige Polizeipräsident von Westfalen-Lippe und Schaumburg-Lippe, *Grützmann*, hatte am 10. August 1945 dem Leiter der inzwischen angelaufenen „Zentral-Polizeischule“ in Hiltrup, Oberst *Weiberg*, den Auftrag gegeben, in Haus Spital bei Münster eine Polizeischule zu errichten. Diese Unterkunft hatte früher den Angehörigen der deutschen, amerikanischen und englischen Armee als Unterkunft gedient. Im einzelnen wird dazu auf die Geschichte der Höheren Polizeischule *Carl Severing* in Münster verwiesen. Das von zahlreichen Wasseradern durchzogene Land Nordrhein-Westfalen erhielt auch bald nach dem Kriege eine Wasserschutzpolizei, denn die Richtlinien für die deutsche Polizei enthielten in Ziffer 5 folgenden Text:

„Alle Polizeioffiziere, die zum Stab der Landespolizei gehören, mit Ausnahme der Kommandeure der Gendarmerie und des dienstältesten Offiziers der Wasserschutzpolizei/-bezirke, haben ihre Dienstaufsicht über Polizeieinheiten einzustellen. Der Dienst und die Leitung der Gendarmerie und der Wasserschutzpolizei werden wie bisher fortgesetzt."

Dem späteren Polizeirat *Klinkert* (aus Recklinghausen), der bis Ende des Krieges die Wasserschutzpolizei „Westdeutsche Kanäle" vertretungsweise geführt hatte, war es gelungen, schon Anfang Juni in den Dienstbereich zurückzukehren. So begann alsbald zusammen mit Polizeioberst *Tilger* mit dem 2. Juli 1945 der Dienst bei dem inzwischen in Münster eingerichteten Landespolizeipräsidenten für Westfalen, und man konnte gemeinsam die Reorganisation der Wasserschutzpolizei auf den westdeutschen Kanälen beginnen (*Kirchhoff*, u.a., „Geschichte der Wasserschutzpolizei von 1919-1962", Wasserschutzpolizeidirektion NW, Sitz Duisburg, S. 24).
Der Außendienst der Wasserschutzpolizei konnte zuerst recht kümmerlich aufgenommen werden, da von den 6 Hafenbooten, meist im Kriege herangezogene Privatboote, 5 nicht betriebsklar waren, und bei dem einen schwimmfähigen Schnellboot, bei diesem hatte man die elektrischen Aggregate ausgebaut.
So behalf man sich mit Fußstreifen und bald erschien ein PSO-Offizier (*Thomson*), der Leiter der Themse-Polizei war und mit der Reorganisation der Wasserschutzpolizei von der Militärregierung beauftragt worden war. Mit dessen Hilfe wurde dann verhältnismäßig schnell das beschafft, woran es im Dienstbetrieb gefehlt hatte.
Die damalige, nach dem Gesetz von 1953 durchgeführte Organisation der Polizeibehörde hatte sich eng an die bestehenden staatlichen Behördenorganisationen angegliedert. Die Landespolizeibehörden sind die Regierungspräsidenten, Landespolizeibezirke und die Regierungsbezirke gewesen:

a) in den 53 Landkreisen
die Oberkreisdirektoren,
b) in den kreisfreien Städten bis zu 100.000 Einwohnern
die Polizeiämter,
bis zu 300.000 Einwohnern
die Polizeidirektionen
und über 300.000 Einwohner
die Polizeipräsidien,
c) für den Zuständigkeitsbereich der Wasserschutzpolizei
der Wasserschutzpolizeidirektor.

Nordrhein-Westfalen war danach in 11 Polizeipräsidien (und zwar in Aachen, Bonn, Köln, Düsseldorf, Duisburg, Essen, Wuppertal, Dortmund, Bochum, Gelsenkirchen und Recklinghausen) aufgeteilt. Dazu kamen 10 Polizeidirektionen (in Neuss, Krefeld, Mönchen-Gladbach, Mülheim a.d.R., Oberhausen, Hagen, Bocholt, Münster, Bielefeld und die Wasserschutzpolizeidirektion in Duisburg) sowie 6 Polizeiämter (in Leverkusen, Hamm, Iserlohn, Lüdenscheid, Siegen und Herford) eingerichtet.
Ortspolizeibehörden gab es nach dem neuen Gesetz nicht mehr. Die Aufgaben der Polizei ergaben sich aus dem Preußischen Polizeiverwaltungsgesetz (PrPVG) vom 1. 6. 1932 in der für Nordrhein-Westfalen geltenden Neufas-

sung vom 27. 11. 1953 (GVBl. S. 403) in Verbindung mit dem Gesetz über die Organisation und Zuständigkeit der Polizei im Lande Nordrhein-Westfalen vom 11. 8. 1953.
Auch an die weibliche Polizei war gedacht worden, sie wurde durch die englische Militärregierung nach Kriegsende neu aufgebaut und trug je nach den Erfordernissen des Dienstes entweder Uniform oder Zivil (*Riege*, „Kleine Polizeigeschichte", a. a. O., S. 74).
Die erste deutsche Dienstanweisung für die weibliche Polizei erschien in Nordrhein-Westfalen am 27. 6. 1949 und am 31. 12. 1952 fanden sich in Nordrhein-Westfalen die Beamtinnen unter der Bezeichnung „Weibliche Kriminalpolizei" organisatorisch neu zusammen. Man unterstellte sie wieder der Kriminalpolizei.
Sie trugen von diesem Zeitpunkt ab nur noch Zivil. Ferner gab es dann sog. Polizeibeiräte, die als Bindeglied zwischen Bevölkerung, Selbstverwaltung und Polizei bei den Kreis- und Landespolizeibehörden geschaffen worden waren.

Rechtsgrundlagen und geltende Gesetze:

Das Gesetz über die Organisation und die Zuständigkeit der Polizei im Lande Nordrhein-Westfalen vom 11. 8. 1953 wurde durch das Polizeigesetz von Nordrhein-Westfalen (PolG NW) vom 28. 10. 1969 (GV NW S. 740) geändert. Inzwischen wurde dieses Gesetz auch am 16. 12. 1969 (GV NW S. 22), am 6. 11. 1973 (GV NW S. 488), am 3. 12. 1974 (GV NW S. 1504) und am 25. 3. 1980 (GV NW S. 234) geändert. Durch die Änderung vom 25. 3. 1980 erhielt das alte Polizeigesetz eine neue Bezeichnung, und zwar heißt es nun:

Gesetz über die Organisation und die Zuständigkeit der Polizei im Lande Nordrhein-Westfalen – Polizeiorganisationsgesetz – (POG NW).
Dieses wurde in der Bekanntmachung vom 13.5.1980 (GV NW S. 521), aufgehoben durch ein neues POG vom 13. 7. 1982 (GV NW S. 339).
Ferner war damals das Preußische Polizeiverwaltungsgesetz (PrPVG) vom 1. 6. 1931 heranzuziehen, welches am 3. 9. 1932, am 17. 3. 1933, am 31. 5. 1933, am 27. 12. 1933, am 10. 1. 1934, am 28. 3. 1934, am 8. 4. 1935 und am 14. 12. 1959 letztmalig geändert worden war (GV NW S. 423).
Dann kam eine weitere Änderung für Polizeibehörden durch das Gesetz über die Organisation und die Zuständigkeit der Polizei des Landes Nordrhein-Westfalen vom 11. 8. 1953 (GV NW S. 330) in der Bekanntmachung vom 27. 11. 1953 (GV NW S. 403), welches nicht mehr anzuwenden ist, durch Gesetz über Aufbau und Befugnisse der Ordnungsbehörden = Ordnungsbehördengesetz (OBG) vom 16. 10. 1956 (GV NW S. 289).
Dieses Gesetz über den Aufbau und die Befugnisse der Ordnungsbehörden (Ordnungsbehördengesetz) vom 16. 10. 1956 wurde am 28. 11. 1961, am 5. 11. 1968 und am 8. 7. 1969 geändert.
Neu bekanntgemacht wurde es am 28. 10. 1969 (GV NW S. 732) und geändert

am 16.12.1969, am 6.11.1973, am 18.9.1979 und am 25.3.1980 (GV NW S. 241).
Es ist nun gültig in der Bekanntmachung vom 13.5.1980 (GV NW S. 528), zuletzt geändert am 18.5.1982 (GV NW S. 248).

9. Rheinland-Pfalz

Auf einer Fläche von etwa 20000 qkm erstreckt sich Rheinland-Pfalz von der französischen Grenze in der Nähe von Bergzabern im Süden bis in den Kreis Altenkirchen jenseits der Sieg, von den Grenzen Belgiens und Luxemburgs im Westen bis zur alten Stadt Diez/Lahn im Osten.
Die innerdeutschen Nachbarn sind Baden-Württemberg im Südosten, Hessen im Osten, Nordrhein-Westfalen im Norden und das Saarland im Westen.

Nach der „bedingungslosen Kapitulation" der deutschen Streitkräfte am 8. Mai 1945 war das Gebiet des heutigen Landes Rheinland-Pfalz zunächst von den Amerikanern besetzt. Als erste deutsche Behörde im besetzten Deutschland entstand durch ein Memorandum der Militärregierung vom 10. Mai 1945 die „Provinzialregierung für Saarland – Südhessen". Ab 4. Juni wurde das gesamte Mittelrheingebiet einschließlich der Saar verwaltungsmäßig zu einer Einheit unter der Bezeichnung „Mittelrhein-Saar" zusammengefaßt. Sie erstreckte sich auf die reorganisierten Regierungsbezirke Trier, Koblenz und die neugebildeten Regierungsbezirke Saarland (Sitz Saarbrücken), Pfalz (Sitz Neustadt a.d. Weinstraße) und Rheinhessen (Sitz Mainz). Die Situation änderte sich entscheidend durch die am 5. Juni 1945 vom Alliierten Kontrollrat in Karlsruhe beschlossene Zoneneinteilung. Vom 10. bis 15. Juli 1945 übernahmen die französischen Besatzungstruppen nacheinander die Pfalz, Rheinhessen, die Regierungsbezirke Koblenz und Trier sowie rechtsrheinisch die vier nassauischen Kreise Montabaur, St. Goarshausen, Ober- und Unterwesterwaldkreis (*Wolfgang Götz*, „Rheinland-Pfalz – Bindeglied zu Westeuropa, Polizei – Technik – Verkehr Sonderausgabe I, 1968, S. 6).

Die französische Besatzungsmacht hatte mit Verordnung Nr. 57 vom 30.8.1946 die Bildung eines rheinland-pfälzischen Landes, welches die Pfalz und die Regierungsbezirke Trier, Koblenz, Mainz und Montabaur umfassen sollte, verfügt.
Außerdem sollte eine „*Beratende Versammlung*" im Einvernehmen mit der vorläufigen Regierung einen Verfassungsentwurf ausarbeiten. (Entwurf vom 25.4.1947).
Die Bevölkerung folgte dann in einem Volksentscheid am 18. Mai 1947 mit einer Mehrheit von 54,54 % (= 604316 Stimmen) gegenüber 45,46 % (= 503737 Stimmen) der Empfehlung der Beratenden Versammlung (*Wolfgang Götz*, a.a.O., S. 6). Damit konnte am 18. Mai 1947 der Geburtstag des Landes Rheinland-Pfalz gefeiert werden (Verfassung des Landes Rheinland-Pfalz vom 18.5.1947 (VBl. S. 209) zuletzt geändert durch Gesetz v. 23.2.1979 (GVBl. S. 65)).
Parallel mit der Entwicklung einer deutschen Verwaltung nach dem 2. Weltkriege entwickelte sich auch die deutsche Polizei und damit auch die Polizei in Rheinland-Pfalz.

Gemäß der Zusammensetzung dieses Landes aus ehemals preußischen, bayerischen und hessischen Gebietsteilen war auch das allgemeine Polizeirecht, das sowohl im kaiserlichen Deutschland als auch in der Weimarer Republik Ländersache war, in den verschiedenen Landesteilen auch grundsätzlich verschieden. Demgemäß bestand schon sehr frühzeitig ein starkes deutsches Interesse, wenigstens auf dem Gebiete der die polizeiliche Organisation regelnden Normen, dem formellen Polizeirecht, für das Land einheitliche und die Militärbefehle ablösende eigene Vorschriften zu entwickeln. Das materielle Polizeirecht, das ist die Gesamtheit der Vorschriften nach denen die Polizei eingreifen darf und muß, war unter dem Übergewicht des rein Tatsächlichen sowohl vom deutschen als auch vom alliierten Standpunkt vorerst uninteressant (*Götz*, a. a. O., S. 34).

Am 1. Oktober 1946 konnte die Verfügung über den Aufbau und die Organisation der Polizei den Grundsatz der staatlichen Polizei als Aufgabe und in der Organisationsform der Vollzugspolizei den alten umfassenden Polizeibegriff des deutschen Rechts beibehalten (allerdings blieb das Recht des Kommissars des französischen Sicherheitsdienstes zur Aufsicht und Anweisung unberührt (§ 15 Abs. 2 der VO)).
Am 14. Mai 1947 wurde die Verordnung über die Verstaatlichung und den Aufbau der Polizei in Rheinland-Pfalz veröffentlicht. Da diese VO nur die Organisation betraf, schritt die Polizei materiell, soweit sie präventivpolizeilich vorging, wie früher nach bisherigem Landesrecht ein, also nach preußischen, bayerischen und hessischen Vorschriften.

(2) Mit diesem Zeitpunkt werden alle entgegenstehenden Rechtsvorschriften sowie alle Rechtsvorschriften gleichen Inhalts für das Land Rheinland-Pfalz aufgehoben.
Es treten insbesondere außer Kraft:
1. das Preußische Polizeiverwaltungsgesetz vom 1. Juni 1931 (GS S. 77),
2. Artikel 129 a bis c des Hessischen Gesetzes, die Städteordnung betreffend, vom 8. Juli 1911 (Hess. RegBl. S. 367),
3. Artikel 63 bis 66 des Hessischen Gesetzes, betr. die innere Verwaltung und die Vertretung der Kreise und der Provinzen vom 12. Juni 1874 in der Fassung der Bekanntmachung vom 8. Juli 1911 (Hess. RegBl. S. 324),
4. Artikel 1 bis 22 und 44 a des Polizeistrafgesetzbuches für das Königreich Bayern vom 26. Dezember 1871 (GBl. 1871/72 S. 9),
5. Artikel 102 des Bayerischen Gesetzes zur Ausführung der Reichsstrafprozeßordnung vom 18. August 1879 (GVBl. S. 781).

In der amerikanischen Zone hatte sich der Länderrat (Länderrat der Süddeutschen Länder, der ständig eingerichtet mit einer Geschäftsstelle, zur Koordination der Gesetzgebung und Verwaltung in Stuttgart tätig war) mit einem Musterentwurf (also schon damals gab es einen ME PolG) eines Polizeigesetzes befaßt, der aber durch die Schaffung des GG, insbesondere der Art. 19 GG, Schwierigkeiten mit einer Generalklausel aufwies.
Eine eingesetzte Kommision (die zuerst im Auftrage des Länderrates u. dann der Arbeitsgemeinschaft der Innenminister der Bundesländer tätig war), stellte Leitsätze auf, die sich auf das Polizeirecht (sowohl das materielle, als auch das formelle) bezogen:

1. Die Verwaltung kann auf eine Generalermächtigung für ihren gesamten Tätigkeits-

bereich nicht verzichten; diese muß aber auf die Gefahrenabwehr beschränkt bleiben.

2. Die Handhabung dieser Generalermächtigung kann aber neben der Polizei nur bestimmten Behörden der allgemeinen Verwaltung anvertraut werden, die insoweit als Polizeiverwaltungs- oder Ordnungsbehörde tätig werden. Soweit aufgrund spezialgesetzlicher Bestimmungen staatliche Sonderbehörden mit Gefahrenabwehraufgaben betraut sind, nehmen sie diese als Sonderpolizeibehörde wahr.
3. Bei der Handhabung der Generalermächtigung muß die polizeiliche Verantwortlichkeit gewährleistet sein. Dies schließt die Übertragung auf ein Beschlußorgan aus. Bei dem Erlaß von Verordnungen jedoch wird eine Mitwirkung der kommunalen Vertretungen für erforderlich gehalten.
4. Die Gefahrenabwehr ist Aufgabe des Staates und bedarf deshalb auch, soweit sie in Händen der kommunalen Verwaltung liegt, eines staatlichen Aufsichts- und Weisungsrechts.
5. Grundsätzlich gilt für das Verhältnis zwischen den Polizeiverwaltungsbehörden und der Vollzugspolizei folgendes:
   Im Rahmen der konkurrierenden Zuständigkeit auf dem Gebiet der Gefahrenabwehr sind die Polizeibehörden zuständig, soweit anordnende Maßnahmen (z.B. Verfügungen, Genehmigungen, Erlaubnisse, Rechtsverleihungen usw.) erforderlich sind. Die Vollzugspolizei wird tätig, soweit ein sofortiges Eingreifen notwendig ist. Darüber hinaus greift die Vollzugspolizei auf dem Gebiet der Gefahrenabwehr auf Ersuchen der Polizeiverwaltungsbehörden ein.

Es kam aber noch nicht zu bindenden Beschlüssen in den Ländern, weil die Militärregierungen noch teilweise ihr Veto einlegten.

Der Arbeitskreis II der Arbeitsgemeinschaft der Innenministerien der Bundesländer beauftragte eine Kommission, welche einen Entwurf eines Mustergesetzes für das allgemeine Polizeirecht ausarbeiten sollte (mehr als 20 Sitzungen waren dazu nötig).

Auf der Grundlage des Musterentwurfes (und der besonderen Verfassungslage) wurde ein Referentenentwurf (im Ministerium des Innern in Mainz) eines Polizeiverwaltungsgesetzes geschaffen, der folgende Grundsätze aufstellte (*Drögsler*, a.a.O., S. 36):

a) Das Polizeiverwaltungsgesetz enthält sowohl die Regelung des allgemeinen materiellen Polizeirechts als auch die Grundzüge der allgemeinen Organisation.
b) Es regelt die präventivpolizeilichen Befugnisse der Polizeibehörden und der Vollzugsbeamten der Polizei.
c) Für die Aufgabenstellung geht es von dem Begriff der Generalklausel im Sinne des §14 des preußischen PVG aus.
d) Die Vollzugspolizei soll – mit einer geringen Ausnahme für die Ordnungspolizei in Gemeinden zwischen 5000 und 10000 Einwohnern – grundsätzlich staatlich sein.
e) In Gemeinden über 10000 Einwohnern muß, in Gemeinden zwischen 5000 und 10000 soll eine Polizeiverwaltung als besondere Behörde eingerichtet werden.
f) Die Übertragung von Verwaltungsaufgaben polizeilicher Natur, wie Meldewesen, Ausländerpolizei, Paß- und Sichtvermerkswesen u.ä., auf die Polizeiverwaltungen wird aufrechterhalten.
g) Die Ermächtigung zum Erlaß von Polizeiverordnungen wird in das Gesetz aufgenommen und bis zu den Ortspolizeibehörden durchgeführt.
h) Der Erlaß einer Polizeiverordnung auf der Orts- und Kreisebene wird – von

Dringlichkeitsfällen abgesehen – an die Zustimmung der gewählten kommunalen Vertretungen gebunden.

i) Eine Reihe von Verwaltungsaufgaben polizeilicher Natur wird auf die Städte, Gemeinden und Ämter übertragen (Gemeinderestpolizei). Die Abgrenzung der Aufgaben zwischen staatlichen Polizeiverwaltungen und Gemeinderestpolizei wird im Gesetz vorgenommen.

k) Die staatliche Vollzugspolizei gewährt den kommunalen Behörden in einem bestimmten Rahmen Vollzugshilfe zur Durchführung polizeilicher Aufgaben.

l) Innerhalb der Bestimmungen über die Anwendung unmittelbaren Zwangs, insbesondere den Waffengebrauch durch die Polizei, wurde der Minister des Innern ermächtigt, die entsprechenden Grundsätze im Wege einer Rechtsverordnung zu erlassen.

Inzwischen hat das PVG Änderungen erfahren und es gilt nun in der Fassung vom 1. August 1981.

10. Saarland

Das Saarland war seit 1815 preußisch.

Es war nach dem 1. Weltkrieg durch den Versailler Vertrag einer Völkerbundregierung unterstellt worden und dann nach einer Volksabstimmung im Jahre 1935 in das Deutsche Reich wieder eingegliedert worden. Von 1940 bis 1945 war es mit dem Bayerischen Regierungsbezirk Pfalz zu der sogenannten Verwaltungseinheit „Saarpfalz" zusammengefaßt worden (*Creifelds*, Rechtswörterbuch, 6. Auflage, S. 989).

Nach dem 2. Weltkrieg bildete die französische Besatzungsmacht aus dem Saargebiet und der preußischen Rheinprovinz das *Saarland.* Durch die Verfassung vom 15. 12. 1947 (ABl. 1077) schloß es sich gleichzeitig wirtschaftlich, zoll- und währungspolitisch Frankreich an und erklärte sich unabhängig von Deutschland in politischer Form.

Es wurde das *Saarstatut* vom 23. 10. 1954 vereinbart (BGBl. 1955 II 295), aber dieses wurde in einer Volksabstimmung am 23. 10. 1955 abgelehnt.

Den Anschluß an die Bundesrepublik Deutschland brachte dann der *Saarvertrag* vom 27. 10. 1956 (BGBl. II 1587).

Auf diesem Hintergrund ist auch die Entwicklung der Polizeigeschichte des Saarlandes zu sehen. Die Polizei nahm jeweils zu der gerade herrschenden Konstellation die entsprechende Stellung ein.

Die nachfolgende chronistische Aufstellung soll dies verdeutlichen:

Im *Juni 1945* setzte der Wiederaufbau der Vollzugspolizei einschließlich der Landeskriminalpolizei auf kommunaler und (in kleineren ländlichen Gemeinden Gendarmerie) – auf staatlicher Ebene ein.

Am 29. Juli 1945 übernahm die französische Militärregierung die Verwaltung des Saarlandes. Die amerikanischen Truppen wurden durch französische Militäreinheiten ersetzt. Damit kam auch, entsprechend der französischen Gliederung der Polizei, die *französische Gendarmerie* in das Saarland.

Bereits am *6.11.1945* wurden die Angehörigen der Vollzugspolizei mit Schußwaffen ausgerüstet.
Im *April 1946* wurde das „*Saarbataillon*“ errichtet (das am 1.4.1946 gegründete Saarbataillon war eine Weiterführung des schon vorher bestehenden „Bataillons Sarrois“. Es wurde in der ehemaligen Artilleriekaserne auf dem Wackenberg in Saarbrücken-St. Arnual untergebracht und der Gendarmerie unterstellt). Die Angehörigen dieser Einheit hatten eine khakifarbene Uniform. (Vorher hatten die Angehörigen noch im Jahre 1945 lediglich eine Armbinde getragen, die die Aufschrift „Police Sarrois“ trug. Im übrigen hatten sie Zivil an).
Am 1.4.1946 wurden eine Berittene Abteilung, eine Verkehrsüberwachungsstelle und ein Kraftfahrdienst eingerichtet. Am 11.6.1946 wurde bei der Abteilung des Innern des Regierungspräsidiums Saar ein Referat II P (Polizei) und II G (Gendarmerie) geschaffen.
Bereits am *1.12.1946* wurde die kommunale Vollzugspolizei verstaatlicht (Verordnung vom 15. November 1946, Abl. S. 240). In den Durchführungsbestimmungen zu der Verordnung vom 27. November 1946 wurden die Dienststellen der Polizei und Gendarmerie dem Mitglied der Verwaltungskommission des Saarlandes für Inneres unterstellt.
Am *1.3.1947* wurde die saarländische Polizei- und Gendarmerieschule (Einweisungslehrgänge) in Saarburg in der Kaserne eröffnet.
Im Mai 1947 kam dann das für alle sichtbare neue Merkmal der Polizei, nämlich die erstmalige Uniformierung der staatlichen Vollzugspolizei.

- Landespolizei: blau
- Gendarmerie: graublau
- Saarbataillon: Khaki

Am *4.10.1947* erschien ein Erlaß über den ersten Teil einer „Vorläufigen Dienstvorschrift über den organisatorischen Aufbau und die dienstliche Verwendung der Ordnungspolizei“ (Wachtdienstordnung) für den Bereich der Landpolizei.
Am 21.2.1948 wurde ein „Landespolizeipräsidium“ unter gleichzeitiger Ernennung eines „Landespolizeipräsidenten“ eingeführt und die Landespolizei wurde selbständige Sparte.

Folgende *Abteilungen* wurden geschaffen:

D 1 = Polizeirecht-Aufsicht
D 2 = Verwaltungspolizei

Dazu die *Dienststellen:*

P 1 = Personal- und Wirtschaftswesen
P 2 = Landespolizei
P 3 = Gendarmerie und Saarbataillon
P 4 = Landeskriminalpolizei
P 5 = Polizei und Gendarmerieschule

Am 8.3.1948 wurde dann der zweite Teil der „Vorläufigen Dienstvorschrift über den organisatorischen Aufbau und die dienstliche Verwendung der Ordnungspolizei“ für den Bereich der Landespolizei erlassen und am 27.4.1948 die Dienstvorschrift „Der Große Aufsichtsdienst“ eingeführt.
Durch neue Durchführungsbestimmungen vom 20.4.1949 (unter gleichzeitiger Aufhebung der Bestimmungen vom 9.12.46) erfolgte eine neue Gliederung der saarländischen Vollzugspolizei und zwar:

- Kommando der Landespolizei
- Polizeidirektion Saarbrücken
- 27 Polizeidienststellen mit Außenstellen und Posten.

Außerdem wurde am 5.9.1949 der „Runderlaß des Ministers des Innern über den Waffengebrauch der Polizei- und Gendarmeriebeamten erlassen (unter gleichzeitger Aufhebung der Vorschriften vom 16.12.1946).
Der *Saarländische Grenzdienst* wurde am 30.9.1949 errichtet und dieser nahm dann seinen Dienst ab 1.9.1950 auf.
Durch den Artikel 7 der *Allgemeinen Konvention* zwischen dem Saarland und Frankreich (ABl.2/1951) wurde eine Abgrenzung der Zuständigkeiten zwischen der saarländischen und der französischen Polizei im Saarland vorgenommen.
Das Saarbataillon wurde aus dem Bereich der Gendarmerie am 2.6.1950 herausgelöst und dem Kommando der Landespolizei unmittelbar unterstellt. Eine Polizeibekleidungsvorschrift wurde erlassen.
Für alle uniformierten Polizeivollzugsbeamten wurde die b l a u e Uniform am 9.7.1950 eingeführt.
Mit Beginn des Jahres 1951 wurde die französische Kontrolltätigkeit über die saarländische Polizei eingestellt und am 1.2.1951 durch einen Erlaß des Ministers des Innern vom 17.5.1950 die Bezeichnung „Landeskriminalpolizeiamt“ eingeführt. Eine *Luftpolizeidienststelle* wurde am 29.5.1951 errichtet (Flughafengelände St. Arnual).
Zwischen dem 9. und 12.6.1952 wurde das Saarland selbständiges Mitglied der *Internationalen kriminalpolizeilichen Kommission.*
Mit dem Erlaß über die Neuordnung und Umorganisation der gebietsmäßigen Zuständigkeit der Landespolizei und der Gendarmerie wurde das *Postensystem* eingeführt unter gleichzeitiger Auflockerung des Brigadesystems bei der Gendarmerie.
Die Grenzübergangsstellen an der saarländischen und deutschen Grenze wurden am 1.11.1952 von dem Grenzdienst an die örtlich zuständigen Polizei- und Gendarmeriedienststellen übergeben.
Der erste geschlossene Einsatz saarländischer Polizeieinheiten im Ausland erfolgte in der Zeit vom 4. bis 15.2.1953 aus Anlaß einer Hochwasserkatastrophe in Holland.
Im Juni 1954 wurde eine „Bereitschaftspolizei“ errichtet, die aber nicht zu verwechseln ist mit der heutigen BPA.
Die Dienststelle des Leiters des Grenzdienstes wurde in „Grenzpolizei“ umbenannt, am 1.4.1955. Außerdem wird am 27.9.54 eine Dienstvorschrift

für die Gendarmerie erlassen und am *23.10.1955* findet die *Volksabstimmung* über das *Saarstatut* statt. Am 27.10.1955 wird das Saarbataillon aus dem Unterstellungsverhältnis beim Kommando der Landespolizei herausgelöst und in *Polizeibildungsinspektion* umbenannt. Gleichzeitig wurde es dem Landespolizeipräsidium unmittelbar unterstellt. Außerdem wurde die Gendarmerie wieder eine selbständige Einheit; es wurde wieder ein Kommando der Gendarmerie errichtet.
Mit Verfügung vom 23.12.1955 wurde die Bereitschaftspolizei teilweise aufgelöst (Mit Ausnahme des Musikkorps). Am 25.8.1956 wurde das Landespolizeipräsidium aufgelöst und gleichzeitig wurden folgende Unterabteilungen errichtet (beim Minister des Innern):

D I = Referat 1 mit Verwaltung, Wirtschafts- und Personalangelegenheiten
D II = Referat 2 mit Vollzugspolizei
mit Aufgabenbereich der bisherigen Abteilung D.

Dem Kommando der Landespolizei wurde die Grenzpolizei als Sachgebiet Grenzpolizei angegliedert.
Am 12.9.1956 wurde die Polizeiausbildungsinspektion in *Bereitschaftspolizeiabteilung* und die Polizei- und Gendarmerieschule in *Polizeischule* umbenannt.
Durch Auflösung der Abteilung I a bei der Landeskriminalpolizei wurde am 29.8.1956 die Abteilung II E (Verfassungsschutz) beim Minister des Innern errichtet.
Letztendlich fällt auch die letzte Bezeichnung Bereitschaftspolizei am 22.3.1957 für das Musikkorps. Es bezeichnet sich nun Musikkorps der Landespolizei.
Am 15.4.1957 übernahm dann die Landeskriminalpolizei die Aufgabe eines Landeskriminalamtes. Ein *Landesamt für Verfassungsschutz* wurde am 8.7.1957 errichtet und am 15.10.57 trat das Saarland dem *Kuratorium für das Polizeiinstitut in Hiltrup* bei.
Mit Verfügung vom 14.11.1957 wurde die Grenzpolizei zum 1.12.1957 aufgelöst.
Die BPA wird im Februar 1959 in *Bereitschaftspolizeiabteilung Saarland* erweitert und die Luftpolizeidienststelle wird am 12.2.1959 aufgelöst.
Durch Aufhebung aller gegenständlichen bisherigen Erlasse wird am 25.2.1959 das *Landeskriminalamt* errichtet u.zw.in Personalunion mit der Landeskriminalpolizei und dabei der Erlaß über die sachliche Zuständigkeit der Landespolizei, der Landeskriminalpolizei und der Gendarmerie herangezogen.
Am 9.3.1961 wurde durch einen Erlaß die Dienstaufsicht für die *Berittene Abteilung der Landespolizei* und der Stallwach- und Stalldienstordnung für die Berittene Abteilung der Landespolizei geregelt.
Beamte, die Fremdsprachenkenntnisse haben, werden ab 14.9.62 entsprechend gekennzeichnet.
Die GTV (Dienstvorschrift für den Gefangenentransport) trat am 1.4.1963 in Kraft.
Der Grundausbildungslehrgang wurde durch die Schaffung der neuen

Polizeischule in Lebach von Saarbrücken nach Lebach am 25. 3. 1963 verlegt, die Polizeischule von St. Ingbert ebenfalls nach Lebach verlegt, u. zw. am Anfang Juli 1964.

Die Einweihung der Polizeischule Lebach erfolgte dann am 18. 9. 1964.

Die anschließenden Jahre sind anschaulich bei *Jakob Ziegler*, Chronik der saarländischen Vollzugspolizei nach 1966 wiedergegeben.

Wichtige herausragende Ereignisse waren:

Die Verabschiedung des POG Saarland vom 17. 12. 1969 (ABl. 1970, S. 33). Mit diesem Gesetz über die Organisation der Polizei im Saarland waren nun die Voraussetzungen für eine neue Polizeiorganisation geschaffen. Durch die gesetzliche Neuorganisation wurden mit Wirkung vom 1. 4. 1970 das Kommando der Landespolizei in Saarbrücken und das Kommando der Gendarmerie in Saarbrücken aufgelöst.

Die Gendarmerie und die Landespolizei wurde zur *Schutzpolizei* zusammengelegt. Eine Verwaltungsvorschrift über die Gliederung und den Aufbau der Schutzpolizei vom 11. 3. 1970 sah folgende Gliederung vor:

• Polizeiinspektionen,	Anzahl: 9
• Polizeireviere,	Anzahl: 36
• Polizeiposten,	Anzahl: 182
• Verkehrsabteilungen,	Anzahl: 9
• Verkehrsunfallkommando,	Anzahl: 1
• Verkehrsunfallgruppe,	Anzahl: 1
• Sonderdienststellen,	Anzahl: 6
• technische Dienstst.,	Anzahl: 3

Zu beachten war, daß keine der oben angeführten Dienststellen als Behörde angesehen werden konnte. Dies war lediglich das Schutzpolizeiamt des Saarlandes als Landesamt.

Durch das *Neugliederungsgesetz* vom 1. 1. 1974 wurden die Landkreise und die Gemeinden neu gegliedert und die Vollzugspolizei entsprechend angepaßt.

Die nachstehende gesetzliche Gliederung soll die im Saarland für die Polizei gegoltenen und noch geltenden Gesetze aufzeigen:

Verfassungs- und Verwaltungsgesetzes des Saarlandes (Übersicht)

1. Verfassung des Saarlandes (LV)
   vom 15. Dezember 1947
2. Landesorganisationsgesetz (LOG)
   vom 2. Juli 1969 idF vom 4. 12. 1974
3. Landesverwaltungsgesetz (LVG)
   vom 13. Juli 1950 idF vom 27. 3. 1974
4. Saarländisches Verwaltungsvollstreckungsgesetz (SVwVG)
   vom 27. März 1974
5. Verwaltungsgerichtsordnung (VwGO)
   vom 21. Januar 1960 idF vom 3. 12. 1976

6. Saarländisches Ausführungsgesetz zur Verwaltungsgerichtsordnung (AGVwGO) vom 5. Juli 1960 idF vom 20.8.1975
7. Saarländisches Verfahrensgesetz (SVwVfG) vom 15. Dezember 1976
8. Polizeiorganisationsgesetz (POG) vom 17. Dezember 1969 idF vom 13.11.1974
9. Polizeiverwaltungsgesetz (PVG) vom 1. Juni 1930 idF vom 13.3.1970
10. Gesetz über den unmittelbaren Zwang bei Ausübung öffentlicher Gewalt durch Vollzugsbedienstete des Saarlandes (UZwG-Saar), vom 22. Januar 1969 idF vom 13.11.1974
11. Gesetzesentwurf „Polizeigesetz für das Saarland (PolG) vom 21. Februar 1978
    – Dieser Entwurf kam bis in die Zweite Lesung im Landtag des Saarlandes, wurde dann jedoch – insbesondere aufgrund von Interventionen durch die ev. Kirche und der Gewerkschaften – zurückgezogen. Nach der Überarbeitung befindet sich dieser Entwurf ohne wesentlichen Änderungen zur Zeit erneut im parlamentarischen Entscheidungsprozeß und soll im Laufe des Jahres noch verabschiedet werden. Der Entwurf ist im wesentlichen an den Musterentwurf des Bundes und der Länder vom 11. Juni 1976 angelehnt.

11. Schleswig-Holstein

In Schleswig-Holstein sammelten sich nach dem Kriegsende unzählige deutsche Flüchtlinge, die teils auf dem Landwege, teils auf dem Wasserwege aus den eroberten Gebieten des deutschen Ostens hereinströmten. Dazu gesellten sich zurückflutende ehemalige Wehrmachtsangehörige, freigelassene Kriegsgefangene, Fremdarbeiter und bewaffnete Haufen, die als Banden durch das Land zogen.

Da Schleswig-Holstein zur britischen Zone gehörte, sorgte zuerst die Britische Militärpolizei (Military Police) für Recht und Ordnung, allerdings bald nur mehr mit deutscher Unterstützung.

Nach der Proklamation Nr. 1 Abs. 4 der Britischen Militärregierung waren alle Beamten, die sich noch im Dienst befanden (und damit auch alle Polizeibeamten) weiterhin verpflichtet, ihre Posten zu behalten und nach den Anordnungen der Militärregierung bzw. der Alliierten Behörden zu handeln. Die Gliederung der Polizei änderte sich zunächst nicht und ihre Aufsicht unter der Militärregierung war den Public Safety Officers (PSO) übertragen, zu deren Aufgabe es gehörte, neben der Polizei auch Feuerwehr, Krankentransportdienst und ähnliche „Schutz"-Organisationen neu zu gestalten (siehe *Stolz*, „Geschichte der Polizei in Schleswig-Holstein", a.a.O., S. 272).

Vom 10. Juni 1945 an führte die gesamte Gendarmerie, die Schutz- und Kriminalpolizei die einheitliche Bezeichnung „Polizei" und ab 1946 gab es keine eigene Gliederung der Gendarmerie und der kommunalen Polizei, also der Schutzpolizei der Gemeinden mehr in Schleswig-Holstein.
Die gesamte Polizei des Landes wurde dem Kommandeur der Gendarmerie (*Oberst Kühn*) beim Regierungspräsidenten in Schleswig unterstellt (mit Ausnahme des Chefs der Polizei in Kiel und Lübeck, die den Polizeipräsidenten unterstellt wurden).
Zum 1. 1. 1946 wurde das ehemalige staatliche Polizeipräsidium in Flensburg aufgelöst und die Polizei in 12 Distrikte (diese wurden mit großen Buchstaben bezeichnet) mit 26 Inspektionen und 71 Abteilungen gegliedert.
Infolge der Verordnung Nr. 46 der Britischen Militärregierung wurde die Provinz Schleswig-Holstein ein selbständiges Land (u. zw. am 23. 8. 1946). Bereits am 26. Februar war mit der Militärregierung ein vorläufiger Landtag ernannt worden und der Oberpräsident nannte sich nun „Ministerpräsident". Im Rahmen dieser Maßnahmen und auf Grund der Verordnung Nr. 57 der britischen Militärregierung ging die gesetzgebende Gewalt auf dem Gebiet der Polizei – wie auch in anderen Ländern der britischen Besatzungszone – auf das Land Schleswig-Holstein über. Mit dem „Gesetz zur Übernahme der Polizei durch das Land Schleswig-Holstein" vom 4. Januar 1947 wurde die Leitung der Polizei rückwirkend vom 1. Januar 1947 in deutsche Hände übergeben, während sich die PSO im Rahmen der Befugnisse der Besatzungsmacht nur noch auf eine beratende Funktion beschränkten; es kann jedoch nicht unerwähnt bleiben, daß die Rahmengesetzgebung noch in den Händen der Besatzungsmächte verblieb und die Legislative der Länder in der britischen Besatzungszone hinsichtlich des Polizeiwesens an die Verordnung Nr. 135 – in Kraft seit 1. März 1948 – gebunden war, in der zoneneinheitlich die Richtlinien zusammengestellt waren, die die Landesgesetzgeber bei dem Erlaß neuer Polizeigesetze zu beachten hatten. Art. I definierte den Begriff der Polizei in einer für deutsche Juristen nahezu unglaublichen Form:

„Die Polizei ist eine selbständige nicht militärische Einrichtung, die ihre Aufgaben unabhängig von anderen Verwaltungsbehörden wahrnimmt. Die Angehörigen sind an die Grundsätze des Rechtsstaates gebunden und ein jeder persönlich für Gesetzesverletzungen verantwortlich. Die hauptsächlichsten Aufgaben der Polizei sind der Schutz von Leben und Eigentum, die Aufrechterhaltung von Gesetz und Ordnung, die Verhütung und Aufklärung von Straftaten und die Überlieferung der Rechtsbrecher an die Gerichte. Für Zwecke, die mit diesen Aufgaben nicht notwendig verbunden oder in ihnen enthalten sind, darf die Polizei nicht verwendet werden. Dienstlich und verwaltungsmäßig untersteht sie ausschließlich einem Polizeichef."

Im Rahmen der Neuordnung und des Wiederaufbaues des staatlichen Gemeinwesens war mit dem 1. Januar 1947 insofern ein wichtiges Datum gesetzt, als damit die Polizei in Schleswig-Holstein – wenn auch noch unter britischer Aufsicht – wieder Ländersache wurde und jener Tag gleichsam der „Geburtstag" der Landespolizei Schleswig-Holstein ist (*Stolz*, a. a. O., S. 279). Das Gesetz vom 4. Januar 1947 wurde vom Anfang an nur als ein Provisorium für eine Übergangszeit bis zur Verabschiedung eines völlig neuen und grundlegenden Polizeigesetzes durch einen gewählten Landtag angesehen; da seine Gültigkeit zunächst bis zum 31. März 1947 beschränkt war, wurden in der Folgezeit wiederholt Verlängerungen notwendig, denn die Wahlen zum Landtag fanden erst im März 1947 statt, und vor dem 23. März 1949 konnte ein befriedigendes Polizeigesetz nicht verabschiedet werden. Durch das Polizeigesetz vom 23. März 1949, das die schleswig-holsteinische Polizei noch einmal reorganisierte, auf eine innere Aufgliederung der Polizei aber weitgehend verzichtete, wurden die Polizeigruppen Flensburg, Kiel, Lübeck und Itzehoe aufgelöst und unter Änderung der Bereiche die Polizeigruppen Schleswig-Holstein Nord, Schleswig-Holstein Süd, Kiel und Lübeck gebildet; der Bereich der Polizeigruppe Schleswig-Holstein Nord (mit 10 Polizeiinspektionen und 33 Polizeiabteilungen bzw. -revieren) umfaßte im wesentlichen das Gebiet nördlich des Nord-Ostsee-Kanals, der Bereich der Polizeigruppe Schleswig-Holstein Süd (mit 9 Polizeiinspektionen und 35 Polizeiabteilungen bzw. -revieren) den Bereich südlich des Nord-Ostsee-Kanals, während sich die Bereiche der Gruppen Kiel (mit 10 Polizeirevieren) und Lübeck (mit 9 Polizeirevieren) auf die Stadtgebiete beschränkten. Der Bereich der Wasserschutzpolizei (mit 2 Wasserschutzpolizeiabschnitten und 8 Wasserschutzpolizeirevieren) blieb unverändert, so daß nur hier vom Prinzip der „Einheitspolizei" eine Ausnahme gemacht wurde (*Stolz*, a.a.O., S. 281).

Inzwischen war auf Grund des Verwaltungsabkommens zwischen der Bundesregierung und den Ländern über die Einrichtung einer Bereitschaftspolizei der Länder vom 18.5.1951 auch in Schleswig-Holstein in jenem Jahre eine Bereitschaftspolizeiabteilung aufgestellt und in Eckernförde kaserniert untergebracht worden. Es galt, im Rahmen der Neuordnung Wege zu finden, auch diesen Bereich entsprechend einzugliedern (*Stolz*, a.a.O., S. 282).

Durch das Polizeiorganisationsgesetz von 1952 wurden die bisherigen Polizeiausschüsse, die auf Grund der Verordnung Nr. 135 der Militärregierung zum 1. März 1948 erstmalig gebildet und auf die Polizeigruppen beschränkt waren, durch Polizeibeiräte ersetzt, die für eine enge Verbindung und ein vertrauensvolles Verhältnis zwischen der kommunalen Selbstverwaltung und der Polizei Sorge zu tragen und die Polizei bei der Wahrnehmung ihrer Aufgaben zu unterstützen hatten. Sie sollten insbesondere Anregungen und Wünsche der Bevölkerung an die Polizeidienststellen herantragen und mit diesen beraten. Die Beiräte der Kreise und kreisfreien Städte waren von der Besetzung der Stellen der Inspektions- und Direktionsleiter zu hören (*Riege*, a.a.O., S. 62).

Durch § 1 des Polizeiorganisationsgesetzes von 1952 mit dem Grundsatz, daß die Polizei eine Angelegenheit des Landes ist, war zugleich klargestellt worden, daß ein Mitwirkungsrecht der kommunalen Ebene nicht mehr gegeben war, somit auch eine klare Trennung zwischen Verwaltung und Polizei auf Kreisebene bestand (*Stolz*, a.a.O., S. 284).

Das „Allgemeine Verwaltungsgesetz für das Land Schleswig-Holstein" (LVwG) vom 18. April 1967, das den organisatorischen Aufbau der Polizei nicht veränderte, schuf die Voraussetzungen für eine sachgerechte Struktur und gab zugleich eine Aufgabenverteilung zwischen Ordnungsbehörden und

Polizei sowie eine sachbezogene Begriffserklärung. § 164 Abs. 1 LVwG bestimmt, daß die Gefahrenabwehr den Ordnungsbehörden und der Polizei obliegt, wobei die Aufgabenverteilung in §§ 166 und 168 LVwG enthalten ist; das Gesetz, das zugleich eine Reihe von polizeilichen Maßnahmen in ihren Voraussetzungen erstmals für den schleswig-holsteinischen Rechtsbereich gesetzlich regelte, besagt in § 165 Abs. 2 zugleich, daß Polizei (nur noch) die Polizeivollzugskräfte des Landes sind (*Stolz*, a. a. O., S. 285/286).
Nach § 168 LVwG hat die Polizei

1. Gefahren für die öffentliche Sicherheit oder Ordnung festzustellen,
2. zur Abwehr dieser Gefahren selbständig diejenigen Maßnahmen zu treffen, die sie für unaufschiebbar hält,
3. die zuständige Ordnungsbehörde von allen Vorgängen unverzüglich zu unterrichten, die deren Eingreifen erfordern oder für deren Entschließung von Bedeutung sein können,
4. Vollzugs- und Ermittlungsmaßnahmen auf Ersuchen der Ordnungsbehörden durchzuführen.

Das Polizeiorganisationsgesetz vom 9. Dezember 1968 brachte dann die lang erwartete und inzwischen auch dringend notwendig gewordene Neuorganisation der Landespolizei Schleswig-Holstein; es bestimmte in § 1, daß die Polizei eine Landeseinrichtung ist und dem Innenminister untersteht, Bestandteile seiner Behörde das Schutzpolizeiamt und das Kriminalpolizeiamt sind, die Polizei aus den Behörden und Bediensteten der Schutzpolizei, der Wasserschutzpolizei und der Kriminalpolizei besteht. Der Innenminister führt die Dienst- und Fachaufsicht über die Behörden der Polizei; seiner unmittelbaren Aufsicht unterstehen auch die Bereitschaftspolizeiabteilung, die Verkehrsüberwachungsbereitschaft und die Landespolizeischule.

Gesetze zur Gefahrenabwehr in Schleswig-Holstein ab 1945, die von der Polizei zur Aufgabenerfüllung herangezogen wurden/werden

1. *Preußisches Polizeiverwaltungsgesetz* (PrPVG)
   vom 01.06.1931 (GS S. 77, ber. S. 136)
   i.d.F. der letzten Änderung vom 08.04.1935 (GS S. 53)
   In Kraft getreten: 01.10.1931 (§ 79 PVG)
   Außer Kraft getreten: 31.03.1949 (§ 25 Satz 2 PG)

2. *Polizeigesetz für das Land Schleswig-Holstein* (PG)
   vom 23.03.1949 (GVOBl. SH S. 61)
   i.d.F. der letzten Änderung vom 22.12.1952 (GVOBl. SH S. 185)
   In Kraft getreten: 01.04.1949 (§ 25 PG)
   Außer Kraft getreten: 31.12.1967

3. *Allgemeines Verwaltungsgesetz für das Land Schleswig-Holstein (Landesverwaltungsgesetz – LVwG –)*
   vom 18.04.1967 (GVOBl.SH, S. 131)
   i.d.F. der letzten Änderung vom 19.03.1979 (GVOBl.SH, S. 182)
   In Kraft getreten: 01.01.1968

XIV. Kapitel:

Die Entwicklung der Sonderpolizeien

1. Das Bundeskriminalamt (BKA)

Der Wiederaufbau der Kriminalpolizei wurde zwar sofort nach dem 2. Weltkrieg begonnen, aber nur auf der Grundlage weitgehender Dezentralisation und unter Weglassung des überörtlichen Melde- und Fahndungswesens und der Zusammenarbeit der einzelnen Kriminalpolizeistellen. Die Folgen waren verheerend und die Verhältnisse drängten immer mehr zu einer Wiederherstellung alter bewährter Formen. Vor allem der Mangel an einer bundeseigenen Zentrale wurde fühlbar (*Riege*, Kleine Polizei-Geschichte, 3. Auflage, Lübeck 1966, S. 116 und 117).

1947 lebten die Arbeitstagungen der Leiter der Landeskriminalämter in der britischen Zone wieder auf. Das Kriminalpolizeiamt in der britischen Zone hatte tatsächlich eine über diese Zone hinausgehende Bedeutung erworben. Mit Ablauf des Jahres 1951 fand die sechs Jahre währende Tätigkeit dieser Behörde ihren Abschluß, da mit dem Gesetz über die Einrichtung eines Bundeskriminalpolizeiamtes (*Holle*, Ende des Kriminalpolizeiamtes für die Britische Zone, Anfang des Bundeskriminalamtes (Außenstelle Hamburg), in: DIE POLIZEI Nr. 7/8, April 1952, S. 55; *Steinke*, 25 Jahre BKA, in: DEUTSCHE POLIZEI 4/1976, S. 7; *Brennecke*, 25 Jahre Bundeskriminalamt, in: Der Kriminalist 5/1976, S. 251) vom 8. März 1951 und der Verordnung zur Überführung des Kriminalpolizeiamtes für die britische Zone in Hamburg vom 31. Oktober 1951 (BGBl. I, S. 165) die Voraussetzungen geschaffen wurden, um im Sinne des Artikel 130 GG diese Behörde als eine der unmittelbaren Staatsverwaltung dem zuständigen Bundesminister des Innern somit legitimiert unterstellen zu können (BGBl. I, S. 888). Im Mittelpunkt stand die Frage, ob „Bundesexekutive" oder nicht (*Mommsen*, Die Tagung der Polizeichefs in Hiltrup „Das Werden des deutschen BKA", in: Kriminalistik, Heft 11/12, Juni 1950, S. 121).

Polizeilich sei es hinreichend, so wurde behauptet, wenn die Länder im Sinne der früher schon erlassenen Bestimmungen über die Zusammenarbeit der Kriminalpolizei Vereinbarungen über das Recht der Nacheile und die Vornahme von Untersuchungsbehandlungen außerhalb des örtlichen Zuständigkeitsbereiches träfen, ferner könnte die Deutsche Kriminalpolizeiliche Kommission wieder ins Leben gerufen werden usw. (*Zirpins*, a. a. O., S. 36). Der Schwerpunkt verblieb den Ländern, die nur in begrenztem Maße und unter besonderen Voraussetzungen Weisungsempfänger sein sollten (*Mommsen*, a. a. O., S. 122). Damit unterscheidet sich das Bundeskriminalamt erheblich von anderen Bundespolizeibehörden anderer Staaten, wie z. B. dem FBI, (Federal Bureau of Investigation) in den Vereinigten Staaten von Amerika.

Dieses hat z.B. einen Verwaltungsunterbau in der Form von 59 über das Gesamtgebiet der Vereinigten Staaten verteilten Zweigstellen, außerdem 400 Außenposten, die wiederum diesen nachgeordnet sind (*Erbel* I, a.a.O., S. 51; FBI, The Story of the Federal Bureau of Investigation, US Department of Justice, Washington 1978, S. 19).
Das Bundeskriminalamt behielt bis zu der Fertigstellung der Dienstgebäude in Wiesbaden seinen Sitz im Polizeipräsidium Hamburg, firmierte als Bundeskriminalamt – Außenstelle Hamburg –, und siedelte am 1. August 1953 nach Wiesbaden über (*Riege*, a.a.O., S. 118). Die Präsidenten des Bundeskriminalamtes hießen:

- vom 1.1.1952 bis 31.3.1952
  Geheimrat Dr. *Max Hagemann*, (der Mann, der in der Weimarer Republik Preußische Polizei-Institut in Berlin-Charlottenburg aufgebaut hatte),
- das vom 1.4.1952 bis 31.7.1955
  Dr. *Hans Jess*,
- vom 1.8.1955 bis 31.12.1964
  Reinhard Dullien,
- vom 1.1.1965 bis 31.8.1971
  Paulinus Dickopf,
- vom 1.9.1971 bis 1981
  Dr. *Horst Herold*,
- 1981 bis heute
  Dr. *Heinrich Boge*.

Kompetenzverteilung nach dem Grundgesetz:

Nach Artikel 73 Ziffer 10 GG hat der Bund die ausschließliche Gesetzgebung über „die Zusammenarbeit des Bundes und der Länder in der Kriminalpolizei“ und „die Einrichtung eines Bundeskriminalpolizeiamtes sowie die internationale Verbrechensbekämpfung“ (*Drews-Wacke*, a.a.O., S. 540; *Erbel* I, a.a.O., S. 46; *Schmidt-Bleibtreu/Klein*, a.a.O., Artikel 73, Nr. 10, Rn. 2, S. 640). Artikel 87 Absatz 1 Satz 2 GG erlaubt dem Bund, „Zentralstellen für das polizeiliche Auskunfts- und Nachrichtenwesen und für die Kriminalpolizei zur Sammlung von Unterlagen“ einzurichten. Diese Ermächtigung des Bundes findet ihren Niederschlag in dem Gesetz über die Einrichtung eines Bundeskriminalpolizeiamtes (Bundeskriminalamtes) in der Fassung der Bekanntmachung vom 29. Juni 1973 (BGBl. I, S. 704), geändert durch Gesetze vom 2. März 1974 (BGBl. S. 469) und 9. Dezember 1974 (BGBl. S. 3393).
Das Bundeskriminalamt ist eine dem Bundesinnenminister nachgeordnete Kriminalpolizeibehörde (*Mommsen*, Die Tagung der Polizeichefs in Hiltrup, Das Werden des deutschen Bundeskriminalamtes, in: Kriminalistik, Heft 11/12, Juni 1950, S. 121 ff. (122)), die im eigentlichen Sinne eine Bundesoberbehörde nicht ist (*Hessel*, Gesetz über die Einrichtung eines Bundeskriminalpolizeiamtes (BKA-Gesetz), Kommentar, Wiesbaden 1979, Allgemeines, Anmerkung 2, S. 15, als „zentrale Bundesbehörde“ umschrieben wird (*Model-Creifelds*, Staatsbürger-Taschenbuch, 15. Auflage, München 1976, S. 143).

Struktur, Aufgaben und Tätigkeit des Bundeskriminalamtes stehen seit seinem Entstehen unter föderalen Prinzipien (betrifft: Bundeskriminalamt, 2. Auflage, Bonn 1975, S. 5), so daß ein generelles Über- bzw. Unterordnungsverhältnis zwischen dem BKA und den Landeskriminalämtern nicht besteht.

Die Furcht vor zentralen Kompetenzen einer zentral dirigierten Polizei, wie der des Dritten Reiches, ließ dem Gedankengut des Artikels 30 GG zufolge eine allgemeine aber widerlegbare Zuständigkeitsvermutung für die Zuständigkeitsverteilung zwischen Bund und Ländern zugunsten der Länder entstehen (*Oppermann*, Bundeskriminalamt und Grundgesetz, Dokumentation Verbrechensbekämpfung anläßlich des 3. BDK-Bundesdelegiertentages, November 1975, Bund Deutscher Kriminalbeamter, Düsseldorf 1975, S. 17ff. (22); *Schmidt-Bleibtreu/Klein*, a.a.O., Artikel 30, Rn. 1, S. 407), obwohl unausgesprochene bestimmte Kompetenzen des BKA gegenüber den Landeskriminalämtern diesem zuerkannt werden müssen, wenn nicht in gesamtstaatlicher überregionaler Sicht gegen die Gesetze der Logik und der Gesetzgeberverpflichtung der Aufgabenzuweisung und deren fraglicher Erfüllung aus ländereigenen Egoismen verstoßen werden soll (*Hessel*, a. a. O., S. 17, Anmerkung 4; Ego, Bundeskriminalpolizei – ein Alptraum für Landespolitiker?, in: Dokumentation Verbrechensbekämpfung des Landesverbandes Bayern des Bundes Deutscher Kriminalbeamter, Düsseldorf 1976, S. 3ff.; *Prinz*, Gedanken zur Organisation einer Bundeskriminalpolizei in der vorgenannten Dokumentation, S. 7ff.).

Das Bundeskriminalamt faßt alle Nachrichten und Unterlagen für die kriminalpolizeiliche Verbrechensbekämpfung in der Bundesrepublik Deutschland und Westberlin zusammen, soweit sie eine über den Rahmen des jeweiligen Bundeslandes hinausgehende Bedeutung haben, unterrichtet die Kriminalpolizeien der Länder über das für sie Wissenswerte und unterhält nachrichten- und erkennungsdienstliche sowie kriminaltechnische Einrichtungen (*Kalicinski/Pioch*, Hüter der Ordnung, Bonn 1954, S. 54). Die Pflicht der Koordination, die Kooperation zwischen Bund und Ländern ergibt sich aus §§ 1 Absatz 1 Satz 1; 2 Absatz 1 Nr. 1 Satz 2, Nr. 2,7; 3 Absatz 1; 4 Absatz 1; 5 Absatz 3 Nr. 1; 5 Absatz 4,5; 6 bis 8; 9 Absatz 2 BKA-Gesetz. Originäre BKA-eigene vollzugspolizeiliche Kompetenzen auf dem Gebiet der Strafverfolgung sind der international organisierte ungesetzliche Waffenhandel, der illegale Markt auf dem Gebiete der Munition, der Sprengstoffe, der Betäubungsmittel, des Falschgeldes, die eine Sachaufklärung im Ausland erfordern, ebenso bei Straftaten gegen das Leben (§§ 211, 212 StGB) oder die Freiheit (§§ 234, 234 a, 239, 239 b StGB) des Bundespräsidenten, Bundesregierungsmitgliedern, ebenso Mitgliedern des Bundestages, des Bundesverfassungsgerichtes, der Gäste der Bundesorgane anderer Staaten, Diplomaten des Auslandes, wenn politische Motive, bundes-/außenpolitische Belange tangiert werden (§ 5 Absatz 2 BKA-Gesetz).

Aus „schwerwiegenden Gründen" soll der Bundesminister des Inneren das Recht haben, darüber hinaus das BKA zur Verbrechensbekämpfung einzusetzen nach § 5 Absatz 3 Nr. 2 BKA-Gesetz. Schließlich räumt § 7 dem

Bundeskriminalamt das Recht ein, bei Verbrechensbekämpfung über die Ländergrenzen hinaus, einzelnen Ländern die Strafverfolgungsaufgaben zuzuweisen. Neben dieser repressiven Strafrechtspflege hat das BKA als präventive Aufgabe neben dem Bundesgrenzschutz (§4 BGSG) und Landespolizei Gefahren von Verfassungsorganen und von Staatsbesuchern in besonderen Fällen abzuwehren gemäß §9 BKA-Gesetz, wobei die Eingriffsunterlagen für das BKA die §§10–31 BGSG (§9 Absatz 3 Satz 1 BKA-Gesetz) sind.

Bundeskriminalamt und Landeskriminalämter sind aufeinander angewiesen, das Bundeskriminalamt wegen eines fehlenden eigenen Verwaltungsmittelbaus und -unterbaus als Zentralstelle, die Landeskriminalämter wegen der fehlenden unmittelbaren Kommunikation mit Interpol (§1 Absatz 2 BKA-Gesetz), des INPOL-Systems als Informationsdatenverbundhauptträgers (*Oppermann*, a.a.O., S. 23; vgl. *Schaefer*, Internationale Verbrechensbekämpfung, BKA-Schriftenreihe, Bd. 44, Wiesbaden 1977; *Wiesel/Gerster*, Das Informationssystem der Polizei INPOL, BKA-Schriftenreihe, Bd. 46, Wiesbaden 1978; *Döring*, Interpol, Die „Internationale Kriminalpolizeiliche Organisation", in: POLIZEINACHRICHTEN 1977, S. 97/98).

Die Regelung einer einverständlichen Zusammenarbeit ist insofern von bundesweiter Bedeutung, zumal Ermittlungsführungen durch die zuständige Polizeibehörde eines Landes oder des Bundeskriminalamtes durch Selbstvornahme nicht einen Wirrwarr bei der Steuerung polizeilicher Aufgaben nach sich ziehen dürfen (Regelung der Zusammenarbeit des Bundeskriminalamtes und der Länderpolizeien in Fällen terroristischer Gewaltkriminalität von bundesweiter Bedeutung; in: DEUTSCHE POLIZEI 10/1978, S. 24; BMI aktuell, in: BGS Nr. 1/1979, S. 3). Reibungsloses Zusammenarbeiten der Exekutivkräfte auf Bundes-/Länderebene, ein Ausbau von Führungs- und Lagezentrale im Bundesinnenministerium, verwaltungsunabhängige Kommunikationswege, gemeinsame Übungen in Form von Stabsrahmenübungen sollen die Gemeinsamkeiten bei der Bekämpfung des Verbrechens festigen helfen.

Die kriminalpolizeiliche Beratung laut der Aufgabenzuweisung gemäß §2 Absatz 1 Ziffer 1 und 7 BKA-Gesetz, das Zurverfügungstellen von Sachverständigen als Gutachter auf den verschiedenen Spezialgebieten als Vertreter einer Fachbehörde im Sinne des §83 Absatz 3 StPO (Kriminalpolizeiliche Beratung, BKA-Schriftenreihe, Band 47, Wiesbaden 1978, S. 7ff., 211ff.; *Kube/Leineweber*, Polizeibeamte als Zeugen und Sachverständige, BKA-Schriftenreihe, Band 45, Wiesbaden 1977, S. 45; *Hessel*, a.a.O., BKAG zu §2, Anmerkung 19, 20, S. 35) sind immer wichtiger werdende BKA-Verwendungen, die gerade dem Bürger seine Bedeutung vor Augen führen.

Auch im Ausland ist das BKA wegen seiner hohen Sachkunde ein gefragter sachverständiger Partner, wie u. a. der Einsatz einer Identifizierungskommission des Bundeskriminalamtes anläßlich des Flugzeugabsturzes am 10. September 1976 in Zagreb in Jugoslawien beweist (*Reichinger*, Einsatz der Identifizierungskommission des Bundeskriminalamtes anläßlich des Flugzeugabsturzes in Zagreb, in: der Kriminalist 3/1977, S. 118ff.). Der Weg bis zu

dieser Anerkennung dauerte aber seine Zeit, um von dem aussagekräftigen Begriff „Briefkastenbehörde (*Wehner*, Ein Spätentwickler: 25 Jahre Bundeskriminalamt, in: Kriminalistik 5/1976, S. 197ff. (198)) wegzukommen.
Dr. Herold übernahm 1971 am 6. September sein Amt. Seine Dynamik, gepaart mit einem beängstigenden Ideenreichtum (*Steinke*, a. a. O.), führten das Amt aus seinem Schattendasein heraus. Mit ihm hielt die allerneueste Technik Einzug, um dem durch Gesetz vorgegebenen Auftrag als Zentralstelle nachzukommen nach dem Prinzip „Zentralisierung der Informationen – Dezentralisierung der Organisation" (*Burghard*, a. a. O., S. 32; *Schwinghammer*, BKA-Präsident *Horst Herold*, in: Kriminologisches Journal 4/1980, S. 241ff. (246)) hinsichtlich der wünschenswerten organisatorischen Vielfalt innerhalb des Datenverbundes durch den grenzüberschreitenden Nachrichtenfluß. Nach *Herold* geht es darum, ein System zu finden, das befähigt, Problemen zuvorzukommen, bevor sie zutage treten, erst recht, bevor sie bedrohlich werden (*Herold*, Gesellschaftlicher Wandel – Chance der Polizei?, in: DIE POLIZEI 5/1972, S. 133ff. (134)).
Insofern dachte *Herold* bei dem Einsatz der Kriminaltechnik an die Generalprävention, wissend, dem Sachzwang der Herausbildung konspirativer Methoden bei der professionellen und organisierten Kriminalität, wie sie sonst nur bei Geheimdiensten üblich ist, polizeiliche Gegenwirkung in Form von neuen Strategien, Operationen und Taktiken entgegensetzen zu müssen (vgl. *Zühlsdorf*, Bekämpfung organisierter Verbrechen, Stuttgart, München, Hannover 1974, S. 60f.). Dazu gehört auch insbesondere die Kriminaltechnik, zumal sie aus generalpräventiven Gründen helfen soll, die Gesamtheit der Rechtsgenossen vor inkriminierten Handlungen vorbeugend anzuhalten (*Eisenberg*, Kriminologie, Köln, Berlin, Bonn, München 1979, S. 359), damit strafrechtliche Verhaltensnormen zu sichern (*Kaiser*, Kriminologie, 3. Auflage, Heidelberg, Karlsruhe 1976, S. 94). Gerade die Generalprävention tangiert jedermann und hat ihr Schwergewicht mehr im gesamten kriminalprophylaktischen Raum (*Matussek*, Verbrechensverhütung, in Kriminalistik 11/1978, S. 481ff. (483)). Gerade durch sie soll aktiv Einfluß genommen werden, damit sich die „einschlägigen Kreise" darauf einstellen und die weiteren Ereignisse sich in die Richtung bewegen, die andernfalls eben eine andere gewesen wäre (*Kerner*, Die Stellung der Prävention in der Kriminologie, Teil B: Ansatzpunkte für polizeiliche Präventionsstrategie, in Kriminalistik 2/1976, S. 57). Insoweit sind Personagramme, eingesetzt im Bereich der Zielfahndung, wertvolle Hilfen bei der Verpflichtung de lege, die Gewaltkriminalität präventiv und repressiv zu bekämpfen (*Herold*, Perspektiven der internationalen Fahndung nach Terroristen, in Kriminalistik 4/1980, S. 165ff(170)). Grundsätzlich gilt auch für *Herold*, daß „Verhüten besser sei als Heilen, Heilen besser sei als Sichern, Sichern besser sei als Strafen, Strafen besser sei als unkonzeptionelles, unentschlossenes, hin- und herwackelndes Reagieren oder Nichtreagieren" (*Stümper*, Die Wandlung der Polizei in Begriff und Aufgaben, in Kriminalistik 6/1980, S. 242ff(243)). „Kontrolle und ständige Überwachung nicht nur von oben nach unten, sondern auch quer durch alle Schichten und Berufe" (so der erste liberalsoziale Bundespräsident

Dr. Dr. *Heinemann*, zitiert von *Hepp*, Rubrik: Wie wir gesehen werden, in POLIZEINACHRICHTEN 5/1980, S. 140/141 (141)), Fernziel der polizeilichen Strategie in einer Demokratie, Sachkunde, Sachkompetenz als ein den ganzen Sicherheitsbereich durchziehendes Problem (*Stümper*, Kompetenzen im politischen und polizeilichen Bereich, in Kriminalistik 10/1980, S. 413ff(415)), die EDV als Mittel des Nichtkapitulierens vor dem Verbrechen (*Wehner*, Der „Stern" auf Abwegen, in Kriminalistik 7/1979, S. 338ff(339)), gepaart mit rechtstaatlicher Kontrolle durch offene Publizität der kriminalpolitischen Diskussion, die dem Vergleich mit den Polizeien im rechtsstaatlich geordneten, demokratischen europäischen Ausland nicht zu scheuen braucht (so der Bundeskanzler *Helmut Schmidt*, zitiert von *Wehner*, Der Bundeskanzler besuchte die PFA, in Kriminalistik 1/1978, S. 13ff(15)) sind markante Punkte der Herold-Ära, die 1981 ihr Ende findet. Die Erfolge *Herolds*, die Anerkennung des BKA in der Welt als Fachbehörde erster Güte, nicht eine „Kathedrale der Polizeien der ganzen Welt" wie Scotland Yard (so der damalige INTERPOL-Präsident *Lourenço* auf der 27. Generalversammlung von INTERPOL 1958 in London, zitiert von *Hoeveler*, a. a. O., S. 236), sind das Ergebnis von Maßnahmen der siebziger Jahre, nämlich des Sofortprogramms der Bundesregierung zur Intensivierung und Modernisierung der Verbrechensbekämpfung (1970), des Sicherheitsprogramms der Ständigen Konferenz der Innenminister und -senatoren des Bundes und der Länder für die innere Sicherheit der Bundesrepublik (1972), die Neufassung des BKA-Gesetzes, wonach das Amt Zentralstelle der Verbrechensbekämpfung in der Bundesrepublik und zugleich Zentralstelle für den elektronischen Datenverbund zwischen Bund und Ländern wurde (1973) (*Steinke*, a. a. O., S. 8). Mit dem INPOL-System wurde damit eine wichtige gemeinsame polizeiliche Kommunikation zwischen den Polizeibehörden des Bundes und der Länder geschaffen.

Die fachliche Bedeutung des Bundeskriminalamtes liegt in seinen Mitarbeitern begründet, die stets bemüht sind, auch schwierigste Probleme zu lösen, dabei alles Neue und Kühne unterstützend (so der Generalsekretär von INTERPOL, *Jean Népote*, zitiert bei *Brennecke*, a. a. O., S. 252/254), geführt von einem Kriminalisten mit wissenschaftlicher Reputation (so BMI *Baum*, zitiert bei *Brennecke*, a. a. O., S. 254 einschließlich der Person Dr. Herolds).

Auch für die Zukunft gelten die 1976 aufgestellten drei Schwerpunkte der BKA-Arbeit: Terrorismusbekämpfung, Prävention, wissenschaftliche Erforschung von Ort wie den Erscheinungen der Massenkriminalität (so BMI Baum, zitiert bei Brennecke, a. a. O., S. 255; derselbe, Polizei und Kriminalpolitik, in: Innere Sicherheit Nr. 55 vom 25. November 1980, S. 7ff(10)).

Nach über dreißig Jahren BKA-Geschichte läßt sich also feststellen, daß Polizeiarbeit ohne den Technikeinsatz nicht mehr möglich ist (so der ehemalige Parlamentarische Staatssekretär beim Bundesminister des Innern, *von Schoeler*, zum Thema Möglichkeiten und Grenzen der Polizeitechnik, in Innere Sicherheit Nr. 55 vom 25. November 1980, S. 12) Das Verbrechen als individuellen Verstoß gegen das Strafgesetz, der Messung an der bestehenden Norm (*Matussek*, Zum Inhalt des gegenwärtigen Verbrechensbegriffs, in

17 Polizeioberwachtmeister mit Dienst-Krad der niedersächsischen Polizei (50er Jahre)

Foto: Hagen, Polizeiführungsakademie

18 Lagebesprechung am Sandkasten der hessischen Polizei in Wiesbaden-Dotzheim (60er Jahre) *Foto:* Innenministerium Hessen

19 Beispiel der Zusammenarbeit einer Hubschrauberbesatzung der Schutzpolizei mit der eines Streifenbootes der Wasserschutzpolizei auf dem Rhein in Nordrhein-Westfalen

Foto: Polizeipräsidium der Wasserschutzpolizei Nordrhein-Westfalen

20 DDR-Grenzaufklärer in Aktion

Foto: Süddeutscher Verlag, München

21 DDR-Grenztruppenangehörige bei Grenzsicherungsarbeiten

Foto: Süddeutscher Verlag, München

22 Scharfschütze der Grenzschutzgruppe 9 – GSG 9 – des Bundesgrenzschutzes in Stellung *Foto:* Bernard und Graefe Verlag, Koblenz

23 Mobile polizeiliche Grenzfahndung vor Ort seitens des Grenzschutzeinzeldienstes im Bundesgrenzschutz *Foto:* Grenzschutzdirektion, Koblenz

Kriminalistik 8/1977, S. 338; *Holzner,* Was ist ein Verbrechen, in POLIZEI-NACHRICHTEN 1978, S. 34ff (39)), zu erforschen, präventive Aufklärung in Fachkreisen, der Bevölkerung, der Allgemeinheit schlechthin in jeder Form der Ausprägung, findet seinen Niederschlag in der Schaffung dynamischer kriminalpolitischer Modelle, wobei das BKA kriminalpolizeilich beratend wirkt. Das BKA ist trotz föderaler Prinzipien hinsichtlich der vorgegebenen Situation ein ernstzunehmender Faktor kriminalpolizeilicher Tätigkeit. Die Sachkompetenz ist in den Bundesländern und im Ausland als Fachbehörde unbestritten.

2. Der Bundesgrenzschutz (BGS)

Ein kurzer Abriß der Entstehungsgeschichte des BGS ist undenkbar, ohne auf die bisher einzige umfassende Arbeit von *Dierske* (Dierske, Der Bundesgrenzschutz, a.a.O.) hinzuweisen und ebenso auf die von *Kießling* (Kießling, Die Überführung des BGS, in „Europäische Wehrkunde, Juni 1981, Heft 6, S. 261ff). In den einschlägigen Kommentaren zum BGSG (*Einwag/Schoen* und *Heesen/Hönle/Semerak*, außerdem *Harnischmacher*) ist eine geschichtliche Behandlung des BGS im weiteren Sinne unterblieben, da dies in einem Kommentar auch nur sehr knapp abgehandelt werden könnte.

Da die Kapitulationsurkunde vom 8.5.1945 nur einen allgemeinen Hinweis enthielt, daß die Siegermächte alle Möglichkeiten hätten, mit Deutschland nach ihren Vorstellungen zu verfahren, waren sich diese auch noch nicht einig, wie sie Deutschland aufteilen sollten. Zuerst war an die Schaffung eines süddeutschen Staates gedacht (Hauptstadt Wien) und an eine internationale Kontrolle des Rheinlandes. Aber bald setzten sich die Russen und die Engländer durch, und es kam zu den *Zonen-Protokollen*, die vorsahen, daß Deutschland in Besatzungszonen aufgeteilt werden sollte (1. Zonenprotokoll v. 12.9.1944, 2. Zonenprotokoll v. 14.11.1944, 3. Zonenprotokoll v. 26.7.1945). Im ersten Zonenprotokoll wurde vereinbart, daß Deutschland in den Grenzen vom 31.12.1937 zum Zwecke der Besetzung in drei Zonen geteilt wird. Jede der drei Mächte sollte eine Zone und einen bestimmten Sektor in Berlin, welches von den Drei-Mächten gemeinsam besetzt wurde, erhalten. Die Grenze zwischen den Westzonen und der sowjetischen Besatzungszone sollte im wesentlichen den innerdeutschen Verwaltungsgrenzen folgen und zwar entlang den Westgrenzen Mecklenburgs, Sachsens und Thüringens.

Im zweiten Zonenprotokoll ließen sich die Amerikaner den Süden Deutschlands zuweisen, weil sie in der Absicht, das Ruhrgebiet nach dem *Morgenthau-Plan* in seiner industrieellen Kraft zu zerschlagen, ihr Interesse an diesem Gebiet aufgegeben hatten.

Im Dritten Zonen-Protokoll (während der Potsdamer Konferenz v. 17.7.1945 bis 2.8.1945) wurde dann festgelegt, daß Frankreich an der Besetzung Deutschlands mit einer eigenen Zone beteiligt werden sollte und daß die Besatzungstruppen in jeder Zone einem von der verantwortlichen Macht bestimmten Oberbefehlshaber zu unterstehen hätten.

Kurz nach Kriegsende (am 1.6.1945) hatten die Verwaltungen in der sowjetisch besetzten Zone (SBZ) und die Verwaltung der Städte und Landgemeinden im Auftrage und unter Aufsicht des sowjetischen Kommandanten *Polizeikräfte* aufgestellt, die zuerst unmilitärisch waren. Gleiches geschah auch in Berlin (Ost). Diese „Deutsche Volkspolizei" umfaßte Schutz-, Kriminal-, Verwaltungs-, Verkehrs- und Wasserschutzpolizei. Sie erfüllte normale Polizeiaufgaben und bestand aus politisch geschultem und überwachtem Personal.
In *Bayern* wurde die Bayerische Staatsregierung von der amerikanischen Besatzungsmacht am 15.11.1945 beauftragt, eine Neubildung der *Grenzpolizei* vorzubereiten. Durch Verordnung Nr. 172 des Bayr. Staatsministeriums des Innern wurde diesem Auftrage entsprochen.
Am 28.11.1947 ordnete die Britische Militärregierung (mit VO Nr. 115 und Zustimmung des Zonenbeirates) die Errichtung eines selbständigen „Deutschen Paßkontrolldienstes" als besonderen Zweig der zonalen Finanzleitstelle der Britischen Zone an. Nach Auflösung der Finanzleitstelle blieb der „Deutsche Paßkontrolldienst" als eine von den Ländern *unabhängige* Einrichtung der Britischen Zone bestehen. Die Dienststellenbezeichnung war: *„Amt für den Deutschen Paßkontrolldienst"*, Sitz in Bünde in Westfalen.
Die Sowjetische Militäradministration in Deutschland befahl am 3.7.1948 die Aufstellung kasernierter bewaffneter Bereitschaftsverbände der Deutschen Polizei, später als „Kasernierte Volkspolizei" bezeichnet. Diese Verbände sollten den Schutz der Zonengrenze übernehmen. Offensichtlich hatten sie aber den Zweck gehabt, die Kader für die Aufstellung militärischer Streitkräfte zu bilden.
Der Britische Militärgouverneur (General *Robertson*) teilte am 27.10.1948 mit, daß in der SBZ die Aufstellung einer Polizei in einer Stärke von 200000 Mann geplant, deren Organisation und Bewaffnung (mit schweren Maschinengewehren und Panzerwagen) für eine Polizei ungewöhnlich seien. Die Nachrichtenagentur TASS bestritt am 29.10.1948 diese Behauptung, räumte aber ein, daß die Polizei in der SBZ in der letzten Zeit um 10000 Mann verstärkt worden sei.
Die Militärgouverneure richteten am 14.4.1949 ein Schreiben an den Präsidenten des Parlamentarischen Rates, in dem sie unter anderem folgendes aufwiesen:

1. Die Befugnisse der Bundesregierung auf dem Gebiet der Polizei sollen auf die von den Militärgouverneuren während der Zeit der Besatzung ausdrücklich genehmigten und nach diesem Zeitpunkt auf die internationale Vereinbarungen bestimmten Befugnisse beschränkt sein.
2. Der Bundesregierung ist es gestattet, unverzüglich Bundesorgane zur Verfolgung von Gesetzesübertretungen und Bundespolizeibehörden u.a. zur Überwachung des Personen- und Güterverkehrs bei der Überschreitung der Bundesgrenzen zu errichten..
3. Befugnisse, Zuständigkeit und Aufgaben der Bundesorgane und der Bundespolizeibehörden sind durch Bundesgesetz zu bestimmen.

4. Keine Bundespolizeibehörde darf Befehlsgewalt über Landes- oder Ortspolizeibehörden besitzen.
5. Die Bundespolizeibehörde unterliegt den von den Besatzungsbehörden aufgrund des Besatzungsstatuts erlassenen Bestimmungen.

In der vierten Lesung des Entwurfs zum GG wurde im Hauptausschuß am 5.5.1949 dem Art. 87 GGG, welcher die bundeseigene Verwaltung mit eigenem Verwaltungsunterbau betrifft, der Satz hinzugefügt: „*Durch Bundesgesetz können B u n d e s g r e n z s c h u t z –behörden Zentralstellen für das polizeiliche Auskunfts- und Nachrichtenwesen zur Sammlung von Unterlagen für Zwecke des Verfassungsschutzes und für die Kriminalpolizei eingerichtet werden*".
Die Formulierung „Bundesgrenzschutz-*Polizei*-Behörden" wurde bei den Beratungen im Parlamentarischen Rat gestrichen (Unter anderem auf Antrag der CDU/CSU). Die Begründung war die, daß man die polizeilichen Funktionen entsprechend dem föderativen Charakter der Bundesrepublik Deutschland nur bei den Ländern liegen sah.
Am 12.5.1949 überreichten die Militärgouverneure *Clay*, *Robertson* und *Koenig* das Genehmigungsschreiben mit ihren Vorbehalten zum GG (In der Übersetzung des Parlamentarischen Rates (VOBlBZ S. 416) abgedruckt in *Schönfelder*, Deutsche Gesetze, Nr. 2).
Die Vorbehalte bedingen keine Änderung des GG, betreffen aber u.a. den Art. 91 GG: „Erstens ist darauf hinzuweisen, daß die in Art. 91 Abs. 2 GG enthaltenen Polizeivollmachten nicht vor ihrer ausdrücklichen Billigung durch die Besatzungsbehörden ausgeübt werden können; ebenso sollen die übrigen Polizeifunktionen des Bundes entsprechend unserem Schreiben an Sie vom 14.4.1949 ausgeführt werden".
Der Parlamentarische Rat hatte am 23.5.1949 in Bonn in öffentlicher Sitzung festgestellt, daß das am 8.5.1949 vom Parlamentarischen Rat beschlossene GG für die BRD in der Woche vom 16. bis zum 22.5.1949 durch die Volksvertretung angenommen wurde (von mehr als 2/3 der Länder).
Auf Grund dieser Feststellung hatte der Parlamentarische Rat (vertreten durch seinen Präsidenten) das GG ausgefertigt und verkündet.
Am 11.5.1949 bestimmte der Parlamentarische Rat mit einer Mehrheit von vier Stimmen *Bonn* zur vorläufigen Hauptstadt des neuen Staates.
Die Alliierte Hohe Kommision erließ am 21.9.1949 Vorschriften für die Organisation, Kontrolle und Verwaltung der Polizei in den Ländern, die das Entstehen „paramilitärischer" Formationen und eine Zentralisierung der Polizei verhindern sollen. Ein Ergänzungsschreiben vom 30. Juni 1950 ließ eine Zusammenfassung von Polizeikräften innerhalb eines Landes durch den Innenminister zu.
Nun ist noch zu beachten, daß am 7. Oktober 1949 in Berlin die „Deutsche Demokratische Republik" gegründet wurde. Am gleichen Tage verkündete die Provisorische Volkskammer das Inkrafttreten der am 30.5.1949 vom Deutschen Volkskongress bestätigten Verfassung der DDR; es konstituierte sich provisorisch der Volksrat als die in der Verfassung der DDR als Parlament vorgesehene Volkskammer und setzte die Verfassung formell in Kraft.
Am 3.1.1950 wies Prof. Dr. *von Mangoldt*, der als Abgeordneter der CDU im

Redaktionsausschuß des Parlamentarischen Rates mitgewirkt hatte, in einem Schreiben vom gleichen Tage hin, daß ein gemeinsamer Vorschlag mehrerer Abgeordneter (*Dr. Dehler, Dr. von Mangoldt, Zinn*) vorlag, datiert vom 5.5.1949, der besagte, daß in Art. 73 Ziff. 5 GG am Schluß hinzuzufügen sei: „einschließlich des Zoll- und Grenzschutzes" und in Art. 116 Abs. 1 (später der Art. 87 GG) folgender Satz 2 einzufügen sei: „Durch Bundesgesetz können Bundesgrenzschutzbehörden und Zentralstellen für das polizeiliche Auskunftswesen, die Kriminalpolizei und den Verfassungsschutz eingerichtet werden" (*Dierske*, Der Bundesgrenzschutz, a.a.O., S. 38).
So war hier in der Tat an Polizeibefugnisse des Bundes und eine *Bundespolizei* gedacht. Die Änderungen zu diesem so späten Zeitpunkt waren auf das Schreiben der Militärgouverneure vom 14.4.1949 (Polizeibrief) zurückzuführen.
Interessant ist, daß Bundeskanzler Dr. *Adenauer* in einer Rede am 12.2.1950 in Bochum auf die unzureichende Ordnung des Polizeiwesens in der Bundesrepublik Deutschland hinwies und daß er forderte, daß auch dem Bund gewisse polizeiliche Befugnisse eingeräumt werden sollten. Anlaß zu dieser Forderung war unter anderem die sogenannte Benzinpreis-Demonstration von Taxifahrern und anderen Fahrzeugbesitzern vor dem Gebäude des Deutschen Bundestages und dem Bundeskanzlerpalais.
Das Bundesministerium des Innern legte nach Besprechungen mit dem Bundesminister der Finanzen, als zuständigem Ressortminister für den Zollgrenzdienst, den Alliierten über die Verbindungsstelle der Alliierten Hohen Kommission den Entwurf einer „*Verordnung über den Zoll- und Grenzschutz*" vor, der erstmalig Umfang und Aufgaben einer *Grenzschutztruppe* des Bundes formulierte.
Kurz zuvor hatten am 1.6.1945 in Berlin (Ost) und in der SBZ die Verwaltungen der Städte und Landgemeinden im Auftrage und unter Aufsicht der sowjetischen Kommandanten Polizeikräfte aufgestellt, die zunächst unmilitärisch waren.
Am *3.7.1948* befahl die Sowjetische Militäradministration in Deutschland die Aufstellung kasernierter bewaffneter Bereitsschaftverbände der Deutschen Polizei, später als „Kasernierte Volkspolizei" bezeichnet.
Am 24.2.1950 legte das Bundesministerium des Innern nach Besprechung mit dem Bundesminister der Finanzen als zuständigem Ressortminister für den Zollgrenzdienst den Alliierten über die Verbindungsstelle der Alliierten Hohen Kommission den Entwurf einer „*Verordnung über den Zoll- und Grenzschutz*" vor, der erstmalig Umfang und Aufgaben einer Grenzschutztruppe des Bundes formulierte:

„Zur Verhinderung von Bandenschmuggel und massierten Grenzübertritten ist ein Grenzschutzbereitschaftsdienst zu schaffen, der für besonderen Einsatz zur Verfügung zu stehen hat. Zu diesem Zweck können seine Beamten in Hundertschaften zusammengefaßt und kaserniert werden. Da der Grenzschutzbereitschaftsdienst der Abwehr von Gefahren dient, welche die öffentliche Sicherheit und Ordnung bedrohen, ist er dem Bundesministerium des Innern zu unterstellen. Die Bundesregierung wurde ermächtigt, zur Organisation und Lenkung des Grenzschutzbereitschaftsdienstes nachgeordnete Behörden einzurichten".

Erstmalig wurde am 15.3.1950 im Bundesministerium des Innern die Frage geprüft, ob der Art. 87 Abs. 1 GG die Möglichkeit gibt, Bundesgrenzschutzbehörden zu schaffen, die in beschränktem Umfange eine eigene Polizei des Bundes darstellen. Die Frage wurde am 23.5.1950 von dem Referenten I A 1 (Prof. Dr. *Köttgen*) mit der Einschränkung bejaht, daß die Einrichtung von Zentralbehörden zu diesem Zweck nicht zulässig sei, aber der Bund sich für Zwecke seines Grenzschutzes einen Unterbau schaffen könne.

Am 11.5.1950 schlug der Bundesminister des Innern, Dr. iur. Dr. rer. pol. *Heinemann*, auf der Konferenz der Innenminister der Länder Bundesbereitschaften in Stärke von 20000 Mann vor, die in einer Stärke von 300 – 500 Mann in verschiedenen wichtigen Orten des Bundesgebietes stationiert werden sollten. Die Bereitschaften sollten vom Bund unterhalten werden und dessen Befehlsgewalt unterstehen. Bei dringenden Anlässen sollten die innerhalb eines Landes stationierten Bereitschaften diesem auf Anforderung beim Bund zur Verfügung stehen. Die Mehrheit der Länder lehnte diesen Vorschlag aus verfassungsrechtlichen Gründen ab (wegen Art. 30 GG); endgültige Klärung sollte der Bundesrat treffen.

Am 3.6.1950 teilte ein Sprecher der U.S.A. auf einer Pressekonferenz mit, die Außenminister der drei Westmächte hätten bei ihren Beratungen in London die Frage der Zulassung einer westdeutschen Bundespolizei geprüft und im Grundsatz gebilligt. Die Frage sei zur weiteren Prüfung an die drei Alliierten Hochkommissare delegiert worden. Der Vorsitzende der SPD Dr. *Kurt Schumacher* erklärte dazu:

„Der Entscheid über die Schaffung einer Bundespolizei erfüllt uns mit Freude. Wir wußten, daß er eines Tages kommen würde. Er darf aber im Publikum nicht zu dem Glauben führen, daß wir drauf und dran sind, einen neuen Militärapparat aufzubauen."

Am 13.6.1950 schlug das Bundesministerium des Innern dem Bundeskanzler in einem Schreiben die Änderung des *Besatzungsstatuts* in folgenden polizeilichen Abgelegenheiten vor:

1. Die in den brieflichen Anweisungen der Alliierten Hohen Kommission vorgesehenen Anweisungen an die Landeskommissare über das detachierte Eingriffsrecht in die deutsche Polizei müssen gemildert oder aufgehoben werden.
2. Ein Eingriffsrecht der Besatzungsmächte in die Einsatzfragen der Polizei muß auf Ausnahmefälle beschränkt werden.
3. Der Bund muß gegenüber den Polizeien der Länder in dringenden Fällen ein Rückgriffsrecht haben.

(vgl. Polizeibrief).

Am 25.6.1950 erklärten sich die Alliierten Hohen Kommissare in einer Note zur Aufhebung der Suspension des Art. 91 Abs. 2 Grundgesetz (Notstandsklausel mit Weisungsrecht der Bundesregierung an die Länderpolizei) bereit und genehmigten 10000 Mann kasernierter Polizei.

Am 20.7.1950 leitete das Bundesministerium des Innern dem Bundeskanzler den Entwurf eines Gesetzes über die Errichtung von Bundesgrenzschutz-

Behörden zu. Eine Beratung und Verabschiedung des Entwurfs unterblieb jedoch, weil die Besatzungsmächte in ihrer Note vom 28. Juli 1950 eine Verstärkung der Polizei nur auf *Länder*ebene zugestehen wollten.
Am 28.7.1950 gab die Alliierte Hohe Kommission der Bundesregierung bekannt, daß sie eine Verstärkung der Polizei um 10 % oder auf etwa 12000 Mann zustimmte, wobei für dieses erhöhte Polizeikontingent die Alliierten ihren Einspruch gegen Art. 91 Grundgesetz, der eine Zusammenfassung der Länderpolizeikräfte im Notfall vorsieht, zurückzogen. Die Sonderpolizei (kasernierte Polizei) sollte zwar grundsätzlich den Innenministern der Länder unterstehen, sie könnte aber im Notfall als eine Art Überfallkommando zum zentralen Einsatz zusammengezogen werden. Für die Bundeshauptstadt war ein Polizeikontingent von 500 Mann zur besonderen Verwendung vorgesehen.
Am 3.8.1950 stimmte die Alliierte Hohe Kommission zu, daß der Bund Inspektionsbefugnisse der Polizeien der Länder besitze und so auf einheitliche Ausrüstung und einheitliches Recht einwirken könne. Die Bewilligung dieser Vollmacht liege jedoch im freien Belieben der Länder; eine Koppelung dieser Vollmachten der Länder an den Bund mit dem Art. 91 Abs. 2 Grundgeseetz sei jedoch nicht beabsichtigt.
Am 30.8.1950 übermittelte Bundeskanzler Dr. *Adenauer* der Alliiierten Hohen Kommission zwei Denkschriften über die innere und äußere Sicherheit der Bundesrepublik Deutschland und über die Revision des Besatzungsstatuts.
Forderungen:

- Erhebliche Verstärkung der Besatzungstruppen;
- Aufstellung einer europäischen Armee;
- Errichtung einer einheitlichen Schutzpolizei für das Bundesgebiet;
- Stärke der Schutzpolizei muß der Stärke der Volkspolizei in der SBZ entsprechen.

Am 23.9.1950 überreichte der Hohe Kommissar Frankreichs dem Bundeskanzler Dr. *Adenauer* eine Note, in der die Ermächtigung durch die New Yorker Außenministerkonferenz zur Aufstellung von 30000 Mann kasernierter Polizei und die Ermächtigung der Bundesregierung durch die Alliierte Hohe Kommission zur weitgehenden Mitwirkung bei deren Organisation mitgeteilt wurde.
Am 26.10.1950 legte die Fraktion der SPD dem Bundestag einen Antrag zur Änderung des Grundgesetzes vor, der vorsah:

1. Konkurrierende Gesetzgebung des Bundes über Einstellung, Ausbildung, Besoldung, Ausrüstung und Bewaffnung der Polizei durch Änderung des Art. 74 Grundgesetz,
2. Zur-Verfügung-Stellung von 1/10 der Polizeivollzugsbeamten an den Bund durch Änderung des Art. 87 Grundgesetz,
3. Einsetzung eines Parlamentarischen Beirates für Polizeifragen.

Bundesinnenminister Dr. *Lehr* lehnte den Antrag der SPD in der ausführlichen Bundestagsdebatte über Polizeifragen (7.11.1950) ab.
Am 7.11.1950 kam es anläßlich der Beratung einer Interpellation der Fraktion der SPD betr. Polizei (BT-Drs. 1498) und eines Antrages der Fraktion der SPD betr. Parlamentarischer Beirat für den Aufbau der Polizei (BT-

Drs. 1499) zu einer ausführlichen Debatte über die polizeilichen Verhältnisse in der Bundesrepublik Deutschland, die ein Stück auch der Geschichte des Bundesgrenzschutzes sind, da sich aus der Debatte die Gründe ergaben, die die Bundesregierung veranlaßten, den Aufbau eines Bundesgrenzschutzes zu betreiben.
Am 14. 11. 1950 stimmte das Bundeskabinett dem Entwurf eines Gesetzes über die Errichtung von Bundesgrenzschutzbehörden zu. Der Gesetzesentwurf hatte folgenden Wortlaut:

§ 1: In bundeseigener Verwaltung werden Bundesgrenzschutzbehörden errichtet.
§ 2: Die Bundesgrenzschutzbehörden gliedern sich in eine Bundesoberbehörde sowie in Mittel- und Unterbehörden. Sie unterstehen dem Bundesminister des Innern. Zahl, Ausstattung und Sitz werden durch die Bundesregierung bestimmt.
§ 3: Die Bundesgrenzschutzbehörden sichern das Bundesgebiet gegen Grenzübertritte, insbesondere durch Ausübung der Paßnachschau, und gegen sonstige, die Sicherheit der Grenzen gefährdende Störungen der öffentlichen Ordnung ...

Die dem Gesetzentwurf beigefügte Begründung betonte ausdrücklich, daß den Bundesgrenzschutzbehörden kein militärischer Charakter innewohne und daß für diesen beschränkten Aufgabenbereich die Grenzschutzbehörden, ähnlich wie die Polizeibehörden, mit Exekutivpersonal auszustatten sein würden.
Wichtig ist die Einfügung, daß „die Rechtsverhältnisse dieses Personals möglicherweise durch ein eigenes Bundesgesetz geregelt werden müssen, damit die Besonderheiten des Dienstes Berücksichtigung finden.“
Am 7. 12. 1950 leitete Bundeskanzler Dr. *Adenauer* den Entwurf eines Bundesgrenzschutzgesetzes dem Bundesrat zu. Dieser stimmte in seiner Plenarsitzung vom 15. 12. 1950 mit 23 gegen 20 Stimmen diesem Gesetzesentwurf über die Errichtung von Bundesgrenzschutzbehörden zu. Er empfahl jedoch gegenüber der Regierungsvorlage folgende Änderungen:

§ 2: Sitz der Bundesgrenzschutzbehörden wird durch die Bundesregierung im Benehmen mit dem jeweils beteiligten Land geregelt.
§ 3: Soweit die Polizeiaufgaben der Länder hierdurch berührt werden, handeln die Bundesgrenzschutzbehörden im Benehmen mit den Polizeibehörden des beteiligten Landes.
§ 3a: Soweit die Länder im Hinblick auf die Errichtung der Bundesgrenzschutzbehörden ihre dem Grenzschutz dienende Polizei abschaffen oder verringern, sollen die hierdurch entbehrlich gewordenen Beamten und Angestellten in die Bundesgrenzschutzbehörden übernommen werden, soweit nicht im Einzelfall wichtige Gründe entgegenstehen.

Am 10. 1. 1951 fand zwischen den Bundesministern des Innern und der Finanzen eine Besprechung statt, bei der vereinbart wurde, daß das Bundesministerium der Finanzen der Paßnachschau durch die künftigen Bundesgrenzschutzbehörden bei den Beratungen des Gesetzesentwurfes nicht widersprechen wird, daß aber: „beide Ressorts übereinkommen, die Paßkontrolle durch die Bundesgrenzschutzbehörden auf die *großen* Grenzübergänge zu beschränken und sie an den *kleineren* Grenzübergängen dem Zollgrenzdienst zu belassen.“

Der Deutsche Bundestag nahm dann in seiner 114. Sitzung die 1. Lesung des Entwurfes eines „*Gesetzes über die Errichtung von Bundesgrenzschutzbehörden*“ vor. Er wurde dann nach eingehender Beratung dem Ausschuß für Angelegenheiten der inneren Verwaltung überwiesen.

Am 10. 2. 1951 beantragte der Bundesminister des Innern in einem Schreiben an den Geschäftsführenden Vorsitzenden der Alliierten Hohen Kommission (Bonn-Petersberg) die Zustimmung zu diesem Gesetz. Die Alliierte Hohe Kommission teilte anschließend in einem Memorandum vom 15. 2. 1951 mit, daß sie mit dem Text und den Vorschlägen des Gesetzesentwurfes übereinstimme. Ferner bemerkte sie dabei, daß

- die Höchstzahl des Bundesgrenzschutzes durch Gesetz oder Durchführungsverordnung festgelegt werden solle,
- ob die Bayerische Grenzpolizei in die Gesamtstärke des Bundesgrenzschutzes aufgenommen werden solle,
- die Aufgaben des Bundesgrenzschutzes auf die „sowjetische-westliche Zonengrenze“ im Schwerpunkt gelegt werden sollen,
- mit Ausnahme von etwa 1 000 Mann, die zur Paßkontrolle eingesetzt werden sollen, die Einheiten des Bundesgrenzschutzes in einer Zone von 30 bis 50 km von der Grenze stationiert werden sollen,
- die Einheiten auf eine Höchststärke von 100 Mann begrenzt werden sollen,
- die Bewaffnung der Angehörigen des Bundesgrenzschutzes wie die der übrigen Polizeikräfte sein soll und anderenfalls eine Zustimmung des Sicherheitsamtes erforderlich wäre.

Auf Antrag der Bundesregierung stimmte die Alliierte Kommission dem Bundesgrenzschutzgesetz durch Memorandum vom 15. 2. 1951 zu. Die Mannschaftsstärke sollte 10000 Mann betragen.

Am 15. 2. 1951 beriet der Deutsche Bundestag in 2. u. 3. Lesung den Entwurf eines „Gesetzes über die Errichtung von Bundesgrenzschutzbehörden“ in seiner 118. Sitzung. In 3. Lesung wurde dann das Gesetz gegen wenige Stimmen angenommen.

Der Deutsche Bundestag hatte am 15. 2. 1951 aufgrund des interfraktionellen Antrages der Abgeordneten *Dr. Dresbach, Dr. Menzel, Neumayer, Dr. Leuchtgens, Dr. Reismann* und Genossen hinsichtlich der Stärke des Personals der Bundesgrenzschutzbehörden (BT-Drs. Nr. 1887) beschlossen:

„1. Die Stärke des Personals der Bundesgrenzschutzbehörden ist durch Beschluß; der der Zustimmung der Mehrheit der Miglieder des Bundestages bedarf, festzusetzen. Dieser Beschluß kann nur mit der gleichen Mehrheit geändert werden.
2. Die Stärke des Personals der Bundesgrenzschutzbehörden wird auf 10000 Mann festgesetzt.“

Am 16. 3. 1951 wurde dann das „*Gesetz über den Bundesgrenzschutz und die Einrichtung von Bundesgrenzschutzbehörden*“ (Bundesgesetzblatt I auf Seite 201) verkündet.

Bereits am 22. 6. 1951 besichtigte der damalige Bundesinnenminister *Dr. Lehr* in Lübeck die erste Ausbildungs-Abteilung (Nach *Dr. Lehr* ist

auch die Grenzschutzschule in Lübeck (*Hubertus*) benannt) und General der Infanterie a.D. *Matzky* wurde zum Unterabteilungsleiter VI c im BMI ernannt (Damit war er der 1. Inspekteur des BGS).
Durch das vorstehende Gesetz war der BGS eine Sonderpolizeitruppe des Bundes geworden und *Dr. Lehr* mußte dies immer wieder in der Öffentlichkeit betonen (Rede des *Dr. Lehr* im BT vom 15.2.1951).
Somit durften also *Bundes*grenzschutzbehörden eingerichtet werden, aber nicht auch *Landes*grenzschutzbehörden (In Bayern bestand bereits die Bayr. Grenzpolizei aufgrund der Errichtung durch die Militärregierung am 1.3.1946).
In der Zwischenzeit erfuhr das Gesetz zahlreiche Änderungen und schließlich beschloß der Bundestag mit Zustimmung des Bundesrates das nun vorliegende Gesetz über den Bundesgrenzschutz – BGSG – vom 18.8.1972 (BGBl. I S. 1834).
Damit wurde der Bundesrepublik Deutschland auch eine Bundesexekutive, also eine *Bundespolizei,* zur Verfügung gestellt, die außer für die Grenzsicherung auch für den Fall des Art. 91 Abs. 2 des GG, also zur Abwehr einer drohenden Gefahr für den Bestand oder die freiheitliche demokratische Grundordnung des Bundes oder eines Landes eingesetzt werden konnte.
Wegen der Kürze des Ersten Bundesgrenzschutzgesetzes war es nötig, eine „Dienstanweisung über Aufgaben und Befugnisse des BGS“ durch das BMI zu erlassen (GVBl. 53, S. 197ff), und zwar geschah dies am 5. Juni 1953.
Die Aufstockung des BGS auf 20000 Mann (Zweite Welle oder zweite Zehntausend, *Kießling*, a.a.O., S. 242 u. *Dierske*, a.a.O., S. 40) wurde im wesentlichen 1954 abgeschlossen.

- Das Weiterbestehen des BGS in unveränderter Form
- Individueller Übertritt einzelner BGS-Angehöriger
- Geschlossene Überführung
- Sogenannte „Große Grenzschutzlösung“

Die letzte Alternative sollte dazu dienen, bis zum 1.10.1955 80000 Mann aufzustellen, also den BGS auf 80000 Mann zu erhöhen.
So hätte man 11 Grenzschutzbrigaden (*Spitzer*, Oberst i. BGS, Denkschrift siehe bei *Dierske*, a.a.O., Übersicht 550 u. 560) aufstellen können und man hätte sie als Schild für den Gesamtaufbau der Streitkräfte ansehen können (*Kießling*, a.a.O., S. 242)
Dieses Modell erinnerte an die „Carabinieri“ in Italien. Man hätte auch Heimatschutztruppe dazu sagen können!
Es gab verschiedene Lager, die Meinungen waren gespalten.
Da empfahl der Bundesverteidigungsrat der Bundesregierung die *geschlossene Überführung des BGS* in die aufzustellende Bundeswehr. Der Entwurf des „Zweiten BGS-Gesetzes“ der Bundesregierung (v. 11.11.1955) wurde nun Gesetz.
Dem vorliegenden Gesetz entsprechend begann die „Optionsfrist“ am 1.6.1956 und endete am 30.6.1956.

Beginnend mit dem 1.7.1956 waren alle BGS-Angehörigen, die die Option nicht wahrnahmen, *kraft Gesetzes* Soldaten.
Das Ergebnis der Option fiel überraschend gut für den BGS aus, und zwar mit 42 % für den BGS (Siehe „Der Spiegel", Ausgabe v. 11.7.1956, S. 14).
Interessant ist, daß von den 593 Offizieren, die aus dem BGS in die Bundeswehr überführt worden waren, 42 den Generalsrang erreichten.
Der Seegrenzschutz wurde beinahe geschlossen in die Bundeswehr überführt (siehe dazu *Poske*, Der Seegrenzschutz, 1951–1956, Koblenz 1982).
Durch das neue Gesetz über den Bundesgrenzschutz vom 18. August 1972 (BGBl. I S. 1834) wurden die Aufgaben und Befugnisse des Bundesgrenzschutzes neu geregelt. Das Bundesgrenzschutzgesetz ist folgendermaßen gegliedert:

1. Aufgaben und Verwendung des Bundesgrenzschutzes
2. Befugnisse des Bundesgrenzschutzes
3. Schadensausgleich
4. Organisation
5. Grenzschutzdienstpflicht
6. Wahrnehmung von Aufgaben durch andere Verwaltungen
7. Vorschriften für besondere Fälle
8. Schluß und Übergangsvorschriften

Bei diesem Bundesgrenzschutzgesetz handelt es sich um ein modernes Polizeigesetz, welches sich in den meisten Bereichen nach dem Musterentwurf des einheitlichen Polizeigesetzes (schon vor dessen Zeit 1977/78) richtet, aber hinsichtlich seiner nur reduzierten Polizeiaufgaben auch entsprechend mit Befugnissen ausgestattet ist.
In den §§ 1 – 6 sind die Aufgaben des Bundesgrenzschutzes umschrieben und in den §§ 10 und 17 ff. die Befugnisse des Bundesgrenzschutzes aufgeführt.
Damit ist auch in diesem modernen Polizeigesetz eine Aufgaben- und Befugnistrennung durchgeführt worden.
Die Organisation des Bundesgrenzschutzes ist hauptsächlich im vierten Abschnitt ab § 42 niedergelegt. Danach ist der Bundesgrenzschutz in bundeseigener Verwaltung zu führen. Seine Stärke richtet sich nach dem Haushaltsplan.
Im Jahre 1981 war die Sollstärke an Polizeivollzugs- und Verwaltungsbeamten insgesamt 23.108, die Iststärke 22.680.
Durch § 43 wurden Bundesgrenzschutzbehörden geschaffen.
Diese sind:

als Mittelbehörden

die Grenzschutzkommandos, Grenzschutzverwaltungen,
die Grenzschutzdirektion und die Grenzschutzschule

als Unterbehörden

die Grenzschutzämter.

Siehe Übersicht über die Organisation des Bundesgrenzschutzes (in *Heesen/Hönle/Semerak*, Kommentar zum BGSG, S. 202).

Die im fünften Abschnitt des BGSG aufgeführte Grenzschutzdienstpflicht wird z. Z. nicht in Anspruch genommen, denn sie spielt heute keine praktische Rolle mehr. Aber im Falle eines Personalmangels im BGS wird es wieder möglich sein oder werden über §48 Dienstpflichtige zum Polizeivollzugsdienst im Bundesgrenzschutz herangezogen.

Der Kombattantenstatus, welcher in §64 BGSG niedergelegt ist, besagt, daß mit dem Beginn des bewaffneten Konflikts die Grenzschutzkommandos, die Verbände und Einheiten des Bundesgrenzschutzes sowie die Grenzschutzschule Teil der bewaffneten Macht der Bundesrepublik Deutschland werden. Damit haben große Teile des Bundesgrenzschutzes immer noch Berührung mit dem Kriegsvölkerrecht und dort mit den wesentlichen Bestimmungen dieses Rechtes, wie z. B.:

1. III. Haager Abkommen über den Beginn der Feindseligkeiten (RGBl. 1910, S. 82)
2. IV. Haager Abkommen betr. die Gesetze und Bräuche des Landkrieges (RGBl. S. 107)
3. 4 Genfer Konventionen vom 12. 8. 1949, nämlich
   a) I. Genfer Abkommen zur Verbesserung des Loses der Verwundeten und Kranken der Streitkräfte im Felde (BGBl. 1954, II, S. 783)
   b) II. Genfer Abkommen zur Verbesserung des Loses der Verwundeten, Kranken und Schiffbrüchigen der Streitkräfte zur See (BGBl. 1954, II, S. 813)
   c) III. Genfer Abkommen über die Behandlung der Kriegsgefangenen (BGBl. 1954, II, S. 838)
   d) IV. Genfer Abkommen zum Schutz der Zivilpersonen in Kriegszeiten (BGBl. 1954, II, S. 917).

Ferner mußten noch Zusatzprotokolle vom 12. 8. 1949 zu den Genfer Abkommen erlassen und unterzeichnet werden, die den Schutz der Opfer internationaler bewaffneter Konflikte und den Schutz der Opfer nichtinternationaler bewaffneter Konflikte betraf.

Durch § 64 ist sichergestellt worden„ daß die Angehörigen des Grenzschutzeinzeldienstes nicht den Kombattantenstatus besitzen, aber die übrigen vorne genannten Angehörigen der einzelnen Behörden des Bundesgrenzschutzes sogenannte Kombattanten sind, die alle an militärischen Kampfhandlungen gegen den Feind aktiv, auch potentiell aktiv Beteiligten umfassen.

Innerhalb dieser weiten Gruppe von Kombattanten jeder Art ist jedoch eine Unterscheidung danach zu treffen, ob die Teilnahme an Kampfhandlungen als legaler (oder privilegierter) Kombattant im Sinne der HLKO und der III. GK oder als illegaler (nichtprivilegierter) Kombattant erfolgt.

In dem jährlich erscheinenden Tätigkeitsbericht des Bundesgrenzschutzes sind die Tätigkeiten des BGS zur Erfüllung seiner vielfältigen Aufgaben aufgeführt. Darunter fällt der Grenzschutz an den Grenzen zur DDR und CSSR, die Überwachung der Grenzen zum westlichen Ausland, der Schutz von Bundesorganen, die Unterstützung der Polizei der Länder durch den BGS und die Unterstützung anderer Stellen.

Die Hauptaufgabe des Bundesgrenzschutzes umfaßt u. a.:

a) die polizeiliche Überwachung der Grenzen
b) die polizeiliche Kontrolle des grenzüberschreitenden Verkehrs und

c) im Grenzgebiet bis zu einer Tiefe von 30 km die Beseitigung von Störungen und die Abwehr von Gefahren, die die Sicherheit der Grenzen beeinträchtigen.

Zum grenzpolizeilichen Schutz des Gebietes der Bundesrepublik Deutschland wurden von Einheiten und Verbänden des Bundesgrenzschutzes zur Überwachung des grenznahen Raumes der Bundesrepublik Deutschland zur DDR und CSSR Fuß- und Kraftfahrzeugstreifen, Hubschrauber und Patrouillenboote eingesetzt. Sie führten im einzelnen mit anderen im Grenzschutz an den Grenzen zur DDR und CSSR tätigen Sicherheitsorganen, wie dem Zoll und der Bayerischen Grenzpolizei koordinierte Einsätze durch. Dazu gehören Grenzstreifen mit Kraftfahrzeugen, Grenzüberwachungsflüge mit Hubschraubern, Bootsstreifen auf grenznahen Binnengewässern, Patrouillenfahrten auf der Ost- und Nordsee usw..
Weiterhin obliegt dem BGS der Schutz von Bundesorganen, und zwar wird in einem rund um die Uhr durchgeführten Wachdienst das Bundespräsidialamt, das Bundeskanzleramt, das Auswärtige Amt, werden die Bundesministerien des Innern, der Justiz, für Bildung, Wissenschaft und Forschung und Technologie sowie das Bundesverfassungsgericht in Karlsruhe gesichert.
Zur Unterstützung der Polizeien der Länder durch den Bundesgrenzschutz wurden insbesondere Flughäfen und sonstige Objekte gesichert, bei der Fahndung nach Gewalttätern, bei der Suche nach Vermißten, der Verkehrsüberwachung und Personen- und Objektschutz Unterstützung geleistet.
Am 23. 5. 1985 wurde neuer Inspekteur des BGS, Egon Schug.

3. Die Bahnpolizei

Aufgrund des Kontrollratsbeschlusses vom 10. 5. 1946 schuf man in den Besatzungszonen bewaffnete Eisenbahnpolizeiorganisationen, die den Namen „Bahnpolizei" (Railway Police) trugen (*Maile*, „Bahnpolizei vorgestern und heute", Die Eisenbahn 10/1980, S. 695 u. IPA aktuell 3/1985, S. 3ff.).
Als Vorbild galt das Amerikanische und Britische System.
Der Fahndungsdienst wurde als „Bahnkriminalpolizei" in die Bahnpolizei überführt (bis 1953).
Durch Weisung der „Alliierten Hohen Kommission" ging die Verantwortung für die Bahnpolizei wieder auf die zuständigen deutschen Stellen über, die auch sogleich ans Werk schritten. Bereits im März 1953 wurde von der DB die Organisationsänderung durchgeführt, der Personalstand von 12000 auf 2500 reduziert und die „Bahnkriminalpolizei" wieder umgegliedert (und als Fahndungdienst dem Verkehrsdienst zugerechnet).

Rechtsgrundlagen

Dem Bund steht nach Art. 73 des GG die ausschließliche Zuständigkeit zur Gesetzgebung über die Bundeseisenbahn zu.

Als weitere Regelung ist das *Allgemeine Eisenbahngesetz* (AEG) vom 29.3.1951 (BGBl. I, S. 225) heranzuziehen, welches die Bundesregierung ermächtigt, für die dem öffentlichen Verkehr dienenden Eisenbahnen Deutschlands Rechtsverordnungen zu erlassen. Diese sollen die notwendigen Vorschriften über die Anlagen und den Betrieb der Eisenbahnen gegen Störungen und Schäden enthalten.
Der Bundesminister für Verkehr erließ aufgrund des §3 AEG folgende Verordnungen:

- VO zur Einführung der Eisenbahn-Signalordnung (ESO) vom 7.9.1959,
- Eisenbahn-Bau und Betreibsordnung (EBO) vom 8.5.1967,
- Erste VO zur Änderung der EBO vom 10.6.1969.

In der heute geltenden EBO vom 8.5.1967 wurde die Bezeichnung „hauptamtlicher Bahnpolizeibeamter" erneut aufgenommen (*Teves*, Merkblatt über Stellung und Bedeutung der Bahnpolizei innerhalb der Deutschen Bundesbahn, Juni 1983, S. 2) und deren Zahl hat sich seit 1974 auf 2780 Beamte erhöht, wobei zu beachten ist, daß dazu noch ca. 200 Fahndungsbeamte hinzutreten. Daneben gibt es noch eine höhere Anzahl von nebenamtlichen Bahnpolizeibeamten.

Aufgaben der Bahnpolizei

Ausgangsvorschrift ist §55 EBO, der die „Gefahrenabwehr" beinhaltet:

„Wird die öffentliche Sicherheit oder Ordnung bedroht, so hat die Bahnpolizei im Rahmen des geltenden Rechts die nach pflichtgemäßem Ermessen notwendigen Maßnahmen zu treffen, um
1. von den Anlagen und dem Betrieb der Bahn oder ihren Benutzern Gefahren abzuwehren,
2. von der Allgemeinheit oder dem einzelnen Gefahren abzuwehren, die beim Betrieb der Bahn entstehen oder von den Bahnanlagen ausgehen."

Damit ist die Bahnpolizei eine *Sonderpolizei*. Die Ausführung des Dienstes ist in der Druckschrift DS 425 „Vorschrift für den Bahnpolizeidienst" aufgeführt. Die Bahnpolizei hat als Sonderpolizei auch die übertragenen Aufgaben zu erfüllen wie die aus §163 StPO und §53 OWiG sowie daneben auch solche aus weiteren Vorschriften (Druckschriften) der Deutschen Bundesbahn wie z.B.:

- Begleitung von Geldtransporten
 (DS 132 F (UVV Kassendienst)),
- Bewachung explosionsgefährlicher Güter
 (DS 408 (FV)),
- Einsatz bei gefährlichen Ereignissen
 (DS 423 (BUVO)),
- Ausübung des Hausrechts u.a.
 (DS 425 (Bp-Vorschrift)),
- Sicherung der Reisen hochgestellter Persönlichkeiten
 (DS 470 (RNS)),
- Merkblatt für Strahlenschutzmeßbereitschaften
 (DS 909),

Die örtliche Zuständigkeit der Bahnpolizei erstreckt sich auf das Gebiet der Bahnanlagen (siehe dazu § 1 der DS 425). Hier ist sie auch zur Amtshilfe verpflichtet (§ 35 GG).
Wird sie außerhalb dieses Gebietes tätig, dann nur:

- Zur Verfolgung eines Täters auf frischer Tat oder unmittelbat danach, falls der Tatort auf Bahngebiet lag (Nacheile);
- Zur Abwehr einer dem Eisenbahnbetrieb oder Eisenbahnverkehr von außen drohenden unmittelbaren Gefahr;
- Zur Abwehr einer Gefahr, die beim Betrieb der Bahn entsteht oder von der Bahnanlage ausgeht;
- Bei Gefahr im Verzuge gem. § 47 Abs. 3 StVO zur Aufrechterhaltung der Sicherheit und Leichtigkeit des Verkehrs.

In den vorgenannten Fällen gilt der allgemeine Grundsatz, daß die örtlich zuständige Polizei unverzüglich zu verständigen ist (siehe dazu auch die korrespondierenden Vorschriften der Landespolizeigesetze und BGSG).

Die Organisation des Bahnpolizeidienstes

Zu beachten ist, daß Bahnpolizeistellen keine selbständigen Dienststellen sind.

Übersicht: (*Maile*, a. a. O., S. 696)

Verwaltungs-ebene	Verwaltungs-organe oder -stellen	Bahnpolizei-behörden	Bahnpolizei-organe	Bahnpolizei-stellen
Höhere Instanz	Haupt-verwaltung der DB	Haupt-verwaltung der DB	Bahnpolizei-referent	
Mittelinstanz	Bundesbahn-direktion	Bundesbahn-direktion	Bahnpolizei-dezernent	Geschäftsgruppe Bahnpolizei im Betriebsbüro der Bundes-bahndirektion
Untere Instanz	Ämter des Betriebsdienstes	Ämter des Betriebsdienstes		
Außenstellen	Bahnhöfe			Bahnpolizei-wachen und -posten

4. Hausinspektion des Deutschen Bundestages

(Präsident des Deutschen Bundestages)

Nach Art. 40 Abs. 2 GG übt, um die Unabhängigkeit der gesetzgebenden Gewalt zu sichern, der Präsident des Bundestages das „*Hausrecht*“ und die „*Polizeigewalt*“ im Gebäude des Bundestages aus.
Während das Hausrecht sich auf die privatrechtliche Funktion des Eigentümers des Gebäudes bezieht, umfaßt die *Polizeigewalt* eine davon gänzlich unabhängige öffentlich-rechtliche Zuständigkeit (*Drews/Wacke*, 7. Auflage, a. a. O., §32, S. 536).
Schon in der Weimarer Republik hatte der Präsident des Reichstages nach Art. 28 der Weimarer Reichsverfassung ein ähnliches Recht, welches sich aber von dem des Bundestagspräsidenten derart unterscheidet, daß das frühere Reichstagspräsidium neben seiner Zuständigkeit auch eine konkurrierende polizeiliche Zuständigkeit der Regierung anerkannte (JöR 13 (1925), 120, 121).
Heute ist dem Präsidenten des Deutschen Bundestages aber gem. Art. 40 Abs. 2 GG die Polizeigewalt *ausschließlich* und in jeder Beziehung übertragen, so daß er sämtliche polizeilichen Zuständigkeiten (unter Ausschluß aller anderen Dienststellen des Bundes und der Länder in seiner Hand vereinigt (*Drews/Wacke*, a. a. O., S. 536).
In der Zeit vor der Weimarer Verfassung enthielt die alte RTGeschO in §62 eine ähnliche Bedeutung (*Anschütz*, Die Verfassung des Deutschen Reiches v. 11. August 1919, Berlin 1921, S. 82), aber die GeschO war *kein* Gesetz und daher konnte damals die Zuständigkeit der örtlichen Polizeibehörde nicht ohne weiteres aufgehoben werden (*Hatschek*, „Parlamentsrecht des Deutschen Reiches“, S. 213 u. 214).
Der BT-Präsident hat für die öffentliche Sicherheit und Ordnung kraft seiner Polizeigewalt nach den Grundsätzen und mit den Zielen, wie sie die Polizeibehörden auch sonst, d. h. nach der polizeilichen Generalklausel verfolgen, zu sorgen (*Schmidt/Bleibtreu/Klein*, Kommentar zum GG, Rn. 10, Art. 40, S. 569 sowie *Maunz/Dürig*, Art. 40 Rd. 24 und v. *Mangoldt/Klein*, S. 917).
Ohne Ersuchen des Präsidenten ist weder die Orts- und eine sonstige Polizeibehörde verpflichtet (oder auch nur berechtigt) Amtshandlungen im Bundestagsgebäude vorzunehmen.
Da also in vollem Umfange die Gewalt der Ortspolizeibehörden ersetzt wird, ist der Präsident des Deutschen Bundestages somit wie *Jellinek* (*W. Jellinek*, „Verfassung und Verwaltung des Reiches und der Länder, 3. Aufl. 1928, S. 72) für das Reichstagsgebäude formulierte: „das vornehmste Polizeiorgan der Bundesrepublik“ und gewissermaßen Polizeipräsident im Sprengel Bundestagsgebäude“.
Ob bei *Gefahr im Verzuge* der vorgenannte Grundsatz weicht, ist umstritten; *von Münch* bejaht das, die h. M. verneint dies.

Verfehlt wäre es, hier nur das Bundestagsgebäude im engeren Sinne, also der Bundestagsaltbau und das Abgeordnetenhaus zu verstehen (*v. Münch*, a.a.a.O., S. 442).
Alle diejenigen Gebäude, in denen der BT tagt oder zur Arbeit zusammenkommt, fallen darunter, also auch das alte Reichstagsgebäude in Berlin (*v. Münch*, a.a.0.; *Drews-Wacke*, a.a.O., S. 536).
Allerdings soll der dem Bundesrat dienende Teil des Bundestagsgebäudes ausgeklammert sein.
Zu den jeweiligen Tagungsorten des Bundestages (*Woldt*, Die Polizeigewalt des Reichstagspräsidenten, Diss. iur. Heidelberg 1934, S. 36) ist zu sagen, daß z.B. das *Bonner Theater* bei Umbauarbeiten des Bundestages ebenso dazugerechnet werden muß (*Weingärtner*, „Übergreifende Zuständigkeit im Verhältnis Bundestagspräsident – Länderpolizei", in Kriminalistik 1969, S. 271).
Auch wenn Sitzungen außerhalb des BT-Gebäudes abgehalten werden, erlischt die Polizeigewalt im Bundestagsgebäude nicht, da auch hier die parlamentarische Arbeit z.B. in den Fraktionsräumen im Archiv und der Bibliothek weitergeht.
Die Polizeigewalt umfaßt nicht nur das Gebäude, sondern auch die von dem Gebäude umschlossenen unbebauten Grundstücke und die Grundstücksteile, die mit dem eigentlichen Gebäude zusammenhängen. Dies kann auch durch einen Zaun oder eine sonstige Markierung als Umgrenzung dienen.

Rechtliche Grundlagen:

Ausgangspunkt ist Art. 40 Abs. 2 GG und die GeschO des BTages vom 28.1.1952 (BGBl. II S. 389), die durch Beschluß des Deutschen Bundestages vom 25.6.1980 (BGBl. I S. 1237, geändert durch Bek. vom 17.3.1982, BGBl. I S. 400) bekanntgemacht wurde (siehe auch § 7 GeschO des BT).
Die Bundestagsbeamten sind sodann in § 176 BBG aufgeführt. Dazu gilt die Ziff. 2 des vorläufigen Entwurfes der „Hausordnung des Bundestages". Der Ordnungsdienst arbeitet nach einer Dienstanweisung, die u.a. bestimmt:

> „Der Hausordnungsdienst hat im Rahmen seiner Befugnisse die nach pflichtmäßigem Ermessen notwendigen Maßnahmen zu treffen, um Gefahren abzuwehren, durch die die Sicherheit und Ordnung in den der Verwaltung des Bundestags unterstehenden Gebäuden, Gebäudeteilen und Grundstücken bedroht ist."

Ferner ist die Bestimmung des Bundespolizeibeamtengesetzes (BPolBG) in § 2 zu beachten. Hier wird aufgezeigt, daß auf die Polizeivollzugsbeamten die für Bundesbeamte allgemein geltenden Vorschriften Anwendung finden, soweit in diesem Gesetz nichts anderes bestimmt ist. Ferner ist dazu zu beachten, die Verordnung über die Laufbahnen der Polizeivollzugsbeamten des Bundes im Ordnungs- und Streifendienstes in der Hausinspektion der Vewaltung des Deutschen Bundestages (LVHBT) vom 16.9.1971 (BGBl. I S. 1601, zul. geändert durch Verordnung vom 26.3.1980, BGBl. I S. 369). So gilt ferner auch das Gesetz über den unmittelbaren Zwang bei der Ausübung öffentlicher Gewalt durch Vollzugsbeamte des Bundes (UZwG) vom 10. März 1968

(BGBl. I S. 165, geändert durch Art. 17, 1. Gesetz zur Reform des Strafrechts vom 25. 6. 1969, BGBl. I S. 645 u. Art. 326 Nr. 6 sowie Art. 37 e StGB vom 2. 3. 1974, BGBl. I S. 469). In § 6 sind die Vollzugsbeamten des Bundes aufgeführt und in Ziff. 1 die Vollzugsbeamten des Bundes nach dem § 1 des Bundespolizeibeamtengesetzes vom 19. Juli 1960 (BGBl. I S. 569).

XV. Kapitel:

Polizeiführungsakademie

Die Polizei in der Weimarer Republik hatte in *Eiche* bei Potsdam eine Ausbildungsstätte für die Polizeioffiziere der damaligen preußischen Schutzpolizei geschaffen.

Dieser Ausbildungsstätte war eine Forschungsabteilung angegliedert und später entwickelte sich daraus im Jahre 1928 das *Preußische – Polizei – Institut* in Berlin/Charlottenburg, das bald weltweite Anerkennung durch seine gute Zusammenarbeit mit den Polizeien der Welt aufweisen konnte. Dies war vor allem durch die angegliederte Abteilung für fremde Polizeien erfolgt und durch die völkerverbindende Pflege durch seinen Präsidenten *van den Bergh* und den damaligen Polizei-Major *Riege*.

Im Jahre 1933 wurde daraus eine „Führerschule", in der die Pflege des sogenannten „nationalsozialistischen Gedankengutes" an erster Stelle stand (*Kalicinski*, 4 Jahre Zentrale Polizeischule und Polizeiinstitut Hiltrup, 1949, S. 6).

Nach dem Zweiten Weltkrieg kam zuerst im Land Hessen die Erwägung auf, eine *Polizei-Akademie* zu schaffen. Da Hessen aber schon von seiner Grundfläche her zu klein dafür war, griff Ende des Jahres 1947 die Landesregierung von Nordrhein-Westfalen (im Einvernehmen mit den anderen Ländern der Britischen Zone und dem Wohlwollen der Militärregierung) diesen Gedanken auf.

Nordrhein-Westfalen bot sich deshalb schon an, weil bereits im Mai des Jahres 1945 eine *Zentral-Polizeischule* in Hiltrup für die Länder Nordrhein-Westfalen, Niedersachsen, Schleswig-Holstein und Hamburg bestand.

Die damalige Zentral-Polizeischule Hiltrup hatte von dem damaligen Chief of Public Safety Brunch (Inspector General *Halland*) die Aufgabe erhalten, Polizeibeamte als Lehrer an den neuen Polizeischulen der Provinzen, Regierungsbezirke und größeren Städte der Britischen Zone auszubilden (Die Schule war in der Unterkunft der ehemaligen motorisierten Gendarmerie in Hiltrup untergebracht).

Im Jahre 1945 (u.zw. vom 2. bis 27. Juli 1945) hatte bereits der erste Lehrgang für Polizeioffiziere, die als Lehrer vorgesehen waren, stattgefunden (*Wallat*, Vom Polizeiinstitut zur PFA, DIE POLIZEI 1972, S. 573).

Als Lehrer waren neben den Offizieren des britischen Stabes deutsche Polizeioffiziere eingesetzt und die Lehrgangsteilnehmer kamen aus den Ländern der Britischen Besatzungszone und des Britischen Sektors in Berlin (*Schorn*, 20 Jahre Polizeiinstitut Hiltrup, DIE POLIZEI 1965, S. 197).

Die Schulleitung bestand aus dem britischen Stab unter der Leitung des

Kommandanten *General Ogden* und aus einem deutschen Stab mit Oberst der Schutzpolizei *Weiberg* als Leiter (*Schult*, DIE POLIZEI 1984, S. 14 (15)).
Nach Beendigung ihrer ursprünglichen Aufgaben wurden Wiederholungs-, Fortbildungs- und Beförderungslehrgänge für *Polizei-Oberbeamte* eingerichtet. Im Jahre 1948 wurde der Schule durch eine Vereinbarung der Länder der Britischen Zone unter der tatkräftigen Initiative des nordrhein-westfälischen Innenministers *Dr. Menzel* ein Statut gegeben, nach dessen Richtlinien sich ihre Arbeit in Zukunft gestalten sollte. *Kalicinski* sagte dazu aus: „Der darin vorgesehene und bereits im Gange befindliche Ausbau zur Polizeihochschule und zum polizeiwissenschaftlichen Institut ist ein bedeutsamer Schritt vorwärts auf dem Wege zur modernen, volksnahen Polizei".
Am 5.8.1948 einigte sich das seit dem 24.2.1947 ins Leben gerufene Kuratorium in seiner 5. Sitzung auf ein „*Statut über den Aufbau, Verwaltung und Aufgabengebiete der zentralen Polizeischule Hiltrup*".
Am 15.12.1949 wurde die Zentral-Polizeischule und Polizeiinstitut Hiltrup in „Polizei-Institut-Hiltrup", Krs. Münster (Westf.) mit Erlaß des IM NW umbenannt (Rd.Erl. IMNW-IV B3 –, MBl. NW 1949, S. 1148).
Das erste Bauvorhaben begann, nachdem ein Abkommen am 17.4.1962 über die Aufgaben und die Finanzierung des Polizei-Instituts, das als Rechtsgrundlage galt und von allen Ländern unterzeichnet worden war (vgl. Abkommen über die Aufgaben und die Finanzierung des Polizeiinstituts Hiltrup vom Jahre 1972), abgeschlossen worden war.
Dieses Abkommen hatte eine dornenreiche Geschichte hinter sich (*Ruwe*, in Polizei-Technik-Verkehr 1963, S. 3), und erfreulich ist, daß es bis zum heutigen Tag die einheitliche Ausbildung des höheren Polizeivollzugsdienstes in der Bundesrepublik Deutschland gewährleistet hat.
Am 28.4.1972 wurde von Bund und Ländern ein neues „Abkommen über die einheitliche Ausbildung der Anwärter für den höheren Polizeivollzugsdienst und über die Polizeiführungsakademie" (Nds GVBl. 1973, S. 173) unterzeichnet, u.zw. mit Wirkung zum 1.1.1973.
Das Programm für die Innere Sicherheit in der Bundesrepublik Deutschland v. Jahre 1972 forderte, daß „alle Beamten des Polizeivollzugsdienstes in bestimmten Zeitabständen fachlich weitergebildet werden sollten (Ständige Konferenz der Innenminister/Senatoren des Bundes u.d. Länder, Programm Innere Sicherheit 1972, S. 18).
In Ausführung der letzten Forderung beauftragte das Kuratorium in seiner Sitzung vom 30.10.1973 die Polizeiführungsakademie, ein Konzept für die turnusmäßige Fortbildung der Beamten des höheren Polizeivollzugsdienstes vorzulegen (vom 25.11.1976, Münster 1976, S. 1).
Ein ad-hoc-Ausschuß bei der Führungsakademie erarbeitete ein Konzept, daß bereits am 25.11.1976 genehmigt worden war.

Folgende Ziele standen primär an (Seite 4 des Konzepts):

- Ermittlung des Fortbildungsbedarfs entsprechend den Anforderungen an das Führungswissen und Führungshandeln in der polizeilichen Praxis,
- Abstimmung zentraler und dezentraler Fortbildungsmaßnahmen mit dem Fortbil-

dungsreferenten des Bundes und der Länder und den in Betracht kommenden in- und ausländischen Bildungseinrichtungen,

- Verbesserung des unmittelbaren Führungshandelns mit gleichzeitiger Auswirkung in vielen Bereichen.

Auf dem Gebiet der Forschung wurde in dem Abkommen des Jahres 1976 in Art. 11 Abs. 1 aufgeführt: „Die PFA betreibt Forschung auf dem Gebiet der Polizei" (Konkretisierung durch IMK):
a) Forschung und Entwicklung in Polizeitechnik, b) Kriminalistisch-kriminologische Forschung.
Hinsichtlich der Forschungsstellen bei den Landeskriminalämtern und dem BKA siehe die Aufzählung bei *Sawaf* (*Mohamed Maher El Sawaf*: Aufgabenwandel und Organisationswandel im Bereich der Polizei, Diss. 1981, Europ. Hochschulschr. Frankfurt/M.), der sich für eine einheitliche Ausbildung, Fortbildung und Forschung ausspricht, wobei er aber dem BKA die Forschung auf allen kriminalistischen Fachgebieten obliegend betrachtet.
Da der gehobene Dienst nun in den Fachhochschulen des Bundes und der Länder in einem dreijährigen berufspraktischen Studium auf wissenschaftlicher Basis herangebildet wird, kommt es der PFA in besonderem Maße zu, die entweder „postuniversitäre" Ausbildung oder auch mit anderen Worten, die dem höheren Polizeivollzugsdienst entsprechende Aus- und Fortbildung zu gewährleisten.
Ein „Ad-hoc-Ausschuß" des AK II untersucht zur Zeit die Auswirkungen der Fachhochschulausbildung auf die Ausbildung des höheren Polizeivollzugsdienstes.
Schult („Gibt es eine Konzeption für die Bildungsarbeit in der deutschen Polizei", DIE POLIZEI 10/81) stellt mit Recht die Frage, „warum es im Interesse der möglichen und notwendigen Harmonisierung keinen Bund, Länder und Laufbahnen übergreifenden Fachausschuß für Bildungsfragen der Polizei gäbe".
In neuen Räumlichkeiten (Einweihung Herbst 1983) ist der Rahmen für eine moderne, zukunftsträchtige, funktionelle Polizeiaus- und -fortbildung gegeben.

XVI. Kapitel:

Deutsche Volkspolizei

(Ausführlich dazu: *Harnischmacher*, Die Polizei in der DDR, Sonderausgabe BGS Fortbildung Aktuell II/85 m. w. N.; *Lüers*, Das Polizeirecht in der DDR, Köln 1974; *Rühmland*, NVA in Stichworten, 6. Auflage, Bonn April 1983; derselbe, Die Zivilverteidigung in der DDR, 2. Auflage, Bonn 1980)
Mit dem Zusammenbruch des „Dritten Reiches" ging 1945 die Polizeigewalt in Mitteldeutschland auf die sowjetische Besatzungsmacht über. Dies war die Folge der Erklärung der vier Siegermächte (U.S.A., Großbritannien, Frankreich, Sowjetunion) vom 5.06.1945, wonach die Polizeihoheit und die Wehrhoheit des Deutschen Reiches auf die Befehlshaber der vier Besatzungszonen übergegangen waren. Folglich ging in der Sowjetisch Besetzten Zone (SBZ) diese Hoheitsgewalt auf den Chef der Sowjetischen Militäradministration für Deutschland über, der zugleich Befehlshaber der in der SBZ stationierten sowjetischen Besatzungstruppen war. Eingerichtet wurde die „Sowjetische Militäradministration Deutschlands" – SMAD – schon am 9. 06. 1945. Etwa ab dem 1. 08. 1945 vollzog sich der Aufbau der Sowjetzonalen Polizei – in den westlichen Besatzungszonen auch „Ostzonenpolizei" genannt – Zug um Zug. Die sowjetische Besatzungsmacht nutzte die Möglichkeit zum Aufbau des Polizeiwesens in ihrer Besatzungszone. Als Vorbild sollte die sowjetische Miliz dienen, die am 10. 11. 1917 von *Frunse* und *Kalinin* im damaligen Petrograd gebildet wurde.

Offizielles Geburtsdatum ist der 1. Juli 1945 für die *Deutsche Volkspolizei*, das in jedem Jahr zum 1. Juli als „Tag der Volkspolizei" begangen wird.

Nebenerscheinung dieser Volkspolizeigründung sollte die sich niederschlagende sowjetische Politik sein, den westlichen Einfluß auf die SBZ einzuschränken und die SBZ-Demarkationslinie zu einer Grenze werden zu lassen, um die Eigenständigkeit der SBZ aufzuwerten. Dazu diente die Errichtung der elf deutschen Zentralverwaltungen am 25. 7. 1945 durch die SMAD, die Zentralisierung der Polizeien der fünf Länder unter der „Deutschen Verwaltung des Innern" (DVdI) im August 1946, die wirtschaftliche, soziale und politische Gleichschaltung mit dem sowjetischen System. Die auf Befehl der SMAD am 1. 9. 1946 gegründete Deutsche Verwaltung des Innern mit Sitz in Ostberlin übernahm insofern die Befehlsgewalt über die gesamte deutsche Polizei in der SBZ. Dieses Handeln widersprach hingegen den alliierten Vereinbarungen über die Demokratisierung und Dezentralisierung der gesamten deutschen Verwaltung, zumal nach 1945 zuvor auch die Polizei in der SBZ ebenso wie in den anderen Zonen zunächst nur auf der kommunalen Ebene aufgebaut wurde. Es entstand erst in Ostberlin, danach in den Ländern der SBZ die Volkspolizei, deren Namen erstmals am 2. 6. 1946 im Zentralorgan der SED

„Neues Deutschland" erwähnt wurde mit dem Hinweis, daß die neu geschaffene Polizei die Bezeichnung *Volkspolizei* erhalten habe und eine Auslese volksverbundener Personen darstelle. Der Aufbau der neuen Polizei vollzog sich zunächst in streng dezentralisierter Gliederung.

Rechtsgrundlage für das polizeiliche Tätigwerden in der SBZ bildeten bis 1955 nur Weisungen, Direktiven, Instruktionen und Befehle der SMAD, nach dem 7. 10. 1949 seitens der Sowjetischen Kontrollkommission (SKK), die 1955 aufgelöst wurde. Die polizeiliche Generalklausel für Mitteldeutschland fand sich aber anfangs der Übernahme der Sowjets für ihren Hoheitsbereich im § 14 Abs. 1 Pr PVG, § 32 LVO Thüringen und § 1 PVG Mecklenburg-Strelitz wieder.

Die Länder Anhalt und Mecklenburg-Schwerin hatten keine eigenen Polizeigesetze. Für das Land Sachsen bestand lediglich das „Gesetz über die Kompetenzverhältnisse zwischen Justiz- und Verwaltungsbehörden vom 28.01.1935" und seit 1934 dienten für die Polizei die Sondergesetze und Weisungen und einige Bestimmungen des PVG. Nur die Landesverwaltung von Thüringen versuchte nach 1945, durch Gesetz vom 26. 11. 1945 (Thüringische Gesetzessammlung S. 53) die LVO Thüringen von 1926 als Polizeigesetz wieder in Kraft zu setzen. Lediglich die polizeiliche Generalklausel des Pr PVG nach ihrem Schöpfer *Bill Drews* (§ 14 Abs. 1 Pr PVG) konnte sich durchsetzen und wurde bisweilen Rechtsgrundlage polizeilichen Einschreitens. Ein 1954 von der „Hauptverwaltung der Deutschen Volkspolizei" herausgegebenes Handbuch mit dem Arbeitstitel „Grundwissen des Volkspolizisten" zitiert als Rechtsgrundlage für die allgemeinpolizeilichen Befugnisse nur das Pr PVG. Hieraus läßt sich ableiten, daß aus Gründen der Rechtseinheit und Rechtssicherheit als auch organisationsrechtlichen Schwierigkeiten der Gebietskörperschaften eine Wiedereinsetzung und damit Wiederinkraftsetzung der o. a. Polizeigesetze Problemfelder mit sich gebracht hätte.

Insofern war das Pr PVG ein rechtliches Bindeglied der Länder in der SBZ in der Aufbauphase, das die Verstaatlichung in der Gesamtschau u. a. beschleunigte. Es konnte nicht mehr überraschen, als am 1.08.1946 bereits im Sowjetsektor von Berlin eine Deutsche Verwaltung des Innern (DVdI) unter Leitung des Präsidenten *Ernst Reschke* (SED) geschaffen wurde, die auf Befehl der SMAD die Tätigkeit der Innenministerien der Länder in der SBZ und damit der Landespolizeibehörden zu koordinieren hatte. Der erste Schritt auf dem Wege zu einer zentralistisch gegliederten Polizei war getan.

Durch Erlaß der DVdI vom 12.05.1949 erhielt die Polizei in der damaligen SBZ offiziell den Namen DEUTSCHE VOLKSPOLIZEI – *DVP* –. Aus der DVdI wurde nach Gründung der DDR im Oktober 1949 das Ministerium des Innern – MdI –. Dem Ministerium unterstand direkt die Hauptverwaltung der Deutschen Volkspolizei – *HDVP* –. Bis zu ihrer Auflösung etwa zu Beginn des Jahres 1964 wurde sie von dem 1. Stellvertreter des Ministers als „*Chef der DVP*" geführt.

Das Rechtsverständnis des neuen Staates DDR führte im Sinne der marxistisch-leninistischen Staatslehre dazu, daß das Pr PVG auf die Dauer nicht den Anforderungen der Polizei auf dem Vormarsch zum Sozialismus genügen

würde. Schließlich gibt es lt. „Die Volkspolizei“ 1958, Heft 13, S. 31 „kein Gebiet des polizeilichen Dienstes, das lediglich administrative Arbeit wäre, keine Aufgabe, die ohne politisches Denken gelöst werden könnte“. Für die staatliche und politische Organisation der Werktätigen unter Führung der Arbeiterklasse und ihrer marxistisch-leninistischen Partei bei der Verwirklichung des Sozialismus (Art. 1 der Verfassung der DDR vom 6.4.1968) ein unerträglicher Rechtszustand, der mit dem *Volkspolizeigesetz vom 11.6.1968* beseitigt werden sollte. Ein Entwurf des Jahres 1958, der von *Walter Ulbricht* wegen bürgerlicher Tendenzen persönlich gegeißelt worden war, kam nicht durch, so daß es bis 1968 dauern sollte, bis ein SED-gerechtes und mit politischer Zielrichtung genehmes Polizeigesetz zustande kam. Dieses Polizeigesetz ist bis zum heutigen Tage rechtsgültig. (Gesetz über die Aufgaben und Befugnisse der Deutschen Volkspolizei (*Volkspolizeigesetz*) vom 11. Juni 1968 (GBl. DDR I, S. 232) in der Fassung des Gesetzes über die Neufassung von Regelungen über Rechtsmittel gegen Entscheidungen staatlicher Organe vom 24. Juni 1971 (GBl. DDR I, S. 49)).
Die Deutsche Volkspolizei war zunächst den Landes- und Provinzinalverwaltungen, ab 1948 der Deutschen Verwaltung des Innern unterstellt und somit zonal zentralisiert.
Seit der Gründung der DDR untersteht die Deutsche Volkspolizei – DVP – dem Ministerium des Innern, dessen Minister, seit 1984 Armeegeneral (Vier-Sterne-General) *Friedrich Dickel*, der zugleich Chef der DVP ist.
Das Ministerium des Innern ist faktisch ein Polizeiministerium, der Minister und seine sechs Stellvertreter sind Generäle der DVP. Zu den ca. 73000 regulären Volkspolizisten kommen rund 8000 Mann Transportpolizisten und 15000 Mann Betriebsschutz. Damit kommt in der DDR auf 170 Personen ein hauptamtlicher Polizist (BRD: ein Polizist auf 385 Einwohner, bei Hinzuzählung von BGS, BKA, Hausinspektion DB auf 329 Einwohner (Informationen zur politischen Bildung Heft Nr. 205, 1984, Die DDR, S. 21f.; vgl. *Bernhard Graefe* aktuell, Streitkräfte 1983/84, Die „Military Balance“ des Internationalen Instituts für Strategische Studien, London, Koblenz 1984, S. 68f.). Die DVP wird zentral von der Hauptverwaltung DVP geleitet, deren Chef Stellvertreter des Ministers des Innern ist. Zwischen dem Minister des Innern und den Bezirksbehörden der DVP – BDVP – bestand bis etwa Anfang 1964 eine eigenständige Hauptverwaltung der DVP – HDVP – unter Leitung des Ersten Stellvertreters des Ministers. Seitdem werden diese Aufgaben von den beim MdI bestehenden Hauptabteilungen wahrgenommen. Die Leiter dieser Hauptabteilungen stehen im Rang von Generalmajoren. *Als Mittelbehörden folgen die Bezirksbehörden der DVP sowie das Präsidium der Volkspolizei – PDVP – in Ostberlin.* Bezirksstädte der DDR sind z.B. Cottbus, Dresden, Erfurt, Frankfurt/Oder, Gera, Halle, Karl-Marx-Stadt („Chemnitz“), Leipzig, Magdeburg, Neubrandenburg, Potsdam, Rostock, Schwerin und Suhl. *Zur unteren Ebene gehören* die *Volkspolizei-Kreisämter (VKPA)* und in *Ostberlin* die acht *Volkspolizei-Inspektionen.* Die genannten fünfzehn Bezirke – einschließlich Ostberlin – sind in achtundzwanzig Stadt- und 191 Landkreise unterteilt. Jedes Volkspolizeiamt ist, den Dienstzweigen der DVP entsprechend, in

Fachabteilungen und Unterabteilungen gegliedert. Den jeweiligen Bedürfnissen angepaßt wurden Volkspolizeireviere und Volkspolizeigruppenposten eingerichtet. Ein Sonderfall ist auch in der DDR die Stadt Berlin – hier: Berlin-Ost –. Ostberlin ist der Standort für das Präsidium der Volkspolizei (PDVP), dem acht Volkspolizeiinspektionen mit dreißig Volkspolizeirevieren und sieben Wachen, einer Wasserschutzinspektion, einer Verkehrsunfallbereitschaft, einem Ausländeramt und einem Volkspolizeikrankenhaus sowie eine Volkspolizeischule in Blumberg bei Berlin unterstehen.

Besondere Bedeutung in der Deutschen Volkspolizei kommt der Institution des *Abschnittsbevollmächtigten* – ABV – zu.

Nach sowjetischem Vorbild werden ab Oktober 1952 meist im Offiziersrang stehende Volkspolizeiangehörige als Abschnittsbevollmächtigte eingesetzt. Dies entspricht dem Beispiel des sowjetischen Kommissars. Der ABV nimmt in Gemeinden, Stadtbezirken und Streckenabschnitten der Reichsbahn mit der Unterstützung ihm unterstellter freiwilliger Helfer der VP verantwortlich polizeiliche Aufgaben wahr. Die ABV werden von 126000 „freiwilligen Helfern" der Volkspolizei unterstützt. Er ist nicht dem zuständigen Abteilungsleiter innerhalb des dreigliedrigen Verwaltungsaufbaus der DVP unterstellt, sondern direkt dem Leiter des gesamten VKPA. Die Größe eines Abschnitts ist abhängig von der Lage, Struktur, der volkswirtschaftlichen oder sonstigen Bedeutung. Beim ABV laufen gewissermaßen alle Fäden der Dienststellen der DVP zusammen. In etwa zu vergleichen ist die Arbeit des ABV bei und in der Bundesrepublik Deutschland teilweise mit dem Sektionsdienst in einzelnen Bundesländern. In der Regel überwacht der ABV der DVP in der DDR die Wohnbezirksausschüsse, die politische Einstellung aller Bewohner seines Abschnitts und kontrolliert die Meldebücher auf Einhaltung der Meldevorschriften (Prüfung der Hausbücher!). Den im Range eines Unterleutnants oder Leutnants der Volkspolizei (Dienstzweig Schutzpolizei) stehenden ABV wird im besonderen Maße die Aufgabe zugeschrieben, die Verbindung der DVP mit der Bevölkerung zu festigen.

Eine andere Besonderheit in der VP-Organisation ist die Einrichtung der Volkspolizeihelfer, FDJ-Ordnungsgruppen und Kampfgruppenausbildung.

Die *Freiwilligen Helfer der Volkspolizei* sind Zivilpersonen, über achtzehn Jahre alt, die neben ihrer beruflichen Tätigkeit die Arbeit der Volkspolizei aktiv unterstützen und denen zeitweilig im Rahmen der polizeilichen Tätigkeit der Volkspolizei gewisse Polizeivollmachten übertragen und erteilt werden. Im Grenzgebiet der DDR unterstützen diese Helfer die Volkspolizei und darüber hinaus die Arbeit der Grenztruppen der DDR im Interesse der Grenzsicherung. Sie können zur Fahndung oder Überwachung der Bewegungen von Grenzverletzern im Grenzgebiet sowie als zusätzliche Streifen eingesetzt werden. Man setzt sie auch ein zur Beobachtung von Verdächtigen, als Ordner bei Demonstrationen und Sportveranstaltungen und für die Kontrolle der Häuser. Auf einen Wohnbereich mit 20000 Einwohnern kommen ein bis zwei Abschnittsbevollmächtigte der Volkspolizei und zwei bis drei Helfergruppen in Stärke von je fünfzehn Mann. Gemäß der *Verordnung über die Zulassung freiwilliger Helfer zur Unterstützung der Volkspolizei vom 25.9.1952*

(GBl. DDR S. 967) seitens des Ministerrates der DDR wurden diese Helfer schon 1952 eingesetzt. Ihre Zuständigkeit wurde durch eine neue Verordnung vom 16. 3. 1964 erweitert. Seit 1967 werden die Freiwilligen Helfer der VP als Dienstzweig der Deutschen Volkspolizei geführt. Seit dem 1. 4. 1982 (GBl. DDR I S. 343) sind die Kompetenzen der VP-Helfer durch eine neue Verordnung noch einmal erweitert worden. Zu nennen innerhalb der VP-Organisation sind ebenso die *FDJ-Ordnungsgruppen*, die eine Sonderstellung einnehmen. Sie sind die *Jugendpolizei* der DDR. Auf Beschluß des VI. Parlaments der FDJ im Herbst 1959 gebildet, am 13. 8. 1961 als Meldezüge im Rahmen der Kampfgruppen und auch selbständig als Jugendpolizei eingesetzt. Nach dem Beschluß des Zentralrates der FDJ vom 22. 8. 1961 haben die Ordnungsgruppen als Helfer der Staats- und Sicherungsorgane der DDR die Pflichtaufgabe, zur Aufrechterhaltung der Ordnung und Sicherheit beizutragen. Erkennbar sind sie anhand ihrer schwarzen Uniformen und roten Armbinden. Organisiert sind sie in Zehnergruppen und Hundertschaften. Sie sind gewissermaßen eine *politische Hilfspolizei*. Die FDJ-Ordnungsgruppen stehen jederzeit für Sonderaufträge zur Verfügung und sei es nur, daß sie z. B. in einer politischen „Eiszeit" alle Fernsehantennen in der DDR, die auf Westsender justiert sind, auf Ostsenderfrequenzbereiche verdrehen.
Als Vorbild dienen den *FDJ-Ordnungsgruppen* die „Truppe der öffentlichen Ordnung und Sicherheit des Leninschen Komsomol". Ihre Aufgabe besteht u. a. auch darin, gegen die „Überreste der kapitalistischen Lebensweise unter der Jugend, Rowdytum, Trunksucht, flegelhaftes Verhalten gegenüber Älteren, Lektüre von Schundschriften usw." vorzugehen. Sie sind *Rollkommandos gegen politisch Andersdenkende*. So waren sie z. B. eingesetzt, um Bauern mit Nachdruck anzuhalten, ihren Ablieferungsverpflichtungen schneller nachzukommen. Ihre Funktionen und ihr Auftreten erinnert an den HJ-Streifendienst im III. Reich (*Kabel*, Die Militarisierung der Sowjetischen Besatzungszone Deutschlands, Bonn, Berlin 1966, S. 56f.).
Die Ausbildung der *Kampfgruppen* in der DDR obliegt u. a. der Deutschen Volkspolizei. Maßgebend dafür ist der *Befehl des Chefs der Deutschen Volkspolizei Nr. 40/55 vom 23. 7. 1955 betr. Organisation der Ausbildung und des Einsatzes der Kampfgruppen*. Dort heißt es u. a.: „Die Bewaffnung und Ausrüstung der Züge der Kampfgruppen erfolgt zeitlich etappenweise in den entsprechend festgelegten Normen für die Bewaffnung und Ausrüstung von Ausbildungszügen der Volkspolizei-Bereitschaften. Für die Ausbildung sind bis zum Eintreffen der Waffen für die Kampfgruppen die erforderlichen Waffen und Geräte aus den Beständen der Dienststellen der Deutschen Volkspolizei zur Verfügung zu stellen." Die zur Auslieferung gelangenden Waffen und die Munition der Kampfgruppen sind in den Waffenkammern der Dienststellen der Volkspolizei und in den für die Volkspolizei zuständigen Lagerräumen für Munition untergebracht. In Großbetrieben, in denen es Volkspolizeiämter gibt, können die Waffen und die Munition für die Kampfgruppen in den Waffen- und Munitionskammern dieser Ämter gelagert werden. Zur Aufrechterhaltung der öffentlichen Sicherheit können die Kampfgruppen in Extremfällen (Bau der Mauer am 13. 8. 1961 etwa) zu folgenden Aufgaben herangezogen werden:

- Unterdrückung von Unruhen und Streiks. Hierbei kann es sich um aktive Verhinderung von Streiks oder Demonstrationen handeln, um die Wahrnehmung von Wach- und Kontrollaufgaben und um Maßnahmen des Betriebs- und Objektschutzes. Eine Steigerung der Maßnahmen könnte z.B. darin bestehen, daß die KG unter der Leitung aktiver VP-Offiziere Polizeifunktionen wahrnähmen. Sollten selbst diese Maßnahmen von über 400000 Genossen Kämpfern noch nicht ausreichen, so sind die KG als eine Art „Bürgerkriegstruppe" aufgrund ihrer Ausbildung (Ortskampf!) immer noch in der Lage, Ruhe und Ordnung im Sinne der Partei („Parteiarmee der SED") auch mit Waffengewalt wieder herzustellen.
- Durchführung anderer Weisungen von Partei und Staat,
- Erschließung von Hilfsgütern,
- Schutz der Bevölkerung,
- Übernahme der Sicherung der Verbindungswege im Kriegsfalle zur Front,
- Sicherung von Räumen,
- Übernahme von Transport und Depots,
- Übernahme von Grenzsicherung, Weiterleitungsstellen und Lagern,
- Unterstützung der Grenztruppen der DDR,
- Übernahme von Versorgungsaufgaben für die regulären Streitkräfte,
- Sicherung der Operationsfreiheit der Streitkräfte des Warschauer Paktes,
- Kampf gegen Diversanten und luftgelandeten Feind.

(*Dißmann*, Parteiarmee der SED – Die Kampfgruppen der Arbeiterklasse, Erftstadt 1979, S. 156, 181, 184f.; *Marks*, Die Kampfgruppen der Arbeiterklasse, Köln 1970, S. 19ff., 32ff., 119; *Kabel*, a.a.O., S. 50f.).

Diese Aufstellung ist aber nicht abschließend, zumal die Kampfgruppen im Rahmen der Landesverteidigung in der DDR auch militärische Aufträge selbständig übernehmen können (*Kombattantenstatus im Kriegsfalle*!). Die Kampftruppen sind gewissermaßen die Parteitruppe, da der erste Sekretär der SED in den Bezirken und Kreisen die Kampfgruppen in seiner Eigenschaft als Vorsitzender des Kampfgruppenstabes führt. Der Stabschef hingegen ist der Leiter der Abteilung Schulung und Ausbildung eines Volkspolizeikreisamtes. Es ist festzuhalten, daß die Volkspolizei hier also durch ihre Instrukteure (allesamt Mitglieder der SED) die militärische Ausbildung (z.B. der unkonventionelle Guerillakampf o.ä.) der Kampfgruppen betreut. Kader der Kampfgruppen nehmen auch an Lehrgängen der Bezirksschulen der Volkspolizei teil. Die Aufgabe der VP ist heute die Ausbildungsplanung und die rückwärtige Sicherstellung. Zuständig ist damit auch der Innenminister, dem die Deutsche Volkspolizei untersteht. Der Leiter der Hauptabteilung Kampfgruppen im Ministerium der Innern ist dementsprechend der stellvertretende Innenminister Generalleutnant *Willi Seifert*. Nach den Worten des Innenministers *Dickel* haben sich die Kampfgruppen zu einem schlagkräftigen, ständig einsatzbereiten Organ entwickelt.

Die Deutsche Volkspolizei kennt zehn Dienstzweige: Schutzpolizei, Kriminalpolizei, Verkehrspolizei, Feuerwehr, Paß- und Meldewesen, Medizinischer Dienst, Strafvollzug, Freiwillige Helfer der VP-Bereitschaften und Transportpolizei.

Untergliederungen und *zum Dienstzweig Schutz- und Verkehrspolizei* zugehörend sind die *Fachbereiche: Wasserschutzpolizei, Hafenpolizei, Betriebsschutz und Erlaubniswesen.*

In dieser Abhandlung über die Polizei in der DDR sollen die *Kasernierte Volkspolizei*, die *Bereitschaftspolizei* und die *Deutsche Grenzpolizei* neben dem heutigen Begriff der *Grenztruppen der DDR* gesondert erläutert werden. Dies gilt ebenso für das Sonderministerium, nämlich das *Ministerium für Staatssicherheit.*
Der Begriff DVP bezeichnete vom 1.6.1945 an bis zum 18.1.1956 (Gesetz über die Schaffung der Nationalen Volksarmee und des Ministeriums für Nationale Verteidigung) alle waffentragenden Verbände der SBZ/DDR. Solche Verbände innerhalb der DVP, die eher militärische als polizeiliche Aufgaben erfüllten, waren die *Kasernierte Volkspolizei*, die *Bereitschaftspolizei* und die *Deutsche Grenzpolizei.*
Am 3.7.1948 erließ die SMAD einen Befehl, im Rahmen der „Volkspolizei" kasernierte Verbände zu bilden, für die zunächst die Bezeichnung „Bereitschaftspolizei", später dann „Kasernierte Volkspolizei" gewählt wurde (*Kabel*, a.a.O., S. 28).
Eine Erklärung des Generalinspekteurs *Heinz Hoffmann* vor Ausbruch des Koreakrieges vor Offizieren des Stabes der „Hauptverwaltung Ausbildung" in Ost-Berlin lautet: *„Wir sind keine Polizei, sondern Soldaten. Wenn es zum Einsatz kommt, werden wir an der Seite der Roten Armee kämpfen!"* Diese Sätze lassen erkennen, daß die *Kasernierte Volkspolizei* die *Kadertruppe für die Armee* in der DDR sein sollte. Die Streitkräfte der SBZ wurden schon zu einem Zeitpunkt gebildet, an dem in der Bundesrepublik noch kein Soldat unter Waffen stand, an dem die Bundesrepublik noch nicht einmal juristisch existierte und an dem keine Partei in Westdeutschland und auch keine Besatzungsmacht an die Aufstellung deutscher Streitkräfte dachte! Die kasernierten Bereitschaften der Volkspolizei wurden zwar der Verwaltung des Innern, Hauptabteilung Grenze unterstellt, aber sie widmeten sich unter Anleitung sowjetischer Offiziere der militärischen Kaderausbildung. Beim Aufbau der KVP waren maßgeblich Mitglieder des Nationalkomitees Freies Deutschland beteiligt, daneben Altkommunisten aus den Wehrorganisationen der Weimarer Zeit, Interbrigadisten aus dem spanischen Bürgerkrieg. Im August 1949 wurde für die KVP und die Grenzpolizei eine Disziplinar- und Strafordnung erlassen, die überwiegend der Dienststrafordnung der Deutschen Wehrmacht vor 1945 entspricht. 1949 wurde die KVP nach Waffengattungen umgegliedert und am 1.10.1949 wurden erstmals Lehrgänge für hohe Volkspolizeioffiziere für die Dauer eines Jahres in der sowjetischen Militärakademie „Priwolsk" bei Saratow abgehalten, eine Tradition, die heute generell für alle Volkspolizeioffiziere im zukünftigen Generalsrang gilt. Parallel den Generälen der NVA auf der Militärakademie, werden diese Volkspolizeigeneräle auf einer Hochschule der *MILIZ* (in allen Staaten des Warschauer Paktes die Bezeichnung für die Polizei) ausgebildet. 1950 erfolgte eine weitere Verstärkung der KVP-Streitkräfte: Kadereinheiten der Seestreitkräfte unter dem Namen *Seepolizei* und der späteren Luftwaffe unter dem Namen *Luftpolizei.*
Letztgenannte Waffengattung trat nach Geheimhaltung 1952 an die Öffentlichkeit, 1951 bestanden die ersten Rahmenverbände dieser Luftpolizei. Nach Ablegung von Stabsoffizierlehrgängen in der UdSSR wurde 1952 die

Ausbildung der 1. Fliegerdivision der „KVP-Luft" begonnen. Vor dem 17. Juni 1953 waren in der Heeresgruppe Nord der Kasernierten Volkspolizei sogar Sowjetniks bis zu den Kompanien zugeteilt. Sie sollten die bei der KVP verwendeten sowjetischen Dienstvorschriften interpretieren und ihre Anwendung überwachen (*Bohn*, Die Aufrüstung in der Sowjetischen Besatzungszone Deutschlands, Bonn, Berlin 1960, S. 43).

Unmißverständlich ist die Erklärung des *sowjetischen Oberstleutnants Gylow am 7. 11. 1951 als sog. Politberater der Volkspolizei-Dienststelle Torgau*: „In der kommenden Ausbildungsperiode ist den Angehörigen der Volkspolizei die ideologische Notwendigkeit des Scharfschießens klarzumachen. *Vor allem ist mit der Vorstellung aufzuräumen, Deutsche könnten nicht auf Deutsche schießen*!" Als die Regierung der Sowjetunion den Kriegszustand mit Deutschland am 25. 1. 1955 für beendet erklärt, ist die Kasernierte Volkspolizei schon die Armee der DDR, insgesamt Heer-, Marine (KVP-See)-, Luftwaffe (KVP-Luft) ergeben einen KVP-Personalbestand von 102000 Personen. Durch einen Befehl des Chefs der „Deutschen Volkspolizei" wurden alle ledigen Angehörigen der allgemeinen „Volkspolizei" zur „Kasernierten Volkspolizei" versetzt. Der nächste Schritt zur Bildung eines Wehrministeriums war die Herauslösung der „Kasernierten Volkspolizei" aus dem MdI am 30. 6. 1955 (*Kabel*, a. a. O., S. 29 f.).

Am 18. 1. 1956 beschloß die Volkskammer – das Parlament der DDR – endlich die Schaffung einer Nationalen Volksarmee. Mit der Verabschiebung des Gesetzes über die Schaffung der Nationalen Volksarmee und des Ministeriums der Nationalen Verteidigung durch die Volkskammer änderte sich nichts (!), außer – *Nomenklatur* – daß die bis zu diesem Zeitpunkt als Kasernierte Volkspolizei bezeichneten Landstreitkräfte in *NVA* umbenannt wurden. Die Überführung der Verbände der KVP in die NVA begann am 30. 4. 1956 und dauerte bis zum Oktober 1956.

Die *Bereitschaftspolizei* ist eine seit 1950 nach dem Vorbild der Verfügungstruppen der sowjetischen Sicherheitsorgane aufgebaute vollmotorisierte Polizeitruppe, die die „innere Ordnung und Sicherheit" gewährleisten, Streiks niederschlagen und Volksbewegungen unterdrücken soll. Die Einheiten, die aus den früheren Wachverbänden des Staatssicherheitsdienstes, den späteren „Inneren Truppen", hervorgingen, sind in Industriezentren der SBZ/DDR kaserniert. Angefangen hatte es mit der Aufstellung des Wachregiments Berlin-Adlerhof am 1. 3. 1950 und fünf Wachbataillonen in den Landeshauptstädten vom Ministerium für Staatssicherheit, eine insgesamt 5000 Mann starke militärische Bereitschaftspolizei. Seit dem 1. 5. 1955 führten diese Bereitschaftspolizeiformationen die Bezeichnung „Innere Truppen", umbenannt wurden sie am 1. 5. 1956 in Bereitschaftspolizei, ohne daß sich der militärische Habitus änderte. Besonders ausgezeichnet haben sich diese Einheiten (stationiert in Schwerin, Potsdam, Halle, Dresden und Erfurt) während ihrer Verwendung am *17. Juni 1953*, in der sie als *„SED-Kader"* während des Volksaufstandes dem Parteiwillen folgten. Am 15. 2. 1957 wurden sie aus der Zuständigkeit des Ministeriums für Staatssicherheit herausgelöst und dem Ministerium des Innern als ein Teil der bewaffneten

Organe in der DDR unterstellt. Ihren nächsten überregional bekannt gewordenen Einsatz erhielten diese Bereitschaftspolizeieinheiten anläßlich des Baus der *Berliner Mauer am 13. August 1961.*
Das Wehrpflichtgesetz der DDR vom 24.1.1962 stellt den Dienst in der Bereitschaftspolizei dem aktiven Militärdienst gleich. Die Bereitschaftspolizei war bis Mai 1963 gleich Infanterieregimentern bewaffnet und motorisiert. Die DVP stellte aber anstelle der kasernierten Bereitschaften motorisierte Schnellkommandos auf. Im Frühjahr 1969 wurde die Bereitschaftspolizei in Volkspolizei-Bereitschaften umbenannt und diese bilden seit 1970 offiziell einen Teil der Streitkräfte der Territorialverteidigung in der DDR. Oberste Behörde der 18000 Mann zählenden VP-Bereitschaften ist das Kommando der VP-Bereitschaften in Ostberlin, das fachlich dem MdI untersteht. Wie die Geschichte gezeigt hat, ist eine Spezialität der VP-Bereitschaften die Bekämpfung von inneren Unruhen und Katastrophenfällen.
Die besonders hoch angesetzten kaderpolitischen Anforderungen, intensive Manövererfahrungen befähigen diese Einheiten zum Einsatz im Sinne der Ziele der SED. Ihre Aufgabe besteht in erster Linie in der Niederhaltung und Unterdrückung von Volksaufständen, der Sicherung wichtiger Objekte und der Abriegelung von Sperrzonen.
Durch Weisung der SMAD wurde am 28.11.1946 die Deutsche Grenzpolizei aufgestellt. Seit dem 1.12.1946 waren die *Grenzpolizeikommandos an den Kontrollpassierpunkten* – KPP – *entlang der Demarkationslinie zwischen der sowjetischen und den drei westlichen Besatzungszonen als Hilfspersonal der sowjetischen Truppen* eingesetzt. Nach Unterzeichnung des Potsdamer Abkommes vom 2.8.1945 geschah diese Institutionalisierung der deutschen Grenztruppen als *Deutsche Grenzpolizei* im Widerspruch zu den im Abkommen von *Truman*, *Attlee* und *Stalin* erklärten Beschlüssen und ebenso im Widerspruch zur *Direktive 23 des Alliierten Kontrollrates*, nach der die Bewachung der Demarkationslinie ausschließlich dem alliierten Militär vorbehalten war. Vorangegangen war der im *August 1947 erlassene Befehl 0155 des sowjetischen Marschalls Sokolowski*, in dem die Aufstellung besonderer deutscher Grenzpolizeieinheiten sowie der entsprechenden Stäbe befohlen wurde (nie veröffentlichter Befehl!) (*Bohn*, a.a.O., S. 65; *Kabel*, a.a.O., S. 27).
Aus Tarnungsgründen war die *Grenzpolizei* zusammen mit der *Kasernierten Volkspolizei* und der *Bereitschaftspolizei* Teil der Deutschen Volkspolizei und ab 7.10.1949 (bis zum 15.5.1952) der Hauptabteilung Grenzpolizei des neugebildeten Ministeriums des Innern unterstellt, obwohl sie seit 1948 kaserniert und militärisch ausgebildet wurde. Die folgenden Jahre zeichneten einen Wechsel der Deutschen Grenzpolizei hinsichtlich ihres sachlichen Zuordnungsbereiches. Nach der Ausgliederung aus der Deutschen Volkspolizei und Umbenennung in Deutsche Grenzpolizei – DGP – im Mai 1952 ergibt sich folgende Entwicklung ihrer Unterstellung:

15.5.1952 – 27.6.1953	Ministerium für Staatssicherheit
bis Mai 1955	Ministerium des Innern – selbständige Hauptverwaltung Deutsche Grenzpolizei

bis Februar 1957	Ministerium für Staatssicherheit – bis 1955 zeitweise als Staatssekretariat für Staatssicherheit geführt
01.3.1957 – 14.9.1961	Ministerium des Innern
15.9.1961 bis heute	Ministerium für Nationale Verteidigung.

Die Sowjetische Kontrollkommission für die Sowjetzone – SKK – als Rechtsnachfolgerin der SMAD übergab am 1. 12. 1955 offiziell die alleinige Sicherung der Grenzen gegen die Bundesrepublik Deutschland und gegen Westberlin der Deutschen Grenzpolizei. 1957 wurde die Hauptabteilung Grenzpolizei in Kommando Deutsche Grenzpolizei umbenannt. Am 15.9.1961 wurde es in die NVA gemäß des Befehls Nr. 1/61 des Vorsitzenden des Nationalen Verteidigungsrates vom 12.9.1961 eingegliedert. Gleichzeitig wurden Formationen der damaligen Bereitschaftspolizei, die in Ostberlin und an der DL eingesetzt waren, der NVA – Kommando Grenze eingegliedert. Die Grenzpolizei hieß ab sofort *NVA-Kommando Grenze*. Ihren heutigen Namen „Grenztruppen der DDR" erhielten die Verbände des NVA-Kommando Grenze auf Beschluß des Staatsrates der DDR über den Dienst in den bewaffneten Organen und die militärischen Dienstgrade vom 10.2.1973 um die Jahreswende 1973/74, ohne daß sich wesentliche Änderungen für die Dienstleistenden ergaben. *Die Grenztruppen der DDR wurden also Anfang 1974 aus der NVA herausgelöst und bilden eine selbständige Einheit*, die allerdings ebenso wie die NVA dem Minister für Nationale Verteidigung untersteht. Sie sind aber keine Teilstreitkräfte der NVA mehr. Trotzdem ist der Chef der Grenztruppen zugleich einer der Stellvertreter des Ministers für Nationale Verteidigung.

Rechtsgrundlagen der Grenztruppen der DDR waren bislang, soweit bekannt:

- Verordnung über Maßnahmen an der Demarkationslinie zwischen der Deutschen Demokratischen Republik und den westlichen Besatzungszonen Deutschlands (GBl. DDR I, 1952, S. 405),
- Polizeiverordnung über die Einführung einer besonderen Ordnung an der Demarkationslinie vom 26.5.1952,
- Verordnung über weitere Maßnahmen zum Schutz der Deutschen Demokratischen Republik vom 9.6.1952 (GBl. DDR 1952, S. 451 ff.),
- Verordnung zum Schutze der Staatsgrenze der Deutschen Demokratischen Republik vom 19.3.1964 (GBl. DDR II, 1964, S. 255 ff.),
- Anordnung über die Ordnung in den Grenzgebieten und den Territorialgewässern der Deutschen Demokratischen Republik – Grenzordnung – vom 15.6.1972 (GBl. DDR II, 1972, S. 483 ff.),
- Gesetz über die Staatsgrenze der Deutschen Demokratischen Republik (Grenzgesetz) vom 25.3.1982 (GBl. DDR I, 1982, S. 197 ff.),
- Anordnung über die Ordnung in den Grenzgebieten und den Seegewässern der Deutschen Demokratischen Republik – Grenzordnung – vom 25.3.1982 (GBl. DDR I, 1982, S. 208 ff.).

Erwähnt werden muß der Beschluß des Ministerrates der Deutschen Demokratischen Republik betreffend die Kontrolle an den Grenzen der Deutschen Demokratischen Republik vom 12.8.1961 (GBl. DDR II, 1961, S. 332 ff.), der einen Tag vor dem Bau der Berliner Mauer am 13.8.1961 erging und textlich nur eine Alibifunktion hatte, um den nicht abreißenden Flüchtlingsstrom aus der DDR in die Bundesrepublik Deutschland, von dem ein hoher Prozentsatz über Berlin kam, zu unterbinden. Zielgruppe dieses Beschlusses war die eigene DDR-Bevölkerung. Das belegt auch der §213 StGB der DDR. *Nach §213 StGB der DDR ist das widerrechtliche Passieren der Staatsgrenze ein Vergehen* (§213 Abs. 1 StGB DDR i.V.m. §1 Abs. 2 StGB DDR). Wird im Strafrahmen durch das Gericht eine Freiheitsstrafe von über zwei Jahren ausgesprochen, ist die Straftat ein Verbrechen; §1 Abs. 3 StGB DDR, letzte Alternative). Insofern wird die *Flucht aus der DDR im Strafgesetzbuch (DDR) als „ungesetzlicher Grenzübertritt"* (§213 StGB DDR) zu verharmlosen gesucht. Spätestens die Strafdrohung von Freiheitsstrafe von bis zu acht Jahren zeigt aber, daß es sich hier nicht um die bloße Verletzung von Formvorschriften handelt. Beschädigt der Täter bei seiner Flucht den Metallgitterzaun, so greift der Tatbestand des *„Terrors"* ein (§101 StGB DDR). *Fluchthilfe* wird als *„Staatsfeindlicher Menschenhandel"* zu diffamieren versucht – §105 StGB DDR – (*Schroeder*, Das Strafrecht des realen Sozialismus, Opladen 1983, S. 90).

Da Beschädigung von Grenzanlagen, Mißbrauch oder Fälschung von Dokumenten (§§240, 242 StGB DDR), Ausnutzung eines Verstecks, Flucht in Gruppen oder auch wiederholte Fluchtversuche immer als schwerer Fall gewertet werden, ist praktisch *jede Flucht mit der Höchststrafe bedroht. Wer durch Zerstörung oder Gewaltakte gegen die Ordnung an der Staatsgrenze vorgeht oder Gewalt gegen Staatsbedienstete anwendet, kann nach §§101 und 102 StGB DDR wegen Terror mit lebenslanger Freiheitsstrafe oder mit dem Tode bestraft werden.* Der Schußwaffengebrauch der Grenztruppen ist nach §27 Grenzgesetz DDR gestattet, wenn der Flüchtling im Rechtsverständnis der DDR als Straftäter ein Verbrechen begeht. Darüber hinaus gilt der geheime *Schießbefehl*, der in der Regel vielerorts in den Stationierungsorten mündlich durch die Vorgesetzten an die Untergebenen weitergegeben wird (auch heute so täglicher Usus!).

Die Grenzsicherung im Ostsee-Küstenabschnitt der DDR wird von der Grenzbrigade Küste in Rostock-Warnemünde mit acht Bootsgruppen sowie Landeinheiten in Stärke von 12 Bataillonen wahrgenommen. Taktisch und logistisch dem Kommando der NVA-Volksmarine in Rostock-Gehlsdorf unterstellt seit 1962, ist sie nun dem Kommando der Grenztruppen unterstellt in Pätz. Ihr Auftrag umfaßt die Territorialgewässer der DDR und eine etwa 5 km tiefe Grenzzone, gemessen von der Küste ins Landesinnere (vgl. §§18 Abs. 2; 29ff. Grenzgesetz DDR). Mit Wirkung vom 1. 1. 1985 hat die DDR ihre Hoheitsgewässer in der Lübecker/Mecklenburger Bucht bis auf nahezu 12 Seemeilen erweitert. Damit hat sie ihren Hoheitsanspruch beträchtlich ausgedehnt. Rechtsgrundlage ist die zweite Durchführungsverordnung zum Gesetz über die Staatsgrenze der Deutschen Demokratischen Republik, die wiederum auf dem Grundgesetz der DDR beruht. Von der Seegrenze zwischen der Bundesrepublik Deutschland und der DDR ausgehend (Lübecker Bucht) erweitert sich das Küstenmeer der DDR von drei Seemeilen (5,6 km) zunehmend bis auf 12 Seemeilen (22,2 km). Gemessen werden diese Distanzen von der Küsten- bzw. Basislinie (Koordinaten im Grenzgesetz der

DDR). Die Folge ist, daß westdeutsche Seefahrzeuge in ihrer Bewegungsfreiheit noch weiter eingeschränkt werden, da die DDR-Organe die „Friedliche Durchfahrt" sehr restriktiv auslegen und anwenden. Jegliches willkürliches Durchqueren der Territorialgewässer wird als illegaler Grenzübertritt gewertet und ist lt. § 213 DDR-StGB unter Strafe gestellt.
Selbst das vorbeugende Handeln (Warnung) des BGS See kann nicht verhindern, daß westdeutsche Sportboote mitunter eingebracht und mit einer empfindlichen Geldstrafe belegt werden. Das verfügbare Seegebiet („Hohe See") in der Lübecker Bucht wurde um ca. ein Drittel eingeschränkt und steht der allgemeinen Schiffahrt und dem BGS See nicht mehr zur Verfügung. Auswirkungen ergeben sich insbesondere auf die Sportschiffahrt, ob sich Auswirkungen auf den Einsatz des BGS See ergeben, kann noch nicht endgültig beurteilt werden.
Die Ausdehnung der DDR-Hoheitsgewässer hat auf jeden Fall die eigene Grenzüberwachung durch den BGS – hier BGS See – erschwert. Die optische Aufklärung ist fast unmöglich. Fluchtmöglichkeiten für DDR-Bewohner sind weiter eingeschränkt. Das Operationsgebiet für die DDR-Wachboote ist größer geworden, die Zeit für Reaktionen ebenfalls.
Für 1985 hat es im Ostseegebiet des BGS See noch keinen Fluchtfall über See gegeben. Auch hier muß festgestellt werden, daß die Seegrenze noch undurchlässiger geworden ist.
Die *Zollverwaltung der DDR* ist eine *Vollzugspolizei* mit eigenem Verwaltungsunterbau, die dem Ministerium für Außenhandel untersteht. Die uniformierten und bewaffneten Angehörigen der ZVW zählen zu den bewaffneten Kräften. Im Gegensatz zur Volkspolizei und den Grenztruppen der DDR tragen die Bediensteten der ZVW *polizeiliche* Dienstbezeichnungen (wie Kommissar, Hauptkommissar, Rat, Oberrat). Seit 1962 haben sie die Aufgaben des früheren Amtes für Zoll und Kontrolle des Warenverkehrs übernommen. Rechtsgrundlage ist das Zollgesetz vom 23.8.1962 (GBl. DDR I S. 45) – Kontrolle der Ein-, Aus- und Durchfuhr von Waren, Devisen, Zahlungsmitteln etc.. Im Zuge ihres Tätigwerdens arbeitet die ZVW automatisch eng mit den Grenztruppen der DDR zusammen (Grenzaufsicht an den Grenzkontrollpunkten bei teilweise wechselseitiger Unterstellung). Die Zusammenarbeit betrifft ebenso die anderen Organe der inneren Sicherheit in der DDR (*Rühmland*, NVA, a.a.0., S. 281; *Doll*, a.a.O., S. 59).
Der Werkschutz der großen Volkseigenen Betriebe untersteht der Deutschen Volkspolizei – Abteilung Schutzpolizei. Ihm obliegen die ständige Bewachung und der Werkschutz in Betrieben und Behörden aller Art. Der *Betriebsschutz* verfügt nur zum Teil über eine selbständige Organisation. Auf der Bezirksebene ist der Betriebsschutz grundsätzlich in die Bezirksbehörden eingegliedert. Lediglich für den Bereich der Betriebe der Sowjetisch-Deutschen Aktiengesellschaft Wismut (Uranbergbau) gilt es neben der eigentlich zuständigen Bezirksbehörde in Karl-Marx-Stadt eine eigenständige Betriebsschutzbehörde in Siegmar-Schönau. Dieser *Betriebsschutzbehörde im Range einer Bezirksschutzbehörde sind mehrere sog. Betriebsschutzämter untergeordnet*, denn auf der Kreisebene besteht grundsätzlich bei jedem Volkspolizeikreisamt eine Abteilung Betriebs-

schutz. Daneben bestehen *Betriebsschutzämter*, die direkt der übergeordneten BDVP unterstehen. Der Betriebsschutz gliedert sich in den Betriebsschutz „A" – aktive Volkspolizisten – und „B" – Arbeitnehmer der Betriebe, die nur für Zwecke des Betriebsschutzes unter Polizeibefehl stehen und seit dem 1.1.1954 Lohnzuschläge beziehen. Als Volkspolizisten wirken die Angehörigen des Betriebsschutzes „A" als Ausbilder in den „Kampfgruppen", die Angehörigen des Betriebsschutzes „B" sind stets Mitglieder der Kampfgruppen (auch sog. „Betriebswachen") genannt.
Die Abteilungen *Verkehrspolizei* in den Bezirken und in den Kreisen umfassen folgende Fachbereiche:

- Verkehrsunfallbereitschaft,
- Motorisierte Verkehrsbereitschaft mit den motorisierten Verkehrskontrollgruppen,
- Technische Prüfstelle,
- Personen- und Kraftfahrzeugzulassung,
- Verkehrstechnik,
- Verkehrserziehung und Verkehrsregelung,
- Führerscheinabnahme.

Die *Kriminalpolizei* in der DDR ist ein Dienstzweig der Deutschen Volkspolizei. In jedem Volkspolizeikreisamt besteht eine Abteilung – K –. Alle Ermittlungen muß die Kriminalpolizei den zuständigen Stellen des Staatssicherheitsdienstes melden. In den nicht kasernierten Dienstbereichen der Transportpolizei bestehen eigene Abteilungen der Kriminalpolizei. Unterstellt ist sie als Organ des Ministeriums des Innern dem jeweiligen Dienststellenleiter der Deutschen Volkspolizei, etwa dem Minister des Innern und damit Chef der DVP, dem Chef der Bezirksbehörde der DVP, dem Präsidenten der Volkspolizei Berlin-Ost, dem Leiter des Volkpolizeikreisamtes oder dem Leiter des Transportpolizeiamtes.
Besondere Bedeutung innerhalb der Kriminalpolizeiorganisation der DDR erlangte das *Kommissariat 5*, kurz „K 5" genannt. Es bearbeitet die politischen Delikte und ist vergleichbar in der Bundesrepublik Deutschland mit dem „K 14" der Kriminalpolizeien der Länder (in Nordrhein-Westfalen z.B. den Kriminalhauptstellen als ehemaliger „Polizeisonderdienst" bekannt und nur dem Behördenleiter direkt unterstellt – Näheres bei *Harnischmacher/Heumann*, a.a.O., S. 24). Um die Jahreswende 1945/46 waren diese K 5 als Hilfsorgane der sowjetischen Sicherheitsorgane offiziell für Ermittlungen, Fahndungen, Festnahmen bei politischen Verbrechen im Sinne des Kontrollratsgesetzes Nr. 10 zuständig. Ende 1946 verfügte die SMAD bei der DVdI die Bildung einer neuen Dienststelle innerhalb der Abteilung Kriminalpolizei, die politische Straftaten als Auftragsangelegenheiten der Besatzungsmacht zu bearbeiten hatte. Als nachgeordnete Dienststellen wurden bei den Landeskriminalämtern die Dezernate K 5 und bei den Kreiskriminalämtern die Kommissariate K 5 eingerichtet.
Mit dem Befehl durch Erlaß Nr.201 der SMAD vom 16.8.1947 wurde die Entnazifizierung entsprechend der Direktiven Nr.24 und Nr.38 des Kontrollrats von den K 5 übernommen. Auch im Jahre 1984 lebt die Kriminalpolizei innerhalb der

Deutschen Volkspolizei von dem fast lückenlosen Überwachungssystem bei der Bekämpfung von Kriminalität, wenn auch unter starker Beeinträchtigung der persönlichen Freiheit der DDR-Staatsbürger. Die Abschnittsbevollmächtigten, die Freiwilligen Helfer der Volkspolizei, die Grenztruppen der DDR, die Vertrauensmänner, die Vorsitzenden der Wohnbezirksausschüsse, die Leiter der SED-Wohnparteiorganisationen, die Hausobleute (Hausmeldebuchführer!) und die Postboten sind heutzutage *die* relevanten Informationsträger.

Die *Transportpolizei* ist eine *Bahnpolizeitruppe*, die seit 1956 die militärische Ausbildung ihrer Angehörigen erheblich erweitert und intensiviert hat. Auch sie ist ein Dienstzweig der Deutschen Volkspolizei (hier die allgemeine und nicht kasernierte Transportpolizei). Die allgemeine Transportpolizei – auch in der Abkürzung Trapo genannt – umfaßt verschiedene polizeiliche Fachrichtungen, vom „Abschnittsbevollmächtigten bis hin zur Kriminalpolizei", ausschließlich für die Gewährleistung von Ordnung und Sicherheit auf den Anlagen und in den Einrichtungen der *Deutschen Reichsbahn*. Sie hat also den Eisenbahnbetrieb, die Bahnanlagen, Leben und Gesundheit der Reisenden und der Mitarbeiter der Deutschen Reichsbahn zu schützen. Zu den Aufgaben der Transportpolizei gehört ebenso die Kontrolle der Reisenden in den Fernzügen. Zugbegleitkommandos kontrollieren Papiere und Gepäck der Transitreisenden; sie können verdächtige Personen verhaften und bei Fluchtverdacht dem Staatssicherheitsdienst übergeben. Auch auf den Fährschiffen der DDR im Skandinavienverkehr werden Transportpolizisten eingesetzt. Die Einsatzmöglichkeiten der Transportpolizei gehen jedoch über rein polizeiliche Funktionen weit hinaus. Im Konfliktfall sind sie befähigt, die Bahnanlagen militärisch abzusichern.

Gegründet wurde die *Trapo im Dezember 1946* durch den *Befehl 60 der SMAD als Eisenbahnpolizei*. 1948 wurde sie in Transportpolizei umbenannt. Aus dem zivilen Bahnschutz der Reichsbahn und der uniformierten Bahnpolizei wurde die Trapo bereits in den ersten Nachkriegsjahren zum Schutz der Züge mit Reparationsgütern zusammengezogen und im Januar 1953 als militärische Polizeitruppe endgültig mit dem Auftrag des *Eisenbahnverkehrsschutzes* betraut. Von Januar 1953 bis Februar 1957 unterstand die Trapo dem Staatssicherheitsdienst. Seitdem ist sie wieder ein Zweig der Volkspolizei. Die Transportpolizei steht außerhalb der allgemeinen Polizeiorganisation. Ihr Aufbau folgt der Verwaltungsstruktur der Deutschen Reichsbahn. Unterhalb des Ministeriums des Innern – Hauptabteilung Transportpolizei – folgen acht parallel zu den Reichsbahndirektionen eingerichtete Abschnittsverwaltungen, die wiederum jeweils eine Reihe von Transportpolizeiämtern beaufsichtigen. Die Kommandostellen dieser Truppenpolizei befinden sich also am Sitze der acht Reichsbahndirektionen in Ostberlin, Dresden, Erfurt, Halle, Schwerin, Cottbus, Greifswald und Magdeburg unter der Bezeichnung *Volkspolizeiämter-Transportpolizei*. Auf dem Gebiete der Deutschen Reichsbahn wurde die Trapo auch in Westberlin eingesetzt. Dort arbeitete sie seit dem 13.8.1961 und firmierte seit dem 30.1.1962 unter dem Namen „*Bahnpolizei*". Am 13.8.1961 wurde die Trapo bei den Abriegelungsmaßnahmen in Berlin eingesetzt!

Besonderheit hier: Festgenommene Personen mußten der Polizei von Westberlin übergeben werden. Zur Unterstützung der Trapo-Reviere bzw. Dienstbereiche werden seit 1969/70 auch Züge und Gruppen von Volkspolizeihelfern eingesetzt.

Der *Staatssicherheitsdienst* ist die politische Geheimpolizei in der DDR. Die verschiedenen Sektoren des Staatssicherheitsdienstes sind in dem Ministerium für Staatssicherheit zusammengefaßt, daß derzeit vom General *Erich Mielke* geleitet wird. Die Aufgaben des Ministeriums lassen sich folgendermaßen einteilen:

- Sicherung der Herrschaft der SED im Inneren (der eigentliche Staatssicherheitsdienst),
- Spionage, Sabotage und Diversionstätigkeit in Westberlin, der Bundesrepublik Deutschland und im westlichen Ausland,
- Verwaltung und Bewirtschaftung der Einrichtungen des Ministeriums für Staatssicherheit.

Die Methoden des Staatssicherheitsdienstes unterschieden sich kaum von denen des sowjetischen Geheimdienstes *KGB*. Nach *Mielke* leisteten die Angehörigen der sowjetischen Sicherheitsorgane eine unschätzbare Hilfe beim Aufbau und bei der Entwicklung der Organe der Staatssicherheit der DDR. Die Mitarbeiter des MfS haben von den Tschekisten, die über reiche Erfahrungen verfügen, gelernt, wie der Kampf zu führen ist. In der Definition des DDR Militärlexikons ist das MfS das zentrale staatliche Organ des Ministerrats der DDR zur Organisation der Abwehr und Bekämpfung konterrevolutionärer Anschläge auf die sozialistische Staats- und Gesellschaftsordnung in der DDR. Durch *Gesetz vom 8.2.1950 (GBl. DDR S. 95)* wurde die nach Gründung der DDR *im Ministerium des Innern* gebildete *Hauptverwaltung Schutz der Volkswirtschaft zum Ministerium für Staatssicherheit verselbständigt*. Das MfS stellte sofort nach seiner Gründung eigene Wachverbände auf, ein Wachregiment in Berlin und fünf Wachbataillone in den damaligen Landeshauptstädten. Deren Aufgabe bestand darin, die Einrichtungen und Angehörigen des SSD sowie hohe Funktionäre des Regimes zu schützen.

Das Versagen des SED Staates, augenscheinlich durch den Volksaufstand vom 17. Juni 1953, führte zu einer Krise. Die Konsequenz war die Umwandlung in ein Staatssekretariat für Staatssicherheit und die Eingliederung in das Ministerium des Innern. Im Zuge einer radikalen Reorganisation erhielt u. a. der Staatssicherheitsdienst am 24. 11. 1955 wieder ein selbständiges Ministerium für Staatssicherheit als zentrale Leitung. Zeitweilig lag beim SSD auch das in einer Hauptverwaltung Innere Sicherheit zusammengefaßte Kommandos über die Verbände der Deutschen Grenzpolizei, der Deutschen Bereitschaftspolizei und der Transportpolizei. Seit dem 15. Februar 1957 untersteht jedoch die Hauptverwaltung Innere Sicherheit wieder dem MdI, so daß dem MfS an kasernierten Verbänden nur noch das Wachregiment Berlin-Adlershof für spezielle Sicherungsaufgaben verblieb.

Der Name *Tscheka* war die erste Bezeichnung des sowjetischen Geheimdien-

stes, und konsequent nennen sich die *SSD/-Stasi-Mitarbeiter* auch „*Tschekisten der DDR*".
Gründer der Tscheka war *Feliks Edmundowitsch Dzierzynski*, und nach ihm hat das MfS sein Wachregiment benannt (*Fricke*, Die DDR-Staatssicherheit, 2. Auflage, Köln 1984, S. 35;). Die zweite Krise des SSD war die Zeit nach dem Ungarnaufstand von 1956 und ihren politischen Auswirkungen auf die SBZ. Mußte 1953 der Minister *Zaisser* gehen, so folgte am 1. 11. 1957 ein Ende der Krise mit dem Rücktritt aus „Gesundheitsgründen" des Ministers *Wollweber*. Seit dem 1. 11. 1957 ist *Erich Mielke* Minister für Staatssicherheit, ab 1959 im Range eines Generalobersten. Als *Mielke* am 1. 2. 1980 zum Armeegeneral befördert wurde, stieg nicht nur in der über 30jährigen Geschichte des MfS dessen Chef erstmals zum Vier-Sterne-General auf, sondern nahm damit zugleich denselben Rang ein wie der DDR-Verteidigungsminister! Das ist nirgendwo sonst im gesamten Ostblock der Fall (*Schlomann*, Operationsgebiet Bundesrepublik – Spionage, Sabotage und Subversion, München 1984, S. 30 ff., 32, 33)! Es kann kein Zweifel sein, daß das MfS als Herrschaftsinstrument der SED (der Chef des Stasi hat Zugriff auf alle Entscheidungen der Parteiführung) in den 80er Jahren soviel Macht und Einfluß wie nie zuvor in seiner Geschichte besitzt, was nur durch einen Konflikt zwischen Parteiführung und MfS-Leitung geändert würde. Vom K 5 bis hin zur Weiterentwicklung als Geheimdienst betreibt der Stasi neben ausgedehnter Spionagetätigkeit eine planmäßige Zersetzungsarbeit in der Bundesrepublik. Insoweit ist er nicht erst seit den Erläuterungen der Überläufer *Krauss* und *Stiller* und dem Fall *Guillaume* ein ernst zu nehmender Gegner unserer Nachrichtendienste und unserer Politischen Polizei (vgl.: Bundesrepublik Deutschland nach wie vor Angriffsziel Kommunistischer Geheimdienste, in: UNSERE SICHERHEIT (in Nds.), Heft 23, Dez. 1984, S. 4 ff.).
Das Staatssicherheitsministerium ist eine „Behörde eigener Verantwortung", eine parlamentarische Kontrolle findet nicht statt. Die Geheimpolizisten besitzen weitestgehende Vollmachten. Der Zentrale in Ostberlin sind nachgeordnet die Bezirksverwaltungen und die Kreisdienststellen. Getarnte Mitarbeiter des MfS sind in jedem Betrieb und in jeder Landwirtschaftlichen Produktionsgenossenschaft – LPG – sowie in der NVA oder in anderen Behörden. Im Notstandsfalle ähneln sich die Vollmachten denen der Gestapo im Dritten Reich, nämlich: verstärkte Telefonüberwachung, Internierung verdächtiger Personen nach vorbereiteten Listen, Bewachung der Internierungslager usw. Im Falle des inneren wie äußeren Notstandes übernimmt die Zentrale Einsatzleitung die Exekutive in der DDR, deren Mitglied der Minister für Staatssicherheit ist.
Mit der *Verordnung zur Übertragung der Geschäfte des Strafvollzugs auf das Ministerium des Innern vom 16. 11. 1950* (GBl. DDR 1950, S. 1165) wurde der *Strafvollzug von der Justiz zur Volkspolizei verlagert*. Dies war besonders für politische Häftlinge ein nachteiliger Wechsel, der zumindest in den 50er Jahren bedingt hat, daß fachlich wenig qualifizierte, aber politisch im Sinne des Regimes zuverlässige Angehörige der Volkspolizei anstelle der Justizangestellten im Strafvollzug eingesetzt wurden. Bereits vor der Verordnung vom 16. 11. 1950

wurde eine Reihe von Strafanstalten von der Volkspolizei verwaltet (*Finn/Fricke*, Politischer Strafvollzug in der DDR, Köln 1981, S. 20, 26ff., 29ff.).
Auch die *Feuerwehr ist dem Minister des Innern und Chef der Deutschen Volkspolizei unterstellt* (§5 Abs. 2 Brandschutzgesetz DDR). Ihre Tätigkeit ist Teil der komplexen Tätigkeit und der Maßnahmen der Dienststellen der DVP zur Gewährleistung der öffentlichen Ordnung und Sicherheit (*Rühmland*, Die Zivilverteidigung in der DDR, a.a.O., S. 41ff.). Der Nachwuchs der Dienstzweige in der Deutschen Volkspolizei rekrutiert sich vorwiegend aus dem Parteinachwuchs, so z.B. den FDJ-Ordnungsgruppen bzw. aus Mitgliedern in den VP-Bereitschaften. Die Bewerber haben in der Regel das achtzehnte Lebensjahr vollendet und die 10. Klasse der allgemeinbildenden polytechnischen Oberschule sowie eine Berufsausbildung abgeschlossen. Gern gesehen wird aber auch eine Teilnahme an Veranstaltungen der *Gesellschaft für Sport und Technik*, an Arbeitsgemeinschaften der Volkspolizei und ihrer Dienstzweige. Jeder VP-Dienstanfänger erhält eine volkspolizeiliche Grundausbildung, die fünf Monate umfaßt. Die volkspolizeiliche Grundausbildung erfolgt an den Bezirksschulen der VP. Nach erfolgreicher Abschlußprüfung schließt sich daran ein achtmonatiger Dienst auf einem VP-Lehrrevier an, wo die Ausbildung im Streifen- und Postendienst erfolgt. Nach erfolgreichem Abschluß dieser Station wird der Prüfling als Streifenführer oder Wachhabender eingesetzt. Eine Qualifikation bis zum Dienstgrad *Obermeister* ist dann möglich. Für die Ausbildung von Offizieren wurde im Dezember 1962 die *Hochschule der Deutschen Volkspolizei „Karl Liebknecht"* in Ostberlin (Berlin-Kaulsdorf) begründet. Ferner gibt es in den Bezirken Schulen für Schutzpolizei und Kriminalpolizei, die Fachschule des Ministeriums des Innern *„Wilhelm Pieck"* in Aschersleben und als Spezialschulen die Schule für Diensthundewesen in Pretzsch, die Schule zur Ausbildung von Abschnittsbevollmächtigten in Wolfen, die Offiziersschule der VP-Bereitschaften *„Artur Becker"* in Dresden, eine Feuerwehroffiziersschule mit Namen *„Hermann Matern"* in Heyrothsberge bei Magdeburg.
Ebenso gibt es die Unterführerschule der Kasernierten Einheiten des MdI in Dresden/Bautzen. Zudem gibt es noch das Institut für Brandbekämpfung in Magdeburg und das *„Kriminaltechnische Institut"* in Berlin-Kaulsdorf. Hinsichtlich des Sonderstatus befindet sich die Offiziershochschule der Grenztruppen der DDR *„Rosa Luxemburg"* in Plauen und für die Einheiten des Ministeriums für Staatssicherheit, die *„Juristische Hochschule"* in Potsdam-Eiche.
Die Kripoausbildung beträgt abweichend von den anderen Dienstzweigen der Volkspolizei zunächst zwölf Monate in Form eines Assistentenlehrganges. Erst nach zwei Jahren Dienst als Wachtmeister kann eine Qualifizierung zum Offiziersschüler erfolgen. Mit Bestehen des zwei Jahre dauernden Lehrganges auf einer Offiziersschule erfolgt die Ernennung zum *Unterleutnant*. Bei entsprechender Qualifikation ist eine Beförderung bis zum Dienstgrad Hauptmann möglich. Der Dienstgrad *Major* sowie die folgenden Dienstgrade machen den erfolgreichen Abschluß eines Studiums an der am 1.12.1962 gegründeten Hochschule der Deutschen Volkspolizei erforderlich. Dieses Studium wird als

Diplomstaatswissenschaftler abgeschlossen; seit dem 1.9.1965 kann an diesem Orte auch *promoviert* werden. Nach der Diplomordnung vom 21.1.1969 (GBl. DDR II S. 105) werden u.a. verliehen:

1. Diplomkriminalist (Dipl. crim.) nach einem dreijährigen Studium, das allerdings zunächst an der Fachschule (Offiziersschule) des Ministeriums des Innern „*Wilhelm Pieck*" in Aschersleben absolviert werden muß.
2. Doktor der Kriminalwissenschaften (Dr. rer. crim.).
3. Doktor der Wissenschaften (Dr. sc. crim.).

Die beiden Doktorgrade verleiht nur die Polizeihochschule der VP.
Wird der Rang eines *Polizeigenerals* angestrebt, so hat der Bewerber nach *Sonderqualifikationen eine Hochschule der Miliz in der UdSSR* zu absolvieren.

Dienstgrade der Deutschen Volkspolizei

Deutsche Volkspolizei	Organ Feuerwehr	Organ Strafvollzug
1. Wachtmeister		
Anwärter der VP	Feuerwehranwärter	Anwärter des SV
Unterwachtmeister der VP	Unterfeuerwehrmann	Unterwachtmeister des SV
Wachtmeister der VP bzw. Kriminal-Wachtmeister	Feuerwehrmann	Wachtmeister des SV
Oberwachtmeister der VP bzw. Kriminal-Oberwachtmeister	Oberfeuerwehrmann	Oberwachtmeister des SV
Hauptwachtmeister der VP bzw. Kriminal-Hauptwachtmeister	Hauptfeuerwehrmann	Hauptwachtmeister des SV
Meister der VP bzw. Kriminal-Meister	Löschmeister	Meister des SV
Obermeister der VP bzw. Kriminal-Obermeister	Oberlöschmeister	Obermeister des SV
2. Offiziersschüler	Offiziersschüler	Offiziersschüler
3. Offiziere		
Unterleutnant der VP bzw. Unterleutnant der K.	Unterleutnant der F	Unterleutnant des SV
Leutnant der VP bzw. Leutnant der K	Leutnant der F	Leutnant des SV
Oberleutnant der VP bzw. Oberleutnant der K	Oberleutnant der F	Oberleutnant des SV
Hauptmann der VP bzw. Hauptmann der K	Hauptmann der F	Hauptmann des SV
Major der VP bzw. Major der K	Major der F	Major des SV
Oberstleutnant der VP bzw. Oberstleutnant der K	Oberstleutnant der F	Oberstleutnant des SV
Oberst der VP bzw. Oberst der K	Oberst der F	Oberst des SV
Generalmajor	Generalmajor	
Generalleutnant		
Generaloberst		

Die erste Durchführungsverordnung zur Reservistenverordnung vom 30. Juli 1969 (GBl. DDR I S. 45) bestimmt, daß die von Mannschaften und Unterführern der VP geführten Polizeidienstgrade nach der Versetzung in die Reserve automatisch auch in militärische Dienstgrade umbenannt werden. Die Dienstgrade lauten (in Klammern der entsprechende Dienstgrad nach der Reservistenordnung):

1. Mannschaftsdienstgrade:
   - VP Anwärter (Soldat),
   - VP Unterwachtmeister (Gefreiter),
   - VP Wachtmeister (Stabsgefreiter).
2. Unteroffiziersdienstgrade:
   - VP Oberwachtmeister (Unteroffizier),
   - VP Hauptwachtmeister (Feldwebel),
   - VP Meister (Oberfeldwebel),
   - VP Obermeister (Stabsfeldwebel).

Quelle: *Rühmland*, Die Volkspolizei der DDR, in DIE POLIZEI 10/1982, S. 306 ff. (313); derselbe, NVA – Nationale Volksarmee der DDR – in Stichworten, 6. Auflage, Bonn 1983, S. 241; *Ludz/Kuppe*, DDR Handbuch, 2. Auflage, Köln 1979, S. 258.

Die *Mannschaften und Unterführer der Deutschen Volkspolizei*, der VP-Bereitschaften, der Transportpolizei, der Feuerwehr und des Strafvollzugs *führen Polizeidienstgrade*, die *Offiziere dagegen militärische Dienstgradbezeichnungen* (vgl. § 11 der Anordnung des Nationalen Verteidigungsrates der DDR über den Dienst in der Deutschen Volkspolizei sowie in den Organen Feuerwehr und Strafvollzug des Ministeriums des Innern vom 3. 5. 1976 – GBl. DDR I Nr. 20, S. 277).

Stichwortverzeichnis